동아시아
비구니
교단의 역사

저자 | **벽공**

조계종
출판사

동아시아 비구니 교단의 역사

초판 1쇄 2012년 10월 25일

지 은 이 벽공
발 행 인 이자승
편 집 인 김용환
편   집 김진한 박선주
디 자 인 최아름
제   작 윤찬목

펴 낸 곳 (주)조계종출판사
출판등록 제300-2007-78호(2007. 4. 27)
주   소 서울시 종로구 견지동 13번지 대한불교조계종 전법회관 7층
전   화 02-720-6107~9
팩   스 02-733-6708
홈페이지 www.jogyebook.com

ISBN 978-89-93629-89-7 93220

※ 이 책은 조계종 교수아사리의 후원금을 지원받아 저술되었습니다.

〈차 례〉

I.
서론

1. 연구의 목적

깨달음을 성취하는 데에는 남녀의 성적인 구별도, 나이의 많고 적음도 구애받지 않는 것이 불교의 근본 교설이다. 불교는 고통에서 벗어나 행복을 추구하는 종교로서, 고통에서 벗어나 해탈을 구하는 일은 석가모니 붓다로부터 시작되어 현재까지 이어져 오고 있다. 역사적으로 인간의 고통 문제를 2600여 년 동안 지속적으로 추구한 집단은 아마 거의 없을 것이다. 그것도 남성에 의해서가 아니라 여성이 수행 집단을 형성한 것은 자이나교 여성 수행자 집단을 제외하고는 역사상 거의 발견되지 않는다.

불교는 누구에게나 깨달음의 문을 열어 놓고 있으며, 남성 지배 사회와 계급사회에서 여성에게 종교 수행의 기회를 제공한 몇몇 안 되는 종교 가운데 하나이다. 비구니 교단은 인도에서 성립한 이후, 스리랑카를 거쳐 중국에 전래되었으며, 다시 중국을 통해 한국에, 한국에서 일본으로 전해졌다.

이와 같이 전해진 삼국三國의 비구니 교단은 수많은 역경에도 소멸되지 않고 지금까지 동아시아 비구니 교단으로서의 역할을 해왔다. 특히 대만과 한국 비구니 교단의 발전은 세계적으로 비구니의 위상을 높였으며 현재도 사회 전반에서 활발한 활동을 전개하고 있다.

비구니들의 활약이 활발해짐에 따라 학계에서는 비구니 교단사에 대한 관심과 함께 그에 대한 연구가 현저하게 증가하고 있다. 그러나 2600여 년이란 긴 역사의 비구니 교단을 이해할 수 있을 만큼 연구가 충분히 이루어졌다고는 할 수 없는 실정이다. 특히 동아시아 비구니 교단에 대한 전반적인 연구는 거의 찾아볼 수 없다.

이 책의 연구 목적은 1차적으로 동아시아 비구니 교단을 올바르게 이해하기 위한 것이다. 그것을 위해서 첫째, 인도에서 출발한 비구니 교단이 중국, 한국, 일본에 어떻게 전파되었는가. 둘째, 비구니 교단이 정착하기까지 국가나 사회와의 갈등을 어떻게 극복하고 대처하였는가. 셋째, 비구니들은 각자의 위치에서 어떤 활동과 수행을 하였는가를 살펴보고자 한다.

이 책의 2차 목적은 동아시아 비구니 교단의 특징을 찾아 비교하는 것이다. 첫째, 비구니 교단의 탄생과 수계 방법 그리고 발전과 변화 및 그 이유를 살펴볼 것이다. 둘째, 기존 사상인 도교, 유교, 신도와의 문제 그리고 국가와의 관계를 상세히 살펴 비교할 것이다. 셋째, 비구니 교단의 존재 가치 및 사회에 대한 기여를 밝힐 것이다. 넷째, 비구니 교육 및 수행의 종류와 깨달음의 내용을 찾아 비교하고자 한다. 특히 비구니들이 교단을 유지하기 위해 적극적으로 노력한 점을 밝혀내는 데 주안점을 두고자 한다.

2. 선행 연구의 분석과 문제

동아시아 비구니 교단 가운데 중국 비구니에 관한 대표적인 자료는, 보창寶唱이 약 516년에 저술한 고대 비구니의 삶을 다룬 『비구니전』[1] 과 진화眞華법사가 1923~1932에 완성한, 중·근대 비구니의 전기를 기록한 『속비구니전』[2]을 들 수 있다. 『비구니전』에 대한 연구는 학자들마다 약간의 차이는 있지만 기본적으로 출가와 수계 문제, 각종 수행, 대중 교화 등에 관심을 두고 연구하였다.[3]

그 외에 백제 비구니에게 어떤 형태로든 영향을 끼쳤으리라는 내용[4]과 비구니의 지위[5]에 대한 설명도 볼 수 있다. 『명승전名僧傳』·『고승전高僧傳』과 비교하면서 『비

---

1 釋寶唱, 『比丘尼傳』, (『大正藏』 50, pp.934~948).

2 眞華, 『續比丘尼傳』(民國 28년 4월), (北京 : 線裝書局), 2005. 『속비구니전』은 1923년에 편찬 착수하여 1932년에 완성되었는데, 중일전쟁으로 일부가 유실되어 자료를 재수집하여 1942년에 출판하였다.

3 이미령, 「초기 중국 불교 비구니 승가의 성립과 배경 - 보창의 『비구니전』을 중심으로 -」, 『한국 비구니 승가의 역사와 활동』, 한국비구니연구소, 2010. ; 이영석, 「東晉 比丘尼에 관한 小考 - 『비구니전』을 중심으로 -」, 『중국사연구』, 中國史學會, 2005.

4 藤浦令子, 『日本古代ち僧尼と社會』, 吉川弘文館, 2000.

5 미리엄 레버링, 「중국 불교사에서 비구니에 관하여」, 『동아시아의 불교 전통에서 본 한국 비구니의 수행과 삶』, 대한불교 한마음선원 편, 2004.

구니전』의 의의를 소개한 연구[6]는 특히 주목할 만한 내용이라고 본다. 그러나 기존 사상인 도교와의 문제와 환경에 의해 변화된 의식주에 대한 연구는 거의 찾아보기 어려웠다. 『속비구니전』에 대해서는, 청말淸末~민국民國의 비구니 상황을 소개하면서 5~6권의 부분적인 내용을 소개한 정도다.[7]

근대 비구니에 대한 연구는 수행과 업적[8], 교육[9]과 관련된 전반적인 연구 논문이 있다. 그 외에 명말 청초의 법맥 전승, 홍법 등에 주력하였던 비구니들의 활약[10], 초조 달마에서부터 선의 쇠퇴기라고 할 수 있는 원대元代까지의 중국 비구니 선사들에 대한 연구가 이루어졌다.[11]

한국의 경우는 다음과 같은 연구가 있다. 삼국시대는 비구니 승직에 대한 연구[12]를 비롯해, 삼국시대 비구니 교단, 수행 생활, 불사, 대중 교화에 대한 연구[13]가 최근 들어 활발하게 이루어지고 있다. 고려시대는 비구니의 출가와 출가 금지 문제[14], 비구니의 사회적 지위와 활동, 그리고 비구니의 위상에 대한 자료[15]를 접할 수 있었다. 또한 유교가 여성들에게 강요한 윤리 도덕에 대한 연구[16]가 있다. 조선시대의 여성과 관련해 그 당시의 사회 모습을 연구한 논문[17]은 조선시대 여성들의 삶을 통해 불교를 조명해 보는 자료가 될 수 있다.

6 林傳芳, 「中國佛敎史籍要說」, 永田文昌堂, 1979.
7 何建明, 「略論淸末民初的中國佛敎女衆-兼与鄭永福 · 呂美頤先生商권権-」, 「佛學硏究」, 第6期 北京 : 中國佛敎文化硏究所, 1997.
8 조승미, 「동아시아 비구니의 근대와 그 특징」, 「한국 비구니 승가의 역사와 활동」, 2010.
9 何建明, 「近代中國佛敎的女性觀」, 「佛學硏究」, 1998.
10 蘇美文, 「論明末淸初此丘尼之形象與處境」, 「中華技術學院學報」, 2003.
11 『曹洞宗尼僧史』, 曹洞宗尼僧史編纂會, 東京 : 曹洞宗尼僧僧團本部, 1955.
12 김영태, 「신라의 여성출가와 니승직 고찰-도유나랑 아니를 중심으로」, 「明星스님 古稀紀念論文集」, 雲門僧伽大學出版部, 2000.
13 김영미, 「신라 불교사에 나타난 여성의 신앙생활과 승려들의 여성관」, 「여성신학논집」 Vol 1. 이화여대여성신학연구소, 1995. ; 김영미, 「삼국~고려시대 비구니의 삶과 수행」, 「한국 비구니의 수행과 삶」, 전국비구니회, 2010. 김영미, 「한국 비구니 승가의 태동과 전개」, 「한국 비구니 승가의 역사와 활동」, 2010.
14 김영미, 「고려시대 여성의 출가」, 「이화사학연구」, 이화사학연구소, 1999.
15 김영미, 「高麗時代 比丘尼의 활동과 사회적 지위」, 「한국문화연구」 제1호, 2001.
16 김영미, 「불교의 수용과 여성의 삶 · 의식세계의 변화」, 「역사교육」, 역사교육연구회, 1997.
17 이순구, 「조선초기 종법의 수용과 女性地位의 변화」, 한국정신문화연구원 한국학대학원 박사학위 논문, 1994.
18 김웅철, 「정업원과 사승방의 역사로 본 한국의 비구니 승가」, 「전통과 현대」, 전통과 현대사, 1999. ; 이기운, 「조선시대 정업원의 설치와 불교 신행」, 「종교연구」 ; 박병선, 「朝鮮後期 願堂 硏究」, 嶺南大學校 大學院 박사학위 논문, 2002.

정업원의 성립과 역할[18], 성리학의 정착과 불교 탄압에 대한 연구[19]에서는 교단을 지키기 위한 비구니들의 수고를 볼 수 있다. 단, 아쉬운 점은 교단을 유지하기 위한 비구니들의 노력에 대한 구체적인 연구가 그리 많지 않다는 것이다.

근대에 들어 비구니 교단의 주목할 만한 변화는 바로 교육에 대한 열정이다.[20] 특히 한국의 비구니 교육을 담당하는 강원[21]과 선원[22], 율원[23]의 전통과 발전에 대한 연구가 이어져 오고 있다.

삼국시대에 전수된 일본 불교는 최초의 출가자가 여성이라는 점에서 학계의 주목을 받는다.[24] 비구니 출가 양상의 변화 원인을 밝히고[25], 고대의 '승니령僧尼令'과 중세에 유입된 유교의 영향을 받은 비구니 교단의 상황을 연구하였다.[26] 국가에 의한 비구니 교단의 제재, 종파와의 관계에서 어려움을 겪었던 자료를 볼 수 있다. 그리고 근대 이후의 비구니 교육 및 비구니 교단 독립 노력에 대한 연구가 활발하게 진행되고 있다.[27]

그러나 위에서 거론한 대부분의 연구는 동아시아 전체를 다루기보다는 일정한 시대나 지역 등 제한적으로 진행되어 왔다. 동아시아 비구니 교단 전체를 포괄해서 다루는 연구는 그다지 많지 않았다. 따라서 현재 활발하게 활동하고 있는 동아시아 비구니들의 역할과 성과에 대한 전반적인 연구가 이루어져야 한다고 생각한다. 그러한 시각에서 본 논문은 동아시아 비구니 교단 전체의 특징을 시대별로 연구하고, 각 국가에서의 비구니 활동을 비교하는 데 비중을 두고 작성하고자 한다.

19 李銀順, 「조선시대 성리학 정착과 여성의 신앙활동」, 『史學研究』 제54호.
20 해주, 「한국 근현대 비구니의 수행」, 『한국 비구니의 수행과 삶』, 전국비구니회, 2007. ; 南都泳, 「近代佛教의 教育活動」, 『近代韓國佛教史論』, 佛教史學會 編, 민족사, 1988. ; 하춘생, 「한국 근·현대 비구니의 강맥전승과 그 의의」, 『한국불교학』, 53집, 2009.
21 수경, 「한국 비구니 강원 발달사」, 『한국 비구니 승가의 역사』, 전국비구니회, 2007.
22 혜원, 「한국 비구니 선원의 '청규' 고찰」, 『한국 비구니 승가의 역사』, 전국비구니회, 2007.
23 본각, 「한국 비구니 승가의 교육과 법계 제도」, 『한국 비구니 승가의 역사와 활동』, 2010.
24 藤浦令子, 『日本古代ち僧尼と社會』, 吉川弘文館, 2000.
25 勝浦令子, 「女性の出家と家族關係」, 『日本史の中の女性と佛教』, 法藏館, 1999.
26 本鄕眞紹, 『律令國家佛教の研究』, 法藏館, 2005. ; 吉田一彦, 『日本史の中の女性と佛教』, 法藏館, 1999.
27 西口順子, 『中世の女性と佛教』, 法藏館, 2000. ; 池田英俊, 「近代佛教の系譜」, 『日本の佛教』 第4, 日本佛教研究會, 法藏館, 1995.

3. 연구 방법과 범위

동아시아의 비구니 교단을 전반적으로 파악하기 위해서는 불교 자료 외에 다양한 역사적 자료를 상세히 살펴볼 필요가 있다. 그러나 연구자의 한계로 인도 불교는 인도 비구니 교단의 성립에 주안점을 두고 승가의 발달과 특징을 다루고자 한다.

중국은 비구니 교단의 성립과 전개 및 중국 비구니의 특징을 고대에서 근·현대까지 고찰하고자 한다. 고대 비구니 교단의 수행 형태 그리고 왕실 및 일반 대중을 위한 포교 상황은 『비구니전』을 통해 살펴볼 것이다. 중·근대 중국 비구니 교단의 전반적인 상황이 기록되어 있는 자료는 바로 『속비구니전』이다. 『속비구니전』을 통하여 고대와는 다른 수행의 모습과 사회활동 등, 시대와 사회의 상황에 따라 변모된 비구니의 수행과 포교 활동의 모습을 정리하고자 한다. 현재 근대 비구니 교단에 대한 연구는 고·중세에 비해서 활발한 편이다. 학자들의 연구를 토대로 중국 비구니 교단의 상황을 살펴보고자 한다.

한국의 경우는 각 시대의 불교를 삼국에서의 태동과 고려시대의 서민 불교, 조선시대의 불교 폐지 시도와 비구니들의 존속 노력을, 『삼국유사三國遺事』, 『고려사高麗史』 그리고 각종 실록을 1차 자료로, 그 외 연구 자료를 참고로 살펴보고자 한다. 근·현대 비구니 교단의 발달 과정과 역할에 대해서는 강원 교육과 선원 그리고 율원을 중심으로 선각 비구니들의 노력과 그 결과에 의한 발전 상황을 통해 살펴보고자 한다.

일본 비구니 교단은 그 활동에 있어 중국과 한국에 비해 국가 혹은 비구 교단으로부터 더 많은 제재를 받았다. 고대 비구니로부터 근대에 이르기까지 일본 비구니 교단의 흐름을 『일본서기日本書紀』와 학계의 연구 자료를 참고로 살펴보고자 한다. 비교적 우호적이었던 고대 왕실과 비구니의 관계, 국가로부터 많은 제재를 받았던 헤이안 시대의 비구니 교단을 살펴보고, 비구 교단으로부터 외면당하였던 중세 비구니와 당시의 특징인 재가니在家尼에 대해서도 자세히 살펴볼 것이다. 가마쿠라 이후 활발해진 비구니 활동과 근대 이후의 조동종 비구니 교단의 활약도 살펴보고자 한다.

마지막으로 동아시아 비구니 교단의 특징을 도출하면서, 각 국가 간의 교단 형성 과정의 수계 문제, 의식주의 차이점, 그리고 이와 관련된 배경 등을 알아보고자 한다. 각 교단의 전개 과정은 전통 사상과의 관계, 왕실과 관련 있는 비구니 사원의 활약과 비구니들의 교육에 대해 비교하고자 한다. 특히 중점을 두고자 하는 점은 동아시아 비구니 교단의 시대별 포교 활동과 깨달음의 문제인데, 이것을 각 국가별로 특징을 찾아 비교하고자 한다. 위에서 밝힌 내용의 연구를 위해 불교 내에서 전개되는 비구니 교단을 불교 문헌과 역사적 자료, 그리고 그에 따른 연구 자료를 살펴볼 것이다.

Ⅱ.
인도 비구니 교단의 형성과 전개

1. 비구니 교단의 형성

비구 교단은 붓다의 의도와 교설을 통해서 성도 후 몇 개월 안에 이루어졌지만, 비구니 교단은 여성들의 요구와 붓다가 사회적·현실적 상황을 고려한 다음에 늦게 이루어진다. 그 이유는 비구 교단은 가르침을 전승하기 위해서 붓다 자신에 의해서 형성되었고, 비구니 교단은 여성의 종교적 삶에 대한 갈구에서 비롯되었기 때문이다. 그러므로 비구 교단의 구성은 붓다 개인의 전승 의지의 결과이지만, 비구니 교단은 고통에서 해방되려는 여성 집단 스스로의 노력과 그 결과로 형성되었다고 생각된다. 즉 대애도 고타미의 굳은 결의, 아난다의 간곡한 청, 비구니 팔경계 제정 등에 의하여 가능하였던 것이다.[28] 붓다의 가르침으로 고통에서 해방되고 싶은 기대가 커진 여성들에게 종교적 삶을 요구하는 건 매우 필수적이었다.

불교 흥기 이전, 인도에서 여성의 지위는 매우 낮았으며, 남아男兒를 생산하는 도구로만 인식되었다. 불교 흥기 이후에 여성은 좀더 평등해졌으며 결혼하지 않는 걸 매우 큰 수치로 여기는 의식도 많이 완화되었다. 붓다는 가장들과 그들의 아내, 딸, 며느리에게 차별 없이 설법하였다.[29] 여아의 탄생을 거의 저주나 재앙으로 여길 만큼 여자를 멸시하던 인도 사회에서 여성을 남성과 같은 진리 전도의 대상으로 삼은 붓다의 교법이 여성들의 의식을 얼마나 깨어나게 하였을지 쉽게 짐작할 수 있다. 여성은 재가자로서 설법의 대상이 되었을 뿐만 아니라 남성처럼 출가하여 정신세계의 참여자가 되었다. 더불어 비구니 교단이 성립되자 여성에 대한 편견이 많이 해소되었다.[30]

---

28 全海住,「比丘尼敎團의 成立에 대한 考察─比丘尼 八敬戒를 중심으로─」,「韓國佛敎學」11, 한국불교학회, 1986, p.339. 그러나 이 팔경계의 내용이 부처님께서 직접 제정하신 계목이라고 보기에는 많은 의문이 있다고 해주스님을 비롯한 학자들이 주장하고 있다(Dash Shobha Rani,「比丘尼僧伽の成立とそれをめぐる問題點」,「大縠大學大學院硏究紀要」, 2002, pp.72~74. ; 平川彰,「平川彰著作集 第13, 比丘尼律の硏究」, 春秋社, 1998, p.72). 따라서 논자는 팔경계와 관련된 내용에 대해 본인의 견해 등은 생략하고 경전을 근거로 비구니 승가 탄생의 한 대목으로만 기술하고자 한다.

29 「佛說玉耶女經」(「대정장」2, p.865 上)에는 여인의 몸에 十惡事가 있다는 기술이 보인다. 그러나 이 내용은 여성에 대한 멸시가 아니라 교만한 옥야를 가르치기 위한 설법이었다.

30 이창숙,「인도불교의 여성 성불사상에 대한 연구」,「女性硏究」47, 韓國女性開發院, 1995, p.115.

불교 교단은 출가자와 재가자로 구분되며 이를 사중[四衆: 비구, 비구니, 우바새, 우바이]이라 한다. 이 가운데 비구니 조직을 비구니 교단, 비구니 승가, 비구니 승단이라고 부른다. 넓은 의미에서 비구니 교단은 식차마나[正學女]와 사미니를 포함하지만 좁은 의미에서는 비구니만을 포함한다. 비구니는 일반적으로 20세 이상의 여성이 출가하여 구족계를 받은 자이며, 사미니는 18세 미만, 식차마나는 18세 이상 20세 미만을 말한다.[31]

비구니 교단의 형성에서 가장 중요한 문제는 바로 비구니 교단의 형성 시기와 구성원 그리고 구성의 배경과 그 이유를 살펴보는 일이다.

1) 비구니 교단의 성립 시기

비구니 교단 구성의 역사를 밝히는 연구는 아직까지 구체적으로 진행되지 못하였다. 그 이유는 역사적, 문화사적 근거를 찾기가 어렵기 때문이다. 우리는 단지 수백 년이 지난 이후 구전전승[口傳傳承]으로 형성된 기록 경전의 기술을 통해 부분적으로 사실성을 유추할 수 있을 뿐이다.

먼저 비구니 교단의 형성 시기를 밝히기 위해서는 붓다의 탄생 시기를 살펴보아야 하고, 다음으로 비구와 비구니 교단이 형성된 시기의 차이를 밝히는 것이 선행되어야 한다.

비구니 교단의 형성 시기를 조사해 보면, 정확한 연대를 찾아내기가 어렵다는 것을 알게 된다. 그 이유는 첫째, 초기경전이 연대별로 구성되지 않았고, 경전 내용 자체가 시대적으로 혼재되어 있기 때문이다. 둘째, 비구니 교단의 구성 시기가 정확히 언급되지 않으며, 여러 가지 주장이 제기되기 때문이다.

비구니 교단의 구성에 대한 자료를 담고 있는 것은 빨리어 율장 건도부 출라

---

31 *Vinaya-piṭaka* Ⅳ. 단타 제71조~제73조, pp.327~328.

바가 제10장, 「비구니건도Bhikhuni-Khandhaka」 등이 있다.[32]

비구니 교단이 성립된 정확한 시기는 경전에 기록되어 있지 않다. 붓다의 생애에 대한 기술이 붓다 입멸 후 500년 전후에 이루어졌기 때문에 경전상으로 붓다가 깨달음을 얻은 후의 45년간의 삶을 시간적으로 조명하기가 불가능하기 때문이다. 다만 경전을 통해 그 시기를 유추할 수 있는데, 정반왕의 사후였다는 것은 명백하다. 또한 위자야라트나는 상응부 주석서와 『법구경』 주석서 제3권, 『본생경』을 전거로 그 이유를 설명하고 있다.[33] 즉 붓다가 로히니 강물의 사용을 놓고 서로 대립하던 석가국과 콜리국을 화해시키기 위해 석가국에 갔을 때, 이모 대애도 고타미가 출가할 수 있도록 해달라고 요청하였다. 그때는 이미 정반왕이 세상을 떠난 후라고 기술하고 있는데, 이는 다른 경전의 기록도 전반적으로 유사하다.[34]

I. B. 호너Horner는 대애도 고타미의 출가와 비구니 교단 형성 시기를 붓다 성도 후 약 5년 뒤로 산정하고 있다.[35]

그러나 일부 학자들은 일반적으로 붓다 성도 후 20년경이라고 추정하는데, 그것은 비구니 교단의 성립과 관련된 자료에 나타나는 지명과 붓다의 안거 지명이 일치하는 시기, 그리고 아난다 존자의 출가 연도를 추정하여 산정한 것이다.[36] 빨리어 주석과 달리 아난다의 권유로 비구니 교단이 구성되었음을 살펴볼 때 그것은 아마도 아난다가 고정된 시자가 되었을 때, 붓다의 나이 55세 이후, 즉 성도 20년 후로 판단된다. 이러한 맥락에서 보면 결국 비구니 교단은 비구 교단이 구성된 지 약 20년이 지나서 성립되었다고 보아야 할 것이다.[37]

다음 시간적으로 살펴볼 내용은 바로 비구니 교단이 구성된 구체적 시기에 대

---

32 『比丘尼犍度』(『律藏小品』(『남전장』 4, pp.378~395). ; 『比丘尼犍度』(『四分律』 제49(『大正藏』 22, pp.922~930).
    그 외 자료는, 全海住, 「比丘尼教團의 成立에 대한 考察―比丘尼 八敬戒를 중심으로―」, 『韓國佛教學』 제11
    집, 한국불교학회, 1986, p.313 참조.

33 또한 위자야라트나 지음, 온영철 옮김, 『비구니 승가』, 대한불교조계종교육원, 1998, pp.26~27.

34 원시불교 교단의 출가 동기 등에 대한 내용은 田上太秀, 「原始佛教敎團における出家の動機について」, 『佛教
    學部研究紀要』 第29号, 駒澤大學佛教學部, 1971. 참조.

35 I. B. Horner, Women under Primitive Buddhism, Motilal Vanarsidass, Delhi, 1989, p.98.

36 이수창(摩聖), 「상좌불교의 비구니 승가 복구 문제」, 『韓國佛教學』, 제50집, 2008, pp.403~404.

37 비구니 교단의 성립 시기에 대해서는 전해주, 「比丘尼教團의 成立에 대한 考察―比丘尼八敬法을 中心으로
    ―」 ; 황순일, 「남아시아 불교와 Gender」 참조.

한 분석이다. 우선 우기는 아닌 것 같은데, 그 이유로는 "세존께서 가비라성에서 원하는 만큼 지내신 후에 베살리로 유행을 떠나 베살리에 이르러 대림의 중각강당에 머무셨을 때, 대애도 고타미가 삭발하고_{출가 허락을 받기 전} 가사를 입은 채 수많은 석가족 여인들과 함께 베살리로 떠나 대림의 중각강당에 나아갔다."[38]라고 기술하고 있기 때문이다. 이처럼 몇 개월 동안 유행하는 모습이 비구니 교단 성립 직전에 발견되었다는 점에서는, 교단 구성 시기가 우기가 아닐 가능성이 있다고 판단된다. 왜냐하면 율장에 따르면, 우기_{안거} 동안은 유행을 하지 않고 한곳에 머물러야 하기 때문이다.

비구니 교단 구성과 자이나교 여성 수행자의 관계를 살펴보자. 비구니 교단이 형성될 당시 자이나교의 백의파_{白衣派, śvetambara}에 여성 수행자도 상당수 있었다. 이러한 자이나교 여성 수행자의 활동이 불교 비구니 교단의 형성에 간접적인 영향을 주었다고 볼 수 있다.[39]

또한 부처님의 이모인 대애도 고타미의 출가와 자이나교의 창시자 마하비라 고모의 출가 과정이 유사하다는 점도 주목할 만하다. 친척 중의 한 사람을 통해 비구니 교단이 시작되었으며[40], 비구니가 지켜야 할 여덟 가지 중요한 법칙, 즉 '팔경계'의 제1조가 자이나교의 여성 수행자에서도 동일하게 발견된다고 한다.

모한 위자야라트나는 붓다가 비구니 교단 구성을 허락할 때 처음에 주저한 이유를 사회적 문제에 대한 붓다의 태도, 특히 민감하고 유연한 붓다의 성격과 이 밖에 여성의 안전성, 외도의 비난, 외호 집단의 부족 등을 고려한 데서 찾아야 한다고 주장한다.[41] 당시 교단은 재가자의 보시로 유지되었다. 따라서 붓다는 이들의 평판에 항상 귀를 기울이고, 의견이 옳다고 여길 경우에는 이를 충분히 반영하였다. 이렇게 함으로써 교단은 일반 사회에서 존경과 지지를 잃지 않고, 이들과 원만한 관계를 유지하며 안정된 생활을 지속할 수 있었다.[42]

---

38   백도수, 『대장경에 나타난 여성불교』, 불교여성개발원, 2001, p.104.
39   I. B. Horner, 앞의 논문, pp.101~102.
40   Diana Y. Paul, *Women in Buddhism*, University of California Press, Berkeley 외, second. ed, 1985, p.81.
41   모한 위자야라트나 지음, 온영철 옮김, 『비구니 승가』, 민족사, 1998, pp.28~36 참조.
42   이자량, 「율장을 통해 본 승단과 현대사회의 조화」, 『한국불교학』 제45집, 한국불교학회, 2006, p.173.

또한 달리 그 이유를 살펴보면, 첫째, 비구니에게 일어날 수많은 문제를 예상하였다는 것을 보여준다.[43] 이수창은 논문에서 붓다가 여성의 출가를 허락하지 않았던 이유를 두 가지로 정리하여 제시하고 있다. 즉, 하나는 당시 바라문 사회의 반대였고, 다른 하나는 승단 내부의 보수적인 비구들의 반대 때문이었다는 것이다. 붓다는 내심으로 석가족 여성의 출가를 주저 없이 받아들이려고 했을지도 모를 일이라고 하는데, 이유는 전쟁에 의한 남성의 유린 때문이라는 것이다. 그리고 만일 허락하였다면 당시 큰 비난과 파장이 있었을 것이고, 이것을 잠재울 조건이 바로 '팔경법'이었다고 주장한다.[44]

소바 래니 대쉬Shobha Rani Dash는 붓다가 반대한 이유를 8개의 종목을 들어 설명하고 있다. 그 가운데 특이한 내용은 첫째, 처음 대애도 고타미가 혼자 와서 허락을 청하였을 때, 궁중 생활에 익숙한 대애도 고타미가 탁발 등의 어려움을 견디기 어려울 것을 걱정했다는 것이다. 둘째, 여러 석가족 여성들이 함께 와서 요청하였을 때는 석가족 존속 문제를 염두에 두었다는 것이다. 셋째, 여성이 출가할 경우 이성異性이 함께 생활함으로써 일어날 문제를 우려하였다는 것이다. 만일 비구니 교단이 먼저 이루어졌다면 남성의 출가를 선뜻 허락하기 어려웠으리라는 것이다.[45]

다음으로 불교 내적인 이유로 정법의 유지 문제가 거론되었다. 붓다는 여성이 출가하여 교단을 구성하면 정법 유지가 1000년에서 500년으로 줄어들 것이라고, 정법 소멸의 위험성을 언급하였다고 한다.[46]

사회적인 면에서, 당시는 불교가 아니라 브라만이 지배하는 사회였으며, 또한 남성 중심의 사회였다. 이러한 환경에서 여성의 출가는 브라만 사상과 대치되고, 또한 가정 유지를 위협하는 것이다. 그래서 붓다가 브라만과 가장의 비난을 염려한 것으로 파악된다.

---

43 Mohan Wijayaratna, *Buddhist monastic life*, cambridge University press, 1990, p.159.
44 이수창, 앞의 논문, p.405.
45 Shobha Rani Dash, 「比丘尼僧伽の成立とそれをめぐる問題點」, 「大谷大學大學院研究紀要」, 2002, pp.76~79.
46 모한 위자야라트나 지음, 온영철 옮김, 1998, p.36.

끝으로 남성이 지배하는 사회에서 여성 수행자가 안전할 수 있는가에 대한 고려이다. 율장을 통해 알 수 있듯이 비구니 교단이 형성된 이후, 비구니가 나무 아래 거주하거나 배를 타고 건너갈 때, 혹은 혼자 마을에 들어가거나 빈집 또는 어딘가에서 머물 때 남성들에게 강탈과 강도를 당하는 일이 있었다.[47]

붓다는 위에서 열거한 여러 이유, 특히 비구니 교단이 너무 일찍 성립될 경우에 생길 수 있는 어려움을 예견하였을 것이다. 새로운 교단을 외호할 신도들이 충분치 않았던 만큼 비구니 교단을 쉽게 허락할 수 없었을 것이다. 즉 사회적인 반대 외에 외호자 문제, 거주 문제, 물질적 여건, 안전 문제 등도 고려하였음을 짐작할 수 있다. 또한 다수의 비구들이 석가족 출신이며, 출가하고자 하였던 여성들이 대부분 그의 부인이었다는 점을 또 하나의 이유로 들 수 있다.

이와 반대로 붓다가 궁극적으로 비구니 교단 설립을 허락한 이유를 『비구니 승가』에서는 ① 여성들의 열망, ② 붓다의 숙고된 의지 반영, ③ 붓다의 여성들에 대한 깨달음의 고취, ④ 양 교단 간의 관계에 대한 경계, ⑤ 팔경계로 교단 보호, ⑥ 일반적 전통 등을 충분히 고려한 후에 허락했을 것이라고 설명하고 있다.[48] 전통 문제가 거론되는 이유는 붓다의 모든 제자가 비구, 비구니, 우바새, 우바이로 구성되어 있는데, 당시 붓다의 제자 구성은 비구니 교단을 제외한 세 가지만 존재한다는 문제에서 발생한 것이다. 여성의 깨달음에 관한 문제는, 여성도 비구처럼 아라한이 될 수 있고, 그것이 현실적으로도 가능하므로 수행자의 성별은 무관한 것임을 보이신 것이다.[49] 이것은 붓다의 거절 동기가 여성의 정신적 · 지적 능력과 관련된 것이 아니라 그 당시의 관습, 전통과 신변 안전 등의 제도적 문제들과 관련된 다른 이유임을 보이신 것이다.[50] 붓다는 아난다의 질문에 대해 여인도 분명히 아라한과를 증득할 수 있다고 말하였다.[51]

---

47 앞의 책, p.33.
48 앞의 책, pp.37~40.
49 이 내용에 관련된 자료는 황순일의 「남아시아 불교와 Gender」, pp.107~109 참고.
50 또한 위자야라트나 지음, 온영철 옮김, 앞의 책, p.35.
51 『四分律』 권48(『대정장』 22, p.923上).

『테리가타』는 세존 당시에는 여성도 아라한이 될 수 있었다는 것을 분명하게 보여주는 문헌이다. 이론이 아닌 체험으로써 여성의 정신세계가 남성 못지않음을 입증하고 있다.[52] 『테리가타』에 등장한 초기의 비구니들은 부처님의 평등한 인간관을 믿고 출가하였고, 한 사람의 당당한 종교가로서 자부심이 있었다. 그리고 수행인으로서 진리와 자신에 대해 강한 신념을 갖고 있었기 때문에 아라한이 될 수 있었던 것이다.[53]

끝으로 붓다가 여성 출가를 허락하고자 할 때, 이미 다른 종교, 즉 자이나교의 여성 수행자가 훌륭하게 수행 실천하며 사회적으로 크게 문제가 되지 않았기 때문에 브라만과 남성 지배 사회의 눈치를 볼 필요가 없다고 판단했을 것이다.

이와 같은 찬반의 결과로 붓다는 여성의 출가를 허락하는데, 중립적 위치에서 당시 브라만의 사회적 비난을 최소화하고, 비구·비구니에 의한 불교 교단의 위상 재고에 더욱 주목한 것으로 생각된다.

2) 비구니 교단의 구성원

다음으로 인도의 비구니 교단에서 고찰해야 할 중요한 문제가 바로 최초로 출가한 비구니 교단의 구성원이다. 처음에 출가하여 비구니가 된 여성들이 누구이며, 그 원인이 무엇이었는가를 명확하게 밝히는 일은 쉽지 않다. 다만 이 가운데 붓다의 이모 대애도 고타미와 전처 야소다라가 포함되는 것은 확실하며, 함께 출가한 여성들의 공통점은 독신이라는 점이다. 대애도 고타미는 정반왕의 죽음으로, 야소다라는 싯다르타의 출가로 독신이 되었다. 전자는 자연적인 현상에 의한 것이고, 후자는 인위적이고 사회적 관습에 의한 것이다. 이 둘을 제외한 나머지, 즉 최초의 여성 출가자들에게도 이와 비슷한 여러 가지 이유가 있었을 것이다.

---

52   李昌淑, 「長老尼偈에 나타난 女性 成道」, 『한국불교학』 18, 1993, p.460.
53   서영애, 『불교의 여성관』, 불교시대사, 2006, p.265.

첫째 가능성은 그들이 석가족 여성으로서 전쟁에서 남편을 잃은 미망인이라는 주장이다. 당시 16개국 가운데 카필라국은 소국으로 다른 주변국과 전쟁 중이므로 크샤트리아 계급의 독신 여성이라면 전쟁으로 남편을 잃어버린 미망인일 가능성이 높다.

둘째는 석가족의 젊은 시녀들로서 그들에 대한 내용이 『장로니게』에 이렇게 설명되어 있다. "집에서 나와 출가한 오백 명의 석가족 소녀들인 시녀들과 베살리로 가서, 아난다 장로를 통해 스승께 부탁하여 '팔경계'로 출가와 구족계를 얻었다. 다른 이들도 모두 한쪽[一衆僧伽]에서 구족계를 받았다."[54] 이처럼 이들은 궁중에서 함께 생활하였던 석가족 궁녀였다는 주장이다.

셋째는 남편이 출가하여 혼자 가정에 남은 여성이라는 주장이다. 여기서 여성이 출가할 때 이루어져야 할 세 가지 조건 즉 남편의 허락, 부모의 허락, 자식의 허락이 없었다는 점 등을 고려하면 자식이 없는 궁녀일 가능성을 배제할 수 없다.

그리고 위의 세 가지 가능성의 공통점은 모두 석가족 여인이라는 것이다. 만약에 석가족의 전쟁미망인이었다면 그들은 바로 크샤트리아 계급에 속하며, 궁녀였다 해도 아마 왕녀로서 크샤트리아 여성이었을 것이다. 출가자의 전처라면 바라문이나 크샤트리아 계급에 속하는 여성일 가능성이 높다. 그 당시 시녀나 궁녀라고 해서 교육 수준이 아주 낮은 평민이나 하층민이라는 뜻은 아니다. 아마 교육받은 고귀한 여성이었을 것으로 판단되는데, 그런 주장의 근거는 출가 이후에 그들에게서 윤리적이나 사회적 문제가 거의 발생하지 않았다는 점에서도 추측해 볼 수 있다.

다음은 비구니 교단이 형성된 장소를 살펴보자. 대애도 고타미가 처음 출가를 요청한 곳은 카필라성이며, 그 이후 시간이 흘러 붓다가 베살리에 머물 때 아난다의 도움으로 출가를 허락받았다고 전한다.[55] 그렇다면 바로 베살리에서 비구니 교

54　『南傳大藏經』 4 律部, 第10, 比丘尼건도, pp.382~384(Dhammapāla 저 ,백도수 역, 『위대한 비구니』, 해조음, 2007, p.228).

55　*Vinaya-piṭaka* Ⅱ, pp.253~254. ; 『증지부』 권4, 「布薩品」, pp.272~277. ; 장로니게 주석서, p.136. ; 백도수 역, 『위대한 비구니』, p.228.

단이 형성되었을 것이다.

더불어 비구니 교단의 최초의 사원은 어디일까? 몇몇 비구니들이 왕사성이나 사지沙祗로 옮겨 갔으나 대부분은 코살라의 사위성에서 자리를 잡았는데, 비구니 계율을 만들게 된 거의 모든 일들이 사위성에서 일어났다.[56] 그러나 비구니 승원 설립에 대해서는 구체적으로 나타난 것이 없다. 당시 오백 명의 여성이 한꺼번에 거주할 승원은 그 규모가 상당히 컸을 것으로 짐작할 수 있다. 다만 비구니 승원은 율장의 규정에 따라 비구 거주 장소에서 멀리 떨어지면 안 되기 때문에 비구 승원에서 몇 킬로미터 떨어진 숲속 정원이었을 가능성이 매우 높다. 당시 승원 장소는 빔비사라왕이 규정한 것처럼 마을에서 너무 멀지도 가깝지도 않은 숲속 정원에 지어졌기 때문이다. 안거 기간이 아니기 때문에 비구니 출가 교단의 승원은 8개월 내지 9개월 내에 마련되어 사용하였을 것으로 판단된다. 비구니가 승원 생활을 하기 전에는 아마 비구처럼 나무 아래나 빈집 또는 마을에 머물렀는지 모를 일이다. 또한 그들이 한곳에 거주했을 가능성을 배제할 수 없다. 다만 오백 명의 비구니 교단은 아마 그 다음해 우기 동안에 성립된 것이 틀림없다.

그렇다면 이 오백 명은 항상 한곳에 머물렀을까? 아마도 한곳에 머물렀다면 베살리를 중심으로 한 곳이었을 것이고, 그렇지 않다면 다른 여러 곳으로 분산되어 안거에 들어갔을 것이다. 분산해서 안거를 하였다면 오백 명이 한 자리에 모이는 일은 특별한 경우를 제외하고는 없었을 가능성이 높다. 경전에는 비구니가 함께 모여 붓다에게 설법을 듣는 장면이 나타나지 않으며, 또한 비구 오백 명, 또는 천이백오십 명에 대한 언급은 있지만, 비구니 오백 명에 대한 기술은 거의 찾아볼 수 없다.

이러한 점에서 보면 아마도 오백 명의 출가 비구니는 처음에는 한 사원이나 마을에 머물렀거나 서로 가까운 장소에 나뉘어 있다가 점차 다른 장소로 이동해서 각자 수행자의 삶을 살아갔을 것이다. 다른 장소에서 각자 수행하면서 그 지역의

---

56 예를 들면 4바라이법, 13승잔법, 12사타법, 96바일제법 그리고 8회과법들이 사위성에서 발생한 일들 때문에 만들어졌다(또한 위자야라트나 지음, 온영철 옮김, 앞의 책, p.41. 참조).

비구 교단과 긴밀한 관계를 맺었을 것이며, 여성으로서 장소 이동에 제한이 많았기 때문에 지역적인 정주 생활에 익숙했을지도 모를 일이다. 그것은 아마 비구 교단보다도 훨씬 더 장소와 연관성이 있을 수밖에 없음을 시사한다.

비구니 교단의 성립 인연을 살펴보면, 직접적으로는 대애도 고타미와 야소다라 등 여성 수행자들의 수행에 대한 갈구에서 찾을 수 있다. 그리고 붓다의 전법과 불교 확장의 영향일 것으로 보인다. 또한 간접적 인연으로 정반왕의 죽음은 대애도 고타미에게, 라훌라와 친척들의 출가는 야소다라에게 출가를 결심하는 계기가 되었다. 거기에 아난다의 도움과 자이나교 여성 수행자의 존재가 결정적인 도움이 되었다.

비구니 교단의 형성 과정을 살펴보면, 먼저 대애도 고타미가 출가를 요청하고 붓다는 거절한다. 이어 석가녀가 삭발하고 수행자 모습으로 유행 생활을 하면서 붓다에게 다시 요청한 뒤, 이어 아난다가 다시 여성 출가를 요청했으나 거부당하였다. 아난다가 여성이 깨달을 수 있느냐고 질문하자, 붓다는 가능성을 인정하였다. 사실 아난다는 불교 문헌에서 남녀의 불평등한 관계에 관심을 가진 인물로 묘사된다. 한때 그는 왜 여성은 법정에 참석할 수 없는지 붓다에게 설명을 구하였다. 아난다는 여성이 남성처럼 모든 활동에 참여해야 한다고 생각하였다.[57]

이런 과정을 거쳐 마침내 여성 출가가 허락되었다. 붓다는 '팔경계'의 수지를 조건으로 대애도의 수계를 허락하셨다. 대애도 고타미는 팔경계를 받아들인 것 자체로 구족계가 되었고 다른 형식이 없었다.[58] 아난다가 대애도 고타미에게 그 내용을 전달하였고 고타미는 받아들인다. 붓다는 비구가 비구니에게 구족계 주는 것을 허락하시고, 그 이후 오백 명의 석가족 여인들이 출가하는 과정으로 진행된다.

즉, 최초의 비구니 구족계는 3단계로 이루어진다. 첫째, 팔경계에 의한 대애도 고타미의 수계. 둘째, 비구들만에 의한 나머지 석가족 여성의 구족계 수계. 셋째, 그 후의 여성들에 대해서는 이부 승가에 의한 구족계가 이루어졌다.[59]

---

57   UMA CHAKRAVARTI 저, 朴帝璇 譯, 『고대 인도사회와 초기 불교』, 민족사, 2004, p.60.
58   Vinaya-piṭaka Ⅱ, p.257.
59   The Book of Discipline, Vol.3, p.xl(Shobha Rani Dash, 앞의 논문, p.72. 재인용).

이 구족계는 비구니, 식차마나니, 사미니 계 등과 무관하다. 그 이유는 이때까지 정식으로 비구계와 비구니계가 성립되지 않았을 가능성이 높기 때문이다. 그래서 비구 승가로 하여금 구족계를 주도록 하였다. 이때는 「계조문」에 의한 형식보다는 삼귀의와 오계 등의 형식으로 구족계를 받았을 가능성이 높다.[60] 그리고 초기에 비구 구족계 형식만을 받아 지속하다가 비구 구족계와 사미계가 성립되었다.

다시 구체적으로 분리된 이후, 여성 출가자 가운데 20세 이하가 출가하면서 식차마나계와 사미니계가 형성되었다. 그 형식이 갖추어진 이후 20세가 지난 여성은 이부 승가의 구족계를 받았다. 그리고 20세 이하의 식차마나는 2년간 육법계불살생계, 불투도계, 불음계, 불망어계, 불음주계, 불비시식계를 지키고 구족계를 받았으며, 사미니는 사미니 10계를 받았다. 비구니 교단의 갈마작법은 비구 교단의 작법과 동일하며 비구니 갈마 형식은 모두 비구 갈마 형식을 차용한 것으로 보인다.

비구니의 구족계 조건은 비구의 구족계 조건과 다르지 않다. 처음에는 구족계에서 비구들이 여성 수계자에게 질문하도록 하였다. 그런데 여성들이 수줍고 두려워하여 질문에 제대로 답하지 못하는 현상이 생겼다. 이에 붓다는 일차적으로 비구니 교단에서 구족계를 받고, 최종적으로 비구 교단에서 구족계를 받도록 하였다.[61]

비구니 교단의 구족계는 비구니 승가에서 허락받은 비구니 습의사가 수계자 교육을 다른 장소에서 한 후 득도 의식을 진행한다. 습의사가 수계자에게 가사를 주거나 필요한 경우 은사 비구니를 지정해 주는 것 외에 대중 앞에서 행동하는 것을 설명해 준다.[62] 율장에 의하면, 구족계 의식을 진행할 때 신고와 동의를 구하는 것은 비구니가 하되, 비구 승가의 득도식 절차와 동일하게 진행하였다.

비구니 교단의 구성[63]에서 비구니는 20세 이상의 미혼 여성과, 결혼한 적이 있

60   구족계를 받는 수구의식은, *Vinaya-piṭaka* vol. i, pp.94~97(이자랑, 「초기불교 교단의 종교의식과 생활」, 「불교평론」14, 2003, pp.67~71 참조).
61   *Vinaya-piṭaka* vol. Ⅱ, p.271.
62   자세한 내용은 모한 위자야라트나 지음, 「비구니 승가」, pp.58~61.
63   한국비구니연구소, 「한국 비구니 승가의 역사와 활동」, 뜨란, 2010, pp.23~26.

으면서 출가해 2년간 육법계를 배워 이부 승가에서 구족계를 받은 여성이다. 다음으로 식차마나는 18세의 미혼 또는 결혼한 적이 있는 여성으로서 10세에 출가하여 2년간 육법계를 배운 여성을 말하며[64], 사미니는 18세 이하의 여성을 말한다. 비구니 교단은 비구니들로 구성된 교단이며, 식차마나와 사미니는 제외된다.

비구니가 되는 과정은 비구와 비슷하지만 20세 미만의 여성들은 구족계를 받기 위해 18세부터 2년간 식차마나로 지내며, 사미니 10계 가운데 처음 여섯 가지에 해당하는 육법계를 배워야 한다. 18세와 19세에 출가한 경우와 결혼한 경험이 있는 여성은 사미니 과정을 거치지 않고 육법계를 배우는 식차마나가 된다. 18세 미만에 출가한 경우, 사미니는 사미니 10계를 지니며 그 내용은 사미계와 동일하다.

2. 초기·부파 불교의 비구니 교단

1) 초기불교의 비구니 활동

초기불교의 비구니 교단을 이해하기 위해 먼저 비구니의 의식주[65]를 살펴보자. 비구니의 승복은 삼의三衣: 안타의, 울타리승, 승가리 외에 부견의覆肩衣: 가슴 가리개, 수욕의를 합쳐 오의五衣로 비구보다 두 개가 많다. 부견의는 가슴 부분을 덮기 위한 옷으로 외출할 때 반드시 착용해야 한다. 옷은 특별한 문제가 없는 한 최소 6년 동안 사용해야 한다. 가사와 기타 승복은 비구와 차이가 없으며 동일한 형태, 같은 색

---

64 Vinaya-piṭaka Ⅳ, p.323에 "만약 비구니가 12세가 되었고 결혼 경험이 있을 경우 2년간 육법계를 배우지 않은 이를 수계시키면 단타이다."라고 기록되어 있다. 그리고 p.324에 "만약 비구니가 12세가 되었고 결혼 경험이 있으며 2년간 육법계를 배워도 승가의 허락이 없는 이를 수계시키면 단타이다."라고 서술한 것으로 보아 당시 결혼한 적이 있었던 여성은 10세에 출가할 수 있었음을 알 수 있다.

65 의식주에 대한 내용은, 이자랑, 「초기불교 교단의 종교의식과 생활」, 『불교평론』 14, 2003, pp.79~86 참조.

깔을 사용한다.[66]

식차마나와 사미니도 같은 옷을 입었는가 하는 문제는 구체적으로 검토해 볼 필요가 있다. 만일 동일한 옷을 입었다고 가정한다면 어떻게 신자들이 비구니와 식차마나, 사미니를 구별하였는지 하는 문제에 부딪힌다. 그렇지만 모두 교단의 일원으로 공양을 주는 것이라면 신자에게는 그렇게 중요한 사항이 아니고 다만 교단 내부의 규율로 한정될 것이다. 그러나 율장에서는 옷 색깔과 모양을 구분하는 내용은 보이지 않는다. 아마도 재가 신자는 그들을 구별할 수는 없었을 것이며, 다만 교단 내에서 사용하는 호칭으로 친근한 재가 신자들만이 비구니인지 아닌지 구별할 수 있었을 것이다.

비구니는 우기 3~4개월 동안은 비구니 사원에서 거주하며, 비구니 사원은 비구 사원에서 걸어서 반나절 거리 안에 존재해야 했다. 당시 운영은 비구니가 하였으며, 일반적으로 비구가 늦은 시간에 방문하는 건 허락되지 않았다.

비구니의 걸식은 비구처럼 초청식과 걸식 공양이 가능하다. 걸식은 비구 교단과 독립적으로 진행하였다. 병든 비구니 등은 다른 비구니에게서 걸식을 얻을 수 있었다. 길거리에서 비구니가 걸식할 때에는 식차마나와 사미니가 함께 동행한 것으로 보인다.

비구니는 비구들이 거주하는 근처에서 안거를 해야 하며, 15일마다 비구 교단에 가서 가르침을 받아야 한다. 구족계·자자·포살 의식은 비구 교단의 지도를 받았다.[67]

비구니의 삶을 살펴보면, 우기 3~4개월 동안은 집단생활을 하며, 8~9개월 동

---

66 『南傳大藏經』 3, p.489에 삼의를 허락하는데, 兩衆의 승가리, 일중의 울타리승, 一衆의 안타이다. pp.468~543 도 같은 내용. pp.538~539에 의하면, 兩僧에 승복을 시여할 때, 비구 다수와 비구니 일 인이거나, 비구니 다수와 비구 일 인일지라도 이등분하여 시여하였다. Vinaya-piṭaka Ⅲ, 비구 사타 제5조의 내용 중에 우다이 존자가 우빠라완나 비구니에게 승복(안타의)을 요구하는 내용이 있으며, 내용 가운데 "비구들이여, 나는 다섯 명, 즉 비구, 비구니, 식차마나, 사미와 사미니가 입는 옷을 받아 지니는 것을 허락한다. 비구들이여, 이 다섯 명이 교환하려는 옷을 받는 것을 허락한다."라는 구절을 보면, 승복은 동일한 것으로 파악된다. 다만 여성은 五衣로 두 개가 첨가된다. 또한 비구니에게 비구와 다른 특별한 三衣에 대한 내용이 없으며, 불공계 제정이 없다는 점에서 동일한 것으로 추정한다. 옷 모양과 종류와 질 등은 의견도에서나 공계에서 동일하게 기술되고 있기 때문에 같은 것으로 파악된다.

67 Vinaya-piṭaka Ⅱ, p.271~272(에띠엔 라모프 지음, 호진 옮김, 『인도불교사 1』, 시공사, 2006, p.126 참조).

안은 유행생활을 하는데, 실질적으로 유행을 하는 경우는 많지 않았던 것 같다. 그 이유는 여성이 장소를 이동하거나 어떤 곳에 거주하기가 쉽지 않았기 때문이었을 것이다. 비구니는 빈집이나 나무 아래 등에 머물지 못하기 때문에 항상 무리를 지어 함께 다녔을 가능성이 높다. 비구니는 홀로 잠자리에 들 수 없기 때문이다.

비구니의 하루 일과는 비구의 삶과 특별히 다르지 않았던 것으로 보인다. 가사노동에 참가하지 않기 때문에 오전에 걸식을 하고 오후에는 명상과 수행, 설법을 들었으며, 저녁과 밤에는 스승에게서 지도를 받고 수행 등을 하였을 것이다.

초기불교 비구니 교단의 안거 3~4개월 동안의 생활에 대한 기록은 구체적으로 찾아볼 수 없다. 3~4개월이 우기였기 때문에 길거리를 다니기 어려워 주로 한 곳에서 수행과 법담으로 시간을 보냈을 것으로 추측할 뿐이다.

구족계 규정과 갈마를 살펴보면, 여성이 구족계를 받을 수 없는 조건은 남성의 경우와 같이 다섯 가지 질병 중 한 가지에 걸렸거나, 노예신분, 빚진 사람 등이다.[68] 이 밖에 비구니가 되는 차법遮法은 비구 차법보다 24가지가 더 많다. 이를테면 여근이 없는 자, 여근이 불완전한 자 등이 비구니가 될 수 없다.[69] 구족계의 조건으로 여성에게 적용시키는 차법의 규정은 너무 번잡스럽고 부당해 보이기까지 한다. 『십송률』에 의하면 일부 부파에서는 생리불순인 경우에도 구족계를 주어서는 안 된다고 한다.[70] 이러한 사유가 구족계 수계를 받을 수 없을 만큼 중대한 것인지 이해하기 어렵다.

비구니가 되는 과정을 살펴보면, 먼저 식차마나의 경우는 2년 동안 육법계를 지켜야 하고, 발우와 오의를 갖춘 비구니 후보자는 자신의 화상니와 아사리니와 더불어 먼저 비구니 회중 앞에 나아가 계를 받고, 다시 비구와 비구니 이부 승가에 나아가 구족계를 받든다.[71]

---

68 *Vinaya-piṭaka* Ⅱ, Cullavagga X. p.271.

69 *Vinaya-piṭaka* Ⅱ, *Samantapāsādikā* Ⅲ, pp.548~549(사사키 시즈카 지음, 원영 옮김, 『출가, 세속의 번뇌를 낳다』, 서울 민족사, 2007, pp.151~152).

70 『十誦律』(『대정장』23, p.294 中).

71 *Vinaya-piṭaka* Ⅳ, pp.319~323. ; E. Waldschmidt, *Bruchstücke des Bhiksunī-prātimoksa*, p.138~143(호진 옮김, 『인도불교사』1, p.125).

비구와 비구니의 관계는 주로 팔경계에 따르며, 비구가 자신의 이득을 위해 비구니를 지도하면 안 되고 자격이 부족한 비구는 비구니를 지도하지 못한다. 비구와 비구니의 동행은 금지되며, 비구니가 함부로 비구의 행위를 비난하거나 비구의 권한을 빼앗아서도 안 된다. 마찬가지로 비구도 비구니의 권리를 함부로 유용해서는 안 된다.

비구니와 재가자의 관계를 살펴보면, 비구니를 돌보는 의지처 신자는 대개 친척일 가능성이 높다. 그 이유는 지속적으로 돌봐 줄 수 있는 신자를 확보하기가 쉽지 않기 때문이다. 비구는 남자 집사의 도움을 받고, 비구니는 남자 집사의 도움을 받을 수 없다. 왜냐하면 남자와 접촉하는 건 음행과 직결되기 때문에 피할 수밖에 없었을 것이다. 그러므로 비구니를 돌보는 집사는 여자였을 것이다. 그럼에도 불구하고 비구니를 돌보는 남자 신도도 있었던 것 같다.[72]

초기불교에서 비구니는 주로 신자와 친척들의 지원을 받았고, 특히 부모와 형제자매의 지원으로 원활하게 필수품을 구할 수 있었다. 또한 비구니를 돌봐 주는 의지처 신자가 그들이 필요한 물품들을 구입할 수 있도록 도와주었다.

비구니 교단이 성립된 후 붓다는 약 25년간 비구니 교단을 지도하였다. 이 짧은 기간에 아라한과를 증득한 뛰어난 비구니들도 많이 배출되었다. 비구니는 여성 신자에게 설법하며, 여성 불자의 지도자 역할을 하였고 사회에 영향을 주는 일들에 동참하였다. 당시에 여성 수행자가 종교 교육을 받고 남을 가르치는 건 의미 있고 혁신적인 현상이었다. 왜냐하면 당시 남성 중심의 힌두교 사회에서 여성은 남성 종교 지도자에게 종속된 존재였기 때문이다.

빨리어 경전 『증지부』 권1에 따르면, 제일 비구니로 담마딘나Dhammadinnā가 법을 설했다고 한다. 『증일아함경』 제3권의 제5 「비구니품」에도 "이치를 분별하여 널리 도의 가르침을 연설하는 제일 비구니 파두란도나波頭蘭闍那"라는 구절이 나와 있다. 즉 '설법 제일 비구니'는 설법을 하는 비구니들 가운데 제일이라는 뜻이므로 설법

---

72 H.Oldenberg, *Vinaya-piṭaka* Ⅳ, PTS, Oxford, 1993, p.248 사타 제4조에서는 재가 신도가 병든 비구니에게 필요한 음식을 주며 돌보는 장면이 나온다.

하는 비구니가 많았다는 것을 알 수 있다. 그러한 맥락에서 볼 때 당시 비구니가 신자에게 설법하는 것이 금지사항이 아니었던 것으로 보인다. 심지어 파사익왕에게 설법하는 비구니도 율장에 나타난다.[73] 그러나 비구니가 남성에게 설법을 하는 것은 사회문제를 야기할 수도 있기 때문에 그렇게 많지는 않았을 것으로 생각된다.

그 외에 수행이 비구만큼 뛰어난 비구니로서 우팔라완나, 키사 코타미, 케마 등을 들 수 있다. 『앙굿다라 니까야』에는 붓다가 칭찬한 13명의 뛰어난 비구니 제자들을 소개하고 있다.

① 비구니 중에서 가장 오랫동안 기다린 대애도 고타미 비구니. ② 큰 지혜가 있는 케마 비구니, ③ 초능력을 갖춘 우팔라완나 비구니, ④ 계율에 능숙한 파타차라 비구니, ⑤ 설법을 매우 잘하는 담마딘나 비구니, ⑥ 선정에 뛰어난 난다 비구니, ⑦ 지칠줄 모르고 정진한 소나 비구니, ⑧ 투시력을 가진 사쿨라 비구니, ⑨ 속히 통달한 밧다 쿤달라케사 비구니, ⑩ 과거의 생을 기억하는 밧다 카필라니 비구니, ⑪ 대신통을 얻은 밧다 캇차나 비구니, ⑫ 검소한 가사를 두른 키사 코타미 비구니, ⑬ 믿음을 실현한 시갈라마타 비구니 등이다.[74]

초기불교시대에 활동이 뛰어난 비구니는 『증일아함경』에도 많이 등장하며, 그 일부분은 『앙굿다라 니까야』의 내용과 비슷하지만[75], 더 많은 비구니가 『증일아함경』에 소개되고 있다.[76] 이와 같이 붓다 재세 시에는 많은 비구니가 비구 못지않게 수행했으며 재가자들을 제도했다는 기록이 있다.

『불종성Buddhavaṃsa』에 따르면, 25불은 모두 비구와 비구니 상수 제자를 두고 있다.[77] 이것은 비구와 비구니 교단의 성립이 붓다의 전통임을 보여주는 대목이다. 붓다의 재세 시와 입멸 후의 비구니 교단에 대한 기록은 쉽게 찾아보기 어려울 뿐만 아니라 비구니 교단의 쇠퇴에 관한 내용도 보이지 않는다. 그러나 초기경전에

---

73   *Vinaya-piṭaka* Ⅳ, PTS, p.255.
74   *Aṅguttanikāya* 1, p.25(마성, 『사캬무니 붓다』, 대숲바람, 2010, p.372 참조).
75   『增一阿含經』 권3, 제5 『比丘尼品』(『대정장』 2, p.558 下).

붓다에게 인정받은 비구니들의 수행과 포교 등의 내용이 있음을 간과해서는 안
될 것이다.

비구니 교단의 위계는 교단의 연장자로 대애도 고타미가 결정되면서부터 이
루어졌다. 대애도 고타미와 오백 명의 비구니가 주축을 이루다가 점차 많은 비구
니, 식차마나, 사미니가 교단에 가입하게 된다. 본래 교단의 위계는 법랍 중심이기
때문에 출가 연장자 순으로 정해졌다. 그래서 대장로니, 장로니, 중참 비구니, 신참
비구니로 구별되며 식차마나, 사미니의 위계를 형성하고 있다.

하지만 깨달음의 수행력을 기준으로 직책과 위계를 인정하는 경우도 있었던
것으로 보인다. 또한 화상니와 아사리니는 지도자로서 식차마나나 사미니를 지도
하거나 훈계할 수 있다. 이와 같이 형성된 비구니 교단은 수행자의 삶을 살아가면
서 율장의 규정에 따라 그 지역의 비구 교단과 긴밀한 관계를 맺고 있다가, 불멸 후
부파불교시대에 이르러서는 차츰 비구 교단에 종속되어 갔을 것으로 생각된다.

---

76 ①얼굴이 단정하여 남의 존경과 사랑을 받는 醯摩闍 비구니, ②낡은 옷을 입고도 부끄럽게 생각하지 않는
優多羅, ③외도를 항복받은 輸那, ④모든 감관이 고요하고 그 마음이 한결 같은 光明, ⑤옷을 잘 바루어 언
제나 법다운 禪頭, ⑥여러 가지를 논의하되 의심이나 걸림이 없는 壇多, ⑦게송을 잘 지어 여래의 덕을 찬탄
하는 天與, ⑧많이 듣고 널리 알며 은혜와 지혜로 아랫사람을 대하는 瞿卑(이상은 『增一阿含經』 권3, 제5 「비
구니품」(『대정장』 2, p.559 上), ⑨항상 고요한 곳에 있으면서 사람 속에 살지 않는 無畏, ⑩몸을 괴롭혀 걸식
하면서 귀천을 가리지 않는 毘舍佉, ⑪한곳에 한 번 앉아 쉽게 자리를 옮기지 않는 拔陀婆羅, ⑫두루 다녀
구걸하면서 사람을 널리 제도하는 摩怒呵利, ⑬도를 빨리 이루어 중간에 지체하지 않았던 陀摩, ⑭세 가지
옷을 가져 끝내 버리지 않는 須陀摩, ⑮항상 나무 밑에 앉아 뜻을 쉽게 바꾸지 않는 協須那, ⑯늘 露地에 머
물면서 덮어 있는 집을 생각하지 않는 奢陀, ⑰호젓하고 고요한 곳을 즐겨 사람 속에 있지 않는 優迦羅, ⑱항
상 풀자리에 앉아 옷차림을 하지 않는 離那, ⑲다섯 가지 누더기 옷을 입고 차례로 걸식하는 阿奴波摩(『증일
아함경』 권3, 제5 「비구니품」(『대정장』 2, p.559 上~中), ⑳쓸쓸한 무덤 사이를 즐기는 優迦摩, ㉑생물들을 가
엾이 여기는 자비로운 마음으로 많은 여행을 한 淸明, ㉒도에 이르지 못한 중생을 슬피 여기는 素摩, ㉓도를
얻은 이를 기뻐하고 소원이 일체에 미치는 摩陀利, ㉔모든 행을 단속하여 뜻이 멀리 떠나지 않는 迦羅伽, ㉕
空을 지키고 빈 것을 잡아 '없음'을 깨닫는 提婆修, ㉖마음이 생각 없음을 즐겨해 모든 집착을 버린 日光, ㉗
구함 없기를 닦아 익히어 마음이 항상 넓은 末那婆, ㉘모든 법에 의심이 없어 한량없이 사람을 제도하는 毘
摩達, ㉙진리를 널리 설명해 깊은 법을 분별하는 普照(『증일아함경』 권3, 제5 「비구니품」(『대정장』 2, p.559 中),
㉚참는 마음을 품어 땅이 모든 것을 받아들이는 것과 같이 하는 曇摩提, ㉛사람을 잘 교화해 시주 모임을
만들게 하는 須夜摩, ㉜마음이 아주 평온해 어지러운 생각을 일으키지 않는 因陀闍, ㉝모든 법을 밝게 관찰
하되 만족할 줄 모르는 龍, ㉞뜻이 굳세고 용맹스러워 물들지 않는 拘那羅, ㉟水三昧에 들어 일체를 두루 적
시는 婆須, ㊱焰光三昧에 들어 모든 중생을 두루 비추는 降util, ㊲惡露의 더러움을 관하여 연기를 분별하는
遮婆羅, ㊳그의 모자람을 주어 여러 사람을 기르는 守迦, ㊴내 聲聞 가운데 최후로 제일 가는 비구니 拔陀軍
陀羅拘夷國(Bhaddā Kuṇḍalakesā)(『증일아함경』 권3, 제5 「비구니품」(『대정장』 2, p.559 中~下).

77 N.A. Jayawickrama, *Buddhavaṃsa and Cariyā-piṭaka*, PTS. 1974, 백도수 옮김, 앞의 책, pp.55~56 도표 참조.

2) 부파불교 비구니의 위상 저하

부파불교시대의 비구니 교단에 대한 자료는 경전에서 거의 찾아볼 수 없다. 아쇼카왕B.C.273~236 재위의 법칙에는 비구니 교단에 대한 언급이 있지만 불멸 100여 년에 발생한 십사비법의 논쟁에서는 비구니 교단의 동향을 알 수 있는 기록이 전혀 없다.[78] 이는 불멸 후 비구니 교단의 세력이 점차 약해져 갔음을 보여주는 것으로 추측된다.

부파불교 당시 비구니의 활동에 대한 기록은 아쇼카왕 통치 때의 비문에 나타난다. 공주 상가밋따Saṃghamittā가 출가하여 비구니가 된 사실을 통해 그 당시 비구니 교단이 크게 발전해서 황금기를 맞이했던 것을 알 수 있다.[79]

그러나 마우리아 왕조가 멸망하고, 기원후 300년경의 굽타 왕조 시대에는 국가 차원에서 힌두 전통을 장려하였다. 힌두 전통사회에서는 여성의 지위가 급격히 쇠퇴했으므로, 출세간을 지향했던 여성 출가자들의 입지는 좁아질 수밖에 없었다. 구법승들의 기록에 의하면 4세기경까지는 비구니 교단의 흔적이 보이지만, 6세기 이후부터는 점차로 사라졌다고 한다.[80]

그러한 맥락에서 비구니 교단에 대한 기록이 없는 이유를 유추해 보면 첫째, 붓다 입멸 이후에 비구니 교단의 위상이 낮아지고 교단 내에서 중요하게 거론되지 않았을 가능성을 들 수 있다. 단지 비구 교단에 종속된 처지였다는 뜻이다. 이와 같이 추정하는 근거는 아라한이 된 수많은 비구니들이 붓다의 입멸 전후에만 등장하고 이후로는 존재하지 않는다는 점, 또한 '여인불성불설'이 등장하고 있다는 점을 들 수 있다. 엘리슨 핀들리는 초기경전에 나오는 아라한이라는 말은 모두 남성에게만 사용되었으며, 아라한의 지위에 오른 특정 여성 승려들을 대상으로 하는 대화가 많음에도 이를 적용하지 않았다고 지적하였다. 이유는 기원전 6세기

---

78 平川彰 지음, 석혜능 옮김, 『원시불교의 연구』, 민족사, 2003, p.94.
79 Peter Harvey, *An Introduce to Buddhist Ethics*, Cambridge University Press, 1990, p.355.
80 이수창, 「상좌불교의 비구니 승가 복구 문제」, 『한국불교학』, 제50집, 2008, p.416.

에서 3세기까지 인도와 불교 사회가 남성 중심 사회였기 때문이라는 것이다.[81]

서영애는 "불멸 후 200여 년부터는 불교계의 일각에서 여성 차별적인 면이 서서히 나타났다. 그들이 내세우는 것 가운데 하나가 남성 출가자는 반드시 여성을 부정시해야 한다는 부정관이었다. 당시 인도 사회에는 '카니카'라는 유녀들로 상징되는 향락 문화가 있었으며, 종교계에서는 세속의 타락을 염려하였다. 따라서 불교계에서도 여성을 멀리하는 것이 수행에 도움이 될 것이라 생각하였다. 그리하여 세속의 그러한 향락적인 흐름이 유입되는 것을 막기 위해 수행자에게 과도하게 여성을 멀리할 것을 강조하였으며, 그러한 현상이 본래 의도와는 다르게 여성을 차별적·부정적 시각으로 바라보게 되었다."[82]고 주장한다.

붓다가 가르친 부정관은 수행자가 남성이냐 여성이냐에 따라서 설명하는 방법이 달랐다. 붓다는 때와 장소에 따라서, 또 가르침을 듣는 대상에 따라서, 출가자와 재가자를 구분하여 그들에게 맞는 가르침을 전하였다. 여성 자체를 멸시하고 차별하지 않았다. 수행자 스스로 이성을 향한 흔들리는 마음과 욕망을 부정하라고 가르치신 것이다. 여성을 향한 자기 자신의 욕망을 부정하는 것이었다.[83]

두 번째, 제1차 결집 때 비구니가 합송에 참여하지 못한 사실에서 찾아볼 수 있다. 즉, 합송 과정에 비구니를 참여시키지 않았고, 비구니 교단에 대한 언급조차 없다. 이것을 보면 붓다 입멸 이후 남성 지배 사회에서 비구니 교단이 비구 교단에 종속되었음을 짐작할 수 있다. 여성을 비하하는 인도인의 관념이 너무 뿌리 깊었기 때문에 그렇게 위대하고, 폭넓게 존경받았던 붓다의 노력으로도 완전히 제거되지 않았던 것이다. 붓다에 의해 향상되었던 여성의 지위는 붓다 입멸 후 시간이 흐르면서 서서히 낮아졌던 것이다.

따라서 초기 이후 부파불교시대에 이르도록 여성에 대한 인식은 다음 두 가

---

81 엘리슨 핀들리 지음, 안옥선 옮김, 「왜 여성은 아라한이라 불리지 않았는가?」, 『불교평론』, 2권 4호, 2000, p.364.

82 서영애, 『불교의 여성관』, 불교시대사, 2006, pp.267~268.

83 율 가운데서도 초기가 아닌 후대의 요소가 많이 들어 있는 근본유부율에서는 여성의 자질을 무시하는 내용이 나온다. 『根本有部毘奈耶藥事』 권15(『대정장』 24, p.76 中). ; 『根本有部毘奈耶雜事』 권7(『대정장』 24, p.235 下). ; 『根本有部毘奈耶雜事』 권33(『대정장』 24, p.369 下) 등(사사키 시즈카 지음, 원영 번역, 앞의 책, p.338. 참조).

지 면에서 차이가 보인다. 첫째, 당시 인도 사회가 교단에 요청하는 차별이다. '남편 허락 없는 여성 출가 금지'라고 하는 조항이다. 이것은 교단이 일반 사회의 통념에 어느 정도 따르지 않고는 살아갈 수 없으므로 받아들인 것으로 보인다. 둘째, 뒤늦게 출발한 비구니 교단을 비구 교단이 지도한다고 하는 상하구조가 만들어 낸 차별성이다. 이것은 초기 단계에서는 유용한 시스템이었을지 모르지만 고정시킴으로써 비구니를 무시하게 하는 결정적인 요인이 되었다.[84] 여성은 남성과 달리 주체적으로 자신의 정체성을 확보하지 못하고 남성의 인식이나 해석에 따르는 존재라는 생각이다.[85] 이러한 의식이 비구니 교단의 독립성을 방해했던 것이다.

그러나 이영자는 팔경법이나 계율의 제정을 조금 다른 시각으로 보고 있다. 당시 인도의 상황을 볼 때 차별을 둔 팔경법이나 계율 등은 여성의 생리적인 기능을 고려한 것으로 보아야 하며, 성범죄를 미연에 방지하기 위한 것이었다는 주장이다. 불교의 궁극적 목표인 깨달음을 향해 가는 길에 계율은 방편에 지나지 않음을 인식해야 한다는 것이다.[86] 그러나 이러한 시각은 자칫 비구니들의 사고나 활동에 영향을 미쳐 위축감을 주는 요인이 될 수 있다는 점도 고려해야 할 것이다.

또 하나 부파불교시대의 비구니 교단에서 살펴봐야 하는 것은 비구니 교단의 소속 문제이다. 과연 비구니가 어떤 주체성을 가지고 자신의 소속을 스스로 선택할 수 있었는가 하는 점이다. 비구니 교단은 그 지역에서 이동을 자제하고 그 지역의 비구 교단과 긴밀한 관계를 맺으며, 지역적인 교단 생활을 영위했을 것이다. 그러한 측면에서 보면, 상좌부와 대중부의 부파 분열 시에 비구니가 스스로 자신의 위치를 고수하여 다른 지역으로 대규모 이동할 가능성은 거의 없다. 왜냐하면 먼 지역을 대중이 함께 이동하는 것은 거의 불가능하기 때문이다.

그렇다면 자연스럽게 지역적인 부파에 포섭되고, 그 지역 비구 교단의 영향과 지도를 받았을 것이다. 역사상으로는 승가 분열과 부파의 문제가 단지 남성 즉 비

---

84   사사키 시즈카 지음, 원영 번역, 앞의 책, pp.338~339.
85   안옥선, 「불교윤리의 현대적 이해—초기불교윤리에의 한 접근—」, 불교시대사, 2003, p.348.
86   이영자, 「불교와 여성」, 민족사, 1991, pp.147~148.

구 교단의 일로만 기록되어 있다. 그 이유는 아마 비구니 교단에 선택 권한이 없었기 때문일 것이다.

다른 한 가지 가능성은 여성이 오히려 붓다의 가르침에 충실하며, 규율이나 사상 문제보다 자신의 수행과 깨달음 성취에 관심을 더 두었을 것이라는 점이다. 즉, 괴로움에서 벗어나기 위해 전력함으로써 정치적 성향을 띠는 교단 대립에서 한 발짝 물러나 있었다고 할 수 있다. 비구니 개개인을 본다면 깨달음의 가능성이라는 점에서 여성은 남성과 평등한 위치에 있었다. 즉 깨달음에 있어서만은 적어도 대승불교가 탄생하기 전까지 비구니에 대한 사회와 비구 교단의 태도는 동등하게 이어졌다.

3. 대승불교의 비구니 교단과 소멸

1) 대승불교 운동과 비구니

대승불교의 탄생에서 가장 중요하게 거론되고 있는 것 가운데 하나가 바로 불탑 신앙이다. 불탑을 신앙했던 사람들은 재가자뿐만 아니라 비구, 비구니도 포함되어 있었으며, 그들 가운데 실제로 불탑 공양의 보시자 명단에 오른 사례가 많이 있었다. 이 명단은 불탑을 조성하는 데에 비구는 물론 상당수의 비구니도 보시하였음을 보여준다.

대표적인 예가 마우리아 왕조의 산치Sanchi 명문銘文 내용인데, 명단에는 보시자의 법명이 분명하게 거론된 비구니의 수가 비구보다도 2명 많은 83명으로 기록되어 있다고 한다.[87] 또한 기원후 280년 마투라Mathurā의 불상 대좌를 보시한 명단 가

---

[87]　平川彰, 『初期大乘佛教の研究』 II, 春秋社, 1990, p.279.

운데 비구니가 등장하는데, 바로 자야바타Jayabhaṭṭā의 야사비하라Yaśāvihāra라는 비구니다.[88]

이러한 내용 등을 통하여 우리는 비구니들이 부파불교시대의 어려운 여건에서도 보시 등을 소홀히 하지 않았으며, 대승불교 운동에도 나름대로 지대한 역할을 했다는 것을 간접적으로 엿볼 수 있다. 물론 인도의 대승 비구니 교단의 실태를 구체적으로 파악하는 것은 쉽지 않다. 그 이유는 비구 교단과 달리 비구니 교단에 대한 자료를 거의 찾아볼 수 없기 때문이다. 인도 사회에서 비구니는 중국의 비구니와 달리 비구 교단에 속하였으며, 비구니들의 조직 구조도 비구의 조직 구조에 종속되어 있었다고 본다.[89] 결국 남성이 중심인 사회에서는 남성 중심의 경전이 집필되고 기록될 수밖에 없었을 것이다.

그러나 초기경전 가운데 비구니와 관련된 『불설나녀기파경佛說奈女耆婆經』이 있는데, 깨닫는 데에는 남녀가 따로 없다는 내용으로, 부처님 당시 명의로 유명했던 기바 의사의 탄생과 어머니 나녀에 대한 이야기가 기록되어 있어 주목할 만하다.[90] 그러나 일부 대승경전에는 비구니에 관한 기술도 드물고 오히려 여성 불자, 보살로서의 여성 그리고 선여인이 더 자주 등장한다.

대승불교 운동이 일어난 것은 부파불교에서 '삼종설'과 '여인오장설'이 등장하던 시기였다. 여성은 성불할 수 없다는 '여인오장설'은 근본 분열 이후, 대승경전 성립 전에 나온 것으로 추정할 수 있다. 왜냐하면 근본 분열 전에는 남녀 모두 아라한이 될 수 있다고 하였으며, 성불에 대한 내용은 구체적으로 등장하지 않기 때문이다. 즉 기원전 3세기 후반부터 기원후 1세기 전, 좀더 좁혀서 얘기해 본다면 기원전 1세기경에 출현된 것으로 볼 수 있다.

문제는 여인오장설의 이유를 자세히 밝히지 않았다는 점이다. 여인은 성불할 수 없다는 이유 중의 하나로 붓다의 32상 색신장엄 가운데 '음장상'을 들고 있을 뿐이다. 음장상이 여성에게는 있을 수 없는 상이므로 여성은 성불이 불가능하다

---

88 塚本啓祥, 『インド佛敎碑銘の硏究』 I, 平樂寺書店, 1996, p.641.
89 Diana Y. Paul, *Women in Buddhism*, University of California Press, Berkeley 외, second. ed. 1985, p.80.
90 『佛說奈女耆婆經』(『대정장』 14, p.896 下. p.906 中).

는 설의 근거가 된 것으로 추정하고 있다.[91] 그런데 여인오장설은 삼종설보다 뒤에 나타난 것으로 추측할 수 있다. 왜냐하면 초기경전인 아함부 경전의 『불설옥야여경佛說玉耶女經』[92] 등에는 삼종설만 설해져 있고 오장설은 언급되지 않았기 때문이다.[93]

그리고 부파불교는 출가 비구를 중심으로 교리체계를 정교화하는 데 주의를 기울이고 있었기 때문에 비구니뿐만 아니라 재가와도 어느 정도 거리를 두고 있었다. 불전 편찬도 비구 중심으로 이루어졌으며, 비구니 내지 여성의 지위도 거의 유명무실해지고 있었다. 그러나 2~4세기경에는 여성은 여성의 몸 그대로 성불할 수 있다는 여성 '즉신성불' 사상이 표면화된다.[94]

인도 대승불교시대의 비구니 교단에 관한 종합적인 자료는 부족하지만 경전마다 비구니의 삶을 기술한 내용들을 부분적으로 싣고 있다. 비구니 계율은 비구니가 어느 부파에 속하는가에 따라 대개 부파불교의 계율을 따랐다. 그럼에도 불구하고 비구니가 『범망경』의 보살계를 받는 경우도 있었다. 그러나 만일 비구니가 단독으로 『범망경』 보살계를 받으면 교단의 일원이 되지 못하기 때문에 대부분은 전통적인 『사분률』, 『오분률』, 『승지율』 등의 계를 따른 것으로 보인다.

대승불교에서는 기존 불교의 여성관, 비구니의 차별성을 어떻게 조명하고 있으며, 그 의의는 무엇일까? 이것은 바로 이러한 문제들을 비판적으로 인식하면서 여성을 성불의 주체로 인식했다는 데 있다. 그리고 이처럼 여성을 성불의 주체로 인식하기 위해서는 당연히 부파불교의 여성관도 비판의 대상이 될 수밖에 없었다. 즉, 대승불교도들은 기존 불교의 여성 차별적인 요소를 어떻게 극복할 것인가를 고민하지 않을 수 없었을 것이다.[95]

대승불교에서 여성의 위치가 성불이 가능한 존재로 인정받으면서 비구니의

---

91 海住, 『불교교리강좌』, 불광출판부, 2001, p.228.
92 『佛說玉耶女經』(『대정장』 2, p.864 上~下)에 "여인에게는 三障과 十惡이 있는데, 보살법을 수행하면 가히 佛에 도달할 수 있다. 대승불교에서는 남녀의 차별이 없다."라는 내용이 설해져 있다.
93 해주, 「변성성불론」, 『불교사상』 27, 1986, p.209.
94 이영자, 『불교와 여성』, 민족사, 1991, p.145.
95 구자상, 『여성 성불의 이해』, 불교시대사, 2010, p.189.

지위도 상대적으로 여성 수행자들과 같은 위치가 되는 듯이 보였다. 아마 여성 신도의 지위 격상도 이에 일조했을 것이다. 대승불교에서는 여성 수행자의 모습보다는 보살의 삶을 강조하는데, 그것이 바로 여성 수행자의 이상을 위축시키는 계기가 되었을 수도 있다. 즉, 깨달음의 길을 재가 세계까지 확대했다는 점에서 획기적인 변혁이었다. 출가하고 싶어도 할 수 없었던 다수의 사람들에게 커다란 희망을 주었던 것이다. 대승불교에서는 보리심을 일으키면 비구, 비구니, 선남자, 선여인에 상관없이 보살이 될 수 있고, 붓다가 될 수 있다고 강조하기 때문에 어떤 면에서는 구태여 수행자의 모습을 갖추지 않아도 된다고 생각할 수도 있었다. 그러나 보살의 경우도 분명히 출가 보살비구, 비구니과 재가 보살을 구분하고 있다. 또한 보살의 계율 적용에 있어서도 『대품반야경』 가운데는 재가 보살과 출가 보살에 따라 그 조목을 달리하는 기록이 보이고 있는데, 특히 불음의 내용이 돋보인다.[96] 이러한 계율에 대한 적용은 비구뿐만 아니라 비구니의 경우도 마찬가지라고 할 수 있다. 즉, 대승 교단 내에서도 적지만 재가와 출가 보살을 구별하였으며, 출가자의 위치는 달리 있었으리라 본다. 따라서 진정한 대승불교 운동이 붓다의 정신으로 돌아가자는 의미에서 시작된 것이라면, 왜 붓다가 비구니 교단을 만들었는가, 그 취지를 잃어서는 안 되리라 본다. 출가한 수행자로서 비구니 교단이 굳이 필요 없었다면 비구니 교단은 탄생되지 않았을 것이다. 붓다의 가르침인 경전의 내용, 특히 대승경전의 내용을 이해하려면 여성 수행자들에 대한 붓다의 기본 가르침을 염두에 두어야 한다고 본다.

---

96   『大品般若經』 권1(『대정장』 8, p.221 中).

2) 대승경전을 통해 본 비구니

대승경전의 인연담에는 모인 대중 가운데 대부분 비구니가 거론되고 있다. 모인 대중으로는 비구, 비구니, 우바새, 우바이, 보살과 천신, 보호신 등이 등장한다. 그것은 대승경전이 성립될 때까지는 아직 그대로 비구니 교단이 유지되고 있음을 의미한다.

널리 알려진 경전, 즉 『반야경』에서는 비구 외에, 비구니 오백 명과 우바새, 우바이, 보살의 모임 대중이 언급되고 있다.[97] 비구니 상수는 바로 대승생주로 적혀 있다. 이 경전은 초기경전의 영향을 받아 대가섭을 상수로 한 비구 대중과 대애도 고타미를 상수로 한 비구니 교단을 기술하고 있다.

『묘법연화경』에는 비구 만이천 명 외에 비구니 육천 명, 그 밖에 보살 대중이 나오는데, 여기서는 대애도 고타미의 권속과 라훌라의 어머니 야소다라의 권속, 즉, 두 그룹의 비구니 집단으로 구분하고 있다.[98]

『화엄경』에서는 보살, 비구, 역사 등의 모임이 있지만 비구니 모임은 보이지 않는다. 하지만 성문 보살 등을 거론하고 있어 여기 성문 가운데 비구와 비구니가 포함되는지는 알 수 없다.[99] 『불설아미타경』에서는 만이천의 비구와 대승 보살만이 등장한다.[100] 『대방등대집경』에서도 비구와 대승 보살만이 등장한다.[101]

이상의 대승경전에서 보는 바와 같이 비구니와 여성의 모임을 제외하는 경전과 비구니를 모임 대중에 포함하는 경전이 있다. 여기에서 비구니의 등장은 당연히 양성평등의 시각에서 기록한 것이라기보다는 관습적인 경우도 있을 것이라 생

---

97 『大正藏』 5, p.1. 與大苾芻衆千二百五十人俱, 皆阿羅漢, 諸漏已盡無復煩惱, 得真自在心善解脫, 慧善解脫, 如調慧馬亦如大龍, 已作所作已辦所辦, 棄諸重擔逮得己利, 盡諸有結正知解脫, 至心自在第一究竟. 除阿難陀獨居學地得預流果, 大迦葉波而為上首. 復有五百苾芻尼衆, 皆阿羅漢, 大勝生主而為上首. 復有無量鄔波素迦鄔波斯迦, 皆見聖諦. 復有無量無數菩薩摩訶薩衆, 一切皆得陀羅尼門.

98 『大正藏』 9, p.1 下. 摩訶波闍波提比丘尼, 與眷屬六千人俱. 羅睺羅母耶輸陀羅比丘尼, 亦與眷屬俱. 菩薩摩訶薩八萬人.

99 『大正藏』 9, p.781 下 大如車輪; 華中悉見男女 大小 釋梵四王 諸龍 夜叉, 乃至人 非人等, 及諸象馬 聲聞菩薩, 一切衆生, 種種形類, 皆悉恭敬, 合掌禮佛.

100 『大正藏』 12, p.265下. 與大比丘衆萬二千人俱.

101 『大正藏』 13, p.1上. 不待莊嚴了知諸, 與大比丘僧六萬八千.

각한다. 그 이유는 일반적으로 인연담의 첫 모임 대중은 상수 비구에서 보살, 천신이나 다른 종류까지 확장된 것이기 때문이다.

초기경전에서는 일반적으로 비구 대중이나 일천이백오십 비구들, 오백 비구들이 주로 나타나거나 아니면 비구들이라고 말하고 있다. 초기경전에서도 비구니의 모임에서 붓다가 설하는 장면은 보이지 않는다. 그 이유는 제1차 결집이 비구를 중심으로 형성되었고 전해져 왔기 때문에 비구니의 암송과 전승은 포함시키지 않았기 때문일 것이다. 이러한 경전 내용은 경우에 따라서 비구니에 대한 차별로 보이기도 하지만, 혹은 시대적 상황에 따른 방편으로 보는 견해가 있을 것이다. 그러한 시각은 대승경전에 등장하는 여성의 성불과 관계된 내용에서도 같은 모습으로 나타난다.

대승에서의 불, 보살은 남녀의 성을 떠난 이미지를 강조한다. 그러나 여성 붓다의 모습이 거의 없다는 것은 여전히 양성평등, 성적 차별이 존재하였음을 상징적으로 보여준다. 『불설전녀신경』에서는 "부처님께서 이 법을 설하실 때 모인 대중 가운데 오백 비구니가 모두 무상정등각의 마음을 내고 다음과 같이 말했다. '저희들이 가진 선근으로 여자의 몸을 여의고 속히 남자가 되기를 원합니다.'[102]라는 내용이 있는데, 이것은 대승의 여성 차별의 예로서 지적되는 내용 가운데 변성남자의 사상이다. '여성이 여성인 동안은 붓다가 될 수 없다. 여성이 붓다가 되기 위해서는 일단 남성으로 태어나지 않으면 안 된다.' 라는 이러한 '변성남자설'은 『법화경』의 「제바달다품」[103] 등 중요한 경전에 설해져 있다. 『법화경』의 변성남자설은 종래의 여인오장설보다는 진일보한 사상이지만 여전히 '여인→남자→붓다'라는 형식을 취해야 하기 때문에 여성 차별 경전으로 보게 되는 것이다. 그러나 『법화경』의 「권지품」 내용 가운데 보이는 여인성불에 대한 수기[104]는 '여인성불론'의 맹아라는 관점에서 평가되어져야 할 것이다.

여인성불론과 직접적인 관계가 있는 경전이 바로 『해룡왕경』이다. 『해룡왕경』

---

102 백도수, 『대장경에 나타난 여성불교』, 불교여성개발원, 2001, p.227.
103 『妙法蓮華經』 권4, 「提婆達多品」 제12(『대정장』 9, p.35 下).
104 앞의 책, 「勸持品」 제13(『대정장』 9, p.36 上).

의 내용에는 변성남자설의 주역인 용녀에 대한 설은 있으나 '여인즉신성불론'[105]외에 '변성남자설'에 대한 언급은 없다. 따라서 인도 불교에는 이미 '변성남자성불론'과 '여인즉신성불론'이 공존하고 있음을 알 수 있다.

『유마경』의 「관중생품」에서 사리불을 깨달음으로 인도한 천녀는 남성인 사리불을 여성으로, 여성인 천녀를 남성으로 변화시킴[106]으로써 공의 입장에서 남녀차별 인식을 넘어서게 하고 있다.[107] 『승만경』의 승만부인은 붓다를 대신하여 설법할 뿐 아니라 붓다로부터 부처가 되리라는 수기를 받는다.[108] 『승만경』은 여성만이 아니라 인간 전체에 대한 평가가 달라져야 한다는 여래장사상을 설한 경전이다. 대승의 인간관인간=불성·여래장에 의한 불교의 평등한 여성관이 성립된 경전인 것이다.

이렇게 초기 대승시대부터 변화된 여성관과 더불어 향상된 비구니 위상을 나타내는 내용으로는 『화엄경』에 등장하는 사자빈신 비구니의 깨달음을 들 수 있다. 사자빈신 비구니에 대한 내용은 대승 비구니 교단을 연구하는 데 매우 주목할 만한 자료이다. 사자빈신 비구니는 붓다가 되기를 서원한 보살을 깨우치는 선지식의 역할을 하고 있다.

『화엄경』「입법계품」에 따르면, 선재동자가 만난 이는 54명이며 이 중에 여성 선지식은 약 40%인 21명으로 비구니, 우바이, 여신, 천녀, 동녀, 유녀, 태자비, 태자모 등이다. 이 가운데 비구니로 이름이 거론된 이는 사자빈신 비구니인데, 십회향의 넷째 단계정진바라밀에 머무는 선지식이다. 사자빈신 비구니는 수나국 가릉가 숲의 사자좌에 앉아 법을 설하여 한량없는 중생을 이롭게 하고, 세상 법에 물들지 않고 마음에 두려움이 없었다. 여러 중생들의 욕망과 번뇌를 이해함이 수승하고 근기에 따라 법을 설하여 정등각에서 물러나지 않게 하는 능력이 있었다. 빈신 비구

---

105 『海龍王經』, 「女寶錦受決品」(『대정장』 15, p.149 中~下).
106 『維摩詰所說經』 권24, 「不思議品」 제6(『대정장』 14, p.548 中~下).
107 앞의 책 「不思議品」 제6(『대정장』 14, p.548下).
108 여성의 성불 수기는 『勝鬘經』 외에 『龍施女經』, 『堅固女經』, 『順權方便經』, 『法華經』 등에 기록되어 있다. 여성 성불 수기에 대한 내용은, 이창숙, 「印度佛敎의 女性成佛思想에 대한 硏究」, 동국대대학원 석사논문, 1993, pp.98~111.참조.

니는 온갖 지혜를 성취하는 해탈을 얻었으니 그 지혜의 광명문에 들어가서 모든 법을 내는 삼매왕을 얻었다. 그 삼매로 인하여 뜻대로 태어날 수 있는 몸을 얻었다.[109]

이상 살펴본 바와 같이 『반야경』을 비롯하여 초기 대승경전에는 성차별적인 내용이 담겨져 있다는 비판을 면하기 어렵다. '변성남자설'을 거쳐서 이루어진 '여인즉신성불'의 점차적 단계로 인한 남녀 불평등 사상 때문이다. 그러나 일승 사상을 통한 평등사상의 확립과, 선지식으로서의 빈신 비구니를 통한 비구니 위상의 회복 또한 대승경전에서 얻을 수 있는 결과물이다.

대승경전에 등장하는 '여성 성불의 문제'에 대해서는 학자들에 따라 견해를 달리하고 있다. 우선 대부분이 알고 있듯이 '여성 성불 불가설'의 경전 내용은 붓다의 기본 교설과 정면으로 대치되기 때문에 보수적인 비구들이 첨가했다는 견해가 있다.[110] 또한 김호성은 불교 문헌에 나타난 여성의 '성불 가능성'과 '불가능성'의 상호 모순과 양면성을 극복하기 위해 '요의경'과 '불요의경'으로 구분하는 대안을 제시하였다. 여성 성불 가능성을 설한 경전은 요의경에, 불가능성을 설한 경전은 불요의경에 속한다고 구분하였다.[111] 심지어 『사분률』이나 『법화경』에도 차별적 여성관이 들어 있으므로 요의경으로 충분하지 못하다고 지적하고 있다.[112]

마성스님은 구자상의 "단지 불교적 진리의 평등성이라는 피상적인 측면에서만 대응할 뿐 그 현실성을 제대로 읽어내지 못하고 있다."[113]라는 지적에 동의하면서 붓다의 인간관을 강조했다. 즉 붓다는 인간의 긍정적인 측면과 부정적인 측면을 동시에 인정했다는 것이다. 따라서 붓다가 여성 수행자를 보는 시각은 여

---

109 전해주, 「입법계품의 여성 선지식에 대한 고찰」, 『한국불교학』 23집, 한국불교학회, 1997, pp.334~345.

110 안옥선, 「초기경전에 나타난 여성 성불 불가설의 반불교적 고찰」, 『哲學硏究』 第68輯, 大韓哲學會, 1998, p.186.

111 김호성은 요의경으로 『유마경』과 『승만경』을, 불요의경으로 『증일아함경』의 별행본인 『玉耶經』, 『善生經』을 들고 있다(김호성, 「불교의 여성관 정립을 위한 해석학적 모색」, 『佛敎學의 解釋과 實踐』, 불일출판사, 2000, pp.43~57.참조).

112 김호성, 앞의 책, p.40. 『사분률』은 '팔경계'가 시설된 내용이고, 『법화경』은 내용 가운데 '변성남자설'이 등장하기 때문임을 지적하고 있다.

113 具滋尙, 「佛敎의 女性觀 硏究」, 東亞大學校大學院 哲學博士學位論文, 2006, p.4.

성에 대한 성차별이 아니고 여성의 생리적 특성과 사회적 특성을 배려한 것이라고 하였다.[114] 보수적인 성향의 제자들이 첨가했든, 후에 증광된 것이든, 이들이 공통으로 주장하는 점은, 붓다가 기본적으로 여성을 차별하지 않았다는 것이다. 붓다는 인간이면 누구나 가지고 있는 속성을 지적했을 뿐이며, 그것을 여성만이 가지고 있는 특성으로 보고 여성만 가르치고 염려했다고 보아서는 안 된다. 특히 여성을 차별한 것처럼 보이는 내용은 당시 사회적 배경에 의한 붓다의 방편이었음을 알아야 한다. 대승의 기본이 되는 보살 정신은 무집착과 무분별의 평등사상이기 때문에 깨달음을 이루는 데는 남녀 차별이 없는 것이다. 그것이 바로 붓다가 우리를 일깨운 진정한 가르침이다. 그것은 비구와 비구니의 경우에도 같은 맥락으로 보아야 할 것이다.

3) 비구니 교단의 소멸

힌두 사상의 강화

대승불교시대에 불교 내적으로 여인즉신성불 등, 남녀평등이 이루어졌음에도 비구니 교단은 소멸의 길로 들어서게 된다. 물론 비구 교단의 소멸이 가장 큰 이유겠지만 부파불교시대부터 이미 비구니 교단의 위상은 저하되고 있었다. 이것은 부파불교시대부터 비구니의 존재가 그리 중요하게 여겨지지 않았으며, 이때부터 비구니 교단은 소멸의 길로 들어섰음을 의미한다.

그렇다면 부파불교시대에 비구니 위상이 약화된 이유는 무엇일까? 마우리아 왕조가 망하고 기원후 300년경에 들어선 굽타 왕조는 국가 차원에서 힌두 전통을 장려하였다. 굽타 왕조 이후 국가에서 바라문교를 지원하여 바라문이 부흥함으로써 힌두 사상의 여성 불평등 사상이 강화되었다. 힌두교 전통사회는 여성을 부정적으로 보기 때문에 특히 종교 지도자로서 여성의 입지는 약해질 수밖에 없었

---

114 李秀昌(摩聖), 「佛敎의 女性成佛論에 대한 檢討」, 『韓國佛敎學』 제48집, 한국불교학회, 2007, pp.27~30. 참조.

을 것이다. 고전적 힌두교에서 남편을 신으로 여기고 충실히 섬기라는 『마누법전』의 가르침이 여성들의 지위 향상을 상상할 수도 없게 만들었다. 어떠한 여성도 현세에서는 구제받을 수 없으며, 구제받으려면 일단 내세에 남성으로 다시 태어나야 한다는 것이다.[115]

따라서 대승불교에서 비구니 교단은 비구 교단보다도 훨씬 쇠퇴할 우려가 컸는데, 그 이유는 인도가 힌두교 사회로 변화해 갔다는 사실에서 알 수 있다. 굽타 시대에 들어서면서 힌두교가 더욱 성장하여 마침내 아쇼카왕 시대에 이루어 놓은 불교 국가의 이미지가 사라져 버렸다. 따라서 비구니 집단도 사회의 남녀 차별 사상과 남성 지배에 놓이게 되었다. 당연히 여성의 출가는 상대적으로 환영받지 못했다.

또한 대승불교가 힌두교와 대립하면서 사상 논쟁에 관심을 두었기 때문에 교단의 역할이 약해졌고 따라서 비구니 수행 지도를 소홀히 했을 가능성이 짙다. 비구니 교단은 부파불교의 전통을 그대로 유지하면서 사상적으로는 대승을 받아들여야 하는 어려움에 처한 것이다. 대승불교가 추구하는 학문적, 철학적 논의는 몇몇을 제외하고는 이미 사회에서 배움의 길에서 소외된 여성들에게 종교를 선택한 후에 경전도 소외시키는 계기를 만들었다. 그렇기 때문에 여성의 출가, 수행 그리고 깨달음의 길은 더욱더 어려워졌다.

황순일은 "인도를 방문했던 동아시아 구법승들의 기록에 의하면 4세기경까지는 비구니 교단에 대한 흔적들이 보인다. 그러나 6세기 이후부터 이러한 비구니 교단에 대한 언급들은 점차적으로 사라진다고 서술하였다. 중국의 구법승 의정 635~713은 비구니들이 비구들과 같은 물질적인 지원을 받지 못하고 있다는 점을 671년에 지적하고 있다. 그럼에도 불구하고 인도에서 비구니 승단은 최소한 10~11세기까지, 스리랑카에서는 1017년 남인도 타밀계 촐라인의 침입 시기까지 존재했다. 그리고 미얀마에서는 13세기 몽고가 침입하기 이전까지 남아 있었던 것으로 보인다고 학자들은 추정하고 있다."[116]라고 기술하였다.

---

115 D.L. 카모디 지음, 강돈구 옮김, 『여성과 종교』, 서광사, 1992, pp.55~56. 참조.
116 황순일, 「남아시아 불교와 Gender」, p.105. ; 이수창(마성), 「상좌불교의 비구니 승가 복구 문제」, p.416.

스리랑카 불교는 동아시아 비구니 교단 탄생에 중요한 역할을 했다는 점에서 주목받을 만하다. 아쇼카왕 시대에 형성된 스리랑카 비구니 교단은 아쇼카왕이 상가밋따 장로니와 몇 명의 비구니를 스리랑카에 보내면서 이루어졌다. 아쇼카왕은 당시 스리랑카 왕비 아눌라Anula와 다른 여성들이 출가를 요청하자 마힌다의 여동생 상가밋따 등 다섯 명의 비구니와 두 명의 재가자를 파견했다. 그때 왕녀 아눌라와 다른 스리랑카 여성들이 비구니가 되었으며, 소녀들은 사미니가 되었다고 한다. 마하방사에 따르면 마리짜왓띠 사원의 낙성식에는 십만 명의 비구와 구만 명의 비구니가 참석했다고 전하고 있다.[117] 최초의 비구니 교단이 탄생된 후 약 250년에서 300년가량이 지나 인도 밖에서 처음으로 비구니 교단이 형성된 것이다. 그때 이미 성립된 율장을 중심으로 구족계가 이루어졌는데, 처음에는 비구니 개인이 아니라 집단이 대상이었다. 그리고 인도의 경우처럼 스리랑카에서도 비구니 교단은 비구 교단이 형성된 이후에 구성되었다.

10세기 이후 남인도 촐라인의 침입으로 교단이 소멸했을 때, 미얀마 장로들을 초청하여 비구 교단을 회복시켰지만,[118] 스리랑카의 비구니 교단은 회복되지 않고 그대로 사라졌다.[119] 인도에서 시작된 비구니 교단은 동아시아에 비구니 교단 형성에 교량 역할을 하였으나 힌두교의 영향과 비구 교단의 쇠퇴로 인해 소멸의 길로 들어선 것이다.

인도 비구 교단의 쇠퇴

비구니 교단이 소멸된 또 하나의 이유는 인도에서 불교가 멸망한 데에 기인한다. 인도에서 불교가 멸망한 주된 이유에 대해 히라가와 아키라平川彰는 "날란다나 비크라마실라 같은 거대한 승원은 성곽과 같다. 그리고 승복은 특별하며 질서정연한 모습은 군대와 같아 이슬람교도의 적의를 부추겨 가혹하게 파괴당했다."[120]

---

117 Mahāvaṃsa xxvi, p.14.
118 平川彰 저, 이호근 역, 『인도불교의 역사』 上, 민족사, 1991, p.153.
119 Peter Harvey, *An Introduce to Buddhist Ethics*, pp.392~393, p.395.
120 平川彰, 『인도불교사』, p.27.

라고 주장한다. 그러나 호사카 슌지保坂俊司는 이슬람의 사료『차츠나마』를 토대로, 이슬람이 불교만을 공격 대상으로 한 것은 아니며 불교가 이미 대중과 유리되어 사상만 주장하고 대중의 호응을 받지 못했기 때문이라고 지적하여 불교 교단 자체의 문제를 거론하였다. 그 이유는 힌두교와 자이나교의 역사가 입증한다. 신도들이 교단을 지탱했다면 소멸하지 않았을 것이다. 힌두교와 이슬람교가 강해짐으로써 불교 신자가 점차 양쪽 세력에 흡수되었으며, 특히 이슬람의 공격으로 많은 불교인이 이슬람교로 개종함으로써 결국 교단이 멸망하였다고 설명하고 있다.[121]

결국 비구 교단의 멸망과 함께 비구니 교단은 소멸하였다. 인도 교단은 이슬람의 침입과 교단의 세속화 등으로 쇠멸의 길로 나아갔고 비구 교단의 소멸은 곧 비구니 교단의 자동적인 소멸을 의미한다. 그 이유는 팔경계, 이부 교단의 구족계, 비구 교단의 지도 등을 요구하는 율 조문 때문이다. 하지만 만일 대승의 『범망경』 보살계를 받고 비구니 활동을 하였다면, 비구 교단과 무관하게 비구니 교단이 지속될 수 있었을지도 모른다. 『범망경』 보살계는 승속이나 세속의 지위를 떠나 보살계를 먼저 받은 사람이 앞자리에 앉는 것이다.[122] 그러나 비구니 교단은 비구 교단과 긴밀한 관계였으므로 그런 일은 불가능하였다.

나카무라 하지메中村元는 불교가 인도에서 사라진 원인을 다음과 같이 설명하고 있다.

"첫째, 불교는 합리주의적이고 철학적인 종교이기 때문에 일반인이 받아들이기가 어렵다. 둘째, 불교는 주술 마법 등을 배척했다. 뿐만 아니라 바라문교에서 행하는 제사 등도 무의미하다고 하여 배척했다. 셋째, 불교는 인도 사회의 전통적인 카스트 제도를 반대했으며, 대부분의 계급은 평등하다고 주장했다. 계급을 세워 철저히 지키는 인도의 민족종교인 바라문교로서는 절대 용인할 수 없었다. 이런 이유로 전통적인 불교 교단은 바라문교에 귀의한 인도인에게서 점점 멀어졌으며, 독선적, 고답적인 태도를 보였다."[123]라는 것이다.

---

121 保坂俊司 지음, 김호성 옮김,『왜 인도에서 불교는 멸망했는가』, 도서출판 한걸음 더, 2008, p.85.
122 韓基汶,『高麗寺院의 構造와 機能』, 民族史, 1998, p.358.
123 中村元,『インド古代史』下, 春秋社, 昭和 38(1963), pp.379~470.

호사카 슌지는 인도 불교 쇠망의 역동성을 다음과 같이 정리하고 있다.

"첫째, 아쇼카왕에 의하여 불교가 국교로 자리 잡은 이래 인도 사회에서 불교와 힌두교가 대립했으나, 이 대립 구도가 이슬람이라는 제3세력의 침입으로 붕괴되었다. 둘째, 그 결과 '안티 힌두교'라는 불교의 사회적 역할을 이슬람이 대체하게 된다. 셋째, 따라서 인도에서 불교의 정치적 역할은 소멸하고 말았다."[124]라고 하였다.

이상에서 살펴본 바와 같이 인도에서 비구니 교단은 여러 가지 불교 안팎의 조건에 의해서 사라지게 되었다. 그 이유를 정리해 보면 다음과 같다.

첫째, 외적으로 부파불교시기에 만연했던 힌두 사상의 차별에 의한 것이다. 둘째, 불교계 내부의 기록으로 대승불교에서는 대승경전의 전통이나 경전 문헌에 비구니의 삶을 잘 기록하지 않았다. 그나마 존속한 비구니 교단을 중요하게 다루지 않았다. 셋째, 대승 교리 사상의 영향보살 사상과 재가 여성 중시으로 인해 출가 여성상이 상실되었다. 넷째, 이부 교단의 관계가 긴밀하지 못하고 굳건하지 못했기 때문일 것이다.

위에서 밝힌 바와 같이 비구니 교단의 소멸은 결정적으로 비구 교단의 소멸이 그 주된 원인임은 두말할 나위가 없다. 그럼에도 불구하고 비구니 교단은 각 부파 소속으로 교단을 유지하였으며, 대승 교단에 소속된 비구니 교단으로서 바라밀 실천 수행 등을 통해 깨달음을 추구하는 일을 포기하지 않았다. 그러한 모습은 끊임없이 경전상에 나타나는 비구니 수행과 깨달음의 기록에서 여실하게 드러나고 있다.

---

124 保坂俊司 지음, 김호성 번역, 앞의 책, p.220

4. 인도 비구니 교단의 수행 방향

비구니 교단의 중심 문제는 역시 수행과 깨달음의 추구이며, 비구니의 출가 목표는 고통에서 벗어나 깨달음을 얻는 일이다. 그래서 비구니는 출가자로서 계율을 잘 지키고, 깨달음을 목적으로 수행에 전념하였다. 반면, 인도 비구니에게 있어서 수행이란 계율을 지키거나 정사를 잘 보존하는 것만이 아니라 깨달음의 가장 높은 단계에 이르게 하는 '정(定)'과 관련된 것이었다.

잘 알려진 바와 같이 초기불교의 수행 과정과 깨달음은 계, 정, 혜, 해탈, 해탈지견으로 나타난다. 수행자는 먼저 몸과 입을 청정하게 하고, 마음을 뛰어나고 청정하게 만들어야 한다. 그리고 뛰어난 지혜를 갖추고, 번뇌와 탐진치에서 벗어나 해탈을 얻고 해탈했다는 것을 아는 단계를 성취하는 것이다.

초기불교 수행에는 수없이 많은 방법이 제시되어 있다. 『맛지마니까야』에 나타난 위빠사나와 구차제정뿐만 아니라 갖가지 수행관, 계·정·혜 삼학의 실천, 37조도품, 40가지 업처수행 등 다양하게 수행의 주제와 수행 방법, 단계들이 설명되고 있다.

그러한 수행의 결과인 깨달음의 단계는 사향사과로 제시되었으며, 붓다 당시는 깨달음을 성취한 최고 지위를 아라한이라고 불렀다. 아라한과를 이룬 수행자는 신통과 지혜를 지니고 붓다와 동일한 존재로 인정되었다. 그러므로 붓다의 가르침을 받은 비구니들이 아라한이 되기 위해 수행 주제를 얻어 자신에게 맞는 수행법을 택하고 노력하여 마침내 수많은 아라한이 탄생하게 되었다. 그래서 초기 비구니 교단은 남성이 지배하는 사회에서 붓다와 비구니 지도자의 가르침에 따라 수행에 전념하고 실천하는 여성 집단으로 발전할 수 있었다.

이렇게 초기불교시대에는 깨달음을 성취한 많은 비구니 지도자들이 비구니 교단을 이루었다. 그 까닭은 그러한 깨달음을 위한 수행의 길이 한 가지로 정해진 것이 아니기 때문이었다. 자신의 기질과 환경에 맞게 위빠사나나 업처수행 등 다양한 수행 가르침에 따라 수행한 결과였다. 『잡아함경』에 따르면 독거수행, 두타

행, 자애수행, 인욕수행, 삼매수행 등에서 각각 가장 뛰어난 비구니들이 있다고 하였다.[125]

많은 비구니들은 출가하기 전에 이미 붓다의 가르침을 이해하고 있었다. 어떤 이는 비구니가 되기 전에 수다원에 이미 도달해 있었으며, 사지의 한 딸인 아노파마는 아나함에 다다랐다『장로니게경』제138절. 담마딘나와 이시다시 비구니는 출가한 후 며칠 만에 아라한의 경지에 올랐다.

수행의 구체적인 예를 들어 보면 다음과 같다.

한 비구니는 출가한 지 20년이 되어도 육욕에서 벗어나지 못했다. 실망하던 중 존경하는 비구니가 설하는 오온, 육근, 육경, 육식 법문을 듣고 명상을 시작하였다. 그리하여 마침내 번뇌를 없애고 육신통을 얻었다『장로니게경』제67~71절.

사마 비구니는 삼매의 어려움을 극복하지 못하고 수많은 해를 지내다가 붓다의 가르침을 듣고 늘 명상하며 정진할 수 있었다.

시하 비구니는 7년 동안이나 번뇌를 제어할 수가 없었다. 나중에 아라한과에 도달했지만, 한때는 자살을 기도할 정도로 낙심했다『장로니게경』제77~81절.

미타칼리 비구니의 경우는 붓다에게『염처경念處經』을 듣고 출가하였다. 그러나 물질적 이익과 헛된 명예를 추구하다가 늙고 병들어서야 마음 챙길 시간이 없었음을 깨닫고 명상에 들어갔다. 그러자 오온이 나타났다 사라지는 것이 그대로 보였다. 그런 뒤에 해탈했다『장로니게경』제92~96절.

자나파다칼리아니순다리난다 비구니는 이기적인 성격이었으며, 붓다의 설법에 별로 귀를 귀울이지 않았다. 붓다가 젊은 여인의 아름다움이 어떻게 점차 변하는지를 보여주시고 난 후에야 무상함을 느끼고 드디어 육신의 집착을 없애 아라한의 경지에 도달하였다『장로니게경』제88~86절.

그 외에 우비리 비구니, 바세티 비구니, 파타라카 비구니 등은 자녀나 가족을 잃고 슬퍼하다가 붓다의 가르침을 들은 뒤, 진정한 고통의 원인을 완전하게 없애고 아라한과에 도달했다. 어떤 비구니의 경우, 한 남자가 길들지 않은 코끼리를 길

---

125 『증일아함경』제3권 제5「비구니품」(『大正藏』2, p.558 下~559 下).

들이는 모습을 보고 본인의 마음을 길들이기로 한다.

비구니들의 수행 생활에서 가장 중요한 것은 해탈이다. 해탈의 출발점은 가정 생활의 의무뿐만 아니라 모든 권리를 포기하는 것이다. 어떤 비구니들은 사치스런 생활을 포기했으며, 또 누구는 세속에서의 고통 때문에 세속의 생활을 단념했다. 해탈하는 것은 윤회에서 벗어나는 것이며, 욕망의 속박에서 벗어나는 것이다. 번뇌가 단절되고, 무명에서 벗어나는 것이다. 그리고 세 가지 지혜〔숙명명宿命明, 천안명天眼明, 멸진명滅盡明〕를 얻는 것이다. 붓다는 이와 같은 해탈을 얻기 위해서는 명상을 해야 한다고 끊임없이 용기를 주셨다.

부파불교시대의 비구니들은 수행에서 붓다 당시의 전통 방식을 답습하고 아라한 성취를 깨달음으로 파악했다. 그래서 그들은 주로 붓다의 가르침의 체계적 수행에 집중한 것으로 보인다. 하지만 남성 중심의 지배 구조가 강화되면서 여성의 수행과 깨달음은 중요하게 인정받지 못했다. 그 이유는 남성 수행자들이 붓다의 가르침을 비롯해서 수행 단계, 깨달음에 대한 문제들을 거의 자신들의 전유물로 삼았기 때문이다. 여성 수행자의 목표라고 할 수 있는 아라한과를 비구와 비구니의 공통 주제로 이해하기보다 비구들만의 논의거리로 단정해 버렸다. 그리고 비구니의 아라한과 성취 가능성을 점차 소멸시켰다. 따라서 이 시대 비구니가 아라한과에 이르는 흔적들은 초기불교에서와 달리 거의 사라지고 말았다. 경전에서 살펴보면, 『구사론』이나 다른 논장에서도 아라한과의 붓다에 이르는 수행 단계가 복잡하게 전개되어 있다. 따라서 단순함을 추구하며 수행에 전념하던 비구니와 재가 신자로서는 접근하기 어렵다는 인식을 갖게 되었다. 그래서 비구니와 재가 신자는 수행과 깨달음에서 점차 소외되었다.

대승불교의 수행과 깨달음은 한편으로는 비구니에게 새로운 희망을 불어넣었다. 대승불교에서 수행은 믿음의 길, 이행도와 난행도, 육바라밀과 보살도 등으로 제시되었다. 중관과 유식 사상 외에 믿음과 깨달음을 추구하는 다양한 수행법이 소개되고, 각자의 기질과 능력 그리고 환경에 맞는 수행 실천법이 소개되었다. 또한 깨달음의 단계로 붓다가 되는 단계만이 아니라 중간 단계인 성문, 연각, 보살의 길 등을 제시하였다. 때문에 보살이 되어 실천을 하거나 재가 신자로서 공덕행을 쌓아 깨달음을 성취할 수 있음을 확신하였다.

또한 대승경전에서 여성도 성불할 수 있다는 사상이 『유마경』, 『승만경』, 『해룡왕경』 등에 보인다. 물론 대승에서 여성의 깨달음이 주요한 논제 중의 하나였으며, 깨달음에 이르는 과정에도 차등이 있었다. 그리고 붓다의 평등사상에 입각해 여성의 깨달음에 대한 변용 사상들이 등장한다. 그것이 바로 여성이 남성으로 변해 깨달음을 성취한다는 '변성남자성불설'[126]이다. 그리고 결국은 보살의 몸으로 깨달음을 이루었음을 증명하는 '전여신설', 여성의 몸으로 깨달음을 얻는 '즉신성불' 등이 등장한다.

대승의 길에서는 단지 계·정·혜 삼학의 실천이 아니라 보시, 지계, 인욕, 정진, 선정, 지혜라는 육바라밀의 실천을 강조하고, 보살로서 그러한 수행 실천을 통해 깨달음을 성취할 수 있다. 그래서 대승경전에서는 비구니도 미래세에 깨달음을 성취할 수 있는 자로서 현생에서는 깨달음을 향해 수행하는 보살로서, 보살의 삶을 지향하는 이들을 지도하는 수행자로서 살아가고 있는 것이다.

이와 같이 인도에서 탄생된 비구니 교단은 역경과 변화를 겪으면서 수행하고 불교를 전파하는 등, 역사에 길이 남을 한 페이지를 장식했다. 그리고 그 수행과 원력이 중국으로 건너와 동아시아 비구니 교단이라는 새로운 모습으로 장을 열었다.

---

126 '변성남자 당래작불'의 이야기는 『소품반야경』, 『도행반야경』, 『대명도무극경』, 『법본팔천송반야경』, 『불설출생삼법장반야바라밀경』, 『대반야바라밀다경』, 『법화경』, 『대집경』, 『보적경』 등에 널리 설해져 있다.

Ⅲ.
중국 비구니 교단의 성립과 활동

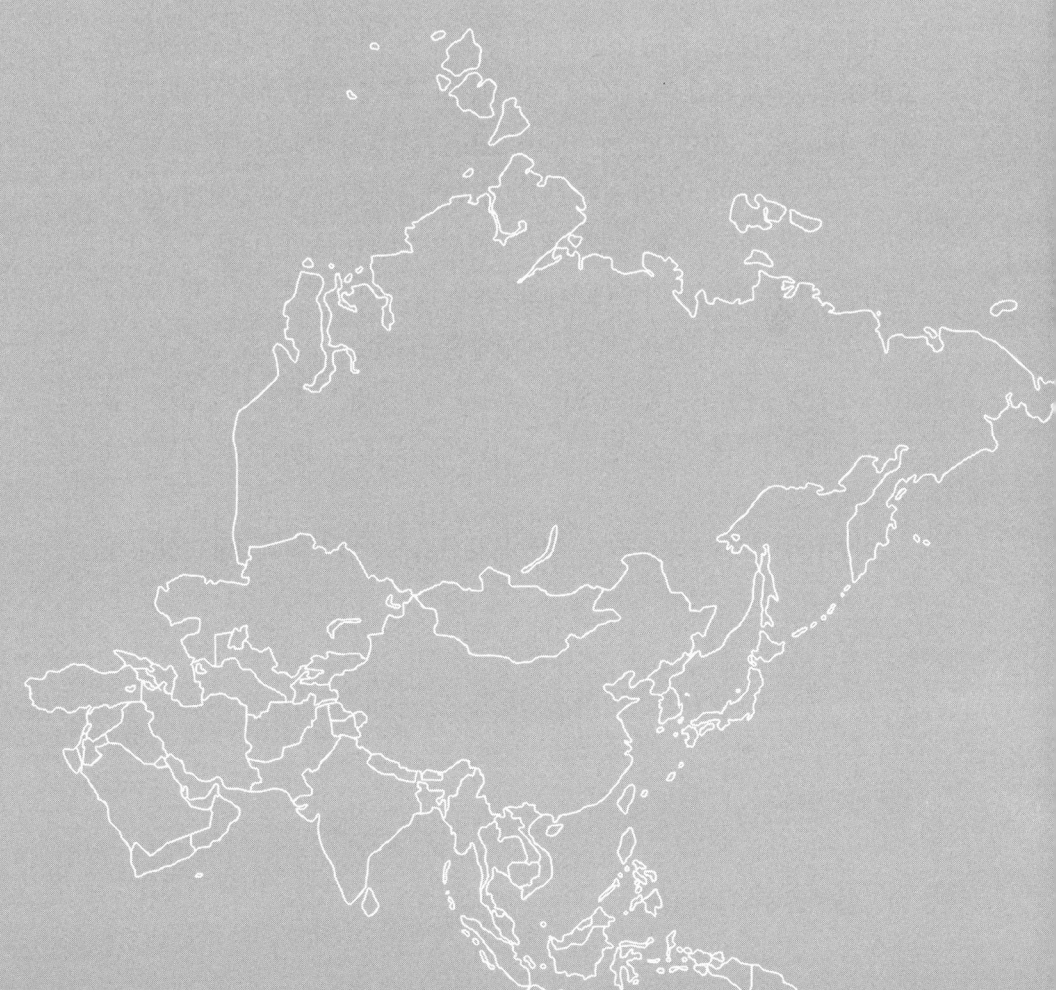

1. 불교의 수용과 비구니 교단의 성립

불교가 인도를 거쳐 중국에 수용된 초기에는 출가하여 승려가 되는 것이 교단의 자율에 맡겨졌다. 그러나 승려가 증가함으로써 사회와 경제의 폐단이 커지자, 북위 고종 효성제 때 연간 남녀 출가자의 수를 한정하고, 그 선발까지 국가가 장악하였다. 그 후 이 제도는 수, 당을 거치면서 정비되어 국가는 승려의 신분 증명서인 도첩을 지급하였다. 그리고 당대에는 관단을 설치하고 706년부터 매년 정기적으로 경전 암송 등의 시험을 치르는 시경도승試經度僧을 행했다. 그 후 국가의 인정을 받는 승려가 되는 방법에는 시경도승과 함께 황제의 생일날 등에 이루어지는 특은도승特恩度僧이 있었다.

중국의 비구니 교단 탄생의 주역은 스리랑카이다. 인도 밖에서 최초로 비구니 교단이 생긴 나라는 스리랑카인데, 인도와 달리 스리랑카의 비구니 구성에서 중요한 점은 팔경계 문제와 상관없이 이부 교단의 구족계 갈마로 이루어졌다는 것이다. 따라서 중국에서도 팔경계에 대한 내용은 거의 등장하지 않는다.

중국의 대표적인 비구니 전기로는 보창의 『비구니전』517년 찬술[127], 이연수의 『북사北史』640~659년에 찬술,[128] 그리고 진화법사1909~1947가 저술한 『속비구니전』[129]이 있다. 『속비구니전』은 진화법사가 1923년에 착수하여 1932년에 완성했으나, 중일전쟁 때 일부 유실되는 등 어려움을 겪다가 1942년에 출판되었다. 그 외에 송나라 단공端拱 1년988에 찬영 등이 엮은 『송고승전』[130], 양나라 승우가 엮은 『홍명집』[131], 찬영이 함평 2년999에 지은 『대송승사략』[132], 『낙양가남기』[133] 등에도 단편적으로 기록이 남아 있다.

이연수의 『북사』는 북중국 비구니들에 대한 유용한 정보를 제공하고 있다. 왕

---

127 『대정장』 50, pp.934~948.
128 一百卷, 北朝 242년 동안의 역사책.
129 眞華, 『續比丘尼傳』(民國 28년 4월), 國家圖書館分館 編.
130 『대정장』 50, pp.709~900.
131 앞의 책 52, pp.1~96.
132 앞의 책 54, pp.235~257.
133 앞의 책 51, p.1003.

비나 후궁 가운데 15명이 비구니 교단에 들어가는 등 고위층 여성들이 비구니 교단에 들어가 종교적으로 뛰어난 업적을 보인 사례들이 언급되어 있다.

『보창전』이라고도 불리는 『비구니전』은 4권으로 이루어졌으며 남조의 진·송·제·양 시대에 활약했던 비구니 65명의 행적이 자세하게 묘사되어 있다. 『비구니전』이라는 명칭은 『개원석교록』에 등장하고 있는데, 『개원석교록』보다 일찍 성립된 『수서隋書』와 『경적지經籍志』에는 단지 『니전』으로 기록되어 있다. 그러나 두 권 모두 '교법사찬皎法師撰'이라고 수록되어 있는 점으로 보아 혜교慧皎의 저술로 인정하고 있음을 알 수 있다. 이 『니전』이 바로 『비구니전』이며, 권수와 찬자가 잘못 기록되어 있는 것은 『경적지』 편찬상의 문제다또한 『대명북장(大明北藏, 大明三藏聖教)』도 『비구니전』 2권으로 기록하고 있다. 그리고 『비구니전』의 명칭은 『법경록法經錄』·『역대삼보기』·『대당내전록』에도 보이지 않는다. 『역대삼보기』에는 보창이 저술한 8부가 수록되어 있고, 『대당내전록』은 1부一部 『출요율의出要律儀』를 더해 9부를 수록하고 있다. 『내전록』의 저자 도선道宣은 『속고승전』에 보창의 생애를 자세하게 소개하고 있으며, 그의 전작全作을 들어 해설까지 하고 있다. 그러나 『비구니전』에 대해서는 여전히 생략하고 있다.

지승智昇은 『개원석교록』에 보창의 저서로 『경율이상經律異相』 50권을 열거한 뒤에 "비구니전사권 술진제송양사대니행 신편입록比丘尼傳四券 述晋齊宋梁四代尼行 新編入錄"[134]이라고 기록하였다. 그리고 "아직까지 기록되지 않았던 것을 이번에 새로 경록에 편입시킨다."라고 설명하고 있다.

또한 『대송승사략』이나 『불조통기』에 기록된 비구니사 관련 기록이 『비구니전』에 의거하고 있다는 것은 내용을 대조해 보면 곧 알 수 있다. 그러나 두 권 모두 『비구니전』에 대해서는 거론하지 않고 있다.

중국 불교 초기의 비구니의 자취나 니승 교단사를 알 수 있는 사료는 『비구니전』 외에는 거의 없는 상태다. 저술된 시대나 내용이 『고승전』과 비교될 수 있을 만큼 가치가 있음은 말할 것도 없다.[135] 그럼에도 기록을 담당했던 이들의 고의든 실

---

134 앞의 책 55, p.538 上.

수든 비구니에 관한 좋은 자료가 아쉽게 외면당할 뻔했다.

초기 비구니와 관련된 자료를 통하여 남북조시대에 성립된 중국 비구니 교단의 형성을 살펴보기에 앞서 최초의 중국 비구니에 대해 살펴볼 필요가 있다. 중국의 최초 비구니는 크게 두 종류로 구분된다. 하나는 출가는 하였지만 구족계를 받지 않은 아반阿潘과, 문헌에 나타난 최초의 비구니인 동진의 정검淨檢니가 그 둘이다. 아반은 한나라 명제 때에 출가하여 중국에서 최초의 니승으로 기록되었다.[136] 『대송승사략』에는 "아반은 그저 삼귀의로 출가를 허락받았으므로, 이중二衆에 의해 계를 받은 것이 아니다. 비구니가 계를 갖추게 된 것은 376년 만이다."[137]라고 기록되어 있다.

최초로 구족계를 받은 정검니가 등장하는 『비구니전』에 의하면 송나라 원가 10년433에 구나발마와 승가발마가 비구니 계단을 설립하였다. 이때에 정식으로 비구니 수계법이 갖추어져 3백 명의 여성이 구족계를 받았다고 기록하고 있다.[138] 그 후로 사원과 니승[139]의 수가 증가하였다.

1) 비구니 계단의 성립 과정

『비구니전』에 따르면, 중국의 비구니 교단은 일반적으로 전통적인 방법과 달리 구성된다. 중국 비구니의 수계 과정은 최초의 비구니 정검니에 대하여 기록한 『비구니전』 제1권, '진나라 낙양 죽림사竹林寺 「정검니전」에 그 내용이 등장한다.[140]

---

135 林傳芳,『中國佛敎史籍要說』, 永田文昌堂, pp.254~255.
136 이미령, 「초기 중국 불교 비구니 승가의 성립과 배경―보창의 『비구니전』을 중심으로」, 『한국 비구니 승가의 역사와 활동』, 韓國比丘尼研究所, 2010, p.95.
137 『大宋僧史略』 권上(『대정장』 54, p. 238 中~下).
138 『비구니전』 권2(『대정장』 50, p.939 下).
139 '尼僧'의 의미는 대개 비구니를 뜻한다. 그러나 때로는 사미니를 포함하는 경우도 있다. 중국에서도 사미니 과정은 있었겠지만, 구분하지 않고 니승으로 지칭하는 경우가 있다. 특히 일본은 대부분의 여승을 니승으로 표현한다. 그리고 한국의 경우, 강원 학인이 대부분은 사미니이지만 가끔 비구니 학인이 있기도 하다. 따라서 반드시 비구니임을 밝혀야 할 경우를 제외하고는 대부분 니승으로 표기하였다.

정검니는 아직 비구니계가 성립되지 않은 상황에서 비구니계 받기를 원했다. 화상 [서역 승려 지산智山]은 "비구와 비구니계가 크게는 같지만 세부적으로 차이가 있기 때문에 그 바른 법을 얻지 못한다면 계를 받을 필요가 없다."라며 10계만 받을 것을 권한다. 이에 정검니가 비구니 10계를 받았다고 전한다.[141] 정검니가 받은 비구니 10계는 실제 존재하지 않기 때문에 사미니 10계로 파악된다. 그 이후 진나라 함강 연간에 승려 승건이 월지국에서 승기니 갈마와 계본을 가져왔고, 승평 원년357 2월 8일 낙양에 외국 승려 담마갈다를 청해 계단을 세워서 정검니 등 네 명이 큰 스님에게서 구족계를 받았다고 한다.[142]

그 후 원가 6년429에 난제가 사자국[이후 스리랑카로 표기]에서 비구니를 싣고 송나라 경복사에 머물렀다. 후에 중국에서 스리랑카 비구니를 초청하였으며, 433년 스리랑카의 철살라鐵薩羅 등 11명의 비구니가 왔다. 앞서 도달한 비구니들은 송나라 언어에 밝았으며, 승가발마를 남림사 수계단에 초청하여 율에 따른 이부 승가의 구족계를 3백 명의 여성에게 다시 받도록 하였다.[143]

정검니의 구족계 수계와 스리랑카 비구니 계단의 이부 승가 갈마를 통해 비구니 교단이 형성되기까지는 무려 72년의 차이가 있다. 물론 서부 인도 간다라 지역의 여러 나라에는 이미 비구니 교단이 있었다. 하지만 교역로를 따라 비구니 10명 이상이 육로로 중국에 도달한다는 것은 거의 불가능하였는데, 지역적인 한계를 극복하기가 어려웠을 것이다. 그래서 비구 승가에 의한 구족계 형성이라는 특별한 형태로 비구니 구족계가 이루어지고, 정통성을 유지하기 위해 다시 이부 승가의 구족계를 정식으로 준비하였다. 마침내 해상로가 발달하자 스리랑카에서 온 비구니를 통해 중국에 새로운 형태의 비구니 교단이 형성될 수 있었다.

---

140 찬영이 찬술한 『大宋僧史略』 권 上에 의하면, 한나라 명제 때 양성 후금준이라는 사람이 출가해서 최초로 비구가 되었고, 낙양 여성인 아반이 최초의 비구니라고 기록되어 있다. 하지만 이 기록은 육조 말경에 저술된 것으로, 위서 『漢法本內傳』을 저본으로 삼아 기록한 것으로 신빙성이 없다고 평가되고 있다.

141 『비구니전』 권1(『대정장』 50, p.934 下). 和尚云 尼戒大同細異. 不得其法必不得授 尼有十戒得從大僧受.

142 앞의 책 권1, p.934下.

143 앞의 책 권2, p.939下.; *The History of the Bhikkhuni Sangha by Dr. Chatsumarn Kabilsingh*, p.6에서도 『比丘尼傳』을 인용하여 동일하게 설명하고 있다.

왜 이렇게까지 해야 했는지에 대한 이유를 『비구니전』에서는 찾아볼 수 없다. 아마 초기 중국의 비구니 교단은 이부 승가의 구족계 갈마 방식으로 형성되지 않았을 것이다. 따라서 뒤에 율전을 접한 비구니들이나 비구 율사 등이 문제를 제기하고 비구니 교단의 정통성 회복을 거론하였기 때문이 아닌가 생각된다.

즉, 처음으로 비구니 교단이 구성될 때는 각 부파불교의 율과 갈마법, 대승의 수계법이 산재한 인도의 율과 갈마의 방법을 도입해야 했다. 때문에 선택하는 형식을 취했으며, 그러한 과정에서 중국의 율은 상좌부와 대중부의 율을 두루 접하게 되었다. 그 예가 『비구니전』에 등장하는 『십송률』, 『법장부율』, 『승지율』 등의 율과 갈마법에 대한 기술이다. 그 후 동진시대에 마하승기 비구니 계본과 니갈마법의 전체가 법현, 각현에 의해서 공역된 이후 각 시대에 비구니 계본과 수계 의식이 성행하게 된 것은 아닐까 생각된다.

비구니 계본은 8종이 있는데, 이 가운데 『비구니전』에서 언급한 것은 사분 비구니 계본과 십송계 비구니 계본, 마하승기 비구니 계본의 세 종류다. 이 가운데에서도 대체로 사분 비구니 계본에 따라 구족계가 형성된 것으로 보인다.

수계법에 관한 기록을 살펴보면, 사분 계본과 갈마본을 대중에게 보시하는 장면이 나오는데[144] 『사분률』을 인정하며, 승기니 계본을 따른 구족계를 비난하는 장면이 보인다.[145] 「보현니전」에 의하면, "승가발마에 의해서 원가 11년_434 구족계가 행해진 후 여러 사람들이 법전과 제도를 삭제하거나 일그러뜨렸다고 하였다. 원휘 2년_474 법영율사法穎律師가 『십송률』을 십여 명의 비구니에게 강의하고 계를 거듭 주려고 하였다. 이때 보현이 이를 승국僧局에 알리고 계를 받지 못하게 하였다. 그리고 여법한 절차에 따라 수계를 받도록"[146] 하는 내용이 기록되어 있다. 「정수淨秀니전」에도 법영율사의 『십송률』에 따른 수계법이 잘못되었음을 알고 구나발마에게서 다시 수계를 받는 내용이 보인다.[147] 이 두 내용으로 보아 『십송률』에서는 이부

---

144 「比丘尼傳」 권2(『대정장』 50, p.938 下).
145 앞의 책 권2, p.941 上~中, 945 上~中.
146 앞의 책 권2, p.941 上.
147 앞의 책 권2, p.945 上~中.

승가의 수계법을 중시하지 않음을 엿볼 수 있다.

『십송률』을 제외한 『승기율』과 『사분률』에서는 비구니들이 비구·비구니 양중으로부터 수계할 것을 규정하고 있다.[148] 정검니가 화상을 통해 나이 26세에 10계를 받는데, 이것은 사미계와 같은 것으로 구족계는 아니다. 그래서 정검니는 다른 네 명의 여성과 더불어 구족계를 받는데, 이것도 이부 승가의 삼사칠증으로 구성된 것은 아니었다. 정식으로는 스리랑카에서 비구니 열 명이 와서 3백 명에게 비구니계를 주면서부터 비구니 교단이 시작되었다. 이에 관해서는 『비구니전』의 혜과慧果[149], 승과僧果[150], 보현전寶賢傳[151]에서 상세히 엿볼 수 있다.

불교가 전파되면서 인도를 제외한 나라의 비구니 교단은 전통적으로 다른 나라 비구니 교단의 도움을 받아야만 성립될 수 있었다. 이는 바로 율에 나타난 비구니 구족계 획득 조건에 각 10명의 비구와 비구니, 즉 이부 승가의 구족계를 규정하였기 때문에 발생한 것이다. 이러한 규정은 중국과 한국, 일본의 교단이 대승불교에 속해 있음에도 불구하고 소승의 율장 전통을 그대로 답습하고 있으므로 당연히 지켜져야 한다.

따라서 중국 불교에서 율사는 정통성 문제를 극복하기 위해서 하나의 극단적이고 예외적인 규정들을 찾을 수밖에 없었을 것이다. 그것이 바로 국경 지역이나 구족계를 주기 어려운 곳에서 구족계를 주는 경우의 규칙이다. 그래서 구족계 갈마의 합법적인 갈마 규정을 묻는 부분이 『비구니전』에 엿보인다.[152]

이부 승가에 의한 구족계 규정은 비구니 교단이 나중에 다시 성립되는 데 장애가 되었다. 이 때문에 남방에서는 13세기경에 비구니 승가가 완전히 소멸되었다. 중국의 경우, 이 규정을 따르기 위해서는 인도에서 직접, 아니면 월지국 등 중국의 서쪽 국가에서 무역로를 통해 열 명의 비구니가 이동해야 했다. 그러나 이것은 거의 불가능한 일이었다. 때문에 처음에는 변방의 수계법에 따라서 거행되었는데,

---

148 李玉珍, 『唐代的比丘尼』, 『宗教叢書』6, 臺灣學生書局, 民國78(1989), pp.126~127.

149 『비구니전』 권2(『대정장』 50, p.937 中~下).

150 앞의 책 권2, p.939 下.

151 앞의 책 권2, p.941 上~中.

152 앞의 책 권1, p.934 中.; 앞의 책 권2, p.937 下.

이것은 비구니 수계를 합법화하려는 시도로서 의미가 깊다. 남쪽에 해상로가 형성된 다음, 중국의 요청으로 스리랑카 비구니 열 명이 중국에 들어가 이부 승가에 의한 구족계를 갖추게 된다. 물론 인도에서는 이미 대승사상이 널리 퍼져 있어서 보살계를 받아도 가능하지만 비구, 비구니 교단은 아직도 초기불교의 전통을 그대로 답습하려는 의도가 강하다는 것을 내포하고 있다.

『비구니전』에서 계율에 관한 내용을 엿볼 수 있는데, 오계, 팔재계, 사미니계, 구족계, 비구계, 보살계 등이 기술되어 있으며, 어떤 비구니는 보살계를 받는 경우도 있었다. 또한 계율의 중요성을 강조하고 계율을 지키지 않은 비구니를 질책하는 부분도 나타난다. 그런데 식차마나를 통한 육법계 배움을 언급하지 않는 것으로 보아 중국에 계율이 들어오기 시작하면서부터 식차마나계가 지켜지거나 실천되지 않았다는 것을 알 수 있다. 물론 이『비구니전』에서는 어린 시절에 출가하여 사미니를 거쳐 구족계를 받아 비구니가 된 경우는 자주 보인다.

이상에 의해, 중국 비구니의 수계는 식차마나 과정이 없다는 것을 첫째로 이해할 수 있다.

둘째, 의지 비구니, 은사 비구니에 대해서는 일정한 규정이 없다.

셋째, 인도에서는 비구니가 제자를 1년에 한 명만 받아들일 수 있지만,[153] 중국에서는 그렇지 않다.

넷째, 중국의 비구니는 비구에게 포살과 수계를 의무적으로 지도받지 않았다.

그 이유는 중국의 비구니 사원과 비구 사원의 관계, 그리고 지역적 특성에 기인한 것으로 파악된다.

2) 비구니 교단의 전파

---

153 *Vinaya-piṭaka* Ⅳ p.336에 의하면, "만약 비구니가 매년 (구족계를 주면) 수계시키면 단타이다."라고 했으며, p.337에도 "만약 비구니가 1년에 두 명을 수계시키면 단타이다."라고 하였다. 단 중국 淸朝의 乾隆帝는 여성의 출가를, 40세에 달한 자에 한하여 일 년에 한 명씩만 둘 것을 명하였다.(각주231 참조).

역사적으로 지역적 특성과 지리적 한계, 남성 지배 사회에서 여성이 이동하기 어려운 점을 감안하면, 대부분의 비구니 교단은 비구 교단보다 나중에 형성될 수밖에 없었던 것으로 보인다.

『비구니전』에 의하면 비구니 교단은 남북조시대에 성립, 발전되었으며, 비구니를 위한 사찰이 건립되고 비구니 승관이 설치되었다고 한다. 또한 보현니는 보현사의 주지가 되었으며, 다음에 도읍승정에 임명되고, 법정니는 경읍京邑 도유나에 임명되었다고 한다.

동진의 비구니 교단은 최초의 비구니 교단이 형성되면서 시작된다. 동진은 북방에 자리 잡고 있어 한나라가 망하고 북방에 여러 나라가 형성되자 서쪽의 신문물과 사상을 받아들여 국가를 부흥시키려는 의도로 불교를 받아들여 점차 자리 잡기 시작했다.

북위 낙양의 요광니사瑤光尼寺는 그 구조가 아름다움의 극치를 이루며, 오백여 칸이나 되는 강당과 방이 있었다. 양나라 무제가 건립한 대지도사大智度寺의 구조도 지극히 웅대하여 오백 명의 비구니가 상주하며 경전을 공부하였다고 한다.[154]

당시 비구니 사원은 폐비가 된 왕후나 왕비 그리고 공주 등의 은둔소가 되기도 하였다. 『북사』에 의하면 북위 효문제의 폐황후 빙마씨가 연행니練行尼가 되어 요광니사로 갔고, 효문제 유幽 황후는 병 때문에 물러나 비구니가 되었다. 선무제의 폐황후 고씨도 요광니사에서 살았으며, 선문제 영靈 황후 호胡씨, 효명제 황후 호胡씨도 비구니가 되었다. 서위 문제의 문 황후 을불乙弗씨는 수십 명의 노비와 함께 출가하였으며, 북제 북주의 많은 왕비들도 비구니가 되었다고 한다.[155]

이 시대의 비구니 사원은 주로 왕족과 귀족들의 불사와 출가자나 신자들의 보시로 경제적으로 독립할 수 있었다. 당시 비구니의 탁발 걸식 행위는 중국 사회에 부정적 영향을 줄 수 있기 때문에 주로 곡식류를 받아 사원에서 음식을 준비하고 생활한 것으로 보인다. 이러한 식생활은 인도에서처럼 여성인 비구니는 자유

---

154 미찌하라 료오슈 지음, 계환 옮김, 앞의 책, p.104.
155 앞의 책, p.104.

롭게 이동하기가 쉽지 않았기 때문에 생겼다. 물론 전란의 위험과도 관련이 있지만 동시에 남성 중심의 사회에서 여성의 활동이 제한되었기 때문에 탁발을 삼갔을 것이다. 그러한 제약에도 불구하고 비구니들은 수행 장소를 지정하고 경전 공부, 수행과 실천을 통해 여성들에게 청정한 출가적 삶, 종교적 삶의 의미를 일깨워주는 역할을 하였다.

중국 비구니 교단의 운영과 질서는 인도와 다른 모습을 보이고 있다. 인도의 경우는 별도 직관의 제도 없이 승니의 비행 등을 율에 따라 교단에서 자치적으로 처분, 결행하였다. 그러나 중국은 정부의 규제나 보호를 받았으며 자치적인 제도는 없었다.

요진後秦 및 북위 시대에는 승관을 설치하여 계속 정부에서 규제하였으며, 한국과 일본도 그 영향을 받아 승니에 관한 모든 상황을 나라에서 관장하였다. 그러나 중국의 비구니 교단은 인도에 비해 비구 교단으로부터 자유로웠다. 그런 현상은 고대 중국 비구니 교단에서 유독 두드러지는데, 그 이유는 당시의 비구니 교단이 국가의 지원과 보호를 받고 있었기 때문이 아닌가 생각된다.

2. 고대 비구니 교단의 발전과 활동

1) 수행과 활동의 특징

중국의 고대 비구니 교단은 국가와 왕실의 이해와 협조로 비교적 순조롭게 활동할 수 있었다. 수행의 종류도 경장과 율장에 대한 교학 연구를 비롯하여 참선법에 이르기까지 다양하였다. 『비구니전』에는 교학과 수행, 포교 활동이 활발했던 남조시대의 비구니에 대한 기록이 있는데, 보창은 서문에서 비구니들의 삶을 다음 네 가지 형태로 설명하였다. ① 고행의 삶 ② 좌선과 관법 ③ 정절에 대한 입지 ④ 영향력을 지닌 스승이 그것이다.

『비구니전』에 등장하는 비구니들은 대부분 읽고 쓸 줄 아는 지식인들이었다. 지승智勝, 426~491은 『대열반경』과 율장을 연구했으며, 스스로 수십 권의 의소를 썼다. 또한 궁중에서 설법도 하였다.[156] 담휘曇暉, 421~504는 강량야사畺良耶舍에게 선법관법수행을 배워 불성을 깨달았으며, 대승 교의를 체득하였다.[157] 묘지妙智, 431~459는 황제에게 『승만경』을 강의하였다.[158] 승술僧述, 431~515은 『십송률』에 정통했으며, 비밀 관법 및 선 수행에도 뛰어났다.[159] 그 외에 영옥令玉, 433~509, 법선法宣, 433~516, 혜휘慧暉, 441~514, 정행淨行, 443~509, 묘위妙禕, 443~512 등은 교학, 수행, 설법 등에 뛰어난 비구니들이었다.

또한 『비구니전』에는 기록되지 않았지만, 『속비구니전』[160]과 『출삼장기집』에 의하면 6세기 초의 승법僧法, 491~505은 9세부터 16세까지 21종 35권의 경전을 송출하였다고 한다.[161] 6세기경 중국 북조계의 비구니는 왕실이나 귀족 중심으로 활동한 반면, 남조계는 귀족 외에 민간 포교에도 주력했다.[162]

『비구니전』에 등장하는 비구니는 지계와 경, 율의 공부, 단식, 고행, 염송, 교화, 불사 활동 등에 헌신하는 모습을 보이고 있다. 그 가운데 계행에 뛰어난 비구니가 약 25명 정도 되고, 율을 배우는 경우도 적지 않다. 또한 『십송률』을 배운 경우도 있다.

관세음, 아미타불, 미륵불을 신앙하였으며, 도솔천 탄생[163]과 아라한 성취 등을 갈구하였다. 또한 경배와 서원, 신성함을 추구하였으며, 채식주의자나 금식하며 수행하는 비구니도 있었다.

---

156 『비구니전』 권3(『대정장』 50, p.942 下).
157 앞의 책, 권4, p.945 下.
158 앞의 책, 권3, p.942 下.
159 앞의 책 권4, p.947 中.
160 『속비구니전』 권1, p.佛19.530上(『出三藏記集』에는 南齊의 비구니라고 기록되어 있지만, 『속비구니전』에는 梁 시대의 비구니로 기록하고 있다).
161 『出三藏記集』 권 5(『대정장』 55, p.40 中).
162 藤浦令子, 『日本古代の僧尼と社會』, 吉川弘文館, 2000, p.163.
163 『비구니전』, 권4(『대정장』 50, p.945 下).

『비구니전』에서는 특히 채식 수행을 강조하는데 그 이유는 무엇일까? 붓다는 원래 채식을 주장하지 않았고, 초기불교에서 탁발에 의한 육식 공양이 자연스러웠다. 그것은 초기경전에서 붓다가 말한 대로, 자신이 보았거나 들었거나 자신 때문인지 의심이 들 때를 제외하고는 걸식으로 육류와 생선류 등을 먹을 수 있었다.[164] 하지만 아쇼카왕의 육식 금지와 자비 사상의 발전으로 대승에 이르러서는 점차 육식을 금지하게 된다.

또한 중국에서는 양무제가 『열반경』, 『능가발다라보경』, 『앙굴마라경』의 조칙 이론을 근거로 「단주육문」을 공포하였다. 이것이 중국 불교 음식관을 개혁하는 단초가 되었으니, 중국 불교에서 육식 금지와 채식 공양이라는 의미 있는 변화는 양무제의 공이라고 할 수 있다.

황하연黃夏年은 글에서 "한 명의 황제가 통치한 이후 채식을 결심하고 천하 불교도들에게 육식하지 못하도록 명령했다. 이 마음은 본받을 만하고 이 행위는 칭찬할 만하다. 그는 큰 결심을 해서 승려들의 육식을 금지했고 나중에는 중국의 한족 불교 교단은 완전히 채식주의자가 되었다."[165]라고 하여 중국 불교 채식주의의 유래를 진단하였다.

물론 양무제의 조칙 전에 두 가지 이유에서 비구니들이 채식 공양에 전념하였던 것으로 보인다. 첫째는 불교 사상과 관련된 것으로 중생에 대한 자비적 삶에서 비롯되었을 가능성이 짙다. 두 번째는 도가 사상에서 신선이 되거나 도술을 얻기 위해 채식을 하거나 단식을 하는 것과 연관이 있는 것으로 보인다. 물론 도교와 경쟁하는 상황에서 육류와 생선 등을 먹거나 과식하는 문제로 도교로부터 비난을 받지 않기 위한 방편이었을 수도 있다.

다음으로 비구니 수행 가운데는 경전 수지 독송이 많이 행하여졌다. 『비구니

---

164 Asaṅga Tilakarante, 「육식에 대한 상좌부의 관점」, 『육식문화 어떻게 볼 것인가』, 동국대학교 불교문화연구원, 2009, pp.59~77. 아상가에 의하면, 육식에 대한 상좌부의 관점은 세 가지 측면에서 정화된 생선과 육류로 묘사하고 있다고 전한다. 또한 그는 초기경전을 통해 육식의 문제는 승가의 문제에 해당되고 재가에게는 육식에 대한 규정을 두지 않았다고 주장하고 있다.

165 黃夏年, 「삼매수참의 육식관 —양무제의 육식관과 관련하여—」, 『육식문화 어떻게 볼 것인가』, 동국대학교 불교문화연구원, 2009, p.158.

전』에 나타난 경은 주로 『법화경』·『유마경』·『아미타경』·『반야경』·『수능엄경』이다. 경전 암송에 관한 기록들이 자주 발견되는데, 그중에서도 『법화경』 암송이 가장 많다. 이것으로 고대시대 비구니의 삶에서 경전을 배우고 암송하는 것이 일상적인 일이었음을 짐작할 수 있다.

몇몇 비구니는 『법화경』을 암송하며 연구하기도 하였다. 그 밖에 『유마경』·『수능엄경』·『대품반야경』·『관세음경』·『대반열반경』 등을 염송하거나 경전을 연구한 비구니도 있다. 그리고 강설 비구니는 승가 대중에게 강설할 뿐만 아니라, 왕이나 관료, 사회 일반 대중을 강설로 널리 교화하였다.

또한 수많은 제자를 거느린 비구니도 있는데 심지어 비구니와 일반인은 물론 비구 제자까지 두는 경우도 보인다. 『비구니전』에 의하면 비구니 담휘曇暉는 남녀 승려와 속인 제자가 1,200여 명이나 되었다고 한다.[166] 사찰은 주로 왕과 왕후, 관료의 보시로 건축될 뿐만 아니라, 대중의 보시, 또는 자신의 일반 주택을 개조하여 절로 이용하는 경우도 있다.

고대 중국 불교의 특징 가운데 하나가 바로 역경인데, 중국 비구니는 이러한 역경 사업에 거의 참여하지 않았던 것으로 보인다. 그러나 고대 비구니들의 생활은 사찰에서 글과 학문을 배우며, 학식 있는 일반인과 밀접한 관계를 맺었다. 이것은 중국 비구니 교단사에서 중요한 역할이었다. 인도의 비구니들이 엄격하게 지켰던 팔경법은 중요시 여기지 않았으며, 고대 중국 비구니들의 과제는 비구와의 관계보다는 전통적인 사상과의 문제와 그를 해결하는 것이었다.

2) 전통 사상과의 대립과 극복

먼저 노장사상에 근거를 둔 도교와의 관계를 살펴보자. 불교가 전래된 후 도교와 불교의 교섭이 표면화되면서 영향을 주고받는다. 불교 경전을 번역하는 과정

---

166 『비구니전』 권4(『대정장』 50, pp.945 下~946 中).

에서 노장사상을 빌려 설명하기도 했는데, 이것을 격의불교라고 한다. 또한 도교에서도 불교를 도입하여 교단 조직을 정비하였으며, 도교 경전도 불교 교리의 영향을 많이 받았다. 불교 경전을 모방하여 경전을 만들기도 하였다. 도·불교의 논쟁은 노자와 붓다 중 누가 스승인가 하는 논쟁 외에 정신적 수행과 수행 결과면에서도 대립해 왔다. 도교의 수행자들도 금욕 생활을 하면서 수행과 명상, 정절을 추구하기 위하여 수련하였다. 또한 은신처에 머물면서 음식과 호흡 조절, 경전의 독송과 신비를 체험하였다. 가난한 자를 돕고 동물을 보살폈으며, 배고픈 자들을 먹이는 등 도덕감과 사회적 책임감을 가졌던 것이다.[167]

　도교와 불교의 논쟁은 13세기에 와서야 불교의 승리로 끝을 맺었지만 그동안의 수많은 논쟁과 대립 관계로 부작용도 발생하였다. 특히 중국에서 북위 태무제, 북주 무제, 당의 무종, 후주 세종 때 발생한 네 번의 폐불은 불교에 지대한 영향을 끼쳤다. 그 가운데 북위 태무제의 폐불446년은 대신 최호崔浩와 도사 구겸지의 책략에 의해서 발생하였다.[168] 북주의 무제가 단행한 폐불574년은 도교와의 세력 다툼과 승려의 퇴락으로 발생하였다고 전하기도 한다.[169]

　도·불의 논쟁과 대립은 『비구니전』에 기록된 비구니 활동과 도교 수도자의 대립 관계에서도 잘 드러난다. 비구니 독살 사건을 예로 들면, 양영변楊令辯이란 도교 신봉자가 거짓으로 친분을 맺어 비구니에게 접근해서 독살한 사건이다. 그때 비구니는 초연하고 의연한 자세로 죽음을 맞이하는데[170], 그런 모습을 통해 수행자의 자비심을 잘 드러내고 있다. 또한 도교 신자가 비구니를 위협하고 속퇴시키려고 하자 비구니가 그를 설득해서 교화하는 장면이 등장한다. 「지현전智賢傳」에 의하면 도교를 숭상하던 태수 두패杜霸가 승려들을 속퇴시키려고 할 때 지현이 조리

167　리비아 콘, 「중국 唐나라의 道教 니승들」, 『동아시아 불교 전통에서 본 한국 비구니의 수행과 삶』, 대한불교 조계종 한마음선원, 2004, p.209. 중세의 도교는 여성들이 남성 수행자들에 비해 副次的인 존재로 간주되었던 다른 전통과는 달리, 남성과 여성 간에 어떤 차별도 존재하지 않는다고 한다(앞의 논문, p.208).

168　水野弘元 지음, 이미령 옮김, 『경전의 성립과 전개』, p.124.

169　앞의 책, pp.117~118.

170　『비구니전』 권1(『대정장』 50, p.936 上~中).

171　앞의 책, 권1, p.935 上~中.

있는 대답으로 그의 뜻을 꺾었다.[171] 『비구니전』의 이러한 내용은 고대 비구니들의 수행자로서의 태도를 엿볼 수 있으며, 도·불교의 대립에서 비구니 위상이 드높아지는 모습이라고 할 수 있다.

유교와의 관계를 살펴보면, 유교는 도교보다 훨씬 더 불교에 위협 요소였음을 알 수 있다. 유교의 입장에서 보면 불교의 계율 및 의식은 유교의 규범과 맞지 않는 것이다. 특히 삭발은 부모에게서 받은 신체를 상해하지 말아야 한다는 유교의 윤리 사상에 위배되는 것이었다. 또한 불교의 화장법도 유교의 장례 의식과 상반되는 문화였다. 화장은 시신을 처리하는 하나의 방법으로, 인도의 힌두교에서는 죽은 자를 화장하면 영혼이 천계에 오를 수 있다고 믿는다. 또한 불전에는 화장·수장·토장·풍장의 네 가지 화장법이 나오는데, 붓다의 법체를 흰색 천에 싸서 다비(화장)한 뒤부터 화장이 불교와 더욱 밀접한 관계를 가지게 되었다.[172] 이러한 화장 풍습은 유교의 토장과는 상반된 것이라고 볼 수 있다.

이런 대립 관계에서 죽음의 신이를 강조하고, 삭발의 정당성, 결혼 포기와 출가생활의 정당성을 확립하는 것은 승려 각자의 삶을 통해서만 가능한 것이었다.

또한 중국에서 사원의 증가는 결국 생산 활동 인구의 감소와 세수 저하 등 국가에 위협 요소가 된다. 이러한 상황은 국가의 통제와 법난을 겪게 되는 이유가 되기도 했다. 그러나 당시 남조는 불교에 우호적이었기 때문에 그러한 심각한 파불 정책은 없었을 것으로 짐작한다.

3) 『비구니전』의 의의

남조시대에 불교에 대한 관심이 커지자 비구니들의 활약 등이 활발해져 동진 및 남조 시대 국민의 상·하층에 불교가 깊숙이 영향을 미치면서 출가 승니들을 대량 배출하였다. 이 시대 니승들의 행적에 관한 내용은 『비구니전』을 통해서 비

---

172   中村元 외, 『벽암 불교사전 제2편』, 벽암서점, 2002, pp.148~149.

교적 상세히 알 수 있다. 시대상으로는 동진317~420년, 송420~479년, 제479~502년, 양502~557년 등 4개 국가에 해당된다.[173] 65명의 비구니는 진 13명, 송 23명, 제 15명, 양 14명으로, 시대별로 비구니 전기를 서술하고 있다.

『비구니전』은 그 당시의 특별한 비구니를 중심으로 서술된 것이다. 따라서 평범한 비구니에 대한 자료는 남아 있지 않아 고대의 중국 비구니 전체의 모습은 파악할 수 없다. 하지만, 『비구니전』을 통하여 최초 중국 비구니의 탄생과 수계 문제, 당시의 상황, 불사, 여성의 출가 문제 등을 알 수 있다. 그리고 수행, 귀족계급과 불교 교단의 관계, 당시의 불교 상황, 비구니의 사회적 역할, 제자 구성, 불교 전파, 유·불·도의 관계를 알 수 있다.

비구니 대부분의 탄생과 입멸 연도는 알 수 있지만 출가 나이는 반 이상은 알 수 없다. 출가 생활은 수년 동안만 한 경우도 있으며, 80여 년간 생활한 경우도 있다. 어떤 비구니는 약 70세에 출가한 경우도 있었다. 출생과 활동지는 주로 중국의 강남 지역이며, 대부분 입멸 장소는 사원이었다. 왕이나 왕후, 귀족이나 개인 등의 보시로 사원 불사가 진행되었다. 비구니의 출가 동기는 종교적 열망, 사회적 환경이 대표적이다.

비구니는 채식을 하며 수행, 금식, 계행, 경전 강독, 고행 등을 실천하였고 왕, 황후, 귀족, 서민 등을 널리 교화하여 불교 홍포에 기여하였다.

또한 신이적 경험과 소신공양으로 입멸 방법을 보여주었다. 당시 비구니는 사회와 여성의 모델이었으며 왕, 귀족, 서민, 타종교의 존경의 대상이 되었다. 그 이유는 학력과 수행, 교화, 중생 구제, 여성 한계 극복이란 점에 있다.

한편 『비구니전』과는 다르게 사료에 소개된 비구니도 있었는데, 바로 진의 간정사簡靜寺 묘음妙音 비구니다. 『비구니전』에는 열종列宗이 정사를 의논하는, 위엄 있는 비구니로 소개되어 있지만[174], 동진의 허영計榮은 묘음과 사마도자司馬道子의 관

---

173 이 시대는 진나라와 더불어 남조의 송, 제, 양 나라에 해당된다. 『比丘尼傳』의 내용을 담고 있는 시기는 남북조로 나누어진 시대의 일로 남조는 송, 제, 양, 陳(557~589), 북조는 북위(386~534), 서위(535~557), 동위(534~550), 북주(557~581), 북제(550~557)에 해당된다. 남북조의 불교에 대해서는 미찌하라 료오슈 지음, 계환 옮김, 『중국 불교사』, pp.71~121. 참조.

174 『비구니전』 권1(『대정장』 50, pp.936 下~937 上)

계를 예로 들어 당시 비구니 교단이 권력자와 결탁하여 재물을 모으고 오계도 지키지 않는다는 상소를 올리기도 하였다.[175] 또한 이연수의 『북사』에는 북중국의 비구니들에 대한 귀한 정보가 있는데, 왕비와 후궁을 다룬 50편의 전기들에 따르면 대략 15명이 비구니 교단에 들어갔다고 한다.[176]

『비구니전』에는 다른 곳에서는 볼 수 없는 중요한 자료가 몇 가지 수록되어 있다. 첫째는 동진의 도형道馨 비구니?~366에 대한 기록이다. 도형은 20세 때 『법화경』과 『유마경』을 독송하였으며, 구족계를 받은 뒤에는 「소품」 즉 『소품반야』를 잘 독송하였다. 그래서 "비구니 강경은 도형이 처음"[177]이라고 기록하고 있다.

둘째는 비구니 「승경전」에서 보이는 영남 불교에 대한 정보다.[178] 승경僧敬, ~486은 송 원가의 광주에서 30여 년을 지냈다. 많은 시주자들의 도움으로 중조사衆造寺를 건립하였으며, 신자들이 자주 왕래하였다. 광주 불교를 최초로 전한 문헌은 『고승전』으로, 권1의 담마야사, 권2의 구나발마, 권3의 구나발타라 전에 그 내용이 보인다. 그러나 광주를 소개한 세 사람이 모두 외국인 승려였으므로 자세히 전할 수 없다. 따라서 동진·유송 2대를 지나 광주에 불교가 전파되었다는 사실을 자세히 전하고 있는 것은 「승경전」뿐이다. 또한 「승경전」은 비구니 철살라가 스리랑카에서 해로로 광주에 도착해서 육로를 통하여 송도를 향했다는 사실을 알려주었다.

셋째는 「풍니전」에 수록되어 있는 고창에서 구자까지의 불교에 대한 단면이다.[179] 물론 이 내용은 풍니馮尼, 408~504의 시각으로 본 모습이지만 고창이나 구자의 불교에 대한 상황이 흥미롭게 펼쳐져 있다. 고창의 법혜法慧선사가 구자국의 직월直月: 절의 업무를 맡아보는 사람에 의해 깨달음을 얻는 내용 등은 고창과 구자국의 불교 상황을 말해 준다. 서역의 불교국인 고창과 구자의 불교에 대한 기록은 『고승전』에

---

175 鎌田茂雄 저, 『中國佛敎史』第二卷, 東京大學敎出版會, 1983, pp.48~49에 따르면, 妙音 비구니의 정치적 행보를 부정적으로 언급한 부분이 있다. 진나라의 『晉書』 권64의 「會稽王子傳」에 비구니 묘음에 대한 내용이 등장한다고 기록되어 있다.

176 딩후아 셰, 「동아시아 대승불교의 팔경법 : 중국 비구니 승단을 중심으로」, 『동아시아의 불교 전통에서 본 한국 비구니의 수행과 삶』, 2004, p.220.

177 『비구니전』 권1(『대정장』 50, p.936 中.)

178 앞의 책 권3, p.942 中.

179 앞의 책 권4, p.946 中.

서 조금 볼 수 있다. 그러나 니승 교단에 대한 내용은 거의 없다. 단지 『명승전초』의 「법혜전」에 풍니가 소개되어 있지만 간단한 내용뿐이다.

넷째는 친족이 함께 출가한 경우에 대한 내용이다. ① 도의道儀는 혜원慧遠의 고모다.[180] ② 법연法緣과 법채法綵는 자매 사이다.[181] ③ 담용曇勇과 담간曇簡도 자매 사이다.[182] ④ 승념僧念과 담예曇叡도 친족 사이다.[183] ⑤ 혜승慧勝과 승술僧述은 모두 부친의 뒤를 이어 출가한 경우다. ⑥ 정연淨淵과 정행淨行도 자매가 출가한 경우다. 이와 같이 친족이 함께 출가한 예가 많다는 것은 당시 여성들의 불교에 대한 신심과 구도정신을 알 수 있게 한다.[184]

이상과 같이 『비구니전』에는 동진과 남북조의 비구니 교단과 그 활약이 자세하게 묘사되어 있다. 이 내용들은 고대 비구니의 삶을 통해 당시 사회 상황을 살펴볼 수 있는 귀중한 자료인 것이다. 특히 『비구니전』에만 수록되어 있는 영남 불교, 서역의 불교 현황은 부분적이지만 그 지역의 당시 상황을 알 수 있는 자료로 평가할 만한 것이다.

3. 중·근세 비구니 교단의 전개

1) 수·당·송 시대의 비구니

『비구니전』의 뒤를 이어 저술된 『속비구니전』은 『비구니전』에 소개되지 않은 양의 총지 비구니를 비롯하여 고대의 양·진·북제의 다섯 명의 비구니와 그 이후

---

180 앞의 책 권1, p.937 上.
181 앞의 책 권3, p.941 下~942 上.
182 앞의 책 권3, p.944 中.
183 앞의 책 권4, p.945 下.

의 수·당·송·원·명·청 및 근대 비구니의 생활과 수행을 엿볼 수 있는 자료다. 총지는 달마의 제자로 달마가 "총지는 나의 살을 얻었다."라고 인가한 비구니다. 노후에는 항상 『법화경』을 독송하였으며, 입멸 후에는 사리탑이 세워졌다. 대동 원년 탑 안에 연꽃이 피어 탑을 열어 보니 혀에 연꽃이 뿌리를 내리고 있었다고 한다.[185]

법비法秘는 오대산에 살면서 선과 혜를 수행하였다. 거의 물만을 마시고 고행 하였으며, 50년간을 산에서 내려오지 않았다고 한다. 그가 살던 곳을 비마암秘魔巖 이라 불렸으며, 당나라 시대에 마조의 도를 얻은 비마화상이 이곳에서 살았다고 한다.[186] 양나라 양주의 승법僧法은 어릴 때 출가하여 8~9세 때 정좌하여 21부 35권 의 경전을 암송하였다고 한다.[187] 자죽암紫竹菴의 태청太淸은 개울에 포단을 던지고 그 위에 앉아 『법화경』「보문품」을 암송했다고 한다.[188]

『속비구니전』에서 네 번째로 소개하는 비구니는 양의 고우高郵 지역에서 살던 화수華手 비구니다. 비구니는 밤낮으로 『묘법연화경』을 독송하여 손발톱에 꽃이 피 어 화수니라 불렸으며, 진의 무제에게 높이 평가받았다고 한다.[189] 『속비구니전』에 서는 그 수행이나 활동적인 면에서 『비구니전』과 많은 차이를 보이지만 왕실과 자 주 접촉한 것 같다.

위의 화수 비구니 외에 『속비구니전』의 수대에 등장하는 유일한 비구니도 수 문제와 관련이 있다. 바로 지선智仙 비구니로 수문제의 외호를 받았으며, 입멸 후에 는 사리탑이 세워졌다.[190] 수의 문제는 즉위하자마자 조칙을 내려 오악의 명산에 각각 대찰을 세우게 한 후 모든 지방에도 각각 승니들이 머물 절을 지어서 밭과

---

184 林傳芳, 『中國佛教史籍要說』, 永田文昌堂, 1979, pp.251~254(임전방은 ①의 경우 혜원과 혜지가 『비구니전』에 자매로 기록되었다고 했지만 그것은 오류다. 당시대 常州 출신 慧忍과 慧持 자매의 기록을 착각한 것으로 보인다).

185 『속비구니전』 권1, p.佛19~530 上.

186 앞의 책 권1, p.佛19~530 中.

187 앞의 책 권1, p.佛19~530 上.

188 앞의 책 권1, p.佛19~530 中.

189 앞의 책 권1, p.佛19~530 中

190 앞의 책 권1, p.佛19~530 中~下.

장원을 하사하였다.[191] 또한 인수 원년과 2년, 4년에 걸쳐 전국의 명소와 사원에 111 기의 사리탑을 건립하였다. 고려와 백제, 신라에도 사리를 보내 사리탑을 건립케 하였다. 이때의 광경을 당나라 도선道宣, 596~667은 『광홍명집』「사리감응기私利感應記」에 자세히 묘사하고 있다.[192]

당 시대에 들어 비구니 교단은 국가의 통제를 받게 되었다. 여성의 출가와 득도 그리고 수계는 국가 허락을 받도록 하는 '도속령道俗令'이 생겨 자생적 발전에 제약을 받게 되었다. 그럼에도 불구하고 출가자가 급속도로 늘어나 비구니 교단은 비구 교단과 더불어 중흥의 길을 맞이하였다.

당나라 때의 수행자로 거론할 만한 비구니는 정혜사淨惠寺의 신상信相과 장안 흥성사興聖寺의 법징法澄, 640~729, 그리고 계미契微, 720~781를 들 수 있다. 신상은 도교를 믿다가 불교를 접하고 남동생과 함께 출가하여 승려가 된다. 부모가 집을 정혜사淨惠寺로 만들었으며, 신상은 수관水觀으로 유명하다.[193] 법징은 상원 2년761에 출가하였으며, 지상사至相寺 강장사康藏師의 법을 듣고 깨달음을 얻었다. 경룡 2년708에 황제의 명으로 소당사紹唐寺 주지가 되었다.[194] 법징은 『화엄의소』 3권, 『우란분경』, 『온실경溫室經』 등을 사경하였고, 내도량에서 법을 강의하였다.[195]

계미는 네 명의 유명한 스승 밑에서 공부하였다. 첫째는 밀교의 금강지, 둘째는 『사분율』의 대가이며 일본에 중국의 율장을 전하는 데 결정적인 역할을 한 정빈율사에게 계를 받았다. 셋째는 안국사의 무승無勝이라는 비구니에게 공부하였는데, 무승은 계미에게 선정을 가르쳤다. 넷째는 홍정대사다. 특히 계미는 도교 집안에서 교육을 받았으나 불교를 접한 후 16세에 출가하여 비구니가 되었다.[196]

천태종을 중흥시킨 학승 담연湛然, 711~782의 『법화문구기』에 기록된 혜인慧忍과

---

191 미찌하라 료오슈 지음, 계환 옮김, 『중국 불교사』, p.126.
192 석길암, 『불교, 동아시아를 만나다』, 불광출판사, 2010, p.157.
193 『속비구니전』 권1, p.佛19~531.
194 앞의 책 권1, p.佛19~532 上~中
195 李玉珍, 『唐代的比丘尼』, 臺灣學生書局, 中華民國 78년(2000), p.219.
196 진화 첸, 「중국 당나라 비구니들의 종교, 사회정치적 역할에 관한 두 가지 사례 연구: 은둔을 통한 재등장」, 『동아시아 불교 전통에서 본 한국 비구니의 수행과 삶』, 대한불교 조계종 한마음선원, 2004, pp.230~238. 취의.

혜지慧持 자매 또한 당을 대표하는 비구니들이다.[197] 이들 자매는 담연과 같은 상주 출신이다. 그들에 대한 기록은 『당상주천흥사법화원고이대덕비구니비명唐常州天興寺法華院故二大德比丘尼碑銘』 1권에 보인다. 이들은 각각 5세와 3세부터 『법화경』에 천재적인 이해력을 보였다. 천흥사로 출가하여 법화 삼매를 수행했으며, 이들의 수행력이 알려져 안국사安國寺와 영찰사寧刹寺에 부름을 받았다. 뒤에는 안국사에 법화원을 세웠으며, 황제의 편액을 받았다. 이것이 '칙치법화도량勅置法華道場'의 시초가 되었다. 『속비구니전』에는 '당장안안국사니 지법전'으로 자매가 소개되고 있다.[198] '칙치법화도량'의 비구 사찰은 장안의 천복사千福寺 법화도량과 양주의 용흥사龍興寺 법화원의 '칙안치도량'이 있다.[199]

안국사의 니승에 대한 기록은 혜인과 혜지 자매를 포함하여 17명 정도가 있다. 그 가운데 혜은惠隱 대덕선사(659~734)는 두 비구니와 거의 동시대 인물이다. 혜은은 북평 영씨 출신이며 선과 송경을 겸해서 수행한 선사다.[200] 뒤를 이은 이상좌李上座와 그의 제자인 원정圓淨 대덕화상(722~784) 등은 율원을 운영하였다. 즉 안국사는 한 종파의 수행이 아닌, 법화삼매, 선, 율의 수행을 했던 도량이었다. 또한 혜은의 제자 원덕圓德[201]은 널리 삼장에 통달했으며, 그의 「박통삼장博通三藏」과 성충性忠의 「지경오부현리정통병율삼천조持經五部玄理精通秉律三千條」 등은 그 시기 비구니 사찰의 교학을 연구하는 데 중요한 기록이다.[202]

혜인과 혜지 자매를 청하였던 낙양 영찰사는 궁중 불교와 관계가 깊은 사찰이었다. 영찰사는 두 비구니와 거의 동시대의 니승인 니화화尼和和 諱는 혜등惠燈. 650~731)가 살았던 곳이다. 니화화는 동생과 함께 '내도량운선사內道場運禪師'로 불렸던 지운智運의 제자가 되었으며, 스승인 지운의 죽음을 슬퍼하다가 스스로 머리를 깎았

---

197 『法華文句記』 권10 下(『대정장』 34, p.151).
198 『속비구니전』 권1, p.佛19~532 中.
199 가츠후라 노리코, 「法華滅罪寺と洛陽安國寺法華道場」, 『史論』 46, p.7(勝浦令子, 「法華滅罪寺と洛陽安國寺法華道場」, 『日本古代ち僧尼と社會』, 吉川弘文館, 2000, pp.201~215에도 비슷한 내용이 있으므로 참조).
200 『속비구니전』 권1, p.佛19~532 下~533 上
201 앞의 책 권1, p.佛19~533 上.
202 앞의 책 권1, p.佛19~532 下~533 上. ; 가츠후라 노리코, 앞의 논문, pp.6~7.

다. 그 사정을 들은 측천무후는 니화화를 비구니가 되도록 주선하였다. 그리고 영찰사에서 살게 하였으며, 니화화는 그곳에서 일생을 보내고 개원 19년에 입적하였다. 이와 같이 영찰사는 측천무후의 궁중 안 불교 시설에 봉사한 니승과 밀접한 관계가 있으며, 그 니승이 은퇴한 후 수행한 장소였다. 또한 영찰사는 임단臨壇의 니승 계일契一이나 「계율정명조행고결戒律貞明操行高潔」이라고 불렸던 율 수행자 의성義性니가 거주했던 도량이었다.

그 외에 당나라 낙양의 니승 사찰은 무후 시대의 내도량과 깊은 관계가 있었다. 천녀니사天女尼寺도 측천무후가 두 명의 동녀를 삭발시켜 거주하게 한 사찰이다. 이와 같은 사실은 궁중 불교에 힘입어 비구니의 활동이 무후武后와 위후韋后 시기에 성행하였음을 의미하는 것이다. 현종 때에는 도교와 대립하면서 불교가 쇠퇴하기에 이른다. 그러나 낙양의 니사는 현종 때에도 그 전통이 남았다고 전한다.

내도량은 내도량 니승들이 의해서 유지하였으며, 궁인을 출가시켜 이끌어 갔다. 그 외에 지방의 비구니 가운데 특출한 활동을 인정받으면 내도량에 들어올 수 있었다. 사원 불사는 후궁들의 발원과 후원 등으로 이루어졌다.

특히 당 시대에 주목할 만한 것은 비구니 지위와 호칭이 여느 시대와는 현저하게 차이가 난다는 것이다. 비구니가 대덕, 법사, 율사, 임단, 개법開法 등으로 불렸는데, 이것은 비구와 동등한 호칭이었다. 비문의 내용에서도 니승 또는 여성을 구별하지 않고 있으며, 사원 이름도 비구 사찰과 비슷한 경우가 많았다. 한국이나 일본에서는 대덕과 법사의 칭호를 거의 찾아볼 수 없다. 일본에서는 법사가 단지 비구만의 칭호였다.

니승의 통제 기관은 중국 북조에서는 찾아볼 수 없다. 단지 남조의 유송 시대에 니승의 승관과 승국이 발달한 것을 볼 수 있는데, 유송 시대만의 특징적인 모습일 뿐이다. 비구니의 승직은 유송의 명제 진시 2년466에 보현니를 최고 직관인 도읍니 승정에, 법정法淨니를 도읍니 유나에 임명하여 비구니 대중을 관장하게 하였다. 니승의 직관 제도는 이것이 최초였다.[203] 『대송승사략』에도 남조의 양이나 진 시대의 기록에는 그러한 제도가 없다. 또한 남북조를 통일한 수와 당나라 시대에도 승관과 승국은 없었다. 단지 송 시대에 궁인이 출가할 경우 니록尼錄, 니통尼統에 임명한다고 기록하였다.

중국의 많은 비구니가 통제 기관과 상관없이 동일성을 유지하면서 활약하는 이유가 무엇일까?

가츠후라 노리코勝浦令子는 그 해답을 유년 출가의 정착에 두고 있다.[204] 혜인 자매를 비롯하여 당대의 니승은 자매, 남매, 고모, 이생姨甥·조카 등 친족이 동시에 출가한 예가 많다. 특히 자매의 유년 출가 경우가 많다. 18세 때 이미 『화엄경』을 독송했던 도덕사道德寺의 무량 비구니는 가족 다섯 명이 함께 출가하기도 하였다.[205] 유년기부터 수행하면 장기간 전문적으로 수행할 수 있는데, 니승의 교학이나 수행의 전문성이 비구와 같은 수준으로 높아지게 된다. 이렇게 높아진 니승의 수행이나 활약은 교단 유지를 가능하게 하였다.

물론 중국에서도 기혼자나 중년 이후 출가자가 없는 것은 아니었다. 중국의 사족 여성의 중년 이후 출가와 그 원인에 대해서는 『비구니전』이나 『속비구니전』에 잘 나타나 있다. 일본 고대 귀족 여성이 출가하는 이유도 비슷한 점이 있지만, 노년이나 병, 임종에 다다라 출가하는 경우가 있었음도 간과할 수는 없다.

송나라 시대에는 비구니의 수가 증가하여 통제 기관이 필요해져서 율령으로 교단을 통제하였다. 불교에 대한 간섭은 날로 심해졌으며, 출가 제도를 율령상의 출가 득도의 문서로서 상서성사부가 도첩을 발행하여 승니의 호적으로 하였다. 승려 범죄자 처벌도 국가가 관여해 도승격을 규정하여 국가기관의 통제하에 두었다.

교단의 승니는 평생 금욕 생활을 하고, 육식과 취처를 허락하지 않았다. 교단 후계자는 재가자의 출가로 계승되었다. 출가하여 득도 삭발을 희망하는 자 가운데에 미성년자는 동자로서, 성년이 지나도 도첩을 얻지 못하면 유발인 채 절에서 생활하는 행자로 남아야 했다. 승려 수의 제한은 결국 행자 기간을 늘어나게 하였다.

『송형통宋刑統』 권12의 '승도사입도僧道私入道'의 조문에 의하면 남자 19세 이하, 여

---

203 曹洞宗尼僧史編纂會, 『曹洞宗尼僧史』, 東京 : 曹洞宗尼僧團本部, 1955, pp.74~75.
204 가츠후라 노리코, 앞의 논문, p.14.
205 『속비구니전』 권1, p.佛19~531下.

자 14세 이하는 동행童行-나이어린 행자이 될 수 없었다.[206] 동행 제도의 발생은 동진에서 남북조시대에 걸쳐 다수 보이는 사도승의 출현이 원인이라고 해석할 수 있다. 그러나 수대 이전의 「출가자전」에 의하면 "칠세에 출가하여 사미가 되다.", "구세에 출가, 득도하여 사미가 되다."라는 내용이 보인다. 즉 수나라 이전에는 율의 규정에 따라서 출가하는 것이 일반적인 추세였으며, 동행이 되는 경우는 거의 없었던 것으로 보인다.[207] 송대에는 본인이 승니가 되기를 희망하되 법정 연령에 맞고 부모의 허락이 있어야 동행이 될 수 있었다. 동행이 된 자가 사원 호적에 등록하려면 일정한 형식을 갖추어야 하였다. 신체에 문자文刺가 있거나 태형을 범하였거나 죄를 지어 징역을 당한 자는 동행이 될 수 없다. 또한 출가자의 지원서와 관의 허락이 있어야 했다.[208]

이 시대에 득도 삭발하는 방법은 세 가지가 있었다. 첫째는 도석령道釋令이나 도승격度僧格에서 규정하는 지방관이 동행의 경전 독송 능력을 시험하며, 경전을 구답시문한다. 합격하면 정부가 삭발을 허락하는 삭두문削頭文과 득도를 증명하는 도첩을 교부하는 것이다. 둘째는 특은도승 제도가 있어서 황실의 경조, 성절, 국기國忌의 경우에 무시험으로 동행에게 득도 허락을 하는 경우다. 셋째는 진납도승進納道僧의 제도로 공명空名 도첩을 금전으로 사서 일정한 수속을 밟아 득도하는 경우다. 이것은 북송의 신종 때 국고의 재정난을 타개하기 위하여 시행한 것이다.[209]

이러한 과정에서도 여성의 출가를 제한하는 것은 비구니 교단의 존속을 더욱 어렵게 만들었다. 북송의 휘종 선화 원년1119 정월, 붓다는 대각금선大覺金仙, 보살은 대사, 비구는 덕사德士, 비구니는 여덕사로 고쳐 부르고 모두 도복을 입게 하였다.[210]

또한 송대에 들어서면 국가에서 비구와 비구니들을 완전히 분리한다. 972년 송 태조960~975 재위는 니승이 비구승에게 수계받는 일을 금지하는 칙령을 발표한다.

---

206 小川貫弌, 「宋元明清に於ける敎團の構造」, 「仏敎敎団の研究」, 京都:百華苑, 1968, p.290.
207 佐藤達玄, 「中國出家敎團における師弟關係について」, 「佛敎學部研究紀要」 第32号, 駒澤大學, 1943, p.61.
208 앞의 논문, pp.290~292
209 앞의 논문, pp.295~296.
210 「조동종니승사」, p.76.

또한 비구니 계단 자체에서 수계식을 집전하고, 비구들과 접촉하는 일 없이 비구니 사원을 운영하도록 하였다.[211] 이 조치는 좀더 구체화되어 모든 사원에서 비구와 비구니를 철저히 분리하였다. 『대송승사략』에 의하면, 중국의 이부중 수계의 시초를 혜과라고 하였으며, 정검니는 일부중 수계를 하였으므로 완전치 않다는 내용과 함께, "건무建武 중에는 강북의 모든 니승들이 비구 사찰에 와서 수계를 받았는데, 조정에 누를 끼치는 일이 많아서 태조 때에 이르러 니승이 비구 사찰에 가서 수계받는 일을 금하였다. 따라서 니승은 다시 일부중 수계를 받게 되었다."[212]라고 기록되어 있다.

그러나 그 법령은 별로 효과를 보지 못한 듯하다. 수계에 필요한 계단이 나라를 통틀어 별로 없었기 때문에 사미니들은 구족계를 받기 위해 비구 사원에 가야 했다. 다만 한두 곳의 비구니 사원에만 독자적인 수계용 계단이 있었다고 한다.[213] 『운와기담雲臥紀談』에 의하면 도인 무제無際, ?~1177가 혜조慧照라는 비구니에게 구족계를 받을 때 낙발사가 비구니 묘총妙總, 1095~1170이었다는 언급도 있다.[214] 그러나 한두 비구니 사찰이 계단을 갖추고 구족계를 시행하더라도 정식 구족계를 실행하기 위해서는 비구들이 비구니 사찰에 와야 하는 번거로움이 있다. 그러므로 비구니 사찰에서 독자적으로 구족계를 진행하기는 어려웠으리라 본다.

이 시대의 비구니는 특히 참선 수행에 전념하였는데, 그 내용은 미리암 레버링 등이 조사한 중국 선종사의 비구니들에 대한 연구에 나타난다. 그는 송대의 선사 대혜종고의 비구니 제자인 묘도선사와 묘총선사 연구에서 비구니 제자들의 수행 과정과 결과를 보고 확신을 얻었다고 한다.[215]

『속비구니전』에 등장하는 송대의 비구니들은 고대 비구니에 비해 임종을 맞이하는 자세가 특별한 경우가 많았다. 좌탈입멸 외에 묘주암妙住菴의 황심黃心은 동

---

211 『宋會要』, 道史 2, p.1(딩후아 세, 「동아시아 대승불교의 팔경법—중국 비구니 승단을 중심으로—」, 『동아시아 불교 전통에서 본 한국 비구니의 수행과 삶』, 대한불교 조계종 한마음선원, 2004, p.222).

212 『대송승사략』 권上, 「尼得戒由」(『대정장』 54, p.238 中).

213 黃敏枝, 「宋代佛敎社會經濟史論集』, 臺灣學生書局, 1989, p.382(딩후아 세, 앞의 논문, pp.223~224 재인용).

214 『雲臥紀談』, pp.10~15.

215 조은수, 「서문에 대신하여」, 『동아시아의 불교 전통에서 본 한국 비구니의 수행과 삶』, 대한불교 조계종 한마음선원, 2004, p.xii.

종을 만들기 위해 불속에 들어가 사신하였다. 황심은 노 비구니를 만나 법문을 듣고 전생을 기억한 뒤 출가하였다. 원을 세워 동종을 만들려 하였으나 여덟 번을 실패한다. 아홉 번째에는 본인의 몸을 태우는 공양으로 종이 완성되었다.[216] 명주明州 양씨암楊氏庵의 혜안慧安은 선 채로 입적하였으며,[217] 양수암陽樹庵의 백불白佛,[218] 적조원寂照院의 여담如湛[219] 등은 좌탈입망하였다. 비구니들은 또한 선 수행이나 대승경전에 관심이 높았으며, 특히 법화사상이나 정토 경전에 심취했다. 처음에 천태 교법을 배웠던 묘과사妙果寺 문찬文贊은 평생 보시하기를 좋아하였으며, 장경도 제작하였다.[220]

연성원延聖院 법진法珍 비구니는 어릴 때부터 경전 서사하기를 좋아하였으며, 경전을 간행하여 조정에 올렸다. 조정에서는 성안사聖安寺에 단을 설치하여 비구니계를 받게 하고 자의紫衣와 굉교대사宏敎大師라는 칭호를 주었다. 법진은 대장경을 간행하기 위해 단비하였으며[221], 여래암如來庵의 비구니 도휘道輝는 황궁에 가서 후비들에게 설법하였고, 보제대사普濟大師라는 호를 받았다.[222]

송나라 시대의 대표적인 선사로는 법해法海와 감로중선甘露仲宣의 법을 받은 문조文照가 있다. 문조는 5번 도량을 옮기면서 율종 사찰을 선종 사찰로 바꾸었다. 따라서 비구니 사찰로서 선림은 바로 문조에 의해서 이루어졌다고 한다. 태제 정거인鄭居仁은 황제에게 청하여 법호와 자금란 가사를 문조에게 하사하도록 하였다.[223] 법해는 법운法雲 법수화상法秀和尙에게 참례하고 뒤에는 양주襄州 석문石門에 와서 법진法眞의 가르침에서 깨달음을 얻는다. 그의 명성을 듣고 많은 유학자들이 법을 청하였지만 응하지 않았다.

중국에 불교가 전래된 후 여러 곡절을 겪지만, 차차 국가는 물론 대중들에게

---

216 『속비구니전』 권2, p.佛19~538 下~539 上.
217 앞의 책 권2, p.佛19~539 上~中.
218 앞의 책 권2, p.佛19~539 中.
219 앞의 책 권1, p.佛19~539 中.
220 『속비구니전』 권2, p.佛19~538 中.
221 앞의 책 권1, p.佛19~539 下.
222 앞의 책 권1, p.佛19~539 下.
223 앞의 책 권2, p.佛19~538 中.

전파되어 당대 이후부터는 사회적으로 인정받기에 이른다. 불교의 역할이 중요해짐에 따라 비구니들의 활동 또한 활발해지고, 송대에 이르러서는 많은 선 수행자들이 등장하여 선의 쇠퇴기인 원대 이후까지 선법을 전하였다. 이와 같이 중국 불교의 황금기라고 할 수 있는 당, 송 시대의 비구니들은 조정의 귀족들을 비롯하여 사회 각 계층에 불교를 전하였으며, 대중들의 존경을 받았다.

2) 원·명·청 시대의 교단

『속비구니전』은 고창 묘선사妙善寺의 진정대사眞淨大師 사람람舍籃籃을 비롯해 원대의 비구니 여덟 명을 소개하고 있다. 그 가운데 참선 수행하여 깨달음을 얻은 비구니가 문감文鑑, 보귀普貴, 지오智悟, 각진覺眞, 매화니梅花尼 등이다. 보귀 무위선사는 임제종의 가풍을 이은 비구니로 손꼽힌다. 선사는 남편 충감忠憨이 사신으로 일본에 가서 임종한 후 출가하여 임제종의 뒤를 이었다고 한다. 입멸한 후에는 오색의 사리가 나왔으며, 그의 아들 도중都中은 복건도福建道의 도원사都元師가 되었다고 한다.[224] 지오는 『유마경』을 독송하여 해오하고 선지식인 설봉산의 신信선사를 만나 깨달음을 얻은 뒤 상당법문을 하였다. 각진은 용천사湧泉寺 고우古愚선사를 만나서 인가를 얻은 뒤 선문답으로 제자들을 가르쳤다.[225] 중봉中峯화상과 인연을 맺었던 서천목산西天目山의 양묘석楊妙錫은 도교를 믿다가 불교에 귀의하였다.[226]

원대와 달리 명대의 비구니는 철저한 계행과 고행하는 모습, 그리고 신이로써 사회에 봉사하는 모습[227]이 주로 소개되고 있다. 입멸할 때는 대부분 임종게를 남겼으며, 좌화坐化나 염불하면서 임종하는 모습이 묘사되었다. 경전 독송은 『법화경』, 정토신앙 외에 『금강경』[228]이나 『미륵경』[229]을 독송하는 비구니가 있었다.

---

224 앞의 책 권3, p.佛19~541 中~下.
225 앞의 책 권3, p.佛19~541 上~中.
226 앞의 책 권3, p.佛19~541 下.
227 常淨(앞의 책 권3, p.佛19~541 下~542 上), 寂性(앞의 책 권3, p.542 上), 慧秀(앞의 책 권3, p.佛19~543 上) 등.

오연悟蓮 비구니는 어릴 때부터 경전을 읽을 수 있었으며,『법화경찬』과「청단각 시권淸端閣詩卷」을 남겼다.[230]

청조는 유교 국가 체제를 유지하는 한편, 명조의 불교 통제 정책을 계승하였다. 청조의 황제들은 만주족의 라마교를 존경하고 신뢰하였음에도 불구하고, 전통 불교를 비난하였다. 청나라는 종교 집단을 매개로 한 한족의 반란을 제어하기 위해 전통 종교 집단은 물론 신흥종교 집단의 흥기를 조직적으로 제어하려고 하였던 것이다. 이것은 소수인 여진족이 청을 건국하고 한족을 지배하는 과정에서 전통적인 학문과 사상을 제어해야만 했던 사정 때문이다.[231] 따라서 불교에 대한 압박 정책으로 사찰과 승니를 민중과 격리시키는 정책을 펼쳤다. 특히 건륭제는 출가 연령을 규정하여 남자는 고아와 16세 미만인 자, 여자는 40세 미만인 자의 출가를 금지하였다. 제자도 40세에 달하는 자에 한해 한 사람만 두는 것을 허락하였다. 건륭제가 불교를 배척했던 이유는 백성의 재물을 소모하고 민속을 어지럽힌다는 것 때문이었다.[232]

명조 말, 청초의 17세기 불교는 임제의 부흥과 재해석을 시도한 밀운원오 1566~1642와 그의 제자들이 이끌었다. 밀운원오는 비구니를 제자로 두기도 했는데, 인가받은 비구니 선사가 한 명 내지는 여덟 명이 있었다고 한다.[233] 이들 여성들은 부모나 남편 사후에 출가한 경우에는 정토 수행, 특히 염불이나 독경부터 시작하였다. 그리고 그들이 참선 수행을 시작하는 경우는 선어록을 접한 후였다.

그 예가 계총행철繼總行徹의 경우다. 계총은 명·청시대의 혼란기에 남편을 잃고 출가하여 임제종 승려인 산차통제山次通際, 1608~1645가 인쇄 유포한 『남월선등록南越禪燈錄』 사본을 읽은 뒤 참선 수행에 전념하였다. 계총은 수계도 받기 전에 이미

---

228 獨目金剛(앞의 책 권3, p.佛19~543 上), 慧貞(앞의 책 권3, p.543 中).

229 成慈(앞의 책 권3, p.佛19~543 中).

230 앞의 책 권3, p.佛19~542 上.

231 석길암,『불교, 동아시아를 만나다』, 불광출판사, 2010, pp.243~244.

232 서인범,「청대의 불교정책과 거사불교」,『동아시아 불교, 근대와의 만남』, 동국대학교출판부, 2008, pp.154~155.

233 베아타 그란트,「중국 원, 명, 청 시대의 임제계 니승들에 대하여」,『동아시아 불교 전통에서 본 한국 비구니의 수행과 삶』, 대한불교 조계종 한마음선원, 2004, p.242.

깨달음을 얻었으며, 제자들에게 깨달음의 경험이 절대적으로 필요하다고 강조하였다.

계총은 수행뿐 아니라 법문으로도 유명하였다. 그의 문도 비구니들에게 전해진 수많은 인용구들은 그의 법문이 탁월하였음을 잘 보여주고 있다.

초연밀인超衍密印의 경우, 어려서 출가하여 비은통용費隱通容, 1592~1660의 법을 이었으며, 그의 어록을 모은 『오산밀인선사어록吳山密印禪師語錄』이 간행되었다. 이 어록은 왕사록王士祿의 『연지집然脂集, 1672』 서문에 수록되었으며, 그의 시편들은 여류 문인 왕단숙王端淑의 선집 『명원시위名瑗詩緯, 1667』에 실렸다. 이와 같은 사실은 상당한 지식인들이 이들의 후원자였음을 짐작하게 한다. 당시 계총이나 초연 등 비구니 선사들처럼 후원을 받은 비구니들은 대규모 사찰이나, 암자의 주지를 역임하기도 하였다. 그러나 기원행강祇園行剛, 1597~1638(1654)[234]과 그의 제자인 일규초침一揆超琛, 1625~1679[235]과 같은 선사들처럼 무無에서 시작한 비구니들도 있었다. 기원은 명대 만력 25년에 태어났으며, 청대 순치 11년에 입적하였다. 26세에 천자天慈, 자행慈行에게 참례하였으며, 밀운원오에게도 참례하였다. 35세에 원오에게 구족계를 받고, 수년간 원오의 제자인 석차石車의 문하에서 수행하였다. 깨달음을 얻은 후 자취를 감추고 청고를 즐겼다. 51세에 거사들의 요청으로 복사암伏獅庵에서 홍법하였다.[236]

이들의 임제선에 대한 참구 열의는 아주 높았다. 기원의 제자에는 의공義公, 일음一吾, 일규一揆가 있다. 일규는 그의 스승 기원의 가르침을 "매서운 방망이와 뜨거운 할은 가을의 서리와 작열하는 태양과 같다."라고 표현하였다.[237] 이들 비구니 선사들이 안거에 들 때는 강남은 물론 광동 지방 등 각지에서 니승들이 몰려왔다고 한다. 밀운원오의 제자 임야통기林野通奇, 1595~1652의 법을 이은 비구니 인월림印月霖은 산중에서 폐관하고 선 수행을 한 것으로 유명하다. 항주의 비구니 각오초조覺悟超

---

234 『속비구니전』 권4, p.佛19~545上.

235 앞의 책 권4, p.佛19~549上.

236 蘇美文, 「亂象中有新生: 論明末淸初比丘尼之形象與處境」, 『中華技術學院學報』, 2003, p.14. ; 蘇美文은 논문에서 기원이 임제종의 제32세라고 했지만, 『속비구니전』에는 胡華에서 9년 동안 閉關하였다고 기록되어 있고 임제종의 제32세라는 기록은 없다.

237 베아타 그란트, 앞의 논문, pp.245~247 참조.

祖는 비은통용費隱通容의 제자로 청량산에서 폐관하였으며, 수행할 때 금식 등 금욕 수행을 하였다고 한다.

이상의 비구니들은 개인 수행에만 그친 것이 아니라 설법, 장례의식 참여, 구법순례만행 등을 하였다. 이러한 구법순례는 17세기 이후로도 계속 중요한 수행법으로 이어져 왔는데, 일생을 순례로 보내는 이도 있었다. 자옹성여子雍成如는 오대산 등은 물론, 강소江蘇와 강남 지역까지 순례해서 많은 선사들을 참방하거나 수행을 하였고, 임제종 선사들의 부도들을 찾아 참배하였다. 계총은 형산을 다니며 훌륭한 시들을 썼다.[238]

이와 같이 17세기에서 19세기 중엽까지, 임제선의 부흥은 밀운원오와 그 문도들의 열정으로 이루어졌다. 그 가운데는 위에서 열거한, 원오 문도에게 임제선을 지도받은 비구니 선사들도 크게 한몫을 하였다. 물론 비구니들에게 전법하는 것을 못마땅하게 여긴 이들이 없었던 것은 아니었다. 복건성의 각랑도성覺浪道盛, 1592~1659 법사는 밀운원오 선사가 자격이 없는 사람들에게 난잡하게 불법을 전했다고 비난하였다. 이런 비판은 많은 사람들에게 영향을 주었는데, 그 가운데는 학자이면서 불교신자였던 전겸익錢謙益, 1582~1664도 들어 있다. 그는 밀운에게 불법을 전수받은 자격 없는 사람들 가운데는 비구니들도 포함되었다고 지적하였다.[239]

17세기의 비구니 가운데는 정토와 선 수행을 동시에 해야 한다고 주장한 사람도 한두 명 있다. 가장 두드러진 예는 지연상일智緣常一이었다. 지연상일은 일규초침과도 각별한 사이였는데, 다른 도반들과 달리 방이나 할을 자주 사용하지 않았다.

18세기에 이르면 참학을 강조하는 비구니 선사에 대한 전거는 거의 사라지면서 오히려 여신도들의 삶이 더 높이 평가되었다. 이 시대에 이르면 정토종 비구니들의 활동이 두드러진다. 그러나 이들 정토종 비구니들이 차지하는 비율은 거의 적었으며, 대부분은 집안에서 경건하게 신행에 몰두하는 여신도들의 신앙생활이 사회에 큰 비중을 차지하였다. 바로 전겸익이 주장하는 여성 신앙생활의 모습이었다.

---

238 베아타 그란트, 앞의 논문, pp.252~254 참조.
239 전겸익,「李孝貞傳序」,「牧齋又學集」(『四庫全書』, p.78~79. 臺北: 臺灣常務印書館, 1979).

『속비구니전』에서 가장 많은 지면을 할애한 시대를 꼽는다면 바로 청대를 들 수 있다. 전체 6권 가운데 4권과 5권이 86명의 청대 비구니에 대한 소개다. 그런데 같은 시대에 살았던 그들의 모습이 4권 전반과 후반, 그리고 5권의 전반과 후반의 내용이 많이 다르게 묘사되어 있다.

4권 전반에 소개된 비구니의 모습은 첫째, 연령대가 높다. 주로 남편 사후에 출가한 경우가 많다. 둘째는 계율을 철저하게 지키는 모습을 강조하고 있다. 셋째는 득도할 때 스승의 법명을 소개하는 경우가 몇 군데 보이며, 특히 비구니「심문전心聞傳」[240]에는 팔경계가 언급되어 있다. 초기 중국 비구니 교단이 팔경계와는 거의 관계가 없었던 것으로 알려졌는데, 살펴보아야 할 내용이다.

후반의 내용은 대부분이 참선 수행하여 깨달음을 얻고 상당법문 등을 하는 선지식의 모습을 소개하고 있다. 특히 고대에서 원대까지 『비구니전』이나 『속비구니전』에는 대부분 『법화경』 등을 독송하거나 연구하는 데 치중하였다. 그러나 청대에 들어서는 독송하는 데 그치지 않고 내용을 읽고 해오한 후 참선하여 깨달음을 얻은 비구니들의 소개가 많다.[241]

5권의 전반은 4권의 후반을 이어 주로 참선 수행한 후의 깨달음, 그리고 제자들을 가르치는 내용이다. 그러나 후반에 들어서면 참선보다는 정토 염불로 왕생 극락을 발원하는 내용이 주로 소개되어 있다. 특히 청말에 사회의 혼란기로 어려움을 겪는 모습이 기록되어 있으며, 모욕을 당하거나 고을이 적에게 함락되는 경우 자살하는 비구니도 보인다.[242]

청대의 대표적인 인물을 꼽자면 바로 『영향집影響集』[243]을 펴낸 양해量海 비구니다. 『속비구니전』에는 "모 암자의 주지인 양해는 지식이 많았고, 교승에 박통하였으며 선정을 융합하여서 중생을 인도해왔다. 영파寧坡의 아육왕탑 앞의 연지공불燃指供佛에서 발원함이 깊고 넓었다."[244]라고 기록되어 있다. 양해는 비구니를 경책

---

240 『속비구니전』 권4, p.佛19~546 上.
241 앞의 책 권4, p.佛19~545 下 '桐鄉 某菴 德密傳' ; p.佛19~547 下. '如皐 普照菴 行淸傳' 등.
242 앞의 책 권5, p.佛19~552 下. '無錫 福慧菴 嶽蓮傳' ; p.佛19~556 中~下. '武進 大成菴 靑蓮傳'
243 量海, 『卍續藏經』 62권, No.1209, p.822.

하는「경중어警衆語」를 만들었는데, 내용 가운데 "진정 불학을 배우고 싶다면, 여인의 습관을 버리고, 승묘의 신神을 뽑아내며, 고승을 존중하고, 불법에 맹렬히 전진해야 한다."라고 하였다. 양해는 오롯이 마음을 한곳에 두고 쉬지 않기를 계속하였으며, 결코 일념을 명망과 이익에 두지 않았다.[245] 연지공양의 발원으로 평생을 오롯이 불법 수행으로 정진하고, 나태함에 빠져 있는 비구니들을 매섭게 질책하며 지도한 양해는 근대 중국 비구니 가운데 진정한 선각자임을 알 수 있다. 양해의『영향집』은『만속장경』『대일본속장경』에 기록되어 있다.[246]

『만속장경』의 구성은 10부분으로 나뉘는데, 1~4부분은 인도 찬술을, 5~10부분은 중국 찬술을 싣고 있는데, 주로 중국 찬술서를 수록한 중국 불교 총서라고 할 수 있다. 이 대장경을 착수한 시점이 러일전쟁의 시기였는데, 편찬 의도는 러일전쟁의 승리를 기념하고 전사자의 영령을 애도하는 것이었음을 짐작할 수 있다.[247]

또한『속비구니전』에 소개되지 않았지만, 양주의 명월암 주지인 성수誠修는 암자를 고쳐 여학교로 만든 인물로 주목받는다. 여학교가 세워진 후 틈틈이 성 안팎의 부녀자들에게 법회를 열었으며, 천족天足: 전족하지 않은 발을 강연하여 많은 이들의 호응을 얻었다. 당시 사람들은 성수의 유신개혁을 긍정하였으며, 공익을 위해 힘쓰고 진보적이어서 청말의 '신여성'이라고도 불렀다.[248]

순치 2년에는 내외 승려에게 균등히 도첩을 지급토록 하였는데, 이유는 간위를 방지하기 위해서였다. 6년에는 은 4냥을 받고 도첩을 지급하기도 하였다. 청조에서는 니고尼姑라고 불리면서 삼고육파三姑六婆에 속하는 천한 신분으로 간주될 정도로 비구니의 지위가 하락하였다. 청조 말에는 불교가 침체되고 쇠락하자 사회에서 이를 비판할 때 종종 비구니를 응징하기도 하였다.[249]

---

244 「속비구니전」 권5, p.佛19~555 中.

245 앞의 책 권5, p.佛19~555 下.

246 조승미,「동아시아 비구니의 근대와 그 특징」,「한국 비구니 승가의 역사와 활동」, 한국비구니연구소, 2010, p.135.

247 윤기엽,「大正시대 일본 불교계의 大藏經 편찬사업」,「근대 동아시아의 불교학」, 동국대학교출판부, 2008, p.371.

248 何建明,「略論淸末民初的中國佛教女衆 ─兼与鄭永福. 呂美頤先生商권椎─」,「佛學研究」第6期, 中國佛教文化研究所, 1997, p.204.

『점석재화보点石齋畵報』 등의 몇몇 간행물에서 자주 비구니들의 몰락과 지방 관부가 비구니 암자를 금지한다는 소식까지 나타난다.[250] 이것은 승려계의 보편적인 쇠락의 시기로 불법을 지켜낼 수 있는 비구니가 적었음을 설명해 주는 것이다. 이 모습에 대하여 강유위康有爲는 "불교는 평등한 자비를 제창하였지만 많은 중국 여성들이 오랫동안 해방되지 못할 것 같다."라고 말하였다.[251]

이러한 상황에서 양문회1837~1911와 같은 불교 지도자들은 여성을 대상으로 수행을 지도하고 계몽함으로써 불교의 실추된 이미지를 회복하고자 하였다.

3) 『비구니전』과 『속비구니전』 비교

『속비구니전』의 내용

진화법사가 저술한 『속비구니전』은 '중국 근대 불교의 아버지'라고 칭하는 양문회의 영향을 받은 것이다. 양문회는 구양경무歐陽竟無와 매광희梅光羲 등을 격려하여 불교 연구에 몰두하게 하였으며, 이후 태허법사와 한청정韓淸淨 등의 학자들이 그와 합류하였다.

이러한 활동은 강유위, 장태염, 여징, 담사동譚嗣同, 양계초梁啓超, 양수명梁漱溟, 웅십역熊十力 등 당시 학자들에게 큰 영향을 주었고, 그들 모두 불교에 관심을 갖게 하였다. 양문회는 '태평천국의 난1850~1864'으로 소실된 불교의 각종 경전을 복원하기 위하여 '금릉각경처'를 설립하고 대중의 관심에서 멀어져 세간으로 흩어졌던 대장경의 온전한 판각과 편찬을 위해서 노력하였다. 그는 경전을 수집, 간행할 때 여성 수행과 관련이 있는 경전은 특히 중시하였다.

예를 들면, 그가 남조문웅南條文雄을 통해 불교 문헌을 모을 때도 불교 여성에

249 조승미, 「동아시아 비구니의 근대와 특징—중국과 일본을 중심으로」, 『한국 비구니 승가의 역사와 활동』, 한국비구니연구소, 2010, p.132.
250 何建明, 「略論淸末民初的中國佛敎女衆 一兼与鄭永福. 呂美頤先生商榷權一」, p.203.
251 何建明, 「近代中國佛敎的 女性觀」, 『佛學硏究』, 1998, p.289.

관한 자료를 수집하는 데 주의를 기울였다. 일차로 남조문웅에게 써 보낸 서책 목록에는 『용녀성불의』 1권이 있었다. 그리고 남조문웅에게 준 책 가운데는 『선녀인전』이 있었다. 후에 그는 『대장집요大藏輯要 서례叙例』 가운데서 특히 대승율 및 '보살조복장菩薩調伏藏, 칠중동준七衆同遵'을 보냈다. 양문회는 『고승전』을 새기는 동시에 『비구니전』을 판각한 후에, 1895년과 1897년에 각각 청대 독체집讀体輯인 『사미니율의요략』 1권과 진혜사陳慧思가 찬한 『법화용녀성불의』 1권을 판각하였다. 그가 직접 지도해서 초안을 세운 금릉각경처 간행물인 『대장집요』 목록 가운데는 대부분 불교 여성과 관련된 경전이 많다.[252] 이는 당시 니승 불교 전적의 중흥이 중요했다는 또 다른 표시일 뿐만 아니라 중화민국 이후에 출판되고 유통된 니승 불교 경전 전체가 비구니 문화 진흥의 중요한 초석이 되었음을 뜻한다.

　이와 같은 양문회의 노력이 진화법사의 『속비구니전』에서 계승된 것이다. 진화법사는 불교사 연구와 관련해서 이 『속비구니전』 편찬에 가장 먼저 착수하였다. 그는 『비구니전』에서 끝난 양나라 시대부터 근대 중화민국까지 근 1400여 년간 비구니의 전기 200편을 『속비구니전』에 수록하였다. 이 저술은 불교 부흥으로 이어지게 하려는 계몽적 의도에서 이루어졌음을 보여준다. 따라서 불교 여성의 업적을 담은 귀중한 자료로 그 가치가 높다고 할 수 있다.

　『비구니전』과 마찬가지로 『속비구니전』에서도 모범적인 비구니상을 창출하여 이를 통해 비구니의 수행을 장려하였다. 『속비구니전』에 등장하는 비구니들은 주로 염불, 대승경전 독송, 선 수행을 중심으로 수행하였다. 그 가운데 염불 수행은 주로 아미타 염불이나 지장보살, 관세음보살 그리고 미륵 염불을 하고, 주로 서방 정토 왕생극락을 발원하여 그곳에 이르는 경우를 기술하고 있다. 그리고 경전 독송은 초기경전보다는 대승경전 위주로 강독을 하고 있는데, 경전 가운데 『법화경』, 『화엄경』, 『아미타경』, 『금강경』 그리고 『지장경』, 『미륵경』 등을 읽고 아울러 서사를 수행 삼는 경우도 있었다. 몇몇 비구니는 중국 전역으로 다니며 사찰을 탐

252　예를 들면, 『月上女經』, 『長者女庵提遮師子吼子義經』, 『龍施女經』, 『佛說老女人經』, 『比丘尼戒本』, 『沙弥尼戒经』, 『比丘尼傳』과 『善女人傳』 등이다(何建明, 『略論清末民初的中國佛教女衆 ―兼与鄭永福.呂美頤先生商권権―』, pp.204~205).

방하거나 선사를 만나 설법 경험을 쌓기도 하고 비구 사찰에서 강의를 듣기도 하였다.

깨달음 분야에서는 선사와 선문답을 통하여 깨달음을 드러내 세속의 존경을 받기도 하였으며, 선 수행을 통해 선사의 인가를 받거나 깨달음을 얻어 대중에게 법을 설하는 비구니들도 많이 발견된다. 또한 당시 대중의 존경을 받거나 왕 등에 의해 훌륭한 선사, 법사로 인정받거나 선맥과 법맥을 이어받기도 하였다. 아울러 대사라는 칭호를 얻은 비구니들도 등장하였다. 비구니는 자신의 깨달음을 사회에 널리 알리고 이를 대담과 설법 등으로 증명해 나갔다.

신이적인 면에서는 미래의 입멸을 예언하거나 극락왕생을 증명하는 등 신앙적 존경을 유발하는 모습들이 보인다. 또한 사회의 어려운 환경에 순응하며 개인의 집을 암자로 꾸며 비구니로서의 삶을 이어가는 데 노력한 흔적들이 역력하다.

『비구니전』은 생사를 분명히 기록하고 가족 관계와 출가 사정 등을 상세히 밝힌 반면, 『속비구니전』은 삶의 내용을 중심으로 수행 부분을 기술하고 있으며, 언제 태어났는지에 대한 정확한 기록이 거의 없지만 열반에 관해서는 자세히 담고 있다. 『비구니전』은 불사와 포교 등 사회 구제 활동을 소개하고 있지만, 『속비구니전』은 수, 당 시대에 황실과 인연을 맺고 활동한 부분을 제외하고는 주로 사회적 역할보다 수행을 중심으로 표현하고 있다. 그리고 깨달음을 얻은 뒤에는 상당법문을 하거나 제자들을 가르치는 데 주력하였다. 시대 상황에 따라서는 부분적으로 포교와 설법을 하였으며, 근대에는 학교에서 활동하는 경우가 있다. 또한 불사도 거대한 사찰을 건축하기보다는 조그마한 암자를 짓고 거주하였다.

『비구니전』은 신이적 행위를 강조하지만 특히 『속비구니전』은 시대상 참선 수행을 강조하고 있다. 신이적인 모습도 사후의 신이를 다루는 부분이 산재한다. 주로 열반 전에 미리 열반일을 예언하고 예언한 대로 열반에 드는 경우가 많으며, 좌탈입멸을 널리 보이고 있다. 특히 입적할 경우에 열반송을 읊는 비구니들이 많다. 『비구니전』에서처럼 중생에 대한 자비심으로 전생을 알아차리고 채식을 한 비구니들도 보이고, 특히 『속비구니전』에는 서예나 시 등 예술 방면에 뛰어난 비구니들도 자주 등장한다.

『속비구니전』에 등장하는 대표적인 비구니들의 활동을 시대별로 구분해 보면 다음과 같다.

당나라 법징法澄은 『화엄의소』 3권, 『우란분경』, 『온실경』 등을 사경하였고, 내도량에서 법을 강의하였다. 신상信相은 수관으로 유명하다. 안국사의 혜인과 혜지 자매는 각각 5세와 3세부터 『법화경』에 관해 천재적인 이해력을 보였다. 그 외 안국사의 혜은과 그의 제자 원덕, 율원을 운영한 원정 등이 있다.

송대의 비구니들은 고대 비구니에 비해 임종을 특별한 자세로 맞이하는 경우가 많았다. 선 수행이나 대승경전에 관심이 높았으며, 특히 법화사상이나 정토 경전에 심취하였다. 원대에는 비구니 여덟 명 가운데 네 명의 비구니가 참선 수행하여 깨달음을 얻었다. 법진法珍 비구니는 경전을 간행하였으며, 문조는 율종 사찰을 선종 사찰로 바꾸었다. 명대의 비구니는 철저한 계행과 고행하는 모습, 그리고 신이로써 사회에 봉사하는 모습이 주로 소개되고 있다. 입멸할 때는 대부분 임종게를 남겼으며, 좌화坐化나 염불하면서 임종하는 모습이 묘사되었다.

『속비구니전』 6권 가운데 4권과 5권은 86명의 청대 비구니를 소개하고 있다. 그런데 같은 시대에 살았던 그들의 모습이 4권 전반과 후반, 그리고 5권의 전반과 후반에서 많이 다르게 묘사되어 있다.

『속비구니전』 6권에 등장하는 민국 초기의 덕성德成은 대승경전을 독송하였으며, 여자연사女子蓮社를 건립하였다. 소밀素密은 어려서 도교를 믿다가 광서 32년1906에 일본으로 건너가 불교를 접한 후 귀국하여 구족계를 받았다. 민국 9년1920 홍콩에 가서 능엄단장楞嚴壇場을 만들었다. 능수能修는 민국 8년1919부터 상해와 사천에 가서 아미, 계족산을 참배하고 티베트로 건너가 달라이 라마를 친견했다. 식참識參은 민국 26년1937 중일전쟁이 일어나자 난민 수용소를 만들어 노약자와 부녀자 만여 명을 수용하여 보살피는 등, 평생 보시하는 삶을 살았다.

『비구니전』과 『속비구니전』의 동이점

『비구니전』에는 중국 비구니의 탄생, 수계와 출가 문제, 수행과 사회적 역할, 제자 양성, 불교 전파 및 교화, 유불도의 관계 그리고 당시 불교 상황을 담고 있다. 그리고 『속비구니전』에는 비구니의 출가 동기와 삶 그리고 수행과 깨달음, 사회적 역할, 비구와의 선문답, 대중에 대한 가르침을 내포하고 있다.

먼저 두 전기의 공통점을 살펴보자. 두 전기는 모두 비구니의 삶과 수행을 다루고 있으며 중국 불교사에 비구니 교단의 전통성과 비구니의 위상을 드높였다. 비구니는 출신 성분에 상관없이 왕족이나 사족 여성 외에 귀족에서 천민에 이르기까지 다양한 계층을 이룬다. 여성으로서 출가하여 수행하고 구족계를 받는 과정을 볼 수 있는데, 이것은 인도 비구니의 방법과는 다소 차이가 있다. 인도의 비구니는 20세가 지나면 출가 구족계를 얻고 바로 수행을 하였다. 반면에 중국의 비구니는 비구니가 되기 전에 사미니로서 예비 수행을 해 나갔다. 그리고 수행에서는 모두 염불을 중시하고 『법화경』이 중요한 경전으로 자리매김하고 있다.

출가는 어려서 하거나 미망인이 되어 하는 경우가 많았고, 출가가 어려울 경우 남편이나 부모가 돌아간 후에 비구니가 되는 경우도 있다. 또한 혼자서 출가한 경우도 있지만 가족이나 친구와 함께 출가하는 경우도 보인다.

비구니의 수계는 전통에 따라 이부 승가의 구족계를 갖추는 것을 강조한다. 또한 수행은 한곳에서 한 수행법만을 가지고 행하는 것이 아니라 다른 여러 스승을 만나 두루 편력하고 다니는 것도 가능하였다. 비구니들은 불교 본연의 의무를 다하기 위하여 수행과 포교, 가르침에 전념하는 경우가 많았다. 모두 국가적 통제를 받았으며, 비구 교단과는 관계가 원만하였다. 또한 비구를 능가하는 능력을 가진 비구니들이 나타나 대중에게 널리 법을 전하거나 선사가 되는 경우도 있었다.

다음으로 두 전기의 차이점을 살펴보면 다음과 같다.

『비구니전』은 중국 고대 비구니 교단의 태동과 비구니의 활동을 기록에 담고 있다. 반면에 『속비구니전』은 당대에는 경전 독송과 연구를 하였으며, 송대에서 청대까지는 비구니 개인의 수행과 깨달음을 강조하고 있다. 그러나 민국 시대에는 정토 염불과 사회봉사 활동, 그리고 교화 장면이 많아진다.

『비구니전』에서는 유교와 도교와의 논쟁을 다루는 부분이 많다. 그 이유는 불교가 전래된 초기에는 유교와 도교 사이에서 불교 비구니의 자리매김과 불교 교단 형성이 중요하였기 때문이다.

반면에 『속비구니전』에서는 유교나 도교와의 논쟁보다 비구니 삶 자체를 다루고 있고 선사에게 법을 증명받고 깨달음을 인정받는 것을 강조하여 다루고 있다. 『비구니전』은 탄생과 출가 동기 그리고 입멸에 대해 상세히 다루고 있지만, 『속비구니전』은 간략하게 기술하고 있다. 특히 『속비구니전』은 사회적 역할보다 수행면을 강조하고 열반의 사실적 기록을 담고 있다. 또한 선사의 선맥이나 법맥을 전수받아 대중을 지도하는 모습도 보인다. 『비구니전』과 달리 후기로 가면 갈수록 정토 염불을 수행하는 비구니가 많았다.

『비구니전』에서는 주로 채식이나 금식을 하는 수행이 강조되었지만 『속비구니전』에서는 채식을 수행으로 다루지 않았다. 다만 중생을 연민하는 마음으로 채식을 하는 비구니가 많았다. 도교 등에 대해 의식할 필요가 없어졌으며, 채식이 수행이라기보다는 중생의 생명과 연관된 것으로써 당연히 생활화되었기 때문이 아닌가 생각한다.

『비구니전』에는 경전이 널리 번역되고 유포되는 시기이기 때문에 경전 수지 독송이 두드러졌다. 특히 『법화경』, 『유마경』, 『아미타경』, 『반야경』, 『수능엄경』 등 다양한 경전 공부와 암송이 일상생활의 큰 비중을 차지하였다. 반면 『속비구니전』에서는 주로 『법화경』과 정토부 경전에 한정하여 염불에 이용하였다. 특히 경전에서 깨달음을 얻고 선지식을 찾아 참선 수행에 몰두해 완전한 깨달음을 얻은 후 가르침을 펴는 모습이 『비구니전』과 다르다. 배움에 있어서도 『비구니전』에서는 계율과 대승경전을 망라하지만 『속비구니전』에서는 『미타삼부경』, 『법화경』 또는 선에 관한 경전이 주를 이룬다.

사찰 건축도 『비구니전』에서는 왕이나 황후 그리고 관료뿐만 아니라 대중의 보시 등이 주를 이루었다면 『속비구니전』에서는 그보다는 개인의 원력이나 보시로 암자를 짓거나 개인 집을 암자로 사용하는 경우도 많았다. 『비구니전』에서는 전통 사상과 대립해서 이겨 내 불교의 수행과 그 결과의 우위를 드러냈다. 그러나 『속비구니전』에서는 주로 전통 사상과 대립하기보다는 깨달음을 위한 수행에 전념하고 깨달음을 드러냈다. 『비구니전』에서는 왕, 황후, 귀족, 서민 등을 널리 교화하고 불교 홍포에 힘썼지만, 『속비구니전』에서는 귀족과는 교류가 드물었으며, 민국 이전까지는 사회나 서민과 접촉하지 않고 암자에서 수행해서 법을 증득하고 깨달은 바를 가르치는 데 전력하였다.

『비구니전』에서는 신이적 경험과 소신공양에 의한 입멸 방법을 보여주었고, 『속비구니전』에서는 신이적 경험으로 입멸을 예언하고 좌탈입멸하는 경지를 잘 드러내고 있다. 『비구니전』에서는 교화를 통해서 왕, 귀족, 서민, 타종교인에게서 두루 존경을 받지만 『속비구니전』에서는 수행력을 통한 깨달음으로 선사로서, 법사로서 존경받는다. 『비구니전』에서는 비구니 대중과 교단이 중요한 의미를 차지했다면 『속비구니전』에서는 교단의 역할보다 개인의 역할이 강조되었다.

〈표1〉 「비구니전」과 「속비구니전」의 차이점

가. 텍스트 비교

비교 내용	비구니전	속비구니전
자료 출처	大正藏 50.	민국연인본(民國鉛印本)
저자	석보창	진화
시대 구분	晉 승평(升平, 357~361)에서 梁 천감(天監502~519)까지 (약 150년간)	양에서 근대까지 약 1400년간
국가 수	4개(진, 송, 제, 양)	11개(양, 진, 북제, 오대, 수, 당, 송, 원, 명, 청, 민국)
비구니 수	65명(진 13, 송 23, 제 15, 양 14명)	약 200명(청 104, 민국 50)
집필 의도	청정한 규범 유지, 비구니의 덕망과 모범 칭송, 해탈을 구하는 이들이 비구니 덕을 생각하여 부지런히 정진하길 바람	모범적 비구니상, 비구니 수행 장려

국가 수	4개(진, 송, 제, 양)	11개(양, 진, 북제, 오대, 수, 당, 송, 원, 명, 청, 민국)
비구니 수	65명(진 13, 송 23, 제 15, 양 14명)	약 200명(청 104, 민국 50)
집필 의도	청정한 규범 유지, 비구니의 덕망과 모범 칭송, 해탈을 구하는 이들이 비구니 덕을 생각하여 부지런히 정진하길 바람	모범적 비구니상, 비구니 수행 장려
주안점	비구니 승가 구성과 발전, 유불논쟁 우위, 비구니 활동 강조	개인 수행과 깨달음 중시
자료 가치	고대의 비구니 교단, 타종교와의 관계	중세에서 근대까지의 비구니 교단, 비구니 수행
집필 자료	비문, 문집, 방문, 직접 물음	각종 수집 자료, 비문, 경험

나. 내용 비교

내용 비교	비구니전	속비구니전
출생	정확한 기록(출생지와 시간)	간략한 기록(출생지, 시간 생략)
출가 동기	깨달음, 법문, 가족, 결혼 등	사회적 가정적 문제
동진 출가	다수	다수
수행	다양한 수행법(독경, 염불, 수행, 단식 등)	염불과 선 수행
교육	경전 위주로 공부	개인의 공부
불사	사찰 건립과 각종 불사에 적극적	암자 건립과 불사에 소극적
사상 대립	유교, 도교와 대립	불교 내 선사와 법거량 (송 이후 원, 청대)
활동 사항	포교와 사회에 동참	수행과 가르침, 사회봉사
신이적 모습	수행을 통한 신이적 모습	염불 수행으로 입멸
입멸 모습		예정된 날에 좌화 입멸, 극락왕생
비구니의 삶	고행적 삶, 좌선과 관법, 정절, 사회와 불교에 영향	수행적 삶, 정절, 승가에 영향
거주처	비구니 사찰, 암자	암자와 개인 집
신자와의 관계	긴밀한 접촉, 교화	독거, 접촉이 많지 않음
출신	엘리트 많음, 읽고 쓰는 능력 있음	시, 그림, 음률에 능함
교화	경전 강의, 귀족 및 대중 교화, 국가와의 관계	귀족 및 제자 지도, 선 염불 지도, 상당법문
사후	존경의 대상, 비구니 위상 격상	문집, 어록, 탑 등을 남김

4) 선종사의 비구니 수행과 깨달음

초조에서 6조까지의 선종사를 통해 본 비구니

『비구니전』과 『속비구니전』이 중국 비구니의 수행과 포교 등, 전반적인 활동 부분을 서술한 기록이라면 『조동종니승사』에서 정리한 비구니 선종사는 선 수행을 중심으로 엮은 비구니 역사 자료다. 달마 이후 약 1300여 년간 시대를 따라 변화해 온 수많은 중국 선종사는 비구 중심의 역사였다. 그에 비해 중국 선종의 비구니 역사는 사전史傳의 기록도 거의 존재하지 않거니와 그 사실도 상세하게 기록되어 있지 않다. 그러한 점을 볼 때 『조동종니승사』에 정리된 비구니 선종사는 그 가치가 높다고 본다. 단 조동종의 선종사는 참선 수행했던 비구니에 대해 시대를 다르게 기록하거나 이름을 잘못 표기하기도 했으며, 누락된 경우가 있었다. 그런 부분은 『속비구니전』을 통해서 시정하거나 보충하였다.

초조 달마에서부터 6조 혜능慧能. 638~713에 이르기까지 250년간을 선종 성립시대라고 하는데, 그 시대에 배출된 선종 비구니 가운데 제일 먼저 총지 비구니를 들 수 있다. 총지 비구니는 『속비구니전』에 양 호주 법화사니法華寺尼 도적전道蹟傳으로 소개되고 있다. 양무제 때의 인물로, 달마대사의 제자로서 인가받을 때 대사의 피육골수 이야기가 유명하다. 그러나 생몰연도나 전기는 상세하지 않다. 『경덕전등록』 제3 「달마전」에는 득법 제자 4명道副·니총지·도육道育·혜가 가운데 1명으로 거론하고 있다.[253] 이 기록은 선의 전등에서 주목할 만한 내용이며 역사적으로 부정할 수 없는 사실이다. 이로써 총지 비구니는 선종의 최초 비구니로 인정받은 것이다.

달마선의 4조인 도신의 제자 가운데 법융594~657은 우두선의 창시자다. 우두선은 지암智巖—혜방慧方—법지法持—지위智威—혜충683~769으로 이어진다. 그 가운데 혜충은 36명의 제자를 두었으며, 그 가운데 비구니가 1명 있었다. 바로 우두선을 전승한 명오明悟 비구니다. 명오 비구니는 『경덕전등록』 제4 혜충의 밑에 '니명오'라고

---

253 『속비구니전』 권1, p.佛19~530 上(그 외에 『속고승전』, 『역대법보기』 등에 기록되어 있다).

기록되어 있을 뿐 기연의 내용은 설명하지 않았다.

『비구니전』에 의하면 승개僧盖. ?~493[254] · 법전法全. ?~494[255] · 정규淨珪. ?~494[256] · 정수淨秀. ?~506[257] · 도귀道貴. ?~516[258] 비구니가 참선 수행하였다고 기록되어 있다. 이들이 누구의 제자인지 자세히 기록되어 있지는 않지만 적어도 달마가 중국으로 건너온 후에 입적했으므로 달마선을 접했을 가능성도 있다.

제5조인 홍인의 문하 혹은 그 계통 문하에서는 염불선이 출현했는데, 홍인의 제자 가운데 일천一千이라는 비구니가 있었다. 일천은 후에 선집宣什, 온옥蘊玉 등과 함께 사천성 중에서 염불문선을 행하였다. 그러나 일천이 어떤 염불 수행을 했는 지는 기록이 없다. 단지 종밀이 『원각경대소초』 제3에 남산염불문 선종을 언급한 내용[259]과, 선집이 전향傳香, 인성염불 등 특이한 의식 방법으로 수행했다는 기록을 통해 일천도 같은 의식 방법으로 염불선을 폈으리라 추측할 수 있다. 또한 염불선의 지세智洗 문하는, 지세─처적處寂─무상684~763으로 이어지는데, 무상 때에는 많은 니승이 운집했다는 기록도 있다.

혜능의 제자 가운데 돈오한 무진장 비구니[260]는 소주의 유학 선비인 유지략劉志略의 고모로서 조후촌曹侯村에 거주하면서 항상 『열반경』을 독송하였다. 혜능이 그 마을에 왔을 때 무진장이 『열반경』을 한 편 독송했는데, 그것을 듣고 인연이 되어 혜능은 무진장을 돈오시켰다. 혜능과 문답 후 감동한 무진장은 위魏[261] 무후의 손자인 조숙량曹叔良과 주민들을 혜능에게 예배하도록 하였으며, 보림사를 세워 혜능을 청하여 거주하게 하였다.

『선등세보』[262]제1과 『불조종파세보』[263] 제1의 계도 가운데 혜능 아래에 '정거니

---

254 『비구니전』 권3(『대정장』 50, p.943 上).
255 앞의 책 권3, p.943 中.
256 앞의 책 권3, p.943 下.
257 앞의 책 권4, p.945 上.
258 앞의 책 권4, pp.947 下~948 上.
259 『조동종니승사』, p.79.
260 『속비구니전』 권1, p.佛19~533 上(『조동종니승사』에서는 『속비구니전』을 거론하지 않았다). 무진장 비구니에 대한 기록은 덕이본, 종보본 『육조단경』, 『禪林類聚』 제8, 『전광록』 등 참조.(『조동종니승사』, p.138. 재인용)
261 덕이본 단경에는 '晉무후'로 기록하였다.
262 『禪燈世譜』(『卍續藏經』 147, No. 1601, pp.513~666).
263 『佛祖宗派世譜』(『卍續藏經』 147. No. 1602, pp.667~676).

현기淨居尼 玄機'라는 이름이 보인다. 따라서 현기 비구니는 청원행사, 남악회양 등과는 법 형제다. 어떤 전거에 따라 계도에 수록됐는지 분명하지 않으며, 정거니에 대한 전기도 알 수 없다. 단지 정거사에 거주했다는 기록만 보일 뿐이다. 기록으로 보아 이 정거사는 중국 선종 사찰 가운데 최초의 비구니 사찰인 셈이다.

『속비구니전』에는 「당온주정거사니원기전唐溫州淨居寺尼元機傳」에 영가대사665~713의 여동생인 경운景雲에게 득도한 원기元機 비구니를 소개하고 있다. 원기는 항상 정을 익혔으며, 설봉의존과 문답한 내용이 보인다.[264] 원기 비구니의 기록이 현기 비구니에 비해 후대의 기록이지만 어떤 관련이 있는 것은 아닌지 관심 가져볼 만하다고 본다.

신수 계통을 북종선이라고 부르는 것은 주지의 사실이다. 북종선은 신수−보적−법완715~790으로 계승되고 있다. 그런데 법완의 제자에 적연寂然이라는 비구니가 있다. 적연에 대해서는 『보리달마숭산사적대관菩提達磨嵩山史蹟大觀』 가운데 인용되어 있다. 「대당동도경애사고개법임단대덕법완선사탑명병서大唐東都敬愛寺故開法臨壇大德法玩禪師塔銘并序」에 제자로 기록되어 있으므로 이를 기준해 겨우 알 수 있는 정도다. 법완선사의 비에는 수행사니修行寺尼 주명전主明詮, 영찰사 임단 계일, 안국사니 지원, 혜응 등의 비구니 이름이 기록되어 있다. 이들 전부가 법완의 제자라고 밝힌 것은 아니지만 감화를 받은 것만은 확실하다고 볼 수 있으니 제자라 해도 무리는 없을 듯하다. 따라서 북종선의 비구니는 적연 · 명전 · 계일 · 지원 · 혜응 등 5인이라고 할 수 있지만, 이들에 대한 기록은 분명치 않다. 또한 비구니 승순僧順선사의 석탑이 있는데, 정관 14년640이라고 기록되어 있다. 선사라고 호칭했으므로 선종의 비구니임은 알 수 있지만 누구의 법을 이었는지, 남 · 북 어느 쪽 선에 속했었는지 전혀 기록이 남아 있지 않다.

남악에서 당나라 말까지

남악 · 청원의 시대에서 당조 말 5대까지 약 250년간은 중국 선의 발달기라 할

---

[264] 『속비구니전』 권1, p.佛19~533 中.

수 있다. 남악의 전법제자는 남악-마조도일-백장회해-위산영우로 이어지는데, 위산의 제자 가운데 유철마 비구니가 있다. 출가하여 담주위산이 거주하는 곳에서 10리 떨어진 작은 암자에서 살았다. 항상 위산의 영우선사를 참례해서 대오했으며, 기개가 출중하였다. 『벽암록』 제24칙 및 『종용록』 60칙의 '철마도위산鐵磨到潙山', '철마자우鐵磨牸牛'라는 공안으로 유명하다.[265] 어느 날 자호子湖선사에게 참구하자 자호선사가 "여이고성汝而告成"이라고 하였다.[266]

묘신妙信 비구니는 회수 지방에서 태어나 앙산혜적807~883의 제자가 되었다는 것 이외에 어떤 자료도 없다. 다만 도원선사의 『정법안장』 제8 「예배득수」 편에 등장하는데, 어떤 기록이 전거가 되었는지 알 수 없다.

남대 낭자로 알려진 모 비구니는 정씨의 13번째의 딸로, 12세에 노 비구니를 따라서 위산의 영우선사를 참례하여 문답했으며, 출가하여 장경대안사長慶大安師에게 법을 받았다. 『선림류취』[267]제9 비구니조에 기록이 있으며, 앞의 묘신니 · 유철마와 함께 위앙종 계통에 속하는 비구니다.

말산에서 법을 폈으므로 말산요연 비구니로 불렸던 비구니는 임제의현 선사의 제자인 관계지한?~859을 제접한 것으로 유명하다.[268] 또한 『선림류취』 제9에 조주종심선사778~897. 남전보원의 법을 이음와 한 비구니의 문답이 기록되어 있지만 무명으로 어떤 기록도 보이지 않는다. 임제의현?~867의 제자인 유주담공幽州譚空선사와 한 명의 비구니가 '용녀성불' 화두를 문답한 내용이 『경덕전등록』 제12 , 『선림류취』 제9에 등장한다. 이 또한 무명의 비구니다. 출신은 자세하지 않지만 구지俱胝선사와 인연이 있었던 금화산金華山의 실제實際 비구니는 선리禪理에 통한 비구니로 소개되고 있다.[269]

『경덕전등록』 제14, 『동당집洞堂集』[270]제5, 『동산양개선사어록』, 『선림류취』 제9에

---

265 『조동종니승사』, pp.83~84.
266 『속비구니전』 권2, p.佛19~539 中~下.『속비구니전』에는 유철마 비구니를 宋 시대의 인물로 소개하고 있다.
267 『禪林類聚』(『卍續藏經』 117, No. 1299, pp.1~249).
268 앞의 책, p.佛19~535 下.
269 『속비구니전』 권1, p.佛19~534 中.
270 『洞麓堂集』十卷.

약산유엄의 제자 10인 가운데 운암담성雲巖曇成, 780~841과 어떤 비구니의 문답이 기록되어 있다. 문답 내용으로 보아 운암 회상의 걸출한 비구니였음을 알 수 있지만 그 외는 분명치 않다.

석두의 법맥을 살펴보면, 석두-천황도오-용담숭신782~865으로 이어지는데 용담과 어떤 비구니의 문답이 『선림류취』 제9에 기록되어 있다. 또한 용담-덕산선감-설봉의존822~908에서 설봉과 한 비구니의 문답이 『오가정종찬五家正宗贊』271의 「의존사전義存師傳」에 보인다. 의존의 제자 가운데 보복종전保福從展, ?~928과 한 비구니의 문답이 『선림류취』 제9에 기록되어 있다. 『종문통요속집宗門統要續集』272에는 도견道堅이라는 비구니가 등장하는데, 어떤 법계의 승려인지 분명치 않다.

북송의 흥기에서 남송 멸망까지

청양문익 선사가 멸한 후 2년960 북송의 흥기 이후에서 남송의 멸망1280까지 320년은 선의 보존 시기라고 말한다. 이 시대는 황용과 양기의 분립, 묵조와 간화의 대립, 삼교 일치, 선교 융합 등이 등장하며 선은 점차 그 본질을 상실하고 있었다. 임제종은 의현에서 황용혜남에 이르러 황용파, 양기방회의 양기파로 나뉘었다. 공실지통公室智通 비구니는 황용혜남-회당조심-공심오신1044~1115으로 법맥이 이어지는 가운데, 공심오신의 제자이며 용도범순龍圖范峋의 딸이다. 즉 지통 비구니는 임제종 황룡파의 니승이다.

양기방회-백운수단-오조법연-불과원오극근1063~1135의 법맥에서 불과극근의 제자 가운데 각암覺菴비구니가 있다. 속성은 조祖씨이며 건영 유찰원遊察院의 조카로서 『가태보등록嘉泰普燈錄』273에 기록되어 있다. 후에는 건영 복국암福國庵에서 대중을 가르쳤다.274

무제無際와 초종超宗 비구니는 대혜종고1089~1163의 제자로, 무제는 장시랑 연도淵

---

271 『五家正宗贊』3권(『卍續藏經』135, No. 1554, pp.953~969).
272 『宗門統要續集』(『中華大藏經』, 77, No. 1709, pp.377~614).
273 『嘉泰普燈錄』(1202南宋 시기 雲門宗의 僧 正受(1146~1208)가 편찬.
274 『속비구니전』권2, p.佛19~536 下~537 上.

道의 여식이다. 초종은 유시랑 수고秀高 유자猶子의 어머니로 후에 자수사資壽寺의 무착묘총에게 삭발 수계하고 혜조라고도 불렸으며 수업선사의 법석을 이었다. 무제와 초종 사이의 문답이『운와기담』하下[275]에 수록되어 있다.

『대혜보각선사보설』에 자명慈明 대사라는 비구니가 거론되는데, 묘도妙道 비구니와 함께 대혜의 제자다. 묘도 비구니는 온주의 정거사에 거주했다고『속비구니전』에 소개되어 있다.[276] 자명은 연평 상서 황공당黃公棠의 여식으로, 후에 온주 정거사에 거주하였다.『속전등록』제32에 기연의 내용이 수록되어 있으며『선등세보』[277] 제5에도 그 이름이 등장한다. 무착묘총無著妙總 비구니도 대혜의 제자이며 상소 공송相蘇公頌의 손녀. 20세에 출가하여 경산의 대혜 밑에서 수행하였으며, 석두와 마조를 참예하여 공안 드는 것을 듣고 활연히 깨달았다. 무착에 대한 기록은『속비구니전』[278],『속전등록』제32에 기연의 내용이 다수 보이며,『선등세보』제5에 그 법명이 기록되어 있다. 무착은 초종, 즉 혜조 비구니에게 가르침을 전했다. 혜조의 자는 무제이고 무착과 함께 경신의 대혜종고 스님에게 법을 받았다.[279]

진여 비구니도 대혜의 제자로 후에 관서사關西寺에 거주하였다.『선등세보』제5, 『증집속전등록』제1에 대감 아래 17세, 대혜의 법을 받았다고, 단지 이름만 거론된 장이 있지만,『속비구니전』[280],『운와기담』하下에는 상세하게 기록되어 있다. 진여는 어려서 궁중에 들어가 재능을 인정받아 내전으로 들어가 신심이 두터운 교귀비의 시중을 들었다. 뒤에 삭발하고 비구니가 되었다. 후에 대혜 문하에 들어가 수행하였으며, 대혜의 인정을 받았다.『속전등록』제29에 진여와 제천濟川 거사의 문답이 있으며, 제33에는 "정거니온선사법사淨居尼溫禪師法嗣, 온주정거니무상법등선사溫州淨居尼無相法燈禪師"라는 기록이 보이는데, 혜온慧溫 비구니에게 법을 받은 무상법등 비구니에 대한 내용이다. 이 내용은 임제종의 중국 비구니계의 전계와 법을 전하

---

275 『雲臥紀譚』卷2(『卍續藏經』148, No. 1610, pp.25~44).
276 『속비구니전』권2, p.佛19~538 上.
277 『禪燈世譜』卷6(『卍續藏經』147, No. 1601, pp.595~666).
278 『속비구니전』권2, p.佛19~537 下~538 上.
279 앞의 책 권2, p.佛19~537 中.
280 앞의 책 권2, p.佛19~537 中~下.

는 유일한 기록이다.[281] 무상법등에 대해서는『속전등록』제33에 상당법문이 기록되어 있다.『속비구니전』'정거사 법등전'에 의하면 혜온 비구니를 정거사의 대선지식으로 소개하고 있으며 법등이 혜온선사를 모시고 대중들과 함께 수행했다는 기록이 있다.[282] 혜온은 용문의 불안 청원선사에게 참례하여 법을 깨달았다고 한다.[283]

이상 각암에서 법등에 이르기까지의 아홉 명의 비구니는 임제종 양기파 소속이다.

조동종은 당대唐代에는 활약을 많이 했지만 5대를 지나 송에 이르면서 점점 미약해진다. 따라서 비구니의 전기도 빈약하다. 조동종은 동산양개－운거도응－동안동비－동안관지－양산연관－태양경현－투자의청－부용도해1043~1118로 이어지는데, 부용도해의 제자 가운데 도심道深이라는 비구니가 있다. 도심은『속전등록』제12에 수록되어 있으나 기연의 내용은 없으며 오직 법명만 보일 뿐이다. 다만 도심은 부용에게 법을 받았고 뒤에 낙양의 한 비구니 사찰에 거주하였으며, 조동종의 정법을 제창했다는 것을 추정할 수 있을 뿐이다.

『선등세보』제9와『불조종파세보』제6에는 도심의 법을 이은 비구니로 봉성소재奉聖紹才와 묘혜지안妙慧智安의 법명이 기록되어 있다. 또한 부용도해의 뒤를 이은 제자 가운데 단하자순?~1119과 석문원역1053~1137 혹은 1073~1157, 정인법성이 있다. 석문원역의 제자에 불통佛通 비구니가 있는데,『속비구니전』에 의하면 항상『묘법연화경』을 독송했으나 스스로 인정할 수가 없어 석문원역선사를 찾아가 깨달음을 얻었다고 한다. 불통은 뒤에 영향산寧香山에 머물면서 대중에게 법을 전했다고 한다.[284]『속전등록』제17에도 기연의 내용이 기록되어 있다. 처음부터 대승경전을 독송하여 깨달음을 얻었는데, 후에 석문의 문하에 들어가 대오했다고 한다.

정인법성의 제자 가운데 혜광慧光 비구니가 있다. 정지淨智대사로도 칭하는 혜

---

281 『조동종니승사』, p.95.
282 『속비구니전』권2, p.佛19~538 中~下.
283 앞의 책 권2, p.佛19~53 7中.
284 『속비구니전』권2, p.佛19~538 中.

광 비구니는 성도 범范씨의 여식으로, 당감唐鑑은 그의 숙부다. 정화 3년徽宗, 1113에 황제가 여러 선사들에게 법문을 청하자 마지막에 법상에 오른 혜광이 "여러 선사들이 이미 말했으니 더 말할 것이 없다."라고 하자 모두 감탄했다고 한다. 후에 정인법성선사의 제자가 되었으며, 묘혜사妙慧寺에 거주했다고 한다.[285] 법성의 전기는 분명치 않은데, 스스로 고목이라 부르며 여주汝州 향산香山, 동경東京 정인선원淨因禪院 혹은 초산焦山에 거주하였다. 제자가 11명이었으며 혜광도 그 가운데 한 사람으로 추측할 수 있다.

운문종의 비구니로는 본각수일本覺守一의 제자 법해法海와 감로중선甘露仲宣의 법을 받은 문조文照가 있다. 평강 묘심사妙湛寺 문조는 17세에 출가하여 감로중선에게 인정을 받는다. 『속비구니전』에는, "참선 수행을 좋아하였던 평강 서축사 법해는 법진法眞의 가르침에서 깨달음을 얻었으며, 임종할 때는 임종게를 남겼다."[286]라고 전한다.

이상의 오가칠종 가운데 다만 법안종 비구니의 전법 내용은 보이지 않는다.

도원선사의 『정법안장』「예배득수」에 의하면 당시 중국에는 안거 비구니 가운데 득법하고 명성이 있어 조정에서 비구니 사찰의 주지직을 맡기는 경우, 비구와 마찬가지로 상당설법을 하였다. 이때 제방의 주지들도 참예하여 하좌下座에서 설법을 들었으며 문답은 비구니가 이끌었다고 한다. 이러한 예는 무진장의 혜능에 대한 배려, 지한志閑선사의 말산요연 비구니를 득법시킨 지기志氣, 앙산선사의 묘신 비구니에 대한 해원觧院, 주지 임명과 제자가 된 17명의 비구가 사자의 뜻을 표했던 일 등을 통하여 중국 선림의 선에 의한 남녀평등 사상을 엿볼 수 있다.

중국 선림에서 비구니의 경제에 관한 직접적인 기록이 전해지지 않으므로 자세히는 알 수 없지만, 초기에는 비구 사이에서 독립되지는 않았을 것으로 본다. 후에 국가와 귀족이 보시한 토지에서 나온 수입을 기반으로 하여 독립한 비구니도 있었으리라 본다. 각 시대에 따라 변화는 있었지만, 수행 제일주의에 입각해 의복

---

285 앞의 책 권2, p.佛19~537 上.
286 앞의 책 권2, p.佛19~536 下.

이나 음식 등은 매우 열악했으며, 주지에서 수행승까지 평등하였다. 신자의 보시를 받아 아침에는 죽, 낮에는 밥을 먹되 저녁에는 불식으로 청빈한 생활을 하였다. 스승을 찾아 문답을 하거나 참선 수행을 게을리하지 않았다. 거주는 본사에서 비구와 함께하지는 않았으나 좌선, 간경, 작무를 할 경우는 비구와 함께 선림 생활을 한 것으로 보인다.[287] 이상에서 보이는 송대 비구니의 선 수행은 중국 역사상 가장 활발한 수행자로서의 모습을 보여주고 있다. 그들의 구도 열정과 깨달음의 경지는 비구 선지식의 인정을 받았으며 비구와 거의 동등한 대우를 받았다.

선의 쇠퇴기

원이 중국을 평정한 이후 명대를 지나 청의 건륭까지 약 450년간은 선의 쇠퇴기라고 할 수 있다. 선의 쇠퇴로 뛰어난 비구니가 배출되는 일이 지극히 드물었지만, 빛으로 일생을 살다간 승려가 바로 요암지오了菴智悟, 각진覺眞, 보귀 등의 비구니다.[288] 원 소흥의 복수사 지오는 설봉북산의 신信에게 법을 받았다. 그는 민중閩中 왕씨에게서 태어나 11세에 어머니의 허락을 받고 상산사祥山寺의 보승普升에게 계를 받았으며, 날마다 『유마경』을 독송했다. 경 가운데 "제불국토諸佛國土 역부개공亦復皆空"이라는 대목에서 깨달음을 얻었으며, 북산 신에게 입실하여 문답한 후 득법인가를 받고 그의 제자가 되었다.[289] 각진은 용천사湧泉寺 고우古愚를 만나 문답 후 인정받았으며, 뒤에는 명인사明因寺에서 승려들을 제접했다.[290] 서천목산의 보귀는 고봉화상에게 법을 얻었다.[291]

청 시대의 영수永壽는 자옹성여子雍成如 선사라고도 칭하며, 어려서 인仁화상에게 득도한 후 30여 년에 걸쳐 여러 선사를 참례하였다. 드디어 고율범형古律範兄 선사의 법을 받고 영안永安과 홍은洪恩 두 사찰에서 거주했으며, 청의 성조, 강희 30년 1691 12월까지 영경사永慶寺를 거쳐 조해사朝海寺에서 수행하다 강희 38년을 전후해

---

287 『조동종니승사』, p.105.
288 『조동종니승사』에서는 원·명·청 시대의 비구니 선 수행자로 단지 永壽 비구니만 있었다고 기록하고 있다.
289 『속비구니전』 권3, p.佛19~541 上.
290 앞의 책 권3, p.佛19~541 上.
291 앞의 책 권3, p.佛19~541 中.

항주 벽하사碧霞寺의 청을 받고 선법을 폈다. 법을 이은 제자 가운데 불증佛證과 불량佛亮이 뛰어났으며, 그 외에 조원祖圓·경현鏡縣·불진佛震·용조用照·불조佛照·제광際廣·제휘際庫 등 다수의 제자가 있다.

청대 달진편의『정안약집』제9에는 남악 아래 36세 영서의 비구니 제부濟符의 법명이 기록되어 있다. 영서사에 거주하였던 임제종 법계의 비구니다. 『속비구니전』에 의하면, 비구니 제부는 호주 출신이며 자는 조규祖揆로 영서암靈瑞庵에 출가하여 영암靈嚴 퇴옹저공退翁儲公에게 법을 얻었다고 한다. 제부는 깨달은 뒤 상당법문을 하기도 했으며, 입멸한 뒤에『조규부선사어록祖揆符禪師語錄』이 간행되었다.[292]

이상 1300년에 걸친 중국 비구니 선종사를 대략 살펴보았다. 그 가운데 선종사에 족적을 남긴 비구니 외에도 유명, 무명의 참선 수행자 비구니는 다수 존재하였을 것이다.

4. 근·현대 비구니 교단의 활동

1) 불교의 개혁 운동과 비구니

양문회 이후 구체적인 불교 개혁은 태허법사1890~1947의 3대 혁명, 교리 혁명, 교제敎制 혁명, 교산敎産 혁명으로 전개되었다. 그의 불교 개혁 운동 가운데 교리 혁명, 즉 인생 불교 사상은 중국 근대 불교 발전에 최대로 공헌하였다고 평가된다. 근대 신불교 운동은 구체적으로 태허의 인간 불교 및 불교 개혁 운동이 더 실행력을 가졌던 것이다.[293]

---

292 앞의 책 권4, p.佛19~548 上~中(「조동종니승사」에는 법명을 祖符라고 소개하고 있지만 「속비구니전」에는 '淸 湖州 靈瑞菴 濟符傳'이라는 소개 아래, 법명은 濟符, 字는 祖揆라고 기록하고 있다).
293 김제란, 「중국 근대 신불교운동과「대승기신론」논쟁」, 「근대 동아시아의 불교학」, 동국대학교출판부, 2008, pp.108~109.

1920년대 중국 불교학계는 『대승기신론』을 둘러싼 중국 불교 정신을 가리는 격렬한 논쟁을 벌였다. 『대승기신론』을 비판하는 구양경무와 옹호하는 태허를 중심으로, 뒤에는 남경내학원과 무창불학원이, 1950년대에는 인순과 여징의 논쟁으로 이어졌다. 『대승기신론』을 중심으로 전통 중국 불교를 옹호하는 학자들은 '서양철학에 대항할 진정한 힘은 바로 중국 불교의 정신을 살릴 때'라고 생각하였다.[294]

태허는 불교 사상을 바탕으로 「정리승가제도론整理僧伽制度論」을 발표하여 승니와 남녀 거사가 같은 지위라고 명확히 설명하였다. 그는 1918년 남성 출가자와 재가 거사를 위한 무창불학원을 창설하여 원장직을 맡아 불교 인재를 양성했으며, 2년 뒤인 1920년에는 무창여자불학원을 설립하였다.[295] 불학원은 2년제 학제로서 제2기 학생을 모집할 무렵, 독립적인 여성 불교 교육기관의 필요성이 제기되었고, 이어 여자불학원이 설립되기 시작하였다. 이후 여자불학원에서 교육받은 비구니들이 활발하게 활동하면서 새로운 근대 불교문화를 이끌어 갔다. 이것은 근대 불교 여성 교육의 시작이라는 획기적인 역사적 의미를 담고 있으며, 중국 근대 불교의 여권 관념이 시대의 흐름에 적응하고 있음을 보여주는 것이었다.

중국 근대 불교 비구니의 진정한 흥기는 중화민국 성립 이후다. 중화민국은 신앙의 자유를 제창하였고 종교, 남녀를 구분하지 않고 모두 평등한 취지를 만들었다. 이 때문에 불교여중 진흥은 정치와 사회의 인연을 제공하는 데 일조를 하게 되었다. 당시는 남경의 금릉각경처뿐만 아니라 상주 천정사天宁寺 금릉각경처 등의 불교 경전 전문 출판사와 유통 기관이 있었고, 상해에는 정서국正書局과 중화서국中華書局 등의 사회문화 출판 발행 기관이 있어서 자주 불교문화 경전의 출판 및 유통 사업에 참여했다. 이는 불교 경전 출판과 유통이 당시에 매우 성행했다는 것뿐만 아니라 비교적 광범위한 독자층을 가지고 있었다는 것을 반영한다.

---

294 김제란, 「중국의 근대화와 불교 —유식불교와 『대승기신론』, 그리고 현대 신유학」, 『불교평론』, 22호, 2005, p.8.
295 근대 중국 불교학에 있어서 구양경무가 세운 지나내학원과 태허가 세운 무창불학원은 중대한 의의가 있다. 구양경무와 태허법사는 함께 금릉각경처의 기원정사에서 수학한 동문이고, 설립 시기 역시 둘 다 1922년이라는 점에서 비슷하다. 구양경무는 재가 거사이고, 태허법사는 출가 승려라는 점에서 기본적인 차이가 있다. 이들은 각각의 위치와 사상적인 측면에서 1918년에서 1927의 근 10년에 걸쳐 수많은 논쟁을 하였다. 자세한 내용은, 김진무, 「지나내학원과 근대 중국 불교학의 부흥」, 『동아시아 불교, 그대와의 만남』, 동국대학교출판부, 2008 참조.

민국 초기에 성립한 불교계는 불교회 조직을 준비하고 계획하였으며, 이것으로 불교계의 합법적 권익을 쟁취하고 지켰다.

1920년대 초에 한구漢口에서 정신회正信會가 설립되었으며, 길림 부여현에서는 불모회를 조직하였다. 오래지 않아서 여자염불회를 부설했으며, 또 여덕원을 설립하였다. 광주에서 여자불학회가 설립되었으며, 강구江口에서는 여자염불림이 설립되었다. 이후에 매년 모두 대량의 여자연사女子蓮社: 정토염불 수행 단체, 거사림, 염불당 등의 조직이 전국 각지에 나타났다. 1920년대 초기 중국 내륙의 여자 불교 단체의 성립 풍조는 당시의 항오港澳: 홍콩과 마카오와 동남아 지역에 영향을 주었다. 1923년 말 레이시아 쿠알라룸푸르 반도에 설립된 불학여자연구사佛学女子研究社, 1925년 마카오에 설립된 무량수공덕림無量壽功德林 등이 모두 이러한 예가 된다.

2) 근대 비구니의 교육과 수행

여성들은 불교회, 연사 그리고 전문적으로 설립된 여자불교회女子佛教会에 참가하였다. 따라서 중국의 근대 여성 불교문화 교육 또한 민국 초기에 점차 흥기하기 시작했고, 30년 전 이미 여러 곳에서 여자 불교 교육기관이 설립되었다.

1924년에 세워진 무창불학원의 주지이자 교무는 비구니 덕영德瑛이었으며, 그의 제자이자 이 불학원 졸업자인 항보恒寶, 초전超筌, 정성定成 등 세 비구니는 졸업 후 바로 여학교 설립자 및 운영자로 적극 활동하였다. 항보 비구니는 1931년 보리정사라는 여자 불학원을, 초전 비구니는 1932년에 팔경학원을 각각 창립했다. 정성 비구니는 모교 무창여자 불학원의 감학監學을 맡아 활동하였다.

여성학자인 장성혜張聖慧[296]는 무창불학원과 보리정사 두 학교의 불교학 교수를 맡기도 했다. 그 후 1937년 법창불학원을 설립했는데, 경전 강의는 각명覺明이라는 비구니에게 맡겼다. 각명은 불학원에서 『능엄경』을 강의했다고 한다. 그는 상해의 성동城東여학교를 졸업하고 민국 9년1920에 상숙常熟 우화당雨花堂의 묘참妙参선사로부터 득도하였다.[297] 이것은 여자불학원에서 비구니와 재가 여성은 함께 강의하고 운영하는 공동 주체자이자 협력 관계에 있었음을 시사하는 것이다.[298]

1929년 홍콩의 작신하爵紳何 동쪽에서 장련張蓮거사가 홍콩과 마카오 지역 부녀의 사회적 지위를 개선하려고 뜻을 세웠다. 그는 마카오의 관본觀本법사가 창설한 여수원, 곧 무량수공덕림을 본떠서 여자불학원을 설립하였다. 장련은 관본법사에게서 큰 힘을 얻고, 아울러 직접 불학원의 강의를 맡았는데, 수십 명의 홍콩 마카오 지역 니승들이 입학하였다. 그는 홍콩 마카오 지역을 위해서 제일의 현대 불교 인재를 배양하는 데 지대한 공헌을 했다.

1930년대의 진화가 편찬한『속비구니전』6권과 항보가 무창보리정사에서 편집, 출판한 불교 여성 전문잡지인『불교여중전간佛教女衆專刊』은 곧 근대 중국 불교문화사에서 중요한 지위를 차지하는 비구니들에 대한 작품이다. 동시에 도함 시기 양해의『영향집』도 불교사에 싣고 있다. 또한 여자불학원의 비구니들은『해조음海潮音』이라는 잡지에 불교 여성 문제를 발표하였다. 이 잡지들을 통해서 비구니들의 근대적 의식 각성을 읽을 수 있다. 여기서 주목되는 것은 비구니 교육이 '여성해방과 근대 교육 배급 시대'에 당연히 요청되는 권리라는 인식을 보이는 것이다.

근대 불교문화 부흥 활동의 영향 아래서 중국 불교계에는 일대 우수한 불학 홍법 인재가 나타났다. 대표적인 인물은 당시 중국의 여벽성呂碧城뿐만 아니라 각명, 덕영 등의 고승 대덕의 비구니들이었다.

『속비구니전』권6에는 민국 초기의 안휘 안경의 정실암靜室庵 비구니 덕성의 정진과 활동을 다음과 같이 소개하고 있다. "덕성은 젊어서는『금강경』을 수지 독송하였으며, 중년에는『화엄경』과『법화경』등 대승경전을 독송했으며, 나이 들어서는 오로지 염불을 하였다. 아울러 여자연사를 건립했고, 대중을 이끌고 염불하였

---

296 장성혜는 1933년 태허법사에게서 불교학을 배운 후,「現代思潮與人間佛教」,「白居易詩中的佛學思想」,「佛教與耶教的比較」등의 논문을 남겼다. 그녀의 학문적 수양은 '중국 여거사계에서 최고'라고 평가되기도 했다. (『海潮音』제16권 제1호, p.180, 조승미,「동아시아 비구니의 근대와 특징—중국과 일본을 중심으로」,「한국 비구니 승가의 역사와 활동」, 한국비구니연구소, 2010, p.140 재인용).

297 『속비구니전』권6, p.佛19~563 下~564 上.

298 조승미, 앞의 논문, p.140

으며, 자주 법사의 강연을 요청하여 들었다."[299] 즉 덕성도 각명 등과 마찬가지로 중국 근대를 빛낼 대표적인 비구니라는 것이다. 그 외에도 근대에 활약했던 많은 비구니들이 『속비구니전』에 소개되고 있다.

동태東台의 연화암蓮花庵 비구니인 인근印根은 민국 초에 보화산에서 구족대계를 받았고, 후에 진강鎭江 초안사超岸寺의 원각선사에게 가서 정법을 얻었다. 그 후에 "경론을 연구하여 이해할 수 있었고, 멀고 가까운 승속들이 매번 경에서 어려운 것들을 물었는데, 모두 답해 주었다. 모든 일은 불교와 관련되었고, 열심히 노력하여 마침내 동읍의 비구와 비구니들의 영수가 되었다."[300]라고 하였다.

우화암雨花庵의 소밀素密은 어려서 도교를 믿다가 광서 32년1906에 일본으로 건너가 불교를 접한 후 가마쿠라 회춘원回春院에서 경전 독송과 참선 수행을 하였다. 귀국하여 금릉 천화율원千華律院에서 구족계를 받았다. 민국 9년1920 홍콩에 가서 능엄단장을 만들었는데, 자매로 소호素浩와 증행證行 비구니가 있다.[301]

영운사 능수能修는 민국 8년1919부터 상해에서 남경, 안미, 강소, 산동, 하북, 서안, 사천 등에 가서 아미, 계족산을 참배하고 티베트로 건너갔다. 달라이 라마를 친견하고 돌아와 여성도 성불할 수 있다는 가르침을 전하였다.[302]

보국암 식참은 어머니가 비구니 월화月華다. 월화는 의술이 뛰어났으며, 스스로 보국암을 창건하고 출가하여 승려가 되었다. 식참은 월화 비구니 입적 후 보국암의 주지가 되었다. 민국 26년1937 중일전쟁이 일어나자 난민 수용소를 만들어 노약자와 부녀자 만여 명을 수용하여 보살폈으며, 평생 보시하는 삶을 살았다.[303] 이와 같이 모녀가 출가한 경우는 정관암淨觀庵 천정天正도 있는데, 천정의 어머니는 여식이 출가한 것을 기뻐하여 본인도 출가하였다. 구족계를 받기 위해 마련한 계단에서 임종하였다. 천정은 3년 동안 엄관掩關,閉關하고 『화엄경』에 예배했다.[304]

심안사의 관원觀願은 지묘智妙선사에게 삭발하고 보화사寶華寺에서 구족계를

---

299 앞의 책 권6, p.佛19~560 下.
300 앞의 책 권6, p.佛19~560 上.
301 앞의 책 권6, p.佛19~559 上~中.
302 앞의 책 권6, p.佛19~564 上~下.
303 앞의 책 권6, p.佛19~564 下~565 中.

받았다. 행각하면서 홍일弘一 율사 등 고승대덕을 만났으며, 홍콩의 불학원에서 강의하였다. 「사분률비구니계상표기四分律比丘尼戒相表記」를 만들었다.[305]

이처럼 근대 불교 여성관의 진정한 부흥은 1930~1940년대에 집중적으로 나타난다. 1930년대 중후기에 수배守培와 진화 그리고 무창 보리정사의 동인同仁들, 즉 보리정사의 창시자인 항보, 법증, 해연 등은 남녀평등사상을 적극적으로 제창하였다.

평등하게 교육받을 권리를 가지면 곧 동시에 노동 능력, 인식 능력, 독립 능력을 같이 얻을 수 있음을 의미한다. 이것은 여성들이 전제시대의 우매하고 압박받는 사회적 위치에서 벗어난다는 점에서 매우 중요한 의미를 갖는다.[306]

근대성은 '새로운 시대에 대한 인식'이며, 여기서 새로움이란 자신들의 시대가 지나간 시간과는 전적으로 다른, 그리고 더 나은 것이라는 의미를 갖는다.[307] 동양에서 근대란 단순한 시대 구분만은 아니다. 한국·중국·일본을 포함하는 동양의 근대는 서양의 충격이라는 세계 체계적 시각과 동아시아 시각의 만남과 결합이다. 따라서 모든 동양의 근대사상의 기본 전제는 바로 서양과의 대결이다. 즉 동양의 모든 근대사상은 동서 문화의 충돌이라는 시대적 산물이라고 할 수 있다. 그러나 근대 사상가들은 내적으로는 과거를 변혁하고, 외적으로는 서양을 비판하는 동시에 배워야 하는 모순된 과제를 짊어지고 있다. 중국의 근대 불교 역시 이러한 딜레마에서 자유로울 수 없었다.

3) 현대 대만 비구니의 교육과 활동

현대 중국의 비구니 교단은 중국과 대만으로 구분하여 이해할 수 있다. 중국에서는 1980년 이후 비구니 사원이나 암자가 복원되기 시작하여 산서성의 오대산

---

304 앞의 책 권6, p.佛19~566 上~中.
305 앞의 책 권6, p.佛19~566 中~下.
306 何建明, 「近代中國佛敎的 女性觀」, 「佛學硏究」, 1998, p.292.
307 박지향, 「일그러진 근대」, 푸른역사, 2009. p.28.

에 5개 비구니 사찰에 오백여 명의 비구니가 살고 있고, 비구니 전문 교육기관도 있다고 한다.[308]

광주의 무주암에 사십여 명의 비구니들이 안거하고 있었으며, 1983년에 비구니 전문 교육기관 사천니중불학원四川尼衆佛學院이 설립되었다. 융연隆蓮스님은 중국 불교사에서 사라졌던 이부 승가의 구족계 수계를 부활시켜 21명의 비구니에게 구족계를 주었다.

아미산의 복호사에서는 백여 명의 비구니가 정토신앙을 수행하고 있다. 하지만 현재 중국 비구니 승가는 여성이 출가하려면 부모 허락, 직장의 경우에 상사의 허락, 정부 승인 등을 받아야 한다. 또한 농촌 태생의 저학력 출가자가 많아 비구니의 사회적 위상이 낮은 것이 문제이다. 또한 비구니 교단은 독립적이지 못하고 정부의 간섭과 통제를 받고 있는 실정이며 젊은 비구니를 지도할 수 있는 비구니 스승이 거의 없다.[309] 그럼에도 불구하고 중국 정부의 불교 우호 정책과 지원 그리고 불교 학문 연구의 지원과 발달 가능성을 동시에 지니고 있으며, 세계적 비구니 승가로 발돋움할 잠재력이 있다는 점을 간과해서는 안 될 것이다.

대만은 1965년에 인순대사와 증엄대사가 "비구니들은 팔경법에 얽매일 필요가 없다."라고 공식 발표한 이후 비구니 교단이 크게 발전하여 1980년 기준으로 승려 중 80%가 비구니라고 한다. 인순스님은 비구니들 교육과 훈련을 적극 지원함으로써 비구니 교단의 발전에 크게 기여하였다. 또한 불교계 남녀평등의 주창자로 불릴 정도로 인정을 받았고, 대만에서 비구니 교단의 역사와 발전에 중요한 역할을 했다는 찬사를 받고 있다.[310] 자재공덕회를 이끄는 비구니 증엄법사와 화범대학을 설립한 비구니 효운법사는 대만에 큰 영향을 미치고 있으며, 배움과 실천의 모델이 되고 있다. 하지만 대만의 비구니는 비구를 은사로 두고 비구의 상좌가 되는 점, 산두주의山頭主義라는 파벌 중심의 교단과 세속사 때문에 수행에 전념할 수

---

308 석담·이향순,「국제화시대 한국 비구니의 위상과 역할」,『한국 비구니의 수행과 삶』, 전국비구니회, 예문서원, 2007, p.166.
309 앞의 책, pp.166~168.
310 스테파니아 트라바그딘,「대만의 인순스님과 여성불자」,『제8차 세계여성불자대회 학술논문집』, 중앙승가대학교, 2004, p.291.

없는 문제점을 지니고 있다.[311]

2002년 대만에서는 2종의 비구니 자서전이 출간되었다. 한 권은 경정敬定스님 1943~이 쓴 『법연法筵』이고, 또 한 권은 지교地皎스님1954~이 저술한 『나와 지장보살의 인연』이다. 이 두 권의 책은 지은이들이 출가와 포교 각각 30년과 17년의 과정을 기록한 것이다. 과거의 대만 비구니는 자서전을 출간하는 경우가 매우 드물었다.

경정스님은 1993년 불학원3년 과정을 열어 91명의 학생을 졸업시켰으며, 2001년 에는 홍법 30년을 경축하여 비구니에게 삼단대계를 수계했다. 지교스님은 1987년 에 정광淨光불학원을 설립하고, 1999년에는 보련선사 삼단대계 수계산림에서 교수 아사리를 맡아 사분비구니계를 강설하였다. 지장신앙을 널리 폈으며, 지장비원기 금회를 설립하여 매년 지장팔관재계와 32단천도대법회를 봉행하고 있다.[312] 현재 대만 비구니 교단의 활동은 세계 비구니 승가에 경제적, 정신적으로 큰 활력소가 되고 있다.

다음은 대만의 불광산사 · 중대선사 · 법고사의 교육 및 포교 활동에 대한 내 용이다.[313]

불광산사

1967년 성운스님이 건립한 불광산사는 임제종 법맥을 이은 사찰이다. 당시 스 님은 교육으로 인재를 양성하고, 문화로 불법을 펼치며, 자선으로 사회복지를 이 루고, 수행으로 인심을 정화한다는 네 가지 서원으로 사찰을 창건하였다. 설립 때 부터 염불회, 청년회, 아동 주말학교, 홍법단 등을 조직하였으며, 수계와 승가 교육 에 관심을 기울이고 있다.

교육으로는 기본적인 불교학 외에 사회학으로 철학개론, 국제 예의, 단강團康을 교육하고 있으며, 홍법을 위해서 불화사, 돈황부, 서예, 다도 등을 가르치고 있다. 특히 국제학부에는 영어와 일어반이 있으며, 세계 지부에는 현지인 교수를 초빙해

---

311 『한국 비구니의 수행과 삶』, pp.169~171.
312 유첸 리, 「깨달음의 길」, 『제8차 세계여성불자대회 학술논문집』, 2004, pp.461~466 취의.
313 2007년 5월 26일부터 3박 4일간 대만에 연수를 다녀올 기회가 있었다. 당시 기록해 두었던 내용이다.

교육하여 그 나라의 문화를 자연스럽게 익혀 이질감이 없도록 배려하고 있다.

현재 2천여 명의 스님이 구족계를 수지하였으며, 불학원에서 교육을 받은 학인들은 전 세계에서 인간 불교의 이념을 교육하고 있다. 또한 문화 사업과 교육에 관련된 자료를 출판하고 현지인을 대상으로 복지사업을 하고 있다. 대표적 출판물로는『불광대장경』,『불광대사전』,『선학논저목록』 등이 있다. 대만 국내에 62개의 말사와 포교원이 있으며 전 세계에 98개의 말사와 포교원 및 수십 개의 불교문화 조직망을 갖추고 있다.

불광산사가 문화 교육을 중시하는 까닭은, 그것을 통하여 국민들과 가까워지고 자선사업을 잘할 수 있는 힘을 얻기 때문이라고 한다. 특히 흥미로운 점은 출가자와 재가자가 함께 교육을 받는 것이다. 현재 학생은 200명 정도이며 4년 과정이다. 출가자는 2년간 기본 의무교육을 받은 뒤 시험을 치르고 4년 과정으로 진학하며, 재가자는 2년 과정 졸업 후 희망자는 종무원이 되고 능력에 따라 차별 급여를 받는다.

2년은 주로 인문 과정(기초)으로, 불교 연구법(기본 예의), 기초 경전(『능엄경』 등), 불교역사, 개요, 불교사 개론 등을 배우고, 2년 과정이 끝나면 학생이 선택해서 졸업, 혹은 4년 과정으로 진학한다. 3학년 이상은 심리, 관리 등의 교육을 받고 현장에 배치되어 실습을 받는다. 또한 종교 개요와 불광학이라는 과목이 있다. 종교 개요 시간에는 천주교, 유대교, 이슬람교 등을 배우는데, 이 과목을 개설한 이유는 자신의 것을 알아야 하는 것은 물론이지만 타종교도 알아야 하기 때문이라고 한다.

불광학의 내용은 성운스님의 홍법 내용과 성과를 기록한 것이다. 재가자나 출가자 모두 졸업 후 불광산사에서 진출할 곳을 지정해 준다. 포교 활동을 하기도 하고 학술 연구에 관심이 있으면 박사학위를 취득하게 한다.

주목할 점은 법랍과 비구, 비구니 상관없이 능력에 따라 소임을 맡으며, 2005년부터 비구니를 포함하여 정년제를 실시한다는 것이다. 다만 고위직은 역시 비구 스님이 맡고 있으며 퇴직한 승려는 한곳에 모여서 생활한다. 신도들의 사내 활동 중에는, 예불 7일 정진, 참선 7일 정진, 단기 출가, 수계식 등이 있는데, 단기 출가시 남성은 삭발을 하고 여성은 안 하는데 가끔 남성 중에도 원하지 않는 경우는 자유롭게 한다.

비구와 비구니의 비율이 1:12로 비구니 수가 월등히 많지만 남녀차별은 없다고 했으며, 대만불교가 어떤 특징 때문에 세계화되었는가에 대하여는 문화 포교 방안과 채식 전문 사찰 음식점인 '적수방'을 통한 간접 포교법을 소개하였다. 졸업 후에는 각 곳에 능력별로 발령을 하고 노후에는 한곳에 모여서 생활하는, 철저한 노후 대책이 마련되어 있었다.

중대선사

대만의 중부에 자리한 중대선사는 1987년 유각惟覺스님이 창건하였으며, 6조 혜능스님의 법맥을 이은 선종 도량이다. 1,600여 명의 스님들이 수행한 중대선사 역시 불자 교육에 중점을 두고 있는데 현재 3백여 명이 정진 중이다.

교육기관으로 첫째, 출가자의 승가 교육은, 출가자만을 따로 교육하고 있으며 사미, 사미니 불학원강원에 대중은 350명으로, 10년 전에 설립되었다. 각각 연구소 와 학원부가 있다. 연구소는 3년 과정인데, 2년은 교리를 배우고 3년째는 실습을 하고 논문을 쓴다. 논문이 통과되면 석사 학위를 받는다. 학원부는 고급부와 대학 부가 있는데, 고급부는 3년 과정이고 대학부는 2년 과정으로, 연구소에서 필요한 불학의 기초를 배운다.

둘째, 사회 대중 교육기관으로는 백여 개의 선 수행 센터가 있는데, 중대선사 외에 미국, 홍콩, 방콕, 필리핀, 호주 등지에 산재해 있다. 셋째, 학교 교육기관에는 초·중교가 있으며 학생 수는 9백 명이고, 모두 기숙사 생활을 하고 있다. 교육의 목표는, 불안한 인간의 마음을 정화시켜 청정한 세상을 만드는 데 중점을 두고 있다.

교과 과목을 살펴보면, 국제 포교나 외국어 교육은 단계4년 동안 10단계 교육별로 다양하게 이루어지지만, 내전은 인간 정토 사상을 바탕으로 『능엄경』, 『화엄경』, 『대승기신론』, 『대지도론』, 계율을 배운다. 그 외에 선종 어록 등의 과목은 보이지 않았다. 일본과 같이 창건한 스님을 신봉하여 그들의 업적 등을 하나의 교과 과목으로 만든 것도 두 사찰의 공통점이었다. 승가 교육도 불광산사와 마찬가지로 2년 교육을 필수로 하되, 그 이후는 본인의 선택에 맡긴다는 것이 우리 강원 체제와 다른 점이다.

법고사

법고사는 불광산사의 성운스님과 쌍벽을 이룬다는 성엄스님이 창건하였다. 교육을 통해 불법을 펴기 위한 사찰로 마음법 교육을 통해 마음의 환경보호를 실천하고 있다. 또한 불교를 현대사회에 맞게 하기 위해서 주변의 환경을 보호해야 한다는 이념 아래 다음과 같은 세 가지를 교육하고 있다.

첫째, 대학원 교육은 정규 교육, 포교 및 전문 서비스 인재 양성이 목적이다. 둘째, 대보편화 교육으로는 전통 수행 활동과 현대문화 운용, 불법의 실용화와 생활화, 법회 활동을 생활 속에서 실천하고 있다. 매스컴, TV, 서적 출판, 예술 등에도 주력하고 있다. 우리가 현재 유용하게 사용하고 있는 CBETA 제작도 이들의 업적이다. 셋째, 대관심 교육은 인간적 불법으로서 보편적이고 평등하게 사회 대중에 관심을 가지는 것이 목표다. 이 외에 재난 구조 사업, 지진 뒤의 봉사 활동이 있는데, 인도네시아 대지진에도 현장에서 봉사했으며, 특히 사회 소외계층 교육을 시행하고 있다. 이것은 모두 마음법과 관계가 있다.

성엄스님은 종교교학적인 면에 대해서는 군이 강조하지 않았다. 자비만이 중요하며 남을 배려하는 강한 희생정신이 필요하다고 하였다. 그러기 위해서는 언제나 마음을 다스려야 하고 어떤 상황이나 환경에서도 마음을 안정시키며 피곤하고 힘들 때 자신의 마음을 즐겁게 바꾸어야 한다고 강조했다. 학인을 가르치되 중생 제도를 목적으로 교육하며, 사회 속의 불교, 즉 인류의 공통된 문제를 의논하고 해결하는 것이 모든 종교의 의무라고 밝혔다.

법고사 승가대학의 입학 자격은 출가자와 재가자에게 동등하게 주어진다. 단재가자는 1학년 과정만 있으며, 1학년을 마친 후 기준에 따라 심사를 거쳐 출가시킬지 여부를 법고사 쪽에서 결정한다. 자격이 인정되면 시험 통과 후 출가시켜 2학년에 편입하며 삭발과 함께 사미나 사미니계를 받는다. 대만에는 행자 제도가 없는 것이 특색이다.

학제는 세 종류가 있다. 첫째, 4년제의 불학과로서 2001년에 개설되었다. 둘째, 양성반은 2년제로 2003년에 개설되었다. 셋째, 선학과는 6년제로 2006년 개설되었다. 4년 과정 가운데 3학년의 교과과정을 보면, 4시 10분 기상, 기상 후 참선, 예불 후 아침 공양, 운력, 9시~11시 50분까지 3시간 수업, 수업 후 점심 공양, 공양 후 2시간 수업을 하며 취침은 10시에 한다. 2003년 가을에는 선학원을 설립하여 선 수행을 심도 있게 지도하고 있다. 수업의 내용을 보면, 강의는 물론 주제 발표, 영상물을 통한 시청각교육이 각 강의실에서 같은 시간대에 이루어진다.

이상과 같이 살펴본 중국 불교는 초기, 부파, 대승 불교의 다양한 경전을 번역하고 사상을 전달, 아주 독특한 중국적 불교를 형성하였다. 인도 불교의 시간적 불교 전개는 중국에서 와서 무의미해졌다. 중국이 불교를 받아들일 당시 인도에서는 다양한 대승불교 사상이 있었기 때문에 오히려 대승불교의 영향을 많이 받았다. 그래서 중국은 불교 사상의 시간적 수용과 이해의 틀에서 벗어나 당시에 주어진 불교 사상을 수용하고 이해하는 데 주력하게 되었다.

그러한 과정에서 중국의 비구니들은 다양한 대승과 소승 사상을 배워 자신이 수행을 선택하고 그 경전 내용에 따라 깨달음의 목표를 추구하였다. 『비구니전』과 『속비구니전』에서 보여준 바와 같이 중국의 비구니는 시대와 환경에 따라 약간의 변화는 있지만, 지계와 경, 율의 공부, 단식, 고행, 염송, 교화, 불사 활동 등에 헌신하였다. 비구니 가운데는 특히 계행 수행에 전념하여 율을 배우는 경우가 적지 않다. 그 외에 채식과 단식, 청정한 고행 생활로 수행을 실천하는 이도 있었으며, 화두선이나 묵조선 수행법을 따르는 이도 있었다. 아울러 정토염불이나 기도 수행, 불사와 대중 외호 등 보살도의 실천을 따르기도 하였다. 그래서 그러한 수행으로 깨달음을 드러내는데 외도와의 논쟁에서 그 모습을 드러내는 경우가 있었다. 입멸의 특별한 모습, 소신공양, 정토왕생, 보살로 화현함으로써 깨달은 경지를 보이는 등 여러 가지 삶에서 초연한 모습을 나타내었다. 특히 당대 후기부터 나타나기 시작한 비구니 선사들은 깨달음을 얻은 뒤, 비구 선지식들과 선문답을 나누고 상당법문 등으로 선지식의 면모를 보여주고 있다. 근대 이후 비구니 교단은 개혁 운동과 함께 교육제도가 더욱 다양해졌으며, 체계적인 교육을 받고 사회 지도자의 면모를 갖춘 비구니로서 재도약하였다.

Ⅳ.
한국 비구니 교단의 형성과 역할

1. 삼국시대 비구니 교단의 성립

1) 비구니 교단의 전개

고대부터 내려온 중국 비구니 교단의 활동을 자세히 알 수 있는 것은 그들이 기록해 놓은 자료를 통해서다. 선대 비구니들의 활동을 기록하는 것은 후대의 비구니들이 수행자로서 혹은 포교자로서 목표를 정할 때 좋은 자료가 될 수 있으므로 매우 중요한 일이라고 생각한다. 그럼에도 우리나라 고대 비구니에 대한 자료는 중국에 비해 그리 많은 편이 아니다. 따라서 분명히 그들이 훗날의 비구니들에게 지표가 될 만한 삶을 살았음에도 그 자세한 내용이나 모습을 조명하기가 쉽지 않다.

우리나라에 불교가 전래된 것은 삼국시대다. 삼국 중 가장 먼저 불교를 받아들인 고구려는 중국 전진의 부견왕에 의해 소수림왕 2년372에, 백제는 침류왕 원년384에 각각 불교가 전해졌다. 그리고 지리적으로 가장 남쪽에 있는 신라는 앞서 두 나라보다 150년 늦은 법흥왕 14년529에 불교가 공식 인정되었다. 한국 불교사를 통해서 보면 비구에 비해 비구니의 불교 전개는 시간적으로 상당히 차이가 난다.

고구려 비구니 교단의 유무를 구체적으로 확증하기는 어렵다. 단 고구려에 불교를 전한 전진의 부견왕은 지현智賢 비구니300~370[314]를 존경하여 직수絁繡의 가사를 하사했다는 기록[315]이 있다. 『비구니전』에 소개된 지현 비구니 관련 내용 가운데 제자가 백여 명이 있었으며, 널리 바른 법을 드러냈다는 기록이 있다. 이런 내용을 볼 때 부견왕이 고구려에 불교를 전할 때 비구니와 관련된 자료가 전해진 것이 아닐까 유추해 볼 뿐이다.

백제는 위덕왕 24년577 11월 일본에 율사 등과 함께 비구니를 파견하였다는 기록으로 보아[316] 백제에 이미 비구니 교단이 구성되었을 것이 분명하다. 일본에 전

---

314 『비구니전』 권1(『대정장』 50, p.935)에 3번째로 소개되고 있다.
315 앞의 책 권1(『대정장』 50, p.935).

하는 「원흥사가람연기元興寺伽藍緣起」에 의하면 용명 2년587, 위덕왕 34에 백제 사신들이 오자 젠신니 등을 백제에 보내 계를 받고 배울 수 있도록 청하였다.[317] 그때 이루어진 문답에서 백제 사신이 본국의 비구니 수계 의식을 다음과 같이 설명하고 있다.

> 비구니들의 수계법이란 먼저 니사에서 10니사尼寺를 청하여 본계를 받고 난 다음에, 곧 법사사法師社. 비구 사찰로 가서 10법사를 청해 먼저의 10니사와 합쳐 20사로부터 본계를 받는다. 그러나 이 나라日本에는 니사만 있고 법사사와 법사가 없으므로, 만약에 비구니들이 법대로 수계하려면 법사사를 세우고 백제국의 승니들을 초청해서 계를 받아야 할 것이다.[318]

이때 사신의 청을 받았는지는 알 수 없지만, 왜국에서 젠신니 등이 백제에 와서 비구니계를 받고 귀국했다는 것[319]으로 미루어 백제에 비구니 교단이 계율을 근거로 운영되고 존재했음을 알 수 있다. 그래서 일부 학자들은 어떤 형태로든 중국의 비구니 교단이 백제 비구니에게 율을 전했으리라 추측하기도 한다. 또한 이때는 이미 겸익이 백제에 율을 전한 후이기도 하다. 「미륵불광사사적彌勒佛光寺事蹟」에 의하면 사문 겸익이 인도에 가서 중인도의 상가나대율사에서 율부를 배우고 인도승 배달다삼장과 함께 범본 아비담장과 오부율을 가지고 귀국하였다고 한다. 그것은 성왕 4년526의 일인데 이때 왕은 국내의 명승名僧 28인을 불러 율부 번역을 명하니[320], 이에 그들이 율부 72권을 번역하였다고 한다. 이로 미루어 백제의 비구니 교단은 『사분률』 등 계율에 명시된 팔경법에 의하여 비구 교단에 예속되어 있었으리라 짐작할 수 있다.

사료에 처음 나타난 한국 여성의 출가자는 신라에 불교를 전한 아도화상을 은거시킨 모례또는 모록의 누이 사씨다.[321] 모례는 일선군의 지방 세력이었으므로 사씨

---

316 『日本書紀』 권20, 敏達 天王 6년 11월.
317 앞의 책 권21, 崇峻 卽位 前記 6월조에도 같은 내용이 있다.
318 「元興寺伽藍緣起并流記資財帳」, p.3 (『大日本佛教全書』, p.140 中~下).
319 『日本書紀』 권21, 崇峻 卽位 前記 6월조. 젠신니와 관계된 『日本書紀』 자료는, 敏達 13년(548) 是歲條를 비롯해 9개의 설이 있다.(藤浦令子, 『日本古代の僧尼と社會』, 吉川弘文館, 2000, pp.177~179 참조).
320 金煐泰, 『百濟佛教思想研究』, 동국대학교출판부, 1985, p.24.

역시 그 지방 유력 가문의 딸이다. 사씨는 오빠와 함께 아도화상에게 귀의해 불교 신자가 되었으며 출가하여 승려가 되었다. 따라서 신라에서는 불교가 여성에 의해서, 아니면 적어도 여성에게 동시에 전해졌음을 알 수 있다.[322]

『삼국유사』에 의하면, 최초의 출가자인 사씨는 아도법사에 귀의하여 여승이되어 삼천에 절을 짓고 거주하니, 이를 영흥사라 하였다고 전한다.[323] 또한 『삼국유사』에 사씨가 영흥사를 짓고 활동한 내용과 영흥사를 흥륜사와 함께 짓기 시작하였다는 기록이 동시에 전하기도 한다.[324] 이후 법흥왕비 팔도 부인이 묘법 비구니가 되어 영흥사에 머물렀으며, 이 묘법 비구니를 실질적 최초 비구니로 보기도 한다.[325] 그러나 아도의 신라 입국이 미추왕 대262~283라는 설과 눌지왕 대417~457라는 두 설이 있다. 미추왕 때 일선군에 왔다면 고구려에 불교가 전래되기 백여 년 전이며, 눌지왕 때 왔다면 신라에서 불교가 공인되기 백여 년 전이 된다. 그러므로 눌지왕 때로 추정하더라도 법흥왕 22년535에 창건된 영흥사와는 현격한 차이가 있다.[326] 단지 이러한 내용은 법흥왕비가 사씨의 유풍을 사모하였다는 신앙 전승의일면으로 유추할 수 있는 기록이라 본다.

『삼국유사』에는 법흥왕비가 법흥왕 22년535에 흥륜사를 세울 때 영흥사를 세우고, 사씨의 유풍을 사모해 법흥왕과 출가하였는데, 영흥사에서 살다 몇 해 만에 입멸했다고 전한다.[327] 사씨는 미추왕혹은 눌지왕 시대의 니승으로 실제로는 비구니계를 받지 않은 수행자로 칭할 수 있다. 왜냐하면 사씨와 관련된 구족계 수계 내용이 보이지 않기 때문이다. 중국의 아반과 같은 경우가 아닌가 추측할 수도 있다. 신라에서 국가가 공식적으로 승니를 허락한 것은 진흥왕 5년544이므로 사씨와 법흥왕비의 출가는 비공식적이라는 설도 있을 수 있다. 그러나 신라에서 허락을 받고

---

321 『三國遺事』 권3, 興法 제3 阿道基羅. ; 『海東高僧傳』 권1, 釋阿道.
322 김정숙, 「신라 불교에서 비구니의 존재와 활동」, 『大丘史學』 제 99집, 대구사학회, 2010, p.9.
323 『三國遺事』 권3, 興法 3 阿道基羅.
324 앞의 책 권3, 興法 3 阿道基羅.
325 김영태, 「신라의 여성 출가와 니승직 고찰—도유나랑 阿尼를 중심으로」, 『明星 스님 古稀紀念論文集』, 雲門僧伽大學出版部, 2000.
326 목철우(목정배), 「삼국시대의 여성 불교인」, 『수도사대 논문집』 제6, 수도여자사범대학 학도호국단, 1973, p.93.
327 『三國遺事』 권3, 興法 3 阿道基羅.

정식으로 출가한 비구니와 그렇지 않은 비구니 사이에는 어떤 차이가 있는지에 대한 기록이 확실하지 않다.[328]

여성의 출가는 법흥왕 15년528 처음으로 신라에서 불법을 공인한 이래 16년이 지난 진흥왕 5년544에 이루어졌다고 한다.[329] 그러나 미루어 보면 이미 진흥왕이 허락하기 전에 니승이 존재했다는 것을 인식할 수 있다. 만일에 니승이 없었다면 니승이 되는 문제를 거론하지 않았을 것이기 때문이다.

문무왕661~681 13년에 김유신이 79세로 죽자, 태종 대왕의 셋째 딸이었던 그의 처 지소 부인은 머리를 깎고 갈의를 입고 비구니가 되었다.[330] 김양의 종부 형인 김흔은 패군 장수가 되자 소백산에 들어가 승려들과 더불어 소일하였는데 대중 3년849 8월 27일에 47세로 병들어 죽자, 그 부인이 상사를 주관하였고 후에 비구니가 되었다고 전한다.[331] 『삼국유사』에 따르면, 태수인 김흔공의 딸이 출가했다는 구절이 있는데, 이 이야기는 주로 승려 조신이 겪은 인생 무상의 꿈 이야기를 중심으로 전개되고 있다.[332]

진흥왕은 불교를 믿고 받들어 말년에 머리를 깎고 승려 옷을 입고 스스로 법운이라 부르며 한평생을 마쳤다. 여기서 진흥왕이 비구계를 받았는지는 구체적으로 언급하지 않았다. 왕비도 그를 본받아 승려가 되어 영흥사에 살았다고 전한다. 『삼국유사』에 따르면, 진흥왕의 태후는 임종 시 삭발하고 법의를 입고 임종했다고 전한다.[333] 권3에는 진흥왕 31년609에 영흥사에 소상이 저절로 무너지니 얼마 아니하여 진흥왕비 비구니가 돌아갔다고 기록되어 있다.[334]

백제와 고구려는 신라보다 일찍 불교가 전해졌지만 비구니에 대한 통제 기관이 확실치 않다. 다만 신라에 통제 기관이 있었음을 확인할 수 있다. 그러나 비구니에 대한 니승직은 설치 초기에 한 번 보이고 그 후에는 지속된 흔적이 없다. 바로

---

328 김정숙, 앞의 논문, p.16.
329 『三國史記』권4, 新羅本紀 제4 眞興王.
330 『三國遺事』권43, 列傳 3 金庾信 下.
331 『三國史記』권43, 列傳 4 金陽.
332 『三國遺事』권3, 塔像 4 洛山二大聖.
333 『三國遺事』권1, 紀異 1.
334 앞의 책 권3, 興法 3(한국 고, 중세 p.16)

『삼국사기』에 등장하는 니승직인 도유나랑[335]이며, 이것도 비구니의 승관직명인지 확실하지 않다.[336] 도유나 제도는 북제의 대통, 통, 도유나 등의 승관제가 신라 진흥왕 12년[551]에 채택된 것이다.[337] 비구 통제 기관은 고구려시대에 북조 북제의 대통·도유나를 계승하여 국통·도유나 등으로 활용했다고 볼 수 있다. 『일본서기』에는 백제승 관륵観勒에 의하여 일본 승관제가 시작되는 다음과 같은 기록이 있다.

> "이제부터 승정·승도僧都를 임명해서 승니를 검교検校케 하라." 17일 관륵을 승정으로, 안부덕적鞍部德積을 승도로 삼고, 같은 날 아담연阿曇連을 법두法頭로 삼았다.[338]

위의 내용 가운데 승관제의 체제인 승정, 승도제는 양, 진의 것으로서, 이러한 제도가 백제 승려를 통해 일본에 온 점에 비추어 백제의 승관제는 남조계였을 것이라는 추측을 해볼 수 있다. 한편 일본의 「추고기推古紀」 승관제의 경우, 승도와 법두가 일반인인 점을 들어 승속의 이원적 불교 통제란 점에서 북조계 특히 고구려의 영향도 간과되지 않고 있다.[339]

고려 광종 때에 승선 시험과 승계 제도를 신설함으로써[958], 출가자의 자격을 국가가 제도적으로 규제하였다. 이것은 불교 교단의 자율적 존재 방식을 국가가 전면적으로 간섭하는 발단으로서, 우리나라 중세 불교 교단의 성격을 규정짓는다. 국가는 승려의 신분을 관장하고, 국사나 왕사 제도를 둠으로써 상위 신분의 승려를 신료화하였다. 그리고 불교 교단을 국가에 종속시킴으로써 대중 교화마저도 국가의 제재를 받았다.

승려에 대한 국가의 통제는 출가자의 자격 조건이나 기강을 국가가 직접 개입

---

335 『大宋僧史略』에 의하면 北魏 때에 승통으로 正員을 삼고, 沙門都로 副翼이 되게 하였는데, 곧 도유나가 그것이라는 것이다(『대송승사략』「『대정장』 54, p.244 上).
336 김영태, 「신라의 尼僧職 都維那娘」, 『동아시아 불교 전통에서 본 한국 비구니의 수행과 삶』, 대한불교 조계종 한마음선원, 2004, p.29.
337 이시다 미즈마로(石田瑞磨) 저, 이영자 역, 『일본불교사』, 민족사, 1995, p.14.
338 『日本書紀』「推古紀」32년 條.
339 辛鐘遠, 『新羅初期佛教史研究』, 民族史, 1992, p.180.

하여 승록사를 두어 이를 관장하게 하였다. 이와 같은 불교 교단의 가치 기능 내지 종속화는 교단 자체를 출세간적인 위치보다는 세속적인 정치·경제적 이해관계로 흡수하기에 이르렀다.[340]

위에서 밝힌 바와 같이 한국 최초 니승의 거주지는 사씨가 거주한 영흥사라고 한다. 그러나 당시의 상황으로 추측컨대, 실제로는 사원의 형식을 갖춘 것이 아니라 개인이 수행하며 거주했던 곳이었다고 볼 수 있다. 그 이후 신라에서 비구니가 거주한 절로서는 법흥왕의 왕비가 창건하였다고 하는 영흥사가 있었다. 그러나 그곳도 아직까지 비구니의 집단 거주 장소로 간주할 수 없다.

이와 같이 신라시대까지는 니승들이 집단으로 거주하거나 함께 구족계 등을 수계한 정확한 흔적을 찾을 수 없다. 따라서 삼국시대의 비구니 교단에 관하여 가장 중요한 것은 과연 비구니 교단이 집단으로 형성되었는가 하는 문제이다. 즉 삼국시대 최초의 여성 출가와 비구니 형성 과정은 일치하지 않으며, 승가의 구성도 획일적이지 않다. 승가의 구성은 변방 지역에는 최소 5명으로 구성되며, 여성의 경우 계속해서 승가를 유지하기 위해서는 10명 이상의 비구니가 있어야 한다. 따라서 최초의 비구니와 10명 이상의 비구니 승가 구성까지는 상당한 시간이 걸렸을 것이다. 비구니 교단이 구성되어 일본에까지 전달한 것으로 되어 있지만, 사실은 중국에서 비구니 10명 이상이 한국에 와서 구족계를 주거나 아니면 삼국의 여성이 구족계를 받기 위해서는 중국행을 택해야 하는데 그러한 정황은 발견되지 않는다. 그렇다면 고구려에 비구니 교단이 구성되어 있어서 백제와 신라에 전달되어야 하는데, 전통적인 방식에 의한 구족계를 받든 교단이 있었는지 알 수가 없다.

그런 경우는 중국에서도 최초의 비구니와 비구니 승단의 구성 간의 시간 차이를 엿볼 수 있다. 물론 그 이유를 기록의 문제를 들어 거론할 수 있지만 『비구니전』에 나타난 것과 같이 수계 문제를 심각하게 거론하지 않았던 이유는 무엇일까?

삼국 비구승의 교단 형성과 그 구족계는 큰 문제가 없는 것으로 보인다. 그리고 고구려 승려들의 구법 활동을 통해 교단을 구성했을 가능성도 배제할 수는 없

---

340 黃善明, 『朝鮮朝宗教社會史研究』, 一志社, 1985, pp.136~138 참조.

다. 중국에서 불교가 전해지고 고구려의 왕이 그것을 인정했다면, 어떤 형태로든 승가가 활동하였을 것이다. 단지 기록상으로 자세히 나타나지 않을 뿐이다.

백제 불교를 살펴보면, 제15대 침류왕 1년384에 동진에서 마라난타가 배를 타고 들어와, 이듬해 385년에 당시의 수도인 한산에 절을 세우고 10명의 승려를 배출했다고 한다. 이러한 것이 사실이라면 백제는 비구 구족계를 승려 한 명에게서 받은 것이 된다. 그렇다면 승가의 구족계법에 맞지 않아 사실상 구족계 비구가 아닌 것이다. 왜냐하면 승가 10명 이상으로 구성되어야 하는 구족계 규정에서 어긋날 뿐만 아니라, 변방의 5명 이상의 구족계 방법과도 거리가 멀기 때문이다. 그럼에도 불구하고 백제의 승려 공인 방법에 그다지 문제가 없는 것으로 흘러가는데, 그것은 당시에 율장에 대하여 이해하지 못했기 때문이 아닌가 생각된다.

백제에 정식으로 율장을 전한 사람은 겸익이다. 그는 성왕 4년526에 율을 구하러 중인도에 갔으며, 그곳에서 5년간 머물면서 범문을 익힌 후 531년 배달다삼장과 함께 『아비담장』과 『오분률』을 가지고 귀국하였다. 그는 홍륜사에 머물면서 고승 28명과 함께 범본 원전과 율부 72권을 번역하였다 한다. 그러나 이 시기는 이미 교단이 형성된 이후여서 정식 수계 등을 크게 문제 삼지 않은 듯하다. 같은 차원에서 비구니의 교단 구성도 이해할 수 있을 것이다. 백제의 비구니 교단 구성 관련 내용으로 배를 타고 동진에 가서 비구니가 된 이야기는 전해지지 않는다. 다만 일본에서 니승 젠신니 등을 백제로 보냈다는 기록으로 미루어 보아, 이미 백제에 비구니 교단이 형성되어 있었다고 짐작할 수 있다.

신라에서는 불교를 공식적으로 인정한 후, 진흥왕 11년550에 안장을 대서성으로 삼고, 이듬해 고구려에서 귀화한 혜량을 승통으로 삼아 교단을 통솔하게 하였다고 전한다. 이런 사실을 미루어 보면 비구 교단이 그 사이에 형성된 것으로 이해할 수 있다. 신라 불교 교단은 어떤 형태든 백제 불교의 영향을 받다가 자장율사처럼 중국에 가서 계율을 전공하고 귀국한 승려들에 의해서 독자적인 교단이 이루어졌을 것이다. 그러나 기록상으로는 비구 승가 단체로서 구족계가 진행되지 않았고, 개별적으로 승려가 되었다고 추정할 수밖에 없다. 그렇지 않았다면 고구려 승려가 신라에 내왕한 경우나 신라 승려가 고구려를 방문하여 구족계가 진행되어야 한다. 또 다른 방법은 교단의 구족계 조건을 초월하여 특별한 구족계 형식으로 계를 준 것으로 파악된다. 진흥왕이 승니를 양성하여 중국으로 구법 유학을 보냈지만 구족계를 위한 유학이 아니며, 비구니는 유학생에 포함되지 않은 것으로 파악된다.

그러나 진평왕 때에 이르면 계율과 관련된 비구니의 상황이 달라진다. 진평왕 시대의 비구니 계율 문제는 지명智明이라는 비구니와 연관 지을 수 있다. 진평왕 7년585에서 24년602에 걸쳐 진에 유학하고 돌아온 지명을 진평왕은 계행이 뛰어나다고 우대했다고 한다. 지명은 『사분률갈마기』를 저술하였는데, 이로 미루어 수계작법에 대한 지식이 뛰어났음을 짐작할 수 있다. 지명은 신라에 승려가 되는 데 필요한 지식을 제공했을 것이다. 그리고 불교의 율에 따라 비구니 구족계에는 반드시 비구니 삼사칠증이 필요하기 때문에 은사와 스승, 아사리, 율의 스승들이 존재했을 것으로 판단된다.

2) 삼국시대 비구니의 수행과 활동

삼국시대의 비구니 활동을 나라별로 분석해 보면, 신라시대에는 혜통을 국사로 삼았다는데[341], 비구니에게는 신라시대의 도유나랑 외에 국가적인 승려 위계가 형성되지 않았던 것으로 보인다. 바로 아니阿尼의 경우로서 그는 진흥왕 때 비구니 교단의 최고 승직으로 보이는 도유나랑에 임명되었다고 한다.

백제는, 27대 위덕왕 24년577 삼장의 법사와 선사 및 비구니, 주금사, 불공佛工, 사장師匠 등을 일본에 보냈으며, 35년588에는 부처님 사리와 승려, 사공沙工, 와장瓦匠, 와공 등 불교 예술인을 일본으로 보냈다고 한다. 또한 일본에서 고구려 승 혜편에게 출가 수계한 일본 최초의 비구니 세 명이 백제에서 삼 년간 율학을 배웠다는

---

341 『三國遺事』 권5, 神呪 6. (『한국 고·중세 불교여성·비구니 자료집』, 한국비구니연구소, 2005), p.41.

기록이 있다.[342] 그리고 의자왕 15년655에 일본으로 건너간 비구니 법명은『유마경』을 독송하여 병자를 고쳤다고 한다.[343]『부상약기扶桑略記』에 의하면 '백제선니법명百濟禪尼法明[344]이라는 비구니가 왜에 건너가 제명천왕655~661의 명으로 병든 후지와라노가마코(藤原鎌足(鎌子·))에게『유마경』의「문질품問疾品」을 설하여 낫게 하였다[345]는 내용이다.

신라의 진흥왕비 묘법妙法 비구니는 영흥사를 불사하였지만 그의 수행과 활동에 대한 그 밖의 사료는 발견되지 않는다. 또한 진평왕 때 활동한 비구니 지혜는 안흥사에 살면서 새로이 불전을 수리하려 했지만 힘이 모자랐는데, 꿈에 나타난 신모神母가 시키는 대로 금을 시주받아 수리하였고, 또한 신모의 권유로 점찰법회를 매년 봄과 가을에 열었다고 한다.[346]

그 밖에 알려지지 않은 비구니가 원광법사542~630가 점찰법회를 여는 데 필요한 기금으로 동편군의 논밭 백 결을 시주하였다고 전한다. 원광은『점찰경』교의에 맞춰 법회를 이끌었는데, 이 법회를 통해 중생심이 본래 깨끗하고 무한한 공덕을 갖춘 여래장임을 자득한다. 또한 지장보살의 원력으로 죄를 면한다고 하였으며, 비구니 지혜는 정기법회를 통해 여래장사상을 쉽게 풀이하여 대중화하였다.[347]

이와 같이 비구니들은 점찰법회를 통해 불교를 전하는 데 힘쓰기도 하고, 탑을 세우고 불전을 수리하는 등 독자적인 활동과 비구들을 깨우치는 역할을 하였다.[348] 가운데 지혜의 경우처럼 비구니로서 정기법회를 독자적으로 운영한 경우는 아주 드물다. 이를 보아 앞의 왕후의 출가에서처럼 신라시대의 니승의 위계가 비구 못지않았음도 짐작할 수 있다.

아울러 통일 이후에는 중국과 일본에서 활동한 니승도 있었다고 전한다.[349] 일

---

342 『日本書紀』권20, 敏達天王 6년.
343 『불교문화사』, 동국대출판부, pp.158~159.
344 『일본서기』의『元興寺緣起并流記資財帳』, p.2에는 '老比丘尼名法明'이라고 기록되어 있다.
345 『扶桑略記』, 齊明 2년條 (勝浦令子,「東アジアにおける尼の比較研究」,『日本古代の僧尼と社會』, 東京, 吉川弘文館, 2000, p.168).
346 『三國遺事』권5. 感通 7, 仙桃聖母 隨善佛寺.
347 辛鐘遠,『新羅初期佛敎史硏究』, p.292.
348 김영미,「신라 불교사에 나타난 여성의 신앙생활과 승려들의 여성관」,『여성신학논집』1, 이화여자대학교 여성신학연구소, 1995, p.146.

본의 고시가집『만엽집萬葉集』에 따르면, 일본에서 활동한 비구니로서 이원理願이라는 비구니를 들고 있다. 비구니 이원은 성덕왕 13년714에 일본에 건너가 머물다가 성덕왕 34년735에 입멸했다.[350] 『일본서기』에는 간단하게 귀화했다는 사실만 기록[351]하고 있지만 분명히 전교하다 입멸했다고 생각한다.

경덕왕 17년758 8월에 비구니 2명이 일본으로 건너가 신라군郡을 설치하였으며[352], 적산 법화원에서는 승 23명 외에 니 3명도 활동하고 있었다고 한다.[353] 『일본서기』[354]에 의하면 지통 원년687에 신라의 승니와 남녀 백성 22명이 무장국에 살았다고 한다. 또한『원형석서元亨釋書』[355]에는 8세기 중엽, 천평 원년757에 무장야武蔵野에 처음 설치된 신라군에 신라에서 건너온 사문과 비구니가 활약했다고 전해진다.[356]

한편 삼국시대 비구니의 구법 활동을 살펴보면, 고구려시대 비구니는 중국에서 구법 활동을 하지 못한 것으로 보인다. 그 이유는 고구려와 중국의 관계가 항상 전쟁과 긴장 관계였으며, 여승으로 중국에 구법 활동을 하기에는 어려운 여정 때문에 불가능했을 것이다. 아울러 백제의 경우도 해로를 통해 일본과 교류하여 비구니의 일본 전법은 가능했지만 중국에서 구법 활동은 전하지 않고 있다. 아울러 신라의 경우는 중국과 거리가 멀고 고구려를 거쳐서 중국으로 가야 했으며, 통일신라시대 이후에는 비구의 구법 활동이 활발해지면서 비구니 활동은 크게 드러나지 않고 있다.

통일신라 이후에 활동한 여승 가운데 원적圓寂은 828년 향조香照와 함께 재산을 희사하여 탑을 세웠다. 신문왕 시절에 경흥법사가 국사가 되어 삼랑사에 거주

---

349 김영미,「삼국~고려시대 비구니의 삶과 수행」,『한국 비구니의 수행과 삶』, 전국비구니회, 2007, p.80.

350 「萬葉集」권3, 奈良條. 니승 이원의 죽음을 비탄하여 大伴安磨의 딸 仮上郎女가 지은「短歌」와「反歌」가「만엽집」에 수록되어 있다. (이화여자대학교 한국여성연구소 편,『한국여성관계자료집』고대편, 1977, pp.281~282).

351 「日本書紀」권30, 持統天皇 元年條, 淳仁天皇 天平寬字 2년條.

352 「續日本記」권21, 淳仁天皇 天平寶字 2년 8월 계해.

353 圓仁,「入唐求法巡禮行記」권2, 개성 5년 15일조.

354 「日本書紀」, 持統天皇 元年 甲午 癸卯條.

355 「元亨釋書」(「大日本全書」101, p.406 上~下).

356 張愛順,「韓國佛教における比丘尼の役割について」,『印度學佛教學』55권 2호, 平成 19년(2007), p.1018.

하다가 병이 들었다. 그때 한 여승이 와서 『화엄경』 가운데 착한 법이 있어 병을 고쳐 준다고 말하며, 근심으로 인한 병은 즐거이 웃으면 나을 것이라고 하였다. 그리고 탈을 만들어서 11가지 웃음거리 춤을 추어 낫게 하였으며, 여승은 문을 나가 남항사에 들어가 숨었다고 전한다.[357] 『삼국유사』에서는 이 여승을 십일면관음보살의 화신인 것처럼 설명하고 있는데, 그 진위를 알 수 없다고 전한다.[358]

삼국시대와 통일신라시대의 비구니는 자체적으로 사원을 운영한 것으로 보인다. 하지만 교학적인 면에서 몇몇 외에 활동한 흔적을 찾을 수가 없다. 그 이유가 기록상의 문제인지 아니면 남성 위주의 교육이 진행되었던 사회 환경 때문인지 확정하기는 어렵다. 남성 수행자를 깨우쳐 주는 비구니와 여성은 다수 찾아볼 수 있지만, 경전을 연구하는 교학승의 모습은 잘 나타나지 않는다.[359] 그러나 백제와 통일신라시대에 경전을 통해 병을 치료했던 비구니의 활동을 통해, 삼국시대의 비구니들이 중국처럼 경전에 대한 이해뿐만 아니라 깨달음을 성취하기 위한 노력도 게을리하지 않았음을 짐작할 수 있다.

수행과 신앙적인 면을 살펴보면, 참선 수행을 한 최초의 선객 비구니로 법정 法淨을 들 수 있다. 법정은 김유신의 부인으로, 신라 33대 성덕왕 11년712에 출가하여 승려가 되었다. 지리산 쌍계사 기록에 의하면, 법정이 혜능대사를 흠모하던 의상의 제자인 삼법화상과 인연이 있고 영묘사靈妙寺에 거주했던 내용이 나온다. 따라서 법정은 최초의 선종과 연관 있는 비구니이며, 영묘사는 최초의 비구니 선종 사찰인 것이다.[360] 그러나 비구니들은 자신의 성불을 위해 노력하는 경우가 드물었으며, 단지 극락에 왕생하려는 염불 사례가 주를 이룬다. 원효와 경흥 등도 여성의 몸으로 성불하기 어려움을 시사하고 있었는데, 이러한 견해로 비구니들이 적극적으로 깨달음을 향해 참선 수행하는 것보다는 경전이나 염불 쪽으로 치중

---

357 『한국 고·중세 불교 여성·비구니 자료집』, 한국비구니연구소, 2005, p.48.
358 김영미, 「신라 불교사에 나타난 여성의 신앙생활과 승려들의 여성관」, p.128.
359 김영미, 앞의 논문, p.143 참조. 표2에 여성 선지식으로 적극적인 지도자 역할을 하는 비구니의 예를 들고 있다.
360 『조동종니승사』, pp.111~112. 法淨 비구니가 참선 수행을 했다는 구체적인 내용은 없지만, 三法 和尙이 唐에서 모셔온 六祖의 頂相을 법정 비구니가 거주하던 靈妙寺로 모셔왔다는 기록은 법정 비구니가 선종과 관계 있음을 시사하는 내용이라 본다. 그리고 영묘사에 六祖의 頂相이 모셔졌다는 것 자체가 영묘사가 선종과 관계 있는 사찰임을 암시하는 것이라 생각한다.

했을 수도 있다.

기록에는 당시 여성 신자들은 염불과 지계 수행을 하고, 여성들의 노동력과 재산 및 물품 시주 그리고 수행자를 돕는 활동을 했다고 언급되어 있다. 이것은 당시 신라 여성들이 교단 전체뿐만 아니라 비구니 교단을 유지하고 발전시키는 데 크게 기여하는 동인이었다는 것을 간접적으로 보여주는 대목이다.[361]

그 외의 활동을 살펴보면, 「청룡사지靑龍寺誌」에 청룡사 초대 주지였던 혜원慧圓 스님의 기록이 보인다. 스님은 851년신라 문성왕 13년에 계림부에서 금성태수 김융의 여식으로 태어났다. 18세에 화랑도 예흔랑譽昕郎과 결혼했으나 20세 되던 해에 예흔랑이 국선으로 금강산에 들어간 뒤 소식이 없자 친정으로 돌아간다. 김융이 궁예를 도왔다는 이유로 죽게 된 후 875년 25세에 태백산 세달사世達寺, 경기 풍덕에 있던 흥교사로 피신하였고, 그곳에서 허담화상에게 출가하였다. 후에 왕건이 태조 5년922에 청룡사를 창건하고 혜원스님에게 제1세 주지를 맡겼다. 스님은 청룡사에서 16년 동안 주석하였으며, 938년 세수 88세, 법랍 64세에 입적하였다.

신라 말의 설요薛瑤는 15세에 부친이 사망하자 출가하여 6년 만에 환속하여 당나라에서 여생을 보내다가 당의 통천현通泉縣 관사에서 임종하였다. 작품으로는 「반속요返俗謠」가 있다.[362]

이상에서 우리는 삼국시대의 비구니들이 주로 개인의 수행과 불사 그리고 대중 교화 활동에 힘썼다는 것을 알 수 있다. 삼국시대에 이어 불교를 바탕으로 국가를 형성한 고려시대의 비구니 교단은 많은 발전과 변화를 겪게 된다.

---

361 김영미, 앞의 논문, pp.129~138.
362 薛瑤, '返俗謠', 韓國漢詩叢書「大東詩選」권 1, 韓國文獻研究所 編, 서울亞細亞文化社刊行, p.19.

2. 고려시대 비구니 교단의 전개

1) 교단의 계승과 변천

고려시대는 불교를 국교로 삼아 숭불 정책을 펴나간 시대다. 그러한 가운데 왕족과 서민들은 불교 교단에 우호적이었으며, 불교 숭배는 승려의 사회적 활동을 보장하였다. 단 구족계 수지를 통해서야 승려로 인정되었는데, 이것은 승려의 생활이 바로 국가의 통제하에 있었다는 것을 의미한다. 신라나 고려에서 사미니에게 10계를 수계했다는 내용은 구체적으로 보이지 않는다. 그러나 구족계의 수계가 비문에 나타난 사례가 고려 전기에는 예외 없이 나타난다. 출가 후 1년에서 길게는 18년이 지난 후 구족계를 수지하는 경우도 있는데, 비문에 구족계 이후의 햇수를 특히 명시하고 있다. 따라서 고려 때 고승의 수행상의 행적은 출가 삭발, 구족계 수계, 승과 응시의 단계를 거치고 있으며 승과 합격자에 한해서 법계 및 토지가 지급되었다. 당 시대에는 동행이나 행자의 단계를 지나 10계를 받은 사미 과정을 마치면 승려로 인정하여 승적을 작성한 데 비해, 고려에서는 구족계의 수지가 승으로 인정되었다.[363]

또한 신라 말 고승의 비문에는 구족계 수계 의식의 영험한 내용이 기록되어 있다. 고려 전기에는 간단히 수계한 사실만 계단이 있는 사원명과 함께 기록된다. 고려 후기에는 구족계의 중요성이 앞선 시기에 비해 현저히 낮아졌다. 이는 등단 수계 체계가 무너지고 있음을 보여주는 것이다. 한기문은 이에 대해 충숙왕 때 시행된 도첩제가 이 제도를 대체하게 된 것이 아닌가 짐작하고 있다.[364]

비구니의 경우, 공식적인 여성의 출가는 삼국시대부터 이루어졌다. 그러나 공식적으로 출가를 허락받고, 비구니로 활동한 발자취가 뚜렷한 사람은 고려 말 김변의 처 허씨|1255~1324|이다. 61세 때인 충숙왕 2년에 출가[365]한 그의 법명은 성효였으

---

363 韓基汶, 「高麗寺院의 構造와 機能」, 民族史, p.360.
364 韓基汶, 앞의 책, p.363.

며, 10년간 승려로 활동했는데, 국가는 그의 사후에 '변한국대부인卞韓國大夫人 진혜대사眞慧大師'라고 추증했다. 그녀가 출가할 때의 계단주는 백수白修였는데, 10명의 계사들이 있는 계단에서 정식으로 출가했음을 알 수 있다.[366]

또한 요연了然, 청원淸遠, 희원希遠, 종민宗敏 등의 비구니들은 수선사에서 90일간의 하안거에 참여했다. 이들처럼 하안거에 참석하는 등 공식적인 활동을 했던 비구니들은 국가의 인정을 받은 비구니들이었을 것이다. 나옹혜근과 태고보우의 문도로 기록된 고려 말의 비구니들 가운데 정업원의 주지였던 묘봉妙峯과 묘장妙藏의 경우도 개경의 정업원을 주관하는 인물임을 감안할 때 정식으로 출가한 승려였을 것이다.

공민왕이 시해당한 후 출가한 혜비와 신비도 공식적인 출가였을 것으로 추정된다. 『진각국사어록』에서는 비구니로 추정되는 선안, 정신, 정견, 왕도인을 찾아볼 수 있다.[367] 왕도인은 진강위비 왕씨로, 최충헌의 부인이며 강종의 서녀이다. 그녀는 최충헌의 사후 고종 6년1219 이후에 출가한 것으로 보인다.[368] 이들 외에 국가 행사에 초대되었던 비구니들, 왕실에 드나들며 세간의 일을 전하던 비구니들도 정식 출가자로 추정된다.

그렇다면 이들 정식으로 출가한 비구니들의 수계 절차는 어떤 형태였을까? 수계는 공적인 관단官壇에 의해서 이루어졌다. 때로는 고승을 우대하기 위해서 또는 어느 사원이나 종파의 중요한 기능을 기념하거나 불사가 있은 후에 집단으로 수계하기도 하였다.[369] 비구니의 수계는 비구와 마찬가지로 『사분률』에 의했을 것이다. 왜냐하면 고려에서 유통되던 계율 연구서는 『오분률』에 의거하는 『승니요사』를 제

---

365 허씨는 남편의 사후 14년 후에 출가했는데, 이유는 아직 어린 자녀가 있었기 때문에 양육하고 결혼시킨 후 출가했음을 알 수 있다. 충렬왕 27년(1301), 남편 김변의 묘지명에는 4남과 3녀는 아직 어리다고 기록되어 있으며, 충숙왕 11년(1324), 허씨의 묘지명에는 4남은 어려서 출가하여 如璨이라 하였고, 막내딸은 원선지와 결혼했다고 기록되어 있다. 조선시대 세조 13년(1467) 유자환의 처 윤씨는 남편이 사망하자 곧 출가했으며, 정업원의 주지직을 역임했는데, 비록 윤씨가 출가의 목적을 망부의 복을 빌기 위함이라 했으나 많은 유신들의 공격을 받았다는 기록이 있다 (『成宗實錄』 권33, 成宗 4년 7월 乙巳)
366 김영미, 「한국 비구니 승가의 태동과 전개」, 『한국 비구니 승가의 역사와 활동』, 한국비구니연구소, 2010, p.176.
367 김영미, 「高麗時代 여성의 出家」, 『梨花史學研究』 제25/26 합집, 이화사학연구소, 1999, p.61.
368 김영미, 「고려시대 비구니의 활동과 진각국사 혜심의 여성 성불론」, 『동아시아 불교 전통에서 본 한국 비구니의 수행과 삶』, 대한불교 조계종 한마음선원, 2004, p.41.
369 許興植, 『高麗佛教史 研究』, 일조각, 1990, p.322.

외하고는『사분률』을 중심으로 연구되었기 때문이다.[370]

이와 달리 국가의 허락 없이 자의적으로 출가하는 경우도 있다. 공민왕 10년 1361에 어사대가 불교 승려들이 죄와 복을 빌미로 미망인과 부모 없는 딸들을 유인 하여 출가시키는 것을 금하였다. 이처럼 어사대의 탄핵을 받는 경우는 국가의 허 락을 받지 않고 출가한 것이라 볼 수 있다. 즉 정식 출가자인 공도승公度僧과 대비되 는 사도승私度僧인 것이다. 당시 신앙심 외에 생계유지로 미망인과 고아들이 절로 가는 경우가 있었을 테고, 비구니도 이들의 구제책으로 그렇게 권했을 수도 있다. 때문에 국가에서도 한편으로는 금하면서도 다른 한편으로는 출가를 인정할 수밖 에 없었을 것이다.

비구니의 출가 동기는 본질적으로는 삶의 고통을 인식하고 고통에서 벗어나 깨달음을 추구하는 것이다. 그럼에도 불구하고 나라와 시대에 따라 비구니가 출 가하는 동기는 각각 차이가 있다.

고려시대의 비구니들은 주로 첫째, 남편의 죽음과 관련하여 남편 사후에 홀로 남게 되어 출가한 여성들이다. 둘째, 여성이 임종 직전에 출가하는 경우도 나타난 다. 김구金坵의 처 최씨는 임종 하루 전1309에 출가83세했으며, 최서崔瑞의 처 박씨는 임종 9일 전1318에 출가70세했고, 이덕손李德孫의 처인 유씨는 1326년 병들자 출가80세 하였다.[371] 그러나 이들의 출가가 임종에 임박해서 이루어졌으므로 수행을 위해 국가의 허락을 받아 이루어진 정식 출가라고 보기는 어렵다.

남편 사후 출가의 경우, 중세 일본은 남편 사후에 출가라는 명목은 갖되 본가 에 남아 자녀와 관계를 유지하는, 즉 재가 출가의 형식을 취하였다. 그러나 고려시 대는 김변의 부인 허씨와 같이 자녀 양육을 마친 후 정식으로 사찰로 출가하는 점 이 크게 다르다. 단 진혜대사처럼 자녀 거주지 근처에 사원을 갖고 있는 경우는 예 외다.

그런데 고려시대의 수절을 이유로 출가한 여성들의 경우는 고려해 볼 문제가 있다. 삼한국대부인三韓國大夫人 염씨 묘철妙哲과 순성 옹주 묘령妙齡이 해당된다. 묘령

---

370 김영미, 앞의 논문, p.54.
371 김영미,「삼국~고려시대 비구니의 삶과 수행」,『한국 비구니 승가의 역사』, 전국비구니회, 2007, p.87.

은 이색의 「신륵사보제선사사리석종비」우왕 5, 1379에는 비구니로 기록되었다. 그리고 이숭인李崇仁이 쓴 「신륵사대장각기」우왕 9, 1383에는 '□□□□부인염씨묘철'과 '순성옹주왕씨'가 우바이로 기록되어 있다. 즉 묘철과 묘령은 니로 기록되기도 하고 우바이로 기록되기도 하였음을 알 수 있다.

또 우왕 2년1376의 것으로 추정되는 「이제현묘지명李齊賢墓誌銘」에는 '차혜비금위니次惠妃今爲尼'라고 기록되었는데, 우왕 9년에 이루어진 「신륵사대장각기」에는 신비와 함께 우바이로 명기되어 있다. 우왕 4년에 세워진 「서천제납박타존자부도명西天提納薄陁尊者浮屠銘」 음기에도 비구니가 아닌 '대공덕주'로 언급되어 있다. 그런데 혜비는 정업원 주지를 지냈으므로 출가했음이 확실하다.[372] 이를 바탕으로 추측건대 수절을 이유로 출가한 경우에는 비구니의 사회적 지위가 달랐을 수도 있을 것이다. 즉 이들은 속세와 인연을 끊고 수행에만 정진했다고 보기는 어렵다. 일본의 재가 비구니 같은 형태의 삶을 살았을지도 모를 일이다. 이와 같은 고려시대의 수절을 위한 출가 정책은 조선시대에도 계승되었다.

임종 직전이나 중병이 들었을 때 출가하는 경우는, 하루라도 출가하여 수행하면 그 공덕으로 하늘에 태어날 수 있다는 믿음 때문이었음을 알 수 있다.

셋째, 김지숙金之淑의 두 딸처럼 가난 때문에 결혼하지 않고 출가하는 경우도 나타난다. 그 밖에 알려지지 않은 수많은 대중은 아마 불교를 접하게 되어 붓다의 가르침을 통해 출가 수행한 여성일 것으로 판단한다.

이와 같이 고려시대는 삼국시대의 비구니 교단을 이어받아 황실 여성뿐만 아니라 사대부 여성, 무인의 아내, 서민과 하인 등 다양한 계층에서 자유롭게 출가하여 승가를 구성했다. 그러나 현종 8년 정월, 공민왕 8년, 신우 14년창왕 1년, 1388의 세 차례에 걸쳐 국가가 여성의 출가를 제한하기도 했다. 이때 여성이 출가할 수 있는 경우는, 망부의 명복을 빌기 위해서거나, 가난하여 혼인할 비용이 없어 아버지가 니승을 만드는 경우다. 또한 역적의 부녀자나 딸들을 노비로서 니승을 만드는 것 등은 허용이 되었다.[373]

---

372 김영미, 「고려시대 여성의 출가」, 『이화사학연구』, 제 25 · 26 합집, pp.72~73.
373 권대원, 「한국불교 발전 과정에서 니승의 역할」, 『불교의 여성론』, 1993, pp.174~183.(재인용)

독실한 불교 신자였던 현종이 여성의 출가를 금지한 이유는 무엇일까? 물론 불교의 문제점을 시정해 보려는 의도였을 것이다.[374] 한편으로 추측건대, 당시는 거란의 침입으로 많은 여성이 남편을 잃고 홀로 되었으며, 부모를 잃은 자녀들이 속출할 때였다. 생계가 어려운 상황에서 절에 의탁해 출가하는 것이 하나의 대안일 수도 있었다. 이에 국가는 여성들이 출가함으로써 발생할 여러 가지 문제들, 즉 어린아이가 버려지거나 임신할 수 있는 여성이 감소해서 인구 회복이 어려워질 것 등을 우려해서 여성의 출가를 일시적으로 제한해야 했다는 점도 배제할 수 없다.[375]

고려 말에 이르면 여성의 출가와 사찰 출입이 여성의 절개와 연관되어 논해진다. 공민왕 8년[1359] 12월에는 남성들처럼 여성들도 마음대로 출가하지 못하게 하였다.[376] 또 조인옥 등은 창왕 1년[1388]에 여성이 출가한 경우 절개를 잃은 것이라 여기고 부인의 머리를 깎는 자에게 중죄를 줄 것을 논하였다.[377] 국가가 여성들의 출가를 금지하고 수절의 방편으로만 허락한 것이다. 이는 불교계의 폐단을 강조함으로써 배불 정책을 집행하는 한편, 당시 재혼이 이루어지던 사회에서 여성들의 수절을 원하는 성리학자들의 이념에서 비롯된 규정이라 볼 수 있다.

그러나 김영미는 논문에서 그 내면에는 현종의 경우와 마찬가지로, 전쟁에 대비하여 인구 감소 등의 사회문제를 해결해야 하는 지배층의 고민이 반영되었다고 할 수 있음을 피력하고 있다.[378]

즉, 고려시대에 내려졌던 세 차례의 출가금지령에는 많은 여성이 출가함으로써 가족이 해체되고, 사회 구성원이 감소되는 등의 폐단을 막으려는 의도였음을 간과할 수는 없다. 한편, 국가의 규제를 역으로 해석하면 그만큼 비구니들의 대중 교화 활동이 활발했음을 반증하는 것이다.

---

374 당시 사찰에서 술을 빚거나 마시는 경우가 있었으며, 승복 차림 등이 문제가 되었다고 한다. 이에 대한 내용은 『高麗史』 권85, 志39 刑法2 禁令 참고.
375 김영미, 「한국 비구니 승가의 태동과 전개」, 『한국 비구니 승가의 역사와 활동』, 한국비구니연구소, 2010, pp.178~179.
376 『高麗史』 85, 志38 刑 2 禁令 참조.
377 『高麗史節要』 권33. ; 『高麗史』 권111 列傳 24 趙暾附 趙仁沃.
378 김영미, 앞의 논문, pp.180~181.

비구니 교단의 거주지는 수도와 지방에 널리 분포되어 있었다. 고려 전기의 비구니 사원으로 정업원이 등장하는데, 그 명칭은 의종 때[1164] 처음으로 기록에 나타난다.[379] 위에서 밝힌 공민왕비였던 혜비가 행적이 없다가 조선 『태종실록』에 그 모습이 드러난다. 태종 8년 2월에 '정업원 주지로 있다가 세상을 떠났다.[380]는 것이다. 따라서 혜비는 고려 말의 비구니이자, 조선 초대 정업원 주지인 셈이다.[381]

고종 38년[1251]에는 당시 박훤의 집을 정업원으로 삼아 니승들을 살게 했다는 기록이 있다.[382] 개경으로 환도한 후인 충숙왕 3년에 이집李緝의 처 심씨를 비구니로 만들어 정업원에 보냈다는 내용도 보인다.[383]

그 외에 안일원도 개경의 절이었다고 전하는데[384], 그곳에서는 주로 왕족과 지배층 여성들이 출가하여 머물렀다. 그 밖에 성효란 비구니가 말년에 개경의 남산에 초당을 짓고 살았다고 전한다.[385] 태조와 관련이 있었던 대신 행파行波의 두 딸이 비구니가 되어 머물렀던 대소서원은 서경의 성 안에 있었다.[386] 이들 비구니 사원은 주로 황실 여성이나 지배층 여성이 남편의 사후 출가하여 비구니로서 주지가 되었을 것으로 추정된다. 이러한 고려시대의 비구니 사원은 출가 수계 안거 등에 있어서 비구들과 관계는 있어도 비구 교단에 구속되지 않은 황실과 지배층 여성이 거주했던 특별한 곳으로 존재하였다.

고려 전기에는 국왕이, 무인 집권기에는 최우가 주지 임명권을 행사하였고, 몽고가 지배할 때는 국왕이 추앙하는 고승에게 주지 임명권을 이관한 경우도 있었다. 그런 상황을 고려한다면 비구니 사원의 주지는 주로 국가의 통제를 받았음을 알 수 있다.

하지만 모든 비구니 사찰의 주지가 비구니였는지는 알 수 없다. 또한 주지직의

---

379 『高麗史』世家 毅宗 18년 閏 11월條 "移御淨業院"
380 『太宗實錄』 제15권 8년 壬午條.
381 이기운, 「조선시대 淨業院의 설치와 불교신행」, 『종교연구』, 종교학회, 2001, p.156.
382 『高麗史』, 世家 24 고종 38년 6월條.
383 앞의 책, 열전 18 趙仁規 趙延壽條.
384 앞의 책, 135 列傳 48 辛禑.
385 김영미, 「高麗時代 比丘尼의 활동과 사회적 지위」, 『한국문화 연구』, 이화여자대학교 한국문화연구원, 2001, pp.81~82.

임기가 법제화되지 않아 확정된 주지 임기는 없었다. 이러한 비구니 사원이 일본의 경우처럼 고려시대의 종파성을 얼마나 지니고 있었는지도 파악하기 어렵다. 물론 고려 후기로 갈수록 선종이 강해져서 주로 선종에 속하는 사원이 되었을 것으로 생각된다.

고려시대에는 국가가 여성들의 출가를 제한할 정도로 많은 여성들이 출가했고, 미망인이나 부모 없는 어린 소녀를 출가시켜 함께 거주하는 경우도 발생하였다.[387] 국가와 긴밀한 관계를 맺고, 지배 계층의 출가 여성이 머무는 사원도 있었지만 전국 각지의 비구니 사원은 아마도 알려지지 않은 많은 미망인이나 평민 출신들이 거주하는 장소였을 것이다.

비구와 비구니 교단의 관계를 살펴보는 데 있어서 중요한 내용이 바로 안거다. 고려시대 비구와 비구니는 하안거의 의무 규정에 따라 비구니가 비구에게 나아가 자자를 해야 했기 때문에 비구니 교단이 비구 교단에 부분적으로 예속되었던 것으로 보인다.[388] 이 부분은 비구니의 수행이나 활동 부분에서 자세히 살펴볼 것이다.

불교에서는 원래 승려의 사유재산을 '삼의일발'과 '좌와구'에 한했다. 그것이 점차 늘어나 부분적으로 개인 소유가 확장되지만 사원, 재물, 노비 등은 소유할 수 없었다. 당나라에서도 마찬가지였지만 고려시대에도 물론 승려의 재산은 불법이었다. 그럼에도 불구하고 황실과 귀족 출신의 승려는 가족 관계에 의해서 재산을 물려받거나 봉록을 받는 경우가 있었는데 그러한 것은 개인의 의도에 따라 사용할 수 있었던 것으로 보인다.[389] 지배층 여성들이 재산을 그대로 소유하는 것 외에 비구니 사원에서 여자 하인을 시켜 모시를 직조하는 사원 수공업으로 경제력을 키운 경우도 있었다.[390] 짐작건대 이 경우는 비구니 개인의 이익보다는 불사에 보탬이 되기 위하여 그와 같은 경제활동을 했으리라 생각한다. 또한 우리는 이와

---

386 「高麗史」, 列傳 권1 后妃 1.
387 김영미, 「高麗時代 比丘尼의 활동과 사회적 지위」, p.82.
388 김영미, 앞의 논문, p.84.
389 김영미, 앞의 논문, pp.90~91.
390 「高麗史」 권85, 志38. 刑法2 禁令.

같은 자료를 통하여 고려시대 비구니들의 적극적인 활동과 역할을 볼 수 있는 것이다.

2) 비구니의 역할과 활동

비구니의 역할

고려시대의 비구니는 때로는 출가를 제한받기도 했으나 불교가 대중화되면서 활동이 활발해져 왕실의 존경도 받았다. 국가에서는 여러 번에 걸쳐 비구니들에게 음식을 대접하는 반승飯僧의 행사를 열거나[391] 비구니 수천 명에게 포목을 하사하기도 하였다.[392] 이처럼 비구니들이 반승 등 국가의 대우를 받았던 것은 비구니들의 수행과 교화 활동이 활발했기 때문이다. 고려시대는 불교를 국교로 삼아 숭불 정책을 펴나갔던 시대다. 그러한 가운데 왕족과 서민들은 불교 교단에 우호적이었으며, 불교 숭배는 승려의 사회적 활동을 보장하였다.

불교 국가의 영향으로 불교도 국가적 이념에 부합하며 호국과 안녕을 도모하는 데 앞장섰다. 그래서 승려는 불교를 믿는 국민의 존경을 받고, 국가에서는 부역 면제 등 여러 가지 사회적 특권을 주었다. 아울러 비구니 교단도 호국과 불교 사회에 부합하는 역할을 담당하고 개인적 행복과 국가적 안녕을 추구하였다.

고려시대의 비구니는 첫째, 교단을 유지하고 불교 번영에 공헌하였다. 비구처럼 승과에 응시할 수 없어 국가에서 승직을 얻지 못했지만 전체 승가의 일원으로서 출가, 득도를 통해 비구니 교단이 유지되도록 노력하였다.

둘째, 고려시대의 여성 출가 이유를 살펴보면 가난, 수절, 수행과 구도, 다른 사람의 의도에 의한 출가, 사후의 생천과 극락왕생 등이다. 비구니는 여성의 문제를 해결해 주는 모델로서 누구나 출가해서 여성 수행자가 될 수 있는 길이 열려 있었다.

---

391 앞의 책, 권33, 世家 33.
392 앞의 책, 권132, 列傳 42 辛旽.

셋째, 특히 육체적 정신적 고통에서 벗어나는 토대가 되어 여성들에게 사회적 굴레를 벗어날 수 있는 귀의처 역할을 하였다. 그리고 전쟁터 등에서 남편을 잃은 여인들에게 새로운 길을 열어 주어 새 삶을 살아가는 방법을 제시하였다.

넷째, 비구니는 고려 사회에 일반적으로 여성 출가자들을 알리는 데에 기여하였으며, 국가 행사에 참여하여 고려를 불교화하는 데 공헌하였다.

비구니의 활동

비구니는 개인적인 서원을 지닌 존재이자 불교 교단의 한 일원이다. 출가하여 비구니가 되면 먼저 깨달음을 성취하기 위한 수행을 게을리할 수 없다. 시간과 장소, 어떤 환경에도 굴하지 않고 일념으로 깨달음을 이루겠다는 생각과 실천을 버려서는 안 될 것이다. 붓다는 승려들에게 법담과 침묵 수행을 강조하셨다. 비구니는 사원에서 승려의 일원으로 붓다가 간 길을 따라 고통에서 벗어나 해탈하기 위해 살아가는 것이다.

고려시대의 비구니는 국민들에게 존경받으며, 불교 국가의 혜택을 받고 불교적 삶을 살아갈 수 있었다. 그러한 비구니의 삶에서 우리는 비구니의 활동을 개인적 활동과 대중적 활동으로 구분하여 살펴볼 수 있다.

김영미에 따르면, 고려시대 비구니의 활동을 수행과 대중 교화를 위한 활동으로 구분하여 기술하고 있는데, 전자를 참선과 독경, 염불 등으로 나누고, 후자는 불사와 재가신자의 신앙 활동 지도 등으로 구분하고 있다.[393] 이 가운데 전자는 주로 개인적 삶과 관련된 것이지만 후자는 대중과 관련된 불교 활동이라고 할 수 있다. 염불 수행의 경우, 임종 직전에 출가한 최씨의 처 박씨[1249~1328]가 임종할 때 오로지 아미타불을 염하였다는 사실에서 유추할 수 있다.

그 밖에 당시 자신의 수행을 위해 정진한 비구니로는 성효, 즉 진혜대사[1255~1324]가 있다. 대사의 대표적인 행적으로는 성지 경주를 구도여행 했다고 전한다. 성효는 출가 전의 여행을 통해 여성들의 활동이 부자유스러움을 절감했고, 출

---

[393] 김영미, 「高麗時代 比丘尼의 활동과 사회적 지위」, 『한국문화 연구』, 이화여자대학교 한국문화연구원, 2001, pp.69~79.

가 후 본격적으로 경상도 지역 참배에 나선 것이다. 이것은 중국의 사족 부녀들이 비구니가 되면 독립적 지위를 확보하였으며, 남조의 비구니들은 문사, 관리들과 도를 논하거나 강경, 유행 교화 등 마을을 다녔던 것과 비교된다.[394] 고려 말에는 지공, 나옹, 보우 등 선사들의 비문에 문도로서 비구 외에 비구니도 포함시켰다고 전한다.

묘덕妙德 비구니는 윤필암을 창건하고, 고려 말 현존 최고의 금속활자본 『백운화상초록불조직지심체요절白雲和尙抄錄佛祖直指心體要節』과 『백운화상어록』 목판본 간행 비용을 보시하였다. 지공을 위해 세운 『서천제납박타존자부도명』 음기에는 출가자인 혜비와 신비가 대덕 공주로 기록되어 있다.[395]

비구니의 대중적 활동은 주로 불사와 사회 활동에서 찾아볼 수 있다. 고려시대 비구니는 수동적 활동만이 아니라 적극적으로 국가 행사에 참가하여 고려사회를 불교화하는 일에 나섰다고 볼 수 있다.

비구니들이 고려 말에 성행한 매향埋香에 참여하여 향도를 지도한 경우도 있다. 이름은 밝히지 않았지만, 우왕 13년1387에 4,100명이 결계하여 매향할 때 비구와 함께 비구니들도 동참했다.[396]

또한 922년에 창건된 숭인동 청룡사 제1세 주지 혜원851~938을 비롯하여, 만선萬善, 996~1060, 지환知幻, 1261~1312 등이 청룡사를 중창했다는 기록[397]에서도 대중을 위해 사원 불사에 관심을 두었다는 것을 알 수 있다. 청룡사 제1 중창주인 만선스님은 고려 성종 15년996 경기도 안성에서 태어나 다섯 살에 어머니를 잃고 청룡사에서 해문海門스님을 은사로 출가하였다. 411036세 되던 해 퇴락한 청룡사를 새롭게 중창하였으며, 고려 문종 14년1060에 세수 65세, 법랍 57세로 입적하였다.

제3 중창주인 지환스님은 고려 원종 2년1261에 경기도 수원에서 태어났으며, 속성은 오씨다. 1272년 12세에 계욱戒旭 스님에게 출가하였다. 퇴락한 청룡사를 중창

---

394 『비구니전』의 내용 참고.
395 계환, 「한국 비구니 활동의 역사적 고찰」, 제8차 세계여성불자대회, 2004, p.53. ; 김영미, 「한국 비구니 승가의 태동과 전개」, 『한국 비구니 승가의 역사와 활동』, 한국비구니연구소, 2010, p.201.
396 김영미, 「高麗時代 比丘尼의 활동과 사회적 지위」, p.76.
397 『한국 근현대 비구니의 강맥전승과 그 의의』, pp.140~141.

할 서원을 세우고 6년 후 충렬왕 25년1299에 법당을 비롯해 건물 전체를 새롭게 중창하였다. 스님은 고려 충선왕 4년1312에 세수 52세, 법랍 41세로 입적하였다.[398] 이상의 비구니에 대한 기록은「청룡사지」에만 기록되어 있으므로 사실 여부에 의문이 있을 수 있다. 그러나 엄연히 기록으로 남아 있음도 간과할 수는 없는 일이다.

고려시대의 비구니들은 불교 경전을 보존하고 사경하며 유포하는 일에도 동참했다. 몇 차례의 동란에도 국가를 보호하고 불법을 보존하기 위해 경전 유포를 위해 보시하였는데, 묘덕 비구니와 같은 경우이다.

비구니는 서민들에게 불교를 전파하고, 대중과 가까이 하면서 같이 염불 결사나 사회 구제 활동을 담당하였다. 고려 중엽 숙종 6년1101에 남녀 신도와 승니들이 만불회를 하거나 개인 절을 만드는 것을 금하고, 인종 9년1131 6월에 만불향도 금지령[399]이 내렸다. 이러한 내용을 통해 비구니들이 비구들과 함께 칭명염불 결사인 령련 만불회나 만불향도 등에 참여하여 대중을 교화하였다는 것을 알 수 있다.[400]

또한 배움을 지속하여 비구 스승 아래에서 불법을 배워 대중을 교화하는 데도 적극적이었고 개별적이나 결사를 통해 대중 교화 활동을 활발하게 전개하였다.

고려시대의 비구니들은 자신을 위한 수행뿐만 아니라 고려 사회를 불교화하는 일에 동참하여 비구니의 위상을 높였다. 비구니 사원의 승관 체계가 없음에도 불구하고 고려 말의「신륵사보제선사사리석종비」에는 정업원의 주지 묘봉이 비구니 중 가장 지위가 높은 단계에 올랐다. 또한 나옹의 문도 중에도 비구니로서 맨 앞에 기록되어 있다. 진혜대사의 경우 비구니 신분으로 대사에 봉해졌다는 것은 당시로서는 특별한 예우인데, 당시 승관 제도에 따르면 대사는 대덕보다 더 높은 위치로서 학식과 덕망을 갖춘 자가 받는 자리였다.

그리고 신우왕 7년1381 5월에 개경의 한 여승이 미륵불의 화신을 자칭하며 교화를 펼쳐 많은 사람들의 귀의를 받았다고 한다. 『고려사』에는 무지한 백성들을 현혹시켰던 경우라고 평하고 있지만, 이것은 당시 숭유억불의 정책 아래 부정적인

---

398 청룡사, 「청룡사지」, 『韓國比丘尼修行談錄』上, 2007, pp.32~36.
399 『고려사』, 권85 志 38 刑法 2.
400 김영미, 「高麗時代 比丘尼의 활동과 사회적 지위」, p.75.

시각의 한 단면이 아닌가 한다.[401] 즉 승려들의 부정적인 측면만을 부각시켜 불교의 영향력을 축소시키고자 했던 것이라 본다.

조선시대보다는 덜했을지 몰라도 고려 말기에도 유교가 정치적, 사회적으로 정착되는 과도기로서, 비구니들의 활동이 합당하게 평가받지 못한 경우도 있을 것이다. 왕실 출입이 허용된 비구니는 민정을 알고 싶어 하는 왕비들을 위해 세간의 평판과 민심을 전하는 역할을 하였다. 충렬왕비 제국공주가 백성을 수탈하여 부를 축적한 임정기의 죽음을 애도하자 한 비구니가 임정기가 일찍 죽는 것이 당연하다고 간언했는데, 이것이 세인들의 평판을 대신 들려주는 역할이라 할 수 있다.

고려시대의 사찰 주지는 해당 종파 승려에 한하여 임명되는 것이 원칙이었을 것으로 추정되는데, 정업원이 특정 종파에 소속된 것 같지는 않다. 단지 고려 말에 정업원의 주지로 모두 나옹의 문도가 임명되는 것을 보면 선종 사찰이었을 가능성이 있다.

특기할 만한 것은 승니들은 본인이나 자손이 토지를 받을 수 없다는 점이다. 그런데 왕의 사후에 왕비와 후궁들에게 지급되던 공상供上과 세록歲祿은 이들이 출가한 후에도 계속 지급되었다. 또한 관료의 부인이나 딸이 출가한 경우 수신전守信田 및 휼량전恤養田이 지급된 관련 기록이 있다. 남편이 죽고 어린 자녀가 있는 여인이 수절할 경우, 남편의 재산 전액을 물려받았는데, 재혼하면 국가에 반납해야 했다. 그러나 사회질서가 문란해져 반납하지 않고 그대로 지니고 있는 경우도 있었다. 이것을 방지하기 위해서 승니는 토지를 물려받을 수 없다고 조치한 것 같다.[402] 어쨌든 남편이 죽고 자녀가 어린데 수절할 경우, 재산을 부인이 물려받았으며, 자식 곁에 절을 짓고 살기도 했다허씨-성효의 경우.

이와 같은 자녀와의 관계는 가난하여 결혼하기 어려웠던 김지숙의 딸 외에 고려시대 여성의 출가 연령이 높아진 것과 연관이 있으리라 추측해 볼 수 있다.[403] 고

---

401 『조선불교통사』에는 신우왕 8년(1382)에 요승 伊金이 미륵을 자칭하여 백성을 현혹하였다는 기록이 있다 (『조선불교통사』 5권, 동국대출판부, 2010, p.159).

402 김영미, 앞의 논문, p.90.

403 9세기의 비문에 의하면, 고려시대 남성들의 경우는 10~15세에 밀집되어 있으며 특히 12~13세가 많다. 남성의 경우 國役과 관계가 있으므로 15세 전에 출가해야 했기 때문이다(허흥식, 「불교계의 조직과 행정제도」, 『고려불교사 연구』, 일조각, 1986, pp.318~319).

려시대의 비구니는 중국, 일본의 경우와 마찬가지로 승니가 재산을 가질 수 없다는 규정에도 불구하고 이러한 이유로 개인적으로 불사에 동참할 수 있었으리라 본다.

이상에서 살펴본 바와 같이 고려시대의 비구니는 깨달음을 성취하기 위한 개인 수행뿐만 아니라 대중을 교화하기 위해 사회적인 위치가 어려운 상황이었음에도 불구하고 불사를 일으켰다. 그리고 가르침을 실천하고 점찰법회나 결사 등을 통해 대중 교화에 앞장섰다. 특히 깨달음을 추구하는 고려 후기 비구니들의 모습은 신라시대에서는 찾아볼 수 없는 면모로서, 이들의 구도 정신이 조선시대 비구니들에게 많은 영향을 미쳤으리라고 본다.

그리고 고려시대의 비구니는 불교가 대중화되면서 숫자도 증가하고 활동이 활발해져 일반 대중이나 왕실의 존경도 받는다. 그것은 국가에서 비구니들을 반승 등의 행사에 참석하도록 대우한 것에서 알 수 있다. 그러나 조선시대에는 사회 전반에 유교 이념이 정착하여 반불교적 정서가 확산되고 사원 철폐의 위협이 상존하던 상황에서 비구니들이 참선, 특히 좌선 위주의 수행을 하기는 어려웠으리라 짐작한다.

3) 선불교 형성과 비구니의 수행

고려시대 여성들의 출가에 대해서는 앞에서도 밝힌 바 있지만, 수절을 위해 출가하는 경우, 대부분의 비구니들은 염불과 독경으로 망인을 위해 기도하거나 본인의 생천이나 극락왕생을 기약하였다. 혹은 출가 후 오로지 화두를 들고 깨달음을 구하는 것에 전념하는 모습도 보이는데, 진강후비 왕씨가 그 예다. 개별적으로 또는 만불회나 만불향도 등의 결사를 통해 대중 교화 활동을 활발하게 하기도 하고, 자신의 재산을 시주하거나 시주를 받아 스승의 묘비를 건립하기도 하였다. 또한 문집 출간, 불상 조성 및 사찰 건립과 수리 등의 불사에도 적극적으로 참여하였다.

현재 비구니들의 이름을 확인할 수 있는 가장 이른 시기의 비문은 진각국사 혜심1178~1234의 비다. 그 후 비구니의 이름이 문도 명단에 오른 것은 100년이 지난 후이다. 즉 인도 승려 지공1235~1361과 고려 승려 나옹혜근1320~1376, 태고보우1301~1382의 비이다. 그리고 백운경한1298~1374의 어록과 『직지심체요절』의 맨 뒤에 조연문인助緣門人으로 비구니의 이름이 실려 있다. 이들은 모두 선종 승려라는 공통점을 지니고 있다. 비구니들은 비구의 지도를 받아야만 하안거에 참여할 수 있었으며, 비구니로서 승과를 거쳐 승직을 받은 사람을 찾아볼 수 없으므로 비구 교단에 예속되어 있음을 알 수 있다.

비구니들의 활동 중 깨달음을 위해 노력하는 사례는 혜심의 제자들에게 나타난다. 「월남사지진각국사비」의 음기에는 혜심의 문도로서 민·청원·희원·정심이라는 4명의 이름이 기재되어 있다. 이 중 3명은 『진각국사어록』에도 이름이 올라 있다. 그 외에도 『진각국사』 어록에는 비구니로 추정되는 선안善安·정신正信·정견正見 및 왕도인王道人 등을 찾아볼 수 있다. 이러한 현상은 나말 여초 선사들의 비문에서 문도로서의 비구니 이름은 찾아볼 수 없는 것과는 지극히 대조적이다.

이들 중 구체적인 행적을 알 수 있는 비구니는 바로 진강후비 즉 최충헌의 부인 왕도인이다. 왕도인은 어릴 때부터 참선 공부를 간절히 원하였는데, 최충헌의 사후 출가한 것으로 보인다. 그는 혜심에게 참선에 대한 가르침을 청하고 가르침에 답하는 문답을 주고받았다. 이러한 내용을 통해 왕도인이 참선 수행에 몰두했음을 알 수 있다.[404] 왕도인은 혜심에게 '방하착'이라는 화두를 받았다.

혜심의 다른 제자들 즉, 종민 등은 강종 2년1213에 수선사의 하안거에 참여했으며, 그들도 혜심으로부터 화두를 받았다. 그들의 참선 수행은 간화선 수행법이었다. 또한 왕도인의 경우와 같이 안거에 참여하지 않고 개별적으로 화두를 받는 경우도 있었다. 혜심이 제자들에게 준 화두는 조주의 '방하착'과 '무자', 그리고 '죽비자'였다.

---

404 釋慧諶, 「曹溪眞覺國師語錄」, 『韓國佛教全書』 6, p.45 中.

혜심은 정견에게는 망상을 떨치려면 화두를 들라고 했고,[405] 종민에게는 이 화두를 항상 들어 일상생활에서 공부하라고[406] 가르쳤다. 또한 혜심은 비구니 희원에게 수행을 권하면서 "빨리 해탈하기를 빈다."[407]고 하였다. 즉 혜심은 비구니들에게 성불의 길을 가르쳤던 것이다. 중요한 것은 혜심의 가르침이 '변성남자설'을 뛰어넘었다는 것이다. 그것은 요연에게 언급한 『견고여경』에서 인용한 내용을 보면 알 수 있다. 혜심은 요연에게 다음과 같이 가르침을 주었다.

> 만일 형상이 증득함에 따라 달라지고, 모양이 깨우침을 따라 변한다고 말한다면 성인으로는 구담의 형상이 고쳐져서 비로소 석가가 되었을 것이요, 유마의 얼굴이 변하여 비로소 금속여래이 되었을 것입니다. 그러므로 증득함은 마음이 증득한 것으로서 얼굴이 변하는 것이 아니요, 깨우침은 지혜가 변하는 것으로서 형상의 달라짐과는 관계가 없는 것임을 알 수 있습니다. 비유하면, 세간의 벼슬이 바뀌어 고관이 되더라도, 형상은 달라지지 않는 것과 같은 것입니다…….[408]

혜심은 요연에게 중국 비구니 요연의 예를 들었다. 중국의 요연은 관계지한灌溪志閑화상과 나눈 선문답에서 그를 굴복시킨 것으로 유명하다. 혜심은 "옛날의 요연은 그러했으나, 지금의 요연은 어떻다 할까."라고 하여 요연의 분발을 촉진시켰다. 그 외에도 혜심은 비구니 정신에게 원적니圓寂尼의 예를 들어 "모든 법은 오직 마음이요, 대상이 없으면 곧 자성의 해탈이다."라는 말을 인용하여 법을 가르쳤다.[409]

이와 같이 혜심은 비구니들에게 간화선을 통해 일상생활 속에서 깨달음을 얻을 수 있음을 강조했다. 간화선에서 스승인 지눌이 근기에 차등을 둔 것과 달리, 혜심은 근기와 상관없이 일상생활에서 수행할 수 있음을 가르쳤다. 이것은 당시 비구니들이 형편상 하안거에 참여하기가 어려운 경우를 배려했던 것일 수도 있다.

---

405 앞의 책 권6, p.36 上.
406 앞의 책 권6, p.25 中.
407 앞의 책 권6, p.28 中.
408 앞의 책, 권6, p.37 上.(김영미, 『동아시아 불교 전통에서 본 한국 비구니의 수행과 삶』, 대한불교조계종 한마음선원, 2004, pp.44~45. 재인용).
409 김영미, 앞의 논문, p.47.

참선 수행에 힘쓴 비구니들 가운데 나옹의 제자들도 찾아볼 수 있다. 이색李穡이 지은 『엄곡기嚴谷記』에 의하면, 비구니 화엄華嚴은 나옹이 화두에 참여시켰으며, 무학이 화엄의 거처를 '엄곡'이라 편액해 주었다. 나옹의 제자 묘총妙聰은 수행 후에 오도송을 남긴 것으로 보아 참선을 통해 깨달음을 얻었음을 알 수 있다.

이처럼 자신의 깨달음을 추구하는 고려 후기 비구니들의 위상은 바로 나옹스님의 여성 출가자들에 대한 긍정적 태도 때문임을 알 수 있다. 그 결과 나옹과 혜심의 문하에 많은 비구니들이 있었을 것이다. 즉 고려 후기 선사들의 비구니 수행에 대한 긍정적 태도에 힘입어 비구니들이 참선 수행에 몰두할 수 있었으리라 생각한다.[410] 그러나 고려시대 비구니들의 참선에 대한 열정이 조선시대에 들어서면 그 빛을 발휘하지 못한다. 숭유억불로 인한 어려운 여건이 참선 수행보다는 비구니 교단의 존속에 많은 힘을 쏟도록 만들었기 때문이다.

3. 조선시대 비구니 교단의 활약

1) 비구니 교단 철폐 시도

고려 왕조의 이념 기반이었던 불교가 원 간섭기 이후 사회의 경제적, 윤리적 폐단을 드러내 국가 종교의 위치를 상실함으로써 불교는 더 이상 지배 계층인 남성들의 절대적인 신앙의 대상이 되지 못하였다.[411] 정치, 경제력을 잃은 조선시대의 불교는 오백 년에 걸친 척불 정책과 유교 사상의 지배하에서 신음하며 고난의 길을 걸었다. 유교의 지배는 결국 왕실의 유교와 불교의 이분화를 인정하지 못하게 만들었다. 끊임없는 귀족들의 간언과 획책은 마침내 불교가 선교 양종으로 통

---

410 김영미, 「고려시대 비구니의 활동과 사회적 지위」, pp.73~74.
411 李銀順, 「조선시대 성리학 정착과 여성의 신앙활동」, 『史學硏究』 제54호, 한국사학회, 1997, p.116.

합하거나, 도성에 있는 사원을 폐쇄시켜 승가와 재가의 관계마저도 단절되도록 유도하였다.

이렇게 교단을 공권력이 폐합했다는 것은 본질적으로 국가가 공인한 교단을 정비하는 행정적 조처 이상의 의미는 아니다. 조선 전기에 적용 혹은 폐지가 반복되었던 도첩제나 승려의 호패 부여 문제는 국가가 원천적으로 출가자 자체를 통제하는 견제의 답습이라는 점에서는 고려시대와 마찬가지다.

그러나 조선시대의 그것은 불교 교단 자체를 폐쇄하려는 사대부 성리학자들의 의지의 표현이라는 점에서 차이가 있다는 것이다. 구체적으로 유·불 교체로 인한 조선 전기의 불교에 대한 시책은 새 왕조의 지배 이념 확립에 따른 정치·제도적 억불 경향이 강한 반면, 조선 후기의 불교 정책은 왜란과 호란 양란으로 궁핍해진 국가 경제를 회복하기 위한 승역僧役의 강화로 이해할 수 있다.[412]

조선 후기 사원이 존립하고 운영되는 형태를 구분하여 보면, 첫째, 왕실 원당[413]으로 지정되거나, 둘째, 삼사三祠와 같은 호국 승장의 사당을 설립하거나, 셋째, 중앙 및 지방 관아의 소속된 사원이 되거나, 넷째, 사대부나 문중에 소속되어 제사齋寺로 기능하거나, 다섯째, 개별 사원의 자구적인 노력으로 존립하는 형태로 나누어 볼 수 있다.[414]

이와 같이 조선시대에는 유교가 정치와 사회는 물론 당시 사람들의 의식구조를 지배한 가장 중심적인 이념이었다. 그렇다면 여성들도 유교를 통하여 현실 문제를 극복하고자 하였을까? 조선 초기의 역대 왕들은 여성들의 불사에 관해서는 강·온의 양면적인 정책을 펼쳐 극단적인 데까지 가지는 않았다.[415] 지나치게 억제함으로 갈등을 유발하기보다는 계층 간의 화합에 기여하는 불교의 순기능을 인정하여 그것을 활용하였다고 볼 수 있다.[416]

---

412 박병선, 「朝鮮後期 願堂 研究」, 嶺南大學校 大學院 박사학위 논문, 2002, p.1.

413 고려시대에는 왕실 원당 외에 개인의 원당과 祝聖寶가 연관된다. 국왕의 안녕을 기원하던 축성법회의 의도가 內侍나 官臣들의 축재와 개인원당의 확보에 이용되었다(韓基汶, 「高麗寺院의 構造와 機能」, 民族史, p.405 참조).

414 박병선, 앞의 논문, p.2.

415 유교 정치를 이상으로 한 세종도 죽은 대비를 위해 절을 세우고자 했으며, 성종도 인수 대비의 불사는 막지 않았다(『世宗實錄』권8 세종 2년 7월 丙申; 『成宗實錄』권45 성종 5년 7월 丙寅).

그러나 유교를 지배 이념으로 하려는 위정자들의 노력에도 불구하고 많은 여성들은 유교에 귀의하지 못했다. 유교는 여성을 포용할 수 있는 종교가 아니었기 때문이다. 유교가 여성들에게 윤리 규범을 준수하라는 무거운 의무를 지운 반면, 그에 상응하는 어떤 복락도 약속하지 못했던 것이다. 불교가 내세관이나 현세의 문제를 해결해 주고 포용할 수 있었던 것과는 대비되는 것이다.[417]

실제 민간의 신앙 세계는 불교나 혹은 음사淫祀라고 불린 민간신앙이 주도하고 있었다고 할 수 있다. 『조선왕조실록』의 초기 기록은 '부녀 상사 금지', '음사 금지' 등의 기사에 상당한 양의 지면을 할애하고 있다. 이는 조선 초기에 여성들이 유교에 귀의하지 못했던 모습을 잘 나타내는 것이다.[418]

유교적 윤리 정치를 확립하는 기초로서 가부장 중심의 지배 질서는 내외법의 시행과 남녀 구별 의식을 전제로 여성을 구속하고 제약하는 이념의 틀이 됨으로써 여성들의 사회적 지위를 상당 부분 위축시키는 결과를 낳았다.

세종 이후 강화된 내외법은 '부녀 상사의 금지 조치', '부녀자의 행락 금지', '남녀 잡처 금지' 등의 종목이 있었다. 이것은 가계 보존의 순수성 명분이 여성의 일상생활에까지 그 영향력을 확대한 것이었다.[419] 따라서 여성들은 양반 중심의 유교적 사회를 유지하는 데 필요한 윤리 규범을 무조건 따라야 할 교화 대상으로 통제되고 억압당하였다.

또한 조선시대 여성의 출가는 남성들과는 다른 양상을 보이고 있다. 유교 중심의 국가는 당시 출가에서도 철저하게 남녀를 구별하였다. 『세종실록』에 의하면, 남성은 유역자나 독자인 경우만 제외되었다. 그러나 여성은 처녀와 역이 있는 여자 〔공사비公私婢, 천예賤隷 등〕 그리고 남편이 있거나 남편이 죽고 삼년상을 마치지 않은 자까지 제외되었다.[420] 결국 여성은 수절이 필요한 미망인만 출가가 가능한 것이다.

---

416 이순구, 「朝鮮 初期 宗法의 수용과 女性地位의 변화」, 한국정신문화연구원 한국학대학원 박사학위논문, 1994, p.197.
417 이순구, 앞의 논문, p.191.
418 李舜九, 「朝鮮 初期 女性의 信仰生活」, 『歷史學報』, 역사학회, 1996, pp.42~43(그러나 이순구의 주장처럼 조선시대의 부녀들이 단순히 주술적이고 무속신앙에 가까운 불교를 선호한 것은 아니라고 본다).
419 이순구, 「朝鮮 初期 宗法의 수용과 女性地位의 변화」, p.236.
420 『世宗實錄』 권10, 世宗 20년, 11월 辛未條.

이와 같이 유교 문화에 적응하지 못한 조선시대 여성들은 억제당하고 차별 대우를 받으면서 불교라는 공간을 통해 정신적·종교적 위안을 얻고자 하였다. 안심입명의 정신적 대상을 불교에서 찾았으며, 여자들의 상사上寺 관습이 일반화되는 경향이 더욱 짙어졌다.[421] 특히 그들의 문제를 해결해 주는 역할을 비구니들이 했었음을 자료를 통해 알 수 있다.

정약용이 저술한 『도강고가부사道康瞽家婦詞』에 강진 지방의 한 여자에 관한 이야기가 나온다. 그 여자는 술주정뱅이 아버지의 강압과 중매쟁이에게 속아 늙고 포악한 남성에게 시집가 남편의 매질과 구박을 견디지 못하고 절에 들어가 여승이 되었다. 그런데 남편이 고발해서 관가에 끌려갔다는 이야기다.[422] 물론 남편의 고발로 더 이상 승려의 삶을 지속하기는 어려웠지만, 비구니 사찰은 이런 여성에게 쉼터의 역할을 했던 것이다.

고려시대 불교는 국가적인 종교로서 지배층과 불가분의 관계였다. 그러나 조선시대의 불교는 여성 종교라고 할 정도로 왕실이나 일반 부녀자들의 귀의 대상이었다.[423] 점차 쇠퇴의 길을 걷는 추세에서도 여성들의 불사 행위가 제한적이나마 이어짐으로써 그 후기까지 신앙으로 명맥을 이어갈 수 있었다. 따라서 조선 초부터 왕실을 중심으로 비구니 교단이 형성되어 왕실의 안녕을 기원하거나 왕실 사건 등으로 어려움에 처한 여인들의 귀의처로, 혹은 양반집 여인들의 신행 장소로 원당願堂, 불당을 마련하게 되었다.

원당 설립이 자유롭던 고려와는 달리 조선시대 원당은 설립 주체가 대부분 왕실로 한정되어 있다. 즉 불교 사회라 할 수 있는 고려에서는 왕실을 비롯해 관인 및 고승의 원당이 활성화되었으나, 조선에서는 거의 왕실만으로 한정되었다. 특히 조선 후기 17세기 이후에는 조선 사회의 제반 변화와 더불어 숭유억불의 유교 지

---

421 李銀順, 「조선시대 성리학 정착과 여성의 신앙활동」, 『史學研究』 제54호, 한국사학회, 1997, p.116.

422 조은수, 「한국의 비구니 교단에 대한 여성주의적 고찰」, 『불교평론』, 2010, p.172.

423 李舜九, 「朝鮮初期 女性의 信仰生活」, pp.47~48.

424 정석종·박병선, 「조선 후기 불교정책과 願堂(1) 니승의 존재양상을 중심으로」, 『민족문화논총』 18, 1998, p.223.

배 사회에서 불교계의 대대적인 대처와 왕실의 적극적인 후원으로 원당이 설립되었다.[424]

원당 설립의 궁극적인 목적이 효의 실천[425]에 있었으므로, 숭유억불의 지배 이념 아래서도 그 존재 기반이 전적으로 부정되지는 않았다. 유교에서 최고의 지표로 삼았던 효의 개념을 지니고 있었기 때문이다.[426] 그러나 유교에서는 효의 필요성을 존비의 관계에서 설하지만, 불교의 효는 부모의 은혜에서 시작하는 것으로 평등하게 인간적 관점에서 관계를 맺는 수평의 도덕이었다.

또한 조선시대의 원당은 원주顧主를 위하여 죽은 사람의 화상이나 위패를 모시고 명복을 빌며 다복 장수를 빌어 주는 법당 역할을 했다. 이 원당은 궐내에 있다고 하여 '내원당', 혹은 '내불당'이라고 불렸다. 내불당의 기원은, 왕실의 안녕을 위해 문소전에 불당을 지어 비빈과 궁녀들이 불교를 신앙했으며, 왕이 서거하면 비빈이나 궁녀들이 비구니가 되어 거주한 것을 시작으로 했다. 그 후 내불당은 왕실 여성이 의지할 수 있는 근거지이자 왕실의 안위를 빌고, 불교 신앙을 유지하는 기도처가 되었다.

내불당은 왕실이나 왕실과 밀접한 관계를 가진 여인들이 귀의하였으므로 왕실 비구니원이라고도 하였다. 왕실 비구니원으로는 정업원, 자수원宮, 인수원宮, 안일원 등이 있었다.[427] 정업원은 처음 왕실 출가 여인들의 귀의처로 삼았으나, 점차 그 수가 증가하자 이들을 모두 수용할 수가 없어서 새로 니사를 건립하였다. 이 비구니 사찰이 정업원의 기능을 대신해 설립된 인수원, 자수원이었다.[428] 즉 자수원과 인수원은 원래 전왕 후궁들의 거처인 자수궁, 인수궁으로 설치되었다가 차차 정업원과 같이 불당이 된 곳이다.[429] 안일원 또한 이들과 같은 목적으로 설치되어

425　조선 전기까지는 주로 효의 실천으로 설립되었지만, 후기에는 유교 이념의 안정적 지배와 더불어 孝와 忠의 실천(兩亂 이후)은 물론, 정치적 의미까지 내포되어 설립된 것이 다르다.

426　李銀順, 앞의 논문, p.117.

427　비구니 사찰에 대한 자료는, 황인규, 「전·근대 비구니도량의 존재양상과 전개」, 『한국 비구니 승가의 역사와 활동』, 2010. 참고.

428　이기운, 「조선시대 왕실 중심의 비구니 승가」, 『한국 비구니 승가의 역사와 활동』, 한국비구니연구소, 2010, p.218.

429　李起雲, 「조선시대 왕실의 比丘尼院 설치와 信行」, 『歷史學報』, 역사학회, 2003, p.29.

비구니원과 같은 역할을 하였다.

왕실에서 원당 설립에 적극적이었던 것은 왕의 호불적 경향보다 왕비나 왕대비 등 부녀자의 호불적 성향에 기인한 것이다. 또한 왕의 은혜를 입은 몇몇 외에 많은 수의 후궁이나 궁녀들은 지존인 왕 한 사람만을 사모하면서 구중궁궐에서 살아야 하므로 서로 의지하면서 살아갈 안식처가 필요했다. 이들 궁인들은 스스로 불상을 모시고 여생을 불교에 귀의하여 비구니가 되기도 하였으니, 궁궐에는 자연히 불당이 이루어졌다. 어떤 점에서 국왕들도 암묵적으로 이러한 신행 활동에 참여하는 경우도 나타난다.[430]

조선 전기 원당은 도성에서 가까운 명산대찰에 설립하였다. 그러나 왕실에서 거동하기가 자유롭지 못하였고 내당에서 원당까지 왕래하기란 더욱 어려워 도성 안에 건립되었다. 그것이 바로 왕실 비구니들이 거주하던 정업원이며 비구니 사원이었다. 조선 전기에 정업원과 인수원, 자수원이 설립되고, 17세기 이후 광해군 당시 인경궁과 경희궁 등이 설립된 것은 바로 이러한 몇 가지 연유에서였다.[431]

이 왕실 비구니원이 정업원으로 명칭이 바뀐 뒤 세종 때까지 존속했는데, 세종왕비 소헌왕후 심씨는 궁중에서 불전 기도회와 팔관재식을 자주 거행했다고 전한다. 정업원은 고려시대부터 내려오던 전통적인 왕실 여인들의 출가 귀의처였고,[432] 특히 왕실과 관련 있는 니승들만을 모아 거주시켰기에 일반 여성들은 출입을 못했다. 따라서 이 정업원은 남성으로부터 통제와 보호를 받는 공간이었지만 나름대로 특권적 성격을 지니고 있었다.[433]

이와 같이 정업원은 대왕대비, 왕비, 공주, 후궁, 귀족의 부녀자들이 끊임없이 출가하여 비구니 교단을 형성하고 신도로서, 신앙자로서 여성들이 비구니 교단을 보호하기 위해 노력했기 때문에 유지될 수 있었던 것이다. 후궁으로 출가하여 여승이 된 이가 많았다는 것은 한편으로 비구니 교단의 철폐를 주장해 온 유학자의

---

430 조은수, 앞의 논문, p.171.

431 정석종·박병선, 앞의 논문, p.224.

432 『世宗實錄』 권116, 世宗 29년 6월條. ; 『世祖實錄』 권9, 世祖 3년 9월條.

433 高榮燮, 「불교의 性別觀—家父長制와 兩性平等制의 스밈과 퍼짐—」, 『韓國佛教學』 제48집, 韓國佛教學會, 2007, p.190

시도를 무마시키는 데 도움을 주었음을 의미한다.[434] 왜냐하면 후궁은 바로 왕실과 연결이 되어 있고 왕의 조부모나 부모와의 관계로 인해 왕이 쉽게 그 여성들의 거주지인 정업원을 철폐하지 못하였고, 산속에서 여승의 삶을 포기하도록 할 수 없었기 때문이다. 특히 불교를 숭상하던 태조, 명종 재위 때는 왕실의 적극적인 지원을 받아 큰 경제력을 갖춘 승가를 형성하였고, 문정왕후 당시 자수원과 인수원에는 오천 명이나 되는 많은 비구니가 수행했다고 전한다.[435]

그러나 『조선왕조실록』에서 자세하게 엿볼 수 있듯이 조선시대 유교인들은 지속적으로 폐불을 주장하고, 비구니 사원을 파괴하려고 했다. 비구니 교단 제거 노력은 불교의 폐해를 주장하면서, 양립할 수 없다고 생각되는 유교와 불교 관계에서 우위를 차지하려는 발상에서 시작되었다. 즉 억불과 폐불 의도를 확고히 나타내어 동시에 남녀유별의 유교적 도덕 윤리를 바탕으로 한 관료제적 통치 질서, 신분적 사회질서를 세우고자 했다. 이것은 가부장적 종법제 가족 질서 등의 남성 지배 이념으로 여성의 사회적, 종교적 활동을 배제하려는 생각에서 비롯된 것이다. 삼국시대에 평등한 가운데 남녀가 서로를 인정하면서 공존하던 문화는 유교의 도입과 함께 사라졌다.[436]

유생들은 당시 여성들에 대하여 "금령을 무서워하지 않고 마음대로 행동하여 꺼림이 없었고"[437]라고 하였다. 유학자들의 입장에서 비구니는 유교적 질서와 규범에서 일탈한 존재로서 매우 위험하다고 간주하고 있었던 것[438]은 틀림없다.

『태조실록』 권1에 보면 태조 원년1392에는 사헌부에서 상소하기를 오랑캐 가르침인 불법의 승니를 도태시킬 것을 주장했으나 건국 초기라 이루어지지는 않았다고 한다. 그리고 여성의 출가를 방해한 것은 『조선왕조실록』의 '모든 여성들의 사

---

434 『한국 고, 중세 불교여성, 비구니 자료집』, 한국비구니연구소, 2005, pp.260~263.
435 계환, 「한국 비구니 활동의 역사적 고찰」, 『제8차 세계여성불자대회 학술논문집』, 대한불교 조계종 전국비구니회, 2004, p.53. 『明宗實錄』 권18, 丁亥條에 보면, 비구니들은 문정왕후와 자리를 같이할 정도로 비호를 받았다고 기록되어 있다.
436 삼국시대 여성의 사회적인 개방에 대해서는, 姜英卿, 「한국 고대 사회의 여성」, 『숙대사론』, 11·12 합본, 1982 참고.
437 『世宗實錄』, 29년 4월 27일.
438 『肅宗實錄』, 30년 10월 28일.

원 출입을 금지'한 1404년의 칙령이다.[439] 정조는 승려가 민가에 들어가지 못하게 했으며, 태종 2년에는 승려도첩으로 출가를 제한하려는 상소가 올라왔지만 윤허하지 않았다. 하지만 비구니의 출가를 방해하는 사항이 보이는데, 태종 8년에는 흥보의 가난한 딸이 여승이 되려고 하자 혼인 비용을 주어 시집보내게 하였다. 이 시기에 이미 정업원 외의 산속 여승방을 헐어 버리도록 주청하는 장면이 나타나며 계속해서 정업원 제도를 철폐하려는 시도가 진행된다. 정업원을 제외한 수많은 사원들은 사찰 노비와 전답을 잃게 되었고, 부녀자가 수절하기 위해 출가하는 경우만 허락하였기 때문에 비구니 교단은 점차 어려움을 겪게 되었다.

그리고 『세종실록』에 따르면 세종 6년에는 초암의 철거를 청하고, 부모상을 당해 출가한 비구니나 수명을 근심하여 결혼하지 않고 출가한 비구니를 비난하는 일도 있었다. 세종 11년에는 부녀자가 사찰에 가는 것을 공식적으로 금하고, 승려가 미망인 집에 출입하는 것도 금하였다. 승려는 임금의 윤허를 받은 도첩이 있어야 출가할 수 있었으며, 역인과 독자의 출가는 모두 금지되었다.

세종 26년에는 30세 이하의 여승들을 혼인시키라고 했고 여승이 길을 다닐 때 얼굴을 가리고 다니도록 해야 한다고 주장하였다. 마침내 세종 30년 11월에 정업원에 대한 첫 번째 철폐 사건이 발생한다.

다시 세조 시대에 정업원이 복구되었으며, 비구니들을 정업원에 모여 살게 하여 구제하였다. 부녀자가 절에 가는 것을 허락했으며, 또한 미망인과 외로운 여성의 출가를 허락했다. 정업원 중창 이후에는 왕실이나 사족의 부인 출신 니승들만 살던 세종 29년[1447]과는 달리 세조의 복립 의도처럼 천민이나 창기들도 섞여 살았다.[440] 일반 평민과 천민 출신까지 다양한 계층의 여인들이 출가하여 함께 거처함으로써 니승의 규모는 커졌다.

성종 때에는 부녀자가 절에 올라가는 것은 금지했지만 비구니가 비구 사원에 가는 것을 금지하지는 않았다. 하지만 점차 비구니가 비구 사찰에 가는 것도 금지

---

439 이기운, 「조선시대 왕실의 比丘尼院 설치와 信行」, p.65.
440 「成宗實錄」, 권138, 成宗 13년 2월 壬寅.

되었으며, 사족의 부녀자가 니승이 되는 것을 금지했다. 점차 비구니 사원을 철거하기 시작했으며, 평민이 승려가 되는 것도 금했다.

정업원 철폐를 주장하는 그 이면에는 왕실 비구니원으로 말미암아 흥불의 기운이 일어나지 않을까 하는 염려도 있었다고 본다. 또한 유생들이 반대한 실제 이유는 경제적인 문제도 포함되어 있었는데, 조선시대 정업원은 적지 않은 토지와 노비를 가지고 있었기 때문이다.[441] 1660년 현종은 사비婢가 출가한 사건을 계기로 양민이 승니가 되는 것을 금하고, 위반한 경우에는 환속시켰다. 이어 도성 안 비구니 사찰인 인수원, 자수원이 철폐되었고, 1663년에는 일부를 제외한 대부분의 사찰의 위전位田과 노비를 몰수하고 원당을 철폐하는 등 강력한 조취를 취했다.

현종의 철폐 당시 자수원과 인수원에는 선왕의 후궁들은 없었고 니승들만 살고 있었다. 이에 현종은 자수원과 인수원을 비구니 사원이 아니라 선왕 후궁들의 거처로 규정하였다. 따라서 더 이상 거처하는 후궁들이 없으므로 자수원과 인수원의 존재 이유가 상실되었다고 보았다. 그리고 사원의 일부는 북학을 설립하는 데 사용하였다.[442] 자수원 등의 철폐로 인하여 전란 이후 회생되던 사찰 경제와 왕실 불교의 기반이 크게 약해졌지만 국가 재정에는 보탬이 되었을 것이다.[443]

연산군 대에 이르러 마침내 도성에서 정업원을 없애고, 중종 대에는 유교 서원으로 만들었으며, 인조 때 니승의 입성을 금하여 도성에서 비구니의 모습이 사라졌다.[444]

전국 승려를 대표하여 백곡처능白谷處能, 1617~1680이 1661년 「간폐석교소諫廢釋敎疏」를 올려 강력히 항의하였으나 받아들여지지 않았다.[445] 「간폐석교소」의 내용은 비구승이 비구니의 사회적 역할을 다룬 유일한 글이다. 당시 그는 서울에 있는 두 개

---

441 이지희, 「조선시대 정업원의 운영」, 한국교원대 교육대학원 석사학위논문, 2009, p.7, p.9.
442 원편 이능화, 역편 조선불교통사역주편찬위원회, 「조선불교통사」 6, 하편 이백품제 3, 동국대출판부, 2010, p.101.
443 金龍泰, 「朝鮮 後期 佛敎의 臨濟法統과 敎學傳統」, 서울대학교 대학원 박사학위논문, 2008, p.28.
444 「宣祖實錄」, 권211, 宣祖 40년 5월조(1607)에도 보이듯이 임진왜란 이후에는 평민들이 생계 유지라는 측면에서 출가하는 경우가 있었으며, 복전사상을 바탕으로 신분에 구애됨이 없이 출가할 수 있었다. 이들 중에는 효도 받을 자식이나 경제적 능력이 없는 막막한 미망인들도 있었을 것이다. 이들을 바로 의식주를 해결하기 위한 궁박한 무리들이라 지칭했을 것이다.
445 이지희, 앞의 논문, p.19.

의 비구니 사원을 철폐하려는 명령에 반기를 들었는데, 그럴 경우 거주할 곳이 없어진 비구니들의 불행을 우려해서였다. 그 무렵 처능뿐만 아니라 비구니들도 조정의 척불 시책에 저항한 사실이 있다. 즉 양주의 비구니 창선昌善이 승도들을 모아 양주 향교에 들어가서 행사를 하였던 것이다. 창선은 교형에 처해지고 나머지는 섬으로 귀양 보내졌다.[446]

그러나 고려 의종 때 첫 기록에 나타나는 정업원이 연산군을 거쳐 인조 이후에야 최종 철폐되었다는 사실은 여성 불교사에서 대단히 중요한 의미를 갖는다. 정업원의 역사는 불법을 숭앙하던 구중궁궐의 여인들이 유교로 무장된 남성 권력 집단들에게 굴복하지 않고 매우 오랜 기간 개인적으로는 자신들의 신앙을 지키고, 사회적으로는 조선불교의 보호 세력으로 건재했음을 증언한다. 비구니 교단에 가장 큰 힘을 실어 주었으며 교단 존속의 구심점이었던 곳이 왕실 부녀자들의 귀의처였던 정업원이다.

정업원이 존재함으로써 비구니들은 비구와 달리 궐내와 성내를 비교적 자유롭게 드나들 수 있었고, 비빈 등 상류층 여인들의 시주를 받을 수 있었다. 비구니 보시금의 일부는 도성 밖이나 산중의 큰 비구 사원에 불사금으로 쓰였으리라 유추할 수도 있다.[447]

연산군의 정업원 철폐 이후 영조 때에 이르러서는 단종의 비 정순왕후를 추모하는 '정업원구기淨業院舊基'의 비석만이 존재한다.[448] 정순왕후는 청룡사에서 허경虛鏡이라는 법명을 받고 지진스님을 은사로 출가하였고, 단종의 후궁 김씨는 원경圓鏡, 후궁 권씨는 혜경慧鏡이라는 법명을 받았다. 또 세 명의 시녀는 각각 희안希安, 지심智心, 계지戒智라는 법명으로 왕비의 상좌가 되었다. 허경스님은 1521년 세수 82세, 법랍 65세로 입적하였다. 영조 18년1771에 정순왕후가 일생 주석한 청룡사를 정업

---

446 황인규, 「전·근대 비구니 도량의 존재 양상과 전개」, 『한국 비구니 승가의 역사와 활동』, 한국비구니연구소, 2010, p.275.

447 이향순, 「조선시대 비구니의 삶과 수행」, 『한국 비구니 승가의 역사』, 전국비구니회 엮음, 예문서원, 2007, pp.105~106.

448 이기운, 「조선시대 淨業院의 설치와 불교신행」, 『종교연구』, 한국종교학회, 2001, pp.155~162 참조. 정순왕후가 살던 정업원이 청룡사였다는 기록이 『한국 비구니 수행담록』(각주 296참고)에 기록되어 있음.

원이라 고치고, 비석 「정업원구기」를 세웠다.[449]

　자수원 등의 철폐 이유에서도 보이듯이 조선 후기 비빈, 후궁 및 사족 부녀의 출가는 거의 사라졌다. 그러나 비록 궁녀나 하천민의 출가는 줄어들기는 했지만 꾸준히 지속되었으리라고 본다.[450] 철저한 억불 정책하에 비구니 교단을 없애려는 노력은 부분적으로 진행되었지만, 완전히 비구니 교단을 없애지는 못하였다. 그 이유는 왕실의 부녀자들의 역할과 비구니 교단을 지키려는 비구니들의 꾸준한 노력의 결과라고 볼 수 있다.

〈표2〉 정업원의 철폐 시도

시기	철폐 관련 시책	결과
세종 29년	내불당 궁문 밖으로 옮김	정업원으로 명칭 변경
세종 30년(1448) 11월 28일	정업원 철폐 결정	노비 중 한성 소속 484명과 주현 소속 3,025명을 합쳐 3,509명을 전농시에 소속시킴
세조 3년(1457)	정업원 비구니 거주 허락	정업원 다시 비구니 거주
세조 5년(1459)	정업원 중창	
예종	정업원 본래 모습 복원	비구니 활동
성종 6년	한양 근교 비구니 절 폐사에도 정업원은 명맥만은 유지	정업원만 유지
성종 13년	종실 수춘군부인의 정업원 주지 취임 반대	주지 취임, 그러나 부녀자 비구니 되는 것 금지
연산군 10년 7월	정업원 완전 폐지	니승은 한치형 집에 살게 함
연산군 12년 3월	정업원 비구니의 노비화	연방원의 방비(노비)로 전락, 정업원 사찰 기능 상실

---

449 『한국 비구니 수행담록』 上, 한국비구니연구소, 2007, pp.38~39.
450 정석종·박병선, 「朝鮮 後期 佛教政策과 願堂─尼僧의 存在樣相을 中心으로─」(1), 『民族文化論叢』 제18.19 合輯, 1996, p.228.

2) 비구니 교단의 존속 노력

정업원 외에 조선 중엽까지는 한양 근교에 모두 26개의 비구니 사원이 있었으나 성종 6년1475, 유신들의 배불폐사 상소로 4개 사원, 즉 청룡사, 청량사, 보문사, 미타사를 제외하고 모두 폐사되었다고 한다. 이 사승방은 왕실이 인정하는 비구니 사찰로 왕족, 상궁, 사대부 부인이 출가하는 장소였다고 전하는데, 1800년대 이후 새롭게 불사를 시작할 수 있었다고 한다.[451]

청룡사는 고려 태조에 의해서 창건되었다. 태조는 즉위 2년919에 십찰을 창건하였으며, 즉위 5년922에는 개경 송악산 일월사와 한양 삼각산에 청룡사를 창건하였다.

조선의 태조 이성계는 건국 때 청룡사에 고려 공민왕의 왕비 혜비를 출가시켜 머물게 했다. 이때부터 청룡사는 왕실의 공주나 궁인들이 출가해서 거주하는 주요 사찰이 되었다.[452] 태조 7년에는 세자 책봉 문제로 왕자의 난이 일어났을 때, 이성계의 계비 강씨 소생이 죽자 그 여식 경순공주를 비구니로 출가시켜 머물게 했다. 방석의 처 심씨가 왕자의 난 이후 정업원으로 출가해 주지를 역임했으며,[453] 정종의 비 정안왕후의 누이 김씨도 이곳의 주지를 역임했다.[454]

세종 4년1422에 태종이 세상을 떠나자 그의 후궁 신영궁주慎寧宮主 신빈信嬪 신씨?~1435와 의빈懿嬪 권씨 등 후궁들도 잇달아 출가해 정업원에 머물렀다.[455] 태종 8년에 혜비가 열반에 들자 쌀과 콩 30석과 종이 백여 권을 부의로 하사하였다고 한다.

정업원의 주지를 역임했던 비구니 가운데 해민海敏[456]은 세조의 복립 이후 정업원 거주 니승으로 등장하는 최초의 인물이며 정업원 주지를 지냈다. 해민에 이어 주지에 오른 이는 세조 13년1467에 남편 유자환이 죽자 곧바로 출가한 윤씨인데, 윤

---

451 김응철, 「정업원과 사방승의 역사로 본 한국의 비구니 승가」, 『전통과 현대』 7, 전통과 현대사, 1999, pp.79~80.
452 김응철, 앞의 논문, p.75.
453 『太宗實錄』 권15, 太宗 8년(1399) 2월 13일條(청룡사는 21대 영조에 의해 정업원으로 불리기도 했다고 한다).
454 앞의 책 권22, 太宗 11년(1411) 9월 27일조.
455 『世宗實錄』, 권16, 世宗 4년(1422) 5월 20일조.
456 『世祖實錄』, 권30, 世祖 9년(1463) 6월 12일조.

씨는 부군 사망 후 곧바로 출가했다는 이유로 유신들의 맹렬한 공격을 받았다. 성종 9년1478에는 수춘군 부인 정씨가 정업원으로 출가하여 주지를 역임하였다.

그 외의 비구니들에 대한 기록으로는 혜정慧定, 담도潭桃 등이 보이며, 청룡사의 제6 중창주로 기록되었으며 '자탄自歎' [457]이란 한시를 남긴 예순禮順, 1587~1657과 법공法空, 제5중창주, 묘담妙湛, 제8중창주/守仁, 제8중창주 등이 있다. [458]

「청룡사지」에 의하면 예순스님은 1610년 24세에 청룡사의 도심스님에게 출가하였으며, 1617년 광해군에게 유폐된 인목대비를 찾아가 위로하였다. 인조가 인목대비를 복귀시키자 대비는 예순스님을 불러 청룡사를 중창하게 하였다고 한다. 스님은 1657년 법랍 47세로 청룡사에서 입적하였다. [459] 예순에 대한 기록은 『광해군일기』를 비롯해 여러 곳에 남아 있다. 유몽인柳夢寅의 『어우야담於于野談』, 조경남趙慶男의 『속잡록續雜錄』, 정재륜鄭載崙의 『공사견문록公私見聞錄』, 이긍익李肯翊의 『연려실기술練藜室記述』, 안방준安邦俊의 『혼정편록混定編錄』, 장지연張志淵의 『진휘속고震彙續攷』, 이능화의 『조선여속고朝鮮女俗考』 등의 사서와 필기 잡록 등에도 실려 있다. [460]

21대 영조는 1771년영조 47에 청룡사를 정업원으로 고쳐 부르게 했으며, 수인스님과 묘담스님이 주석하던 1823년순조 23에는 영의정 김조순의 청을 받고 다시 청룡사로 환원시켰다. [461] 왕족과 명문 대가의 사족, 그들을 모셨던 노비도 출가하여 비구니가 되어 머물렀던 청룡사는 명칭이 바뀜으로 인해 많은 기록이 정업원과 혼용되고 있는 것은 아닌지 의문스럽다.

임진왜란을 거치면서 정업원은 거의 파괴된 것으로 보이며, 선조 40년1607에는 여승들이 그 터에 초가집을 짓고 거처하였다. 이때에는 선왕의 후궁들이 거처하지 않은 상태로 명맥만 유지하다가 현종 2년1661에 철폐되었다. 인수원정업원에는 당시 48명의 니승이 있었는데, 그중에서 40세 이하로 환속당한 사람은 22명이었고

457 '자탄'은 예순이 1614년에 쓴 것이다.
458 하춘생, 「한국 근·현대 비구니의 강맥전승과 그 의의」, 『한국불교학』 53집, 2009, pp.142~143. (法空·妙湛·守仁 등은 「청룡사지」에 기록된 내용임).
459 「靑龍寺址」, 『한국 비구니 수행담론』 上, pp.42~43.
460 이향순, 『비구니와 한국문학』, 상지사, 2008, pp.32~33.
461 「靑龍寺址」, p.47.

⁴⁶², 그 나머지 돌아갈 곳이 없는 비구니는 도성 밖 니원으로 보내졌다.

이렇듯 왕실과 사족 부녀자들의 신행처이자 출가처였던 정업원은 조선시대에 비구니 사원이 궁중에서 도성 주변으로, 도성 주변에서 다시 산중으로 옮겨 가는 과정에서 여성 불교 신앙의 구심점 역할을 했다.

조선시대 비구니들의 유일한 목적은 철폐 위기에 놓인 비구니 교단을 계속 유지하는 일이었다. 왕실의 습속이나 관행을 통해 불교가 탄압받는 중에도 유지될 수 있었던 것은 바로 왕후와 비구니의 역할이라고 생각된다. 그리고 원당은 불교계의 자생적 존립 기반으로 자리매김하고 있었다.

그러한 왕실 여성의 출가는 조선시대 비구니 교단을 유지하는 보호막이 되었다. 특히 위에서 언급한 것처럼 왕이 선왕의 후궁 등 외로운 여성들을 정업원 등의 절에 모여 살도록 한 것은 바로 선왕의 후궁이나 왕실 여성들의 불교 우호적 성향이 왕에게 영향을 주었기 때문이었다. 정종이 주살된 후 공주가 비구니가 되자 세조는 노비를 주고, 내수사로 하여금 집을 지어주게 하였다고 한다.⁴⁶³ 왕족 여성의 출가와 대왕대비의 역할⁴⁶⁴은 비구니 사원의 건축과 중흥에 큰 영향을 주었고, 그나마 비구니 교단이 수도에 남아 있을 수 있는 계기가 되었다. 왕족 여성이나 귀족의 부녀자들이 비구니 사원에 왕래하면서 비구니 교단 재정에 큰 도움이 되었다.

『성종실록』에는 "아직까지 부녀자들이 비구니 사원에 왕래하여 법에 어긋난 일이 없었기 때문에 그 관계는 지속될 수 있었다."라고 전한다.⁴⁶⁵ 또한 성종 때 비구 교단은 어려움을 크게 겪고 있었지만 상대적으로 비구니 교단은 아직 구체적으로 금지된 일이 없었기 때문에 번성하고 있었다. 이것이 오히려 위기에 몰린 비구 교단을 방어하고 도와주는 역할을 했을 것으로 보인다.

그러나 조선 후기에는 후궁이나 사대부 여인들의 출가가 거의 사라지고 승려들의 지위가 전반적으로 하락하였다. 여성 출가자들의 출신 계층이 중·서인 및 하층민으로 전락하였다. 이는 사원 경제가 매우 궁핍해졌음을 의미한다. 그러나

---

462 정석종·박병선,「朝鮮後期 佛敎政策과 願堂—尼僧의 存在樣相을 中心으로—」(1), p.247, p.254.
463 앞의 책, p.360.
464 앞의 책, p.368.
465 앞의 책, p.456.

비구니들은 이러한 악조건에서도 역사의 무대에서 퇴장하지 않고 인욕과 근면, 신심으로 그 힘든 시기를 헤쳐나갔다. 이들은 날로 강화되는 국가의 통제에도 불구하고 관에서 도량을 허물면 장소를 이동하여 또 다시 절을 짓거나 쇠락한 절을 중수하였다. 도성출입금지령에도 대담하게 궁에 들어가는 등 끈질기게 구도의 길을 지켰다.[466]

조선조에 행해진 억불 정책을 상징적으로 보여주는 것은 무엇보다 승려의 도성출입금지라고 할 수 있다. 이 정책은 1451년 문종 때 처음 시행된 이후 19세기 말까지 지속적으로 유지되어 온 대표적 억불 정책이었다.[467] 승려의 입성을 금지한 이유는 유교적 통치에 방해되는 불교 세력을 밀어내기 위해서였다. 입성 금지는 단지 승려의 도성 출입을 금하는 것에 그치지 않고 도성 안에서 종교의례를 하지 못하도록 하는 제약으로 이어졌다. 이는 1815년순조 15 영의정 김재찬이 상계한 입성 금지 문서에 잘 나타나 있다. 그는 비구니가 서울 장안에 출입하면서 궁중과 민간의 세력 있는 부녀자들과 접촉하여 기도와 재를 지내는 등, 여러 가지 불사를 도모하는데 이를 저지하기 위하여 승니의 입성을 막아야 한다고 주장했다.[468] 그럼에도 불구하고 비구니와 부녀자의 교류와 의례, 법식이 지속되었다는 것을 자료를 통해 알 수 있듯이, 개인적인 배움과 불교적 수행은 각각의 특성에 맞게 지속적으로 이루어졌다고 생각된다.

또한 비구니 교단을 유지할 수 있었던 것은 정치적인 관계를 유지하고 아울러 알려지지 않은 지방의 비구니들의 활동 덕분이다. 산속의 비구니 사원들은 민간신앙의 귀의처로서 계속해서 그 역할을 다하고 있었으므로, 도성 내외의 비구니 사원이 파괴될 때에도 크게 영향을 받지 않았던 것으로 보인다.

조선 후기나 일제 점령기에 주로 쓰여진 사지寺誌들은 특히 조선 말의 사원 건설 및 보수와 관련된 비구니와 여성 기증자들의 역할을 보여주고 있다. '조선시대

466 이향순, 「조선시대 비구니의 삶과 수행」, 『한국 비구니 승가의 역사』, 전국비구니회 엮음, 예문서원, 2007, p.112.
467 서재영, 「승려의 입성금지 해제와 근대불교의 전개」, 『동아시아 불교, 근대와의 만남』, 동국대학교출판부, 2008, p.58.
468 박경훈, 「일제하의 친일불교」, 『근세불교백년』, pp.225~226.

불교 여성들의 역할에 대해' 균형 있는 시각을 보여주고 있다. 그 기록들은 지역별로 상당한 차이를 보이는데, 어떤 기록들은 비구니 등에 대한 기술이 전혀 없는 경우도 있다. 비구니에 대한 기록이 남아 있는 곳은 전등사 말사인 대승사大乘寺, 봉선사, 건봉사, 유점사 등의 사지이다. 『대승사지』에는 윤필암潤筆庵과 묘적암妙寂庵에 대한 기록이 있는데, 이곳에는 비구니와 일반 여성의 기증자 이름이 적혀 있다. 이 기록들은 1832년부터 1911년까지 작성된 것이다.

신계사神溪寺의 사신思信 비구니1694~1765에 대한 기록이 비명으로 남아 있는데, 사신은 종남산오늘의 남산의 법찬法贊 비구니에게 득도하였다. 법찬은 사신에게 염불 수행을 권했으며, 후에 재산을 사원 건축에 기증하였다. 사신의 사후 유골은 이 절의 동쪽 부도에 모셨다.

19세기에 포겸包謙, 근훈根訓, 채화采華, 선명善明 등의 비구니는 일반 신도와 함께 1788~1908년에 강화도와 인근 개풍군에 있는 청련사青蓮寺, 정수사淨水寺, 원통사圓通寺 및 비구니 사찰인 원통암圓通庵, 내원암內院庵 등의 건축과 증축에 지대한 공헌을 하였다. 정일淨一은 1982년에 관음상을 조성하였다.[469]

1893년 비구 성윤과 정심은 대원암을 다시 지었으며, 1881년에는 비구니들이 장안사 개축에 참여하였다. 표훈사의 암자인 청련암은 1838년과 1878년에 비구니 정근과 지심이 여성 신도의 시주에 힘입어 개축했다. 1882년에는 신림암이 비구니에 의해서 신축되었다. 강원도 심원사의 몇 건물들은 1860년~1891년 사이에 왕실 여성들을 포함한 평신도들의 시주에 힘입은 비구니들에 의해 증축되었다.

위의 내용을 통해 한양, 강화도 및 개풍군, 그리고 금강산의 세 지역에서는 비구니와 여성 기증자들이 불교를 부흥시키는 데 중요한 역할을 했음을 알 수 있다.[470] 그러나 이러한 기록들은 건축 및 토지, 그림탱화, 불상 등의 기증에 편중되어 있다. 이 기록 등은 여성들이 시주를 요청해야 하고 대부분 염불 수행을 했다는 것 빼고는 별로 우리에게 알려주는 바가 없다.

---

469 존 조르겐센, 「침묵하는 주변적 존재로서의 조선시대 비구니들」, 『동아시아 불교 전통에서 본 한국 비구니의 수행과 삶』, 대한불교 조계종 한마음선원, 2004, p.72.
470 존 조르겐센, 앞의 논문, pp.71~73. 참조.

또한 1728년 청평사의 불상 건립 기증자 명단에 비구니도 포함되어 있다. 그러나 『전등본말사지(傳燈本末寺誌)』만이 비구니의 법계를 제시하고 있는데, 그것도 7대까지만 나와 있다.[471] 이것은 비구니의 법통이 궁핍한 여건과 정부의 반불교적 정책 때문에 오래 지속되지 못했음을 보여주는 것이다.

이와 같이 조선시대의 비구니들은 유교적 관료주의와 반불교적 정책, 유교 및 불교의 가부장제에 따른 차별 때문에 큰 어려움을 겪었다. 그러나 그들은 그러한 역경 속에서도 비구니 교단을 존속시키기 위해 노력했다. 더욱 중요한 것은 고려시대와 달리 여러 가지로 주위의 여건이 어려웠던 조선시대 비구니들은 그 역할과 수행 방법도 고려 때와는 다른 면모를 보이고 있는 것이다. 또한 한문 지식이 부족해 더러는 경전의 이해보다는 염불 위주의 수행으로 이어졌다는 점도 간과할 수 없다.

3) 변화된 수행 방식과 비구니

조선시대 비구니의 삶과 수행은 한마디로 억불 정책에 맞서 비구니 교단을 지키는 일부터 시작된다. 따라서 몇몇을 제외하고는 참선 수행보다 염불, 간경, 사경, 주력, 지계 등의 수행과 운력을 위주로 하였다. 특권층 비구니들이 주석했던 원당 외의 일반 니사의 경우는 사원 경제가 열악했다. 심지어는 정업원조차도 사서에서 암시하는 만큼 사찰 재정이 좋지는 않았던 것 같다.

단종의 비였던 정업원 주지 허경 비구니의 경우도 사중의 어려운 살림을 돕기 위해 댕기, 저고리깃, 고름, 끝동 등에 자줏물을 들인 다음 바위에 널어 말리는 일을 했다고 전해진다.[472] 염불과 진언은 노동을 하면서 가장 손쉽게 할 수 있는 수행이다. 물론 조선시대 비구니 가운데 왕실의 후궁이나 귀족의 미망인 등은 사경이

---

471 『傳燈本末寺誌』, 295.
472 김응철, 「정업원과 사승방의 역사로 본 한국의 비구니 승가」, 『전통과 현대』 7, 전통과 현대사, 1999, p.76.

나 간경 수행을 했을 것이다. 그들은 왕실의 후원으로 주로 선왕의 명복을 빌면서 정치적인 소용돌이를 떠나 평안하게 기도 수행하며 생활하였다. 그러나 이들을 따라 함께 출가한 노비들은 비구니가 된 후에도 조용히 앉아 경을 읽고 쓸 여건이 되지 않았을 것이다.

그러나 정업원 비구니들의 수행 방식이 어떠했는지 구체적으로 밝히기는 쉽지 않다. 일반 사원 승려들의 수행을 미루어 짐작해 볼 뿐이다. 단 대부분 왕실과 사족 여인들의 출가 장소였으므로 다른 사찰에 비해 교육 정도나 생활은 여유로웠으리라 본다.[473]

정업원 외의 사찰로 출가한 여성들은 공식적인 교학 체계를 배울 기회는 거의 갖지 못했다. 그러므로 주로 기존 사회에서 글을 배운 여성은 경전을 암송하고 제자를 지도하는 역할을 하지만, 나머지는 절의 노동을 담당했을 가능성이 높다. 억불 정책 상황에서 비구 교단마저 유지하기 어려운 형편에 비구니가 편안하게 생활했을 가능성은 거의 없다. 사원의 부역은 물론이지만, 사대부와 함께할 수 없는 상황, 도성 출입의 금지 등에서 엿볼 수 있듯이 몇몇 수행승을 제외하고는 교단 생활을 원만하게 지속하는 일은 어려웠을 것이다.

이런 사회적인 분위기를 감안할 때 비구니들에게는 선지식의 점검을 필요로 하는 간화선 수행은 비현실적인 수행 방식이었을 것이다. 따라서 이보다 개인적인 실행이 용이한 염불 수행이나 독경, 사경 등을 선호했으리라. 더욱이 나라의 전란 때에는 사원을 제대로 유지하는 일이 더 어려웠을 것으로 생각된다. 고려 후기에 보였던 깨달음을 위한 참선 수행을 하기에는 더더욱 어려운 실정이었다.

조선시대는 유교의 효 사상과 결부된 명부 신앙이 보편화되어 있었다. 그리고 조선시대의 비구니 사원은 미혼녀의 출가보다는 남편을 잃고 출가한 비구니들이 도량 운영과 수행 전통을 유지하는 경우가 많았다. 이들은 죽은 남편과 조상 및 세속의 자녀들을 위하여 염불과 주력에 힘썼으리라 짐작할 수 있다. 이처럼 조선

473　정업원의 수행 내용은, 이지희 「조선시대 정업원의 운영」, 한국교원대 교육대학원 석사학위논문, 2009, pp.46~51. 참조.

474　이향순, 「조선시대 비구니의 삶과 수행」, 『한국 비구니 승가의 역사』, 2007, pp.107~110.

시대의 비구니 사원의 수행 체제가 정토신앙을 중심으로 이루어졌으리라는 견해는 당시 승가 구성원의 성향만으로도 추측 가능하다.

그에 대한 근거를 이향순은 다음과 같이 논하고 있다.

첫째, 조선시대 비구니들의 가장 두드러진 활동은 재를 지내는 것이었다. 특히 수륙재는 국가에서 인정한 유일한 불교 행사였는데, 종실이나 사대부가 여인들의 수륙재 집전을 위해 원당 비구니들은 평소에 염불과 독송에 힘썼을 것이다.

둘째, 『조선왕조실록』에는 비구니원에서 들리는 범패 소리에 대해 불평하는 유생들의 기록이 더러 나온다. 범패 역시 왕실 비구니들이 의식용 음악과 함께 염불 및 송경을 많이 했다는 증거다.

셋째, 비구니에 대한 '부녀 상사 금지' 조항으로 산사에 있는 선종 계통 비구승들과 지속적으로 교류하기 힘들었고, 선사의 지도가 없는 여법한 참선 수행은 불가능했을 것이다. 유교 윤리에 따른 비구니들에 대한 성차별은 비구와 비구니를 격리하는 율장의 규정과 동일하게 수용했을 것이다. 따라서 선지식의 점검을 필요로 하는 간화선 수행이 어려웠으며, 개인적인 실행이 용이한 염불 수행이나 독경, 사경 등을 선호했으리라 본다.

넷째, 조선의 비구니들은 열악한 사원 경제로 인해 상당 시간을 운력으로 보냈으리라 생각된다. 간경이나 사경은 글을 쓸 줄 아는 왕실이나 사족, 궁녀 출신의 비구니들이나 가능했을 것이며, 그들을 따라온 노비들은 비구니가 된 후에도 운력과 함께 염불을 했을 것이다. 조선시대에 승려에게 부과된 공물과 강제 노역은 잘 알려진 사실이며, 자료상 확인되지는 않았지만 비구니 사원도 예외는 아니었을 것이다.

다섯째, 간접적인 증거로 소설이나 시가에 나타난 그들의 호칭을 들 수 있다. 고전소설이나 시에서 비구니들을 가리킬 때 '대사'라는 표현은 흔한 반면 '선사'라는 호칭은 드물게 나타난다. 그리고 비구니들이 수도하는 모습이나 비구니 도량을 묘사할 때는 종종 염불 소리를 도입한다.[474]

물론 고려 후기를 이어 내려온 간화선 참구의 선풍이 조선시대에 들어오면서 완전히 사라졌다고 볼 수는 없다. 그러나 위의 내용과 같이 자급자족의 길이 아니면 살기 어렵던 비구니 사찰에서는 좌선보다는 염불 수행 등이 더 성행했음을 짐작할 수 있다. 비구들은 비구니에게 정토에 태어날 것을 기대하는 정토 염불을 권유했다. 이들은 가중되는 운력 때문에 참선을 통한 깨달음보다는 이상적인 불국토를 염원하는 정토신앙으로 더욱 기울었을 것임을 짐작할 수 있다.[475] 1443년의 한글 창제 전에는 책을 읽기 위한 유일한 글자가 한문이었다. 일부 비구니들은 한문을 익히는 게 어려웠을 것이다. 그러나 한글 창제 후 비구니를 비롯한 여성과 평민들에게도 교육의 기회가 주어졌다. 1462~1465년 세종의 명에 의해 많은 불경들이, 1485년에는 왕비의 명으로 몇몇 경전들이 한글로 번역·해설되어 비구니들이 불경을 접하는 데 조금이나마 도움이 되었다.[476]

이와 같이 정토신앙이 활성화되고 모든 사회적 체제가 무너진 1909년 조선 말에도 563명의 비구니가 각지에서 도량을 지키며 출가 수행 전통을 지키고 있었다.[477] 하지만 그것이 집단적이고 체계적인 비구니 교육과 수행적 삶으로는 이어지지 못하였을 것이다. 왜냐하면 현종 때 비구니들의 강제 환속이 있은 후 이들의 존재는 희박해진다. 사실 이 시기의 비구니들은 비구와 마찬가지로 이미 도성에서 점차 산중으로 수행의 터전을 옮기고 면면히 삶을 이어가고 있었다. 그러나 중요한 것은 비구니들의 수행이나 당시 상황에 따라 나름대로 활동했던 기록이 계속 등장하고 있다는 것이다.

전설로 내려온다고는 하지만, 임진왜란 때 활약했던 비구니들인 '자운선사紫雲仙師'는 임진왜란 당시 의병장으로 활약했던 사명대사와 인연이 있었다. 연화도에서 용맹정진하던 사명대사를 찾아 이곳까지 온 보운寶雲, 보련寶蓮, 보월寶月 등 세 스님이 사명대사가 연화도를 떠난 뒤에도 용맹정진해 마침내 득도했다고 한다. 사명

---

475 성종 이후 비구니 사찰이 도성 밖으로 내몰리면서 시주받기가 어려워졌으며, 자연스러워진 노동과 함께 염불 수행이 익숙해졌을 것이다. 또한 남편 사후에 출가한 비구니들은 세속의 자식들과 죽은 남편을 위해 염불과 기도에 주력했을 것이다. 사회의 따가운 눈총을 받으며 사찰을 찾는 재가자들의 가족, 가문을 위해서도 축원기도를 했을 것이다.

476 존 조르겐센, 앞의 논문, p.76.

477 이향순, 앞의 논문, p.126.

대사가 이 세 스님을 처음 만났을 때 자주색 구름이 있었으므로 그 가운데 연장자를 '자운선사'라 불렀다. 스님은 임진왜란이 발발할 것을 예측하고 이순신 장군에게 거북선 건조법을 비롯한 대책을 알려주어 옥포해전과 한산도해전의 대승을 도왔다고 한다.[478]

또한 조선 후기에 예순 외에 비구니로서 한시를 남긴 두 명의 비구니가 있다. 그러나 법명이 혜정慧定과 담도潭桃라는 것 외에는 아무런 정보도 없다. 혜정은 「불전축佛前祝」, 「우성고사추雨聲孤寺秋」를, 담도는 「세모歲暮」, 「차창호헌운次蒼虎軒韻」을 남겼다. 이 네 편은 『행동시선海東詩選』에 전한다.[479]

임진왜란 때 활약한 비구니 외에 수난을 겪었던 비구니들에 대해서도 우리는 묵과해서는 안 된다. 선조 25년1592 가토 기요마사加藤清正는 이태원의 운종사에 진을 쳤으며, 그 수하 장군들은 수십 명의 니승을 욕보였던 기록이 있다. 왜군들은 운종사를 불태웠으며 많은 니승들은 죽음을 택했다. 그때 일부의 니승은 관가에서 제공한 움막에서 생활했다는 기록이 있다. 따라서 본래 배나무가 많아서 이름이 李泰院혹은 梨泰院이었던 이름이 그 후 異胎院으로 바뀌었다 한다.[480] 운종사에 대한 기록은 『용재총화慵齋叢話』에도 이태원 근처의 사찰로 등장하고 있다.[481]

이렇게 억압과 수난을 당하면서 비구니들은 투철한 수행과 삶의 역사를 유지하는 생명력을 보였다. 근대 이후에는 그들의 수행 정신을 이어 걸출한 비구니 선사가 등장하는데, 법희法喜, 1887~1975스님, 본공스님1907~1965, 선경스님1903~1994 등이 그 좋은 본보기다. 그러나 근대 이후 비구니 교단의 집단적 교육과 수행은 해방 이후에나 형성되었다. 근대 이후에 이르러 비구니 교단이 자율적 발전기로서 교단사가 전개되었다.

---

478 순천승주향토지편찬위원회, 『순천승주향토지』, 순천문화원, 1975, pp.272~275(자운선사에 대해서 또 하나의 설은 자운이 이충무공을 좇아 공을 세웠다는 기록도 있다.)

479 『增補海東詩選』, 경성 滙東書館, p.236. 『海東詩選』의 편차가 1766년에서 1767년 사이에 이루어진 것을 보면 이 두 비구니의 사망 시기는 대략 1766년 이전으로 짐작할 수 있다.

480 이경재, 『한양 이야기』, 도서출판 가람기획, 2003, pp.90~92.

481 成俔 저, 南晚星 번역, 『慵齋叢話』, 『韓國名著大全集』, 大洋書籍, 1973, pp.44~45. 木覓山之南李泰院之坪 有泉瀉出于高山 寺之東長松滿洞城中婦女浣澣衣者多往焉

4. 근·현대 비구니 교단

1) 비구니 교육의 전개

조선 개국 이후 불교는 선교 양종의 국가적 강제 통폐합으로 흐름이 교학 중심에서 선종 중심으로 전환되었다.[482] 특히 휴정의 선주교종禪主教從의 제창은 산림에서 선종 위주의 전통을 확립하는 데 크게 기여하였다. 그러나 임란 이후 국가 재정의 핍박과 함께 사원의 경제적 지반도 완전히 허물어지면서 국가 승정의 부재와 함께 승려들은 스스로 수도와 생계의 길을 모색하지 않으면 안 되었다. 이것은 중세 불교 교단의 타율적 존재 방식을 청산하고 자율적인 기강을 확립하게 했으며, 이것이 조선 후기에 불교 교단의 자치·자율·자급의 토대를 닦는 계기가 되었다. 비록 은둔적이지만 정토 염불 등을 통한 민중 신앙을 수렴하는 유일한 제도적 교단이었음도 부인할 수 없다.

조선 후기는 중세적 질서를 청산하면서 점차로 근대 세계에 접목하는 시기였다. 그러나 한국 불교사에서 근대의 시작이 어딘가에 대한 정확한 답변은 어려운 실정이었다. 중요한 원인 가운데 하나가 고·중세 시대에 연구의 주제가 편중됨으로써 근·현대 불교의 중요성이 간과된 것이다. 그러나 근래에 근대 불교에 대한 관심이 증가하고 연구의 시각이 다양화되고 있다.

한국 불교 근대의 기점에 대한 주장은 학자들에 따라 조금씩 다르다. 19세기 중엽의 개화기로 보는 시각[483]과 19세기 후반 일본 불교의 활동 또는 1895년 도성 출입금지 해금[484]으로 보는 견해. 남도영은 개항 이후의 한국 종교, 천주교·기

---

482 李能和의 「禪教兩教와 講學布教」, 『佛教振興月報』 1~7, pp.2~3에 의하면, '근대 사원의 講學制가 벽계정심 이래 선교겸수를 해왔으며 승과 폐지(명종 21년) 이후 禪教和會의 종풍이 일어나고, 청허 이후 도총섭제가 생겨 양종의 일을 총섭함으로써 자연 선교를 구분할 수 없게 되었다.'고 한다. (남도영, 「한국 사원교육제도」 中, 『역사교육』 28, 1980, p.28. 재인용).

483 한상길, 「개화사상의 형성과 근대불교」, 『동아시아불교, 근대와의 만남』, 동국대학교출판부, 2008, p.14.

484 서재영, 「승려의 입성금지 해제와 근대불교의 전개」, 『동아시아불교, 근대와의 만남』, 동국대학교출판부, 2008, p.55.

독교 · 불교 등은 선진 제국의 교육제도를 도입 · 수용하여 근대식 학교를 설치함으로써 우리 교육사에 큰 전기를 가져왔다는 의미에서 개항 시기를 근대 불교의 시점으로 보고 있다.[485]

대한불교조계종 교육원에서 출간한 『조계종사』 「근현대편」에 따르면, 근현대 한국 불교사를 근대 교단의 태동, 민족 불교의 시련과 극복, 불교의 자주화와 교단 개혁, 대한불교조계종의 성립과 발전으로 구분하였다.

또한 해주스님은 비구니 활동을 중심으로 한 근 · 현대 비구니사의 시대 구분에 대하여 근대 불교시대$_{1876~1945}$와 현대 불교시대$_{1945~1985}$로 나누며, 현대를 교단 정화 개혁 참여기$_{1945~1962}$, 자주적 단합과 발전기$_{1962~1985}$로 구분하고 있다. 그리고 "근대 불교는 근대 교단이 태동하고 민족 불교가 일제강점기에서 시련과 극복을 함께한 시대이다. 현대 불교시대를 대한불교조계종 성립을 기점으로 둘로 나눌 때, 그 전기는 해방 후 불교의 자주화를 이룩하고 한국전쟁 후 불교 교단 정화에 동참하여 교단 개혁을 이룬 시기다. 후기는 통합 종단으로서의 대한불교조계종이 성립$_{1962}$된 이후로부터 대한불교조계종 전국 비구니회가 창립된 해$_{1985}$까지"[486] 라고 하였다.

선종 위주의 교단사적 전개는 조선 후기 승니의 도성출입금지 이후 산중 불교 시대로 접어든 이래 일제 식민통치의 근대기를 거쳐 현대사를 수놓은 교단 분규를 거치면서 심각한 교학의 도외시 현상을 낳았다. 이러한 현상은 비구니 교단의 입장에서는 더욱 심각하였다. 그러나 근대 비구니 교단은 교단의 존속을 위해 노력한 조선 초 · 중기 비구니들의 원력으로 마침내 어려운 시련을 극복하고 새로운 도약의 기틀을 마련하였다. 근대에 이르러 최초의 비구니 선원과 비구니 강당이 이루어져 비구니 교육이 자리를 잡은 것이다. 또한 예로부터 비구니가 주석했던 사찰을 중창하여 계승하거나 만일염불회를 결성하였다. 이처럼 불교 교단이 근대 화되던 변환의 시기에 비구니들은 참선 · 간경 · 염불 · 의식과 가람 수호 등 출가

---

485 南都泳, 「近代佛教의 教育活動」, 『近代韓國佛教史論』, 佛教史學會 編, 민족사, 1988, p.210.
486 해주, 「한국 근현대 비구니의 수행」, 『한국 비구니의 수행과 삶』, 전국비구니회, 2007, pp.130~138 참조.

정신을 구현하는 데 모자람이 없이 수행하였다. 동시에 어려운 시대 상황에서 대중과 아픔을 함께해 나갔다.[487]

근대 비구니 교단이 다시 발전할 수 있었던 것은 첫째, 불교 철폐 위기를 극복하고 불교를 부흥시키고자 하는 선각자 비구승이 탄생하였기 때문이다. 그들은 비구 제자든 비구니 제자든 가리지 않고 불교 부흥을 도모할 이라면 가르치고 수행자로 만들었다.

두 번째는 비구니들의 주체적인 노력이다. 비구니들은 스스로 훌륭한 비구승에게 다가가 가르침을 전수받고, 수행과 교육에 전념하여 비구니들이 모여 참선과 교육을 받기 위해 헌신하였다. 참선과 경전을 배우려는 비구니가 늘어나자 비구니 선원을 개설하고 비구니 강당을 열어 강원 교육을 하였다. 1910년 5월 당시 국가 궁내부 조사에 따르면 사찰 수 958, 비구 5,198명, 비구니 563명이었고[488], 1918년에는 비구니가 1,275명으로 늘어났다.[489]

이 시대 전국 각 사찰의 교육 체제는 조선 후기의 전통적인 선교 겸학의 교육 제도를 그대로 답습하고 있었다. 각 강원에 설치된 교육기관은 전통적인 강원과 선원을 비롯하여 염불원念, 율원 등이 있었으며, 대사찰에는 이런 교육기관을 다 갖추어 이를 총칭하여 총림이라 불렀다. 총림에는 방장, 동당東堂, 서당西堂, 수좌가 있었으며, 선원에는 선주禪主, 禪德, 강원에는 강주講主, 講師, 율원에는 율주律主, 律師가 있었다.[490]

1950년대 이후 비구니들은 주로 불교 교단 정화에 중추적인 역할을 하였으며, 또한 가람을 중창하거나 신축하여 비구니 사원을 확대해 나갔다. 아울러 비구니들은 수행에 매진하여 귀감이 되었는데, 참선, 간경과 교육, 가람 수호와 대중 애호, 염불기도와 포교 복지, 종무 행정에 전념하였다.

이들은 오롯한 수도 행각으로 비구 못지않은 족적을 남기며 강맥 전승의 효시

---

487 해주, 앞의 논문, p.134

488 忽滑谷快天의 『朝鮮禪敎史』에 의하면 "1910년 이씨 조선 멸망 후, 사찰 1300餘와, 승니 7100명이 엄연히 존재하고 있다."라고 기록되어 있다(忽滑谷快天, 『朝鮮禪敎史』, 大東佛敎硏究院編, 春秋社, 1970, p.554).

489 해주, 앞의 논문, pp.132~133.

490 남도영, 「한국 사원교육제도」中, 『역사교육』 28, p.25.

를 이루고 있다. 당시 강설과 전법 포교에 뛰어난 비구니는 3대 강백으로 알려진 월광당月光堂 금용金龍, 1892~1965, 金光이라고도 한다, 정암당晶巖堂 혜옥慧玉, 1901~1969, 화산당華山堂 수옥守玉, 1902~1966 스님이다.[491]

강사, 강백 등의 호칭은 두말할 것도 없이 경을 가르치는 사람을 지칭하는 말이며 승단의 교육기관인 강원이 갖추어진 뒤에 생긴 낱말일 것이다. 이에 앞서 강사와 비슷하게 쓰인 표현은 무엇일까?

월운스님은 '수호법장守護法藏' 혹은 이와 비슷한 의미로 쓰인 '호지법장護持法藏, 수지법장受持法藏, 문지법장聞持法藏, 홍지법장弘持法藏, 주지법장住持法藏', 혹은 '위인해설爲人解說' 등을 들고 있다.[492] 그리고 비구의 최초 강사는 주사행朱士行[493], 최초 비구니 강사는 도형都馨, 강사 중의 대표격인 상수강사인 도강都講의 시초는 법표法彪라고 하였다.[494] 주사행을 최초의 강사로 보는 이유는 그가 서역에 가기 전에 경을 강설했기 때문이다. 도형이 비구니 강사의 시초라고 하는 이유는『대송승사략』에 의해서다. "동진 발제 대화 3년 무진세368에 낙양동사洛陽東寺에서 출가한 비구니 도형의 속성은 양씨이다. 사미니 시절부터『법화경』과『유마이부경』을 독송하여 통달하더니, 대계를 받은 뒤에는 더욱 깊이 진리를 연구하여 당대 도학들의 존경을 받았다. 이로써 비구니 강경의 시초를 도형이라 한다."[495]

교학의 전성기였던 통일신라시대는 경전 연구도 활발해졌고 저서가 많이 나왔으며 우수한 교과서도 발간되는 등, 강경 제도가 정비되었다. 이러한 사원 교육 제도는 중국과 일본에까지 알려져 그 내용의 일부가『입당구법순례행기』[496]에 전하고 있을 정도다. 강경은 강사講師[497]·강주·강사講士·조실·법주·법사 등에 의

491 남도영,「近代佛敎의 敎育活動」,『近代韓國佛敎史論』, 佛敎史學會 編, 민족사, 1988, p.149.
492 월운스님,「講師等呼稱由來小考」,『世主妙嚴主講五十年紀念論叢』, 봉녕사승가대학선우회, 2007, p.80.
493 『대송승사략』권上,「僧講」(『대정장』54, p.239 中),'士行曹魏時 講道行經 卽僧講之始也'
494 월운 스님, 앞의 논문, p.90.
495 『대송승사략』권상,「尼講」(『대정장』54, p.239 中), '尼之講說都馨爲始也' 수행 등 내용은『비구니전』에도 설명되어 있음.
496 일본 圓仁이 쓴『入唐求法巡禮行記』2, 開城 4년 11월 22일 조에 赤山院의 강경과 講義式이 소상하게 전하여져 신라 사원 교육제도의 발달 모습을 볼 수 있다(남도영,「한국 사원교육제도」上,『역사교육』27, 1980, p.59 재인용).
497 강사 외에 仲講이 있는데, 중강은 강주·강사의 강경 내용을 복강하기도 하였다. 그리고 經典法義에 관하여 강사와 學問論難하는 논강이 있어 강사를 보조하였다(남도영,「한국 사원교육제도」中,『역사교육』28, 1980, p.35).

해 행해지고, 강사를 보조하기 위해 범패사作梵法師 · 논의자都講[498] · 복강사覆講師[499] 등이 배치된다. 학인들은 예습과 복습 그리고 상호 토론으로 진리에 도달하며 그 가운데 해결 못하는 것만 강사 또는 조실에게 문강하여 이를 해득하게 하였다.[500] 이와 같이 통일신라시대에 정립된 강경 제도가 고려시대를 거치고, 조선시대를 지나면서 수정, 보완되어 강원이라는 승려들의 교육제도로 발돋움한다.

2) 비구니 강원 교육의 변천

신라의 강경 제도를 거쳐 조선 중기 이후 정착된 강원 교육은 선교를 겸한 승가의 전문적인 교육기관으로 발전했다. 강원이란 어원은 『대각국사외집大覺國師外集』 권12에 "국사께서 중국에 머물던 북송 원우 연간1086~1094에 왕명에 따라 선원이던 혜인원慧因院을 강원으로 개편하였고, 승통을 예우하는 뜻에서 조정에서 특별히 세금을 감면해 주었다.[501]"라고 한 데서 그 연원을 찾을 수 있다. 그 강원이라는 것이 지금 우리가 알고 있는 그런 개념인지는 알 수 없다. 하지만 선원에 대비되는 의미로 쓰인 것은 분명하며, 요즘의 대강당, 대회의장, 공개 강경당 등의 개념과 비슷하다.

불학사전 강원조에 보면 중국 불교학계에서는 『속석씨계고략續釋氏稽古略』 권2의 사실을 인용해서 소개하되, 명 태조 홍무 연간에 이르러 전국의 사원을 선원 · 강원 · 율원 등 세 종류로 분류하고, 그 가운데 강원의 특징을 '모든 경전의 의지를 강명講明하는 곳'이라 했으니, 이 명칭 역시 오늘날 우리가 사용하는 강원의 개념은

---

498 都講은 글방에서 여러 날 배운 글을 앞에서 講하는 일이며, 論議者는 난해한 경전의 교의를 강사와 문답하여 강사의 강의를 돕는 것이다.

499 강사가 이미 강경했던 경전의 교의 가운데서 난해한 부분만을 覆演하였다. 그러므로 복강의 독립된 형식을 俗講이라고도 불렀다(속강에 대한 자료는 유태규, 「俗講의 성행과 발전 고찰」, 『중국소설논총』 제20집, 한국중국소설학회, 2004. ; 曹明和, 「講經文攷」, 『청주사범대학 논문집』 제20집, 청주사범대학교, 1987. 참조).

500 남도영, 「한국 사원교육제도」 中, p.60.

501 「大覺國師外集」 권12(『한불전』 4, p.591 下)

아니었던 것 같다.[502] 한국에서 강원이란 단어를 정확하게 문헌에 사용한 것으로는 금명보정錦溟寶鼎스님1861~1930의 유저遺著를 들 수 있다. 그의 저서는『범해문집梵海文集』등 여러 종류가 있는데, 강원이란 단어가 10군데 보인다.[503]

즉 우리가 사용하고 있는 강원 교육의 유래에 대해서는 아직 명백한 것이 없다. 특히 사미沙과의 구체적 성립 시기는 알 수 없으며, 수의과隨意科는 근대에 추가되었다. 다만 고려 보조지눌1158~1210이 정혜결사를 조직해 돈오점수를 시작한 데서 그 원류를 찾고 있다. 이후 태고보우1301~1382를 거쳐 벽송지엄碧松智嚴, 1464~1534에 의해 사집과가 정해졌다.[504] 지엄은 "초학을 지도하는 데는 먼저『선원집』과『별행록』으로 진실한 지견을 세우게 하고, 다음에『선요』, 어록으로 지해의 병을 씻어 버리도록"이라고 하였다.[505]

명종 때를 전후해 부용영관芙蓉靈觀과 경성일선慶星一禪, 1488~1568 등에 의해 사교과와 대교과의 기틀이 마련되었으며, 이후 선조 때 청허유정淸虛休靜, 1520~1604과 부휴수선浮休善修, 1543~1615에 의해 제도적으로 정비되었다. 17세기 인조~숙종 때 편양언기鞭羊彦機, 1581~1644의 법손되는 월담설제月潭雪霽, 1632~1704, 월저도안月渚道安, 1638~1715, 상봉정원霜峯淨源, 1627~1709등과 벽암각성碧巖覺性, 1575~1660의 법손되는 백암성총栢庵性聰, 1631~1700이 강경에 전업함으로써 마침내 사미·사집·사교·대교의 강원 제도가 완비되어 오늘에 이르고 있다.[506] 이력 과정의 형태가 체계적으로 갖추어진 사실을 보여주는 최초의 기록은 17세기 전반 휴정의 제자 영월청학詠月淸學, 1570~1654의「사집사교전등염송화엄四集四敎傳燈拈頌華嚴」이다.[507] 청학의「사집사교전등염송화엄」을 토대로 이력 과정의 도표[508]를 작성하면 다음과 같다.

---

502 월운스님,「講師等呼稱由來小考」,『世主妙嚴主講五十年紀念論叢』, 봉녕사승가대학 선우회, 2007, p.101.

503 『한불전』12, pp.585~773(월운 스님 논문, p.108 참조).

504 金暎遂의「朝鮮佛敎와 所依經典」,「一光」창간호, 1928, pp.2~3에 의하면, "고려시대부터 선종의 所依學科로 금강·능엄·선요·절요·도서·서장·치문·자경·초심·염송 등 10과목이 있었는데, 선종에서는 반드시 배워야 하지만 선후 차제가 있었던 것은 아니었다. 후에 벽송이 선후 차제를 정하였다."라고 기록되어 있다 (그 외의 사교 과목 등에 대한 각 학자들의 견해는 남도영,「한국 사원교육제도」中, pp.37~38 참조).

505 남도영,「한국 사원교육제도」上, p.78.

506 하춘생,「한국 근·현대 비구니의 강맥전승과 그 의의」, pp.145~146.

507 「四集四敎傳燈拈頌華嚴」,『詠月堂大師文集』(『한불전』8, pp.234~235).

508 金龍泰,「朝鮮後期 佛敎의 臨濟法統과 敎學傳統」, 서울대: 박사논문, 2008, p.132.

과 정	서 명	저 자	내용상의 특징	비 고
사집	고봉선요	(원)고봉원묘	간화선풍	
	대혜서장	(송)대혜종고	〃	
	선원제전집도서	(당)규봉종밀	선교겸수론	
	법집별행록절요사기	(당)규봉종밀 (고려)보조지눌	〃	
사교	원각경		원각, 종밀이 중시	
	금강경		심, 선종에서 중시, 육조혜능	
	능엄경		심, 선·교종에서 중시	
	법화경→기신론		일심	
대교	화엄경		화엄교학	
	경덕전등록		선종 전등 계보서	
	선문염송	(고려)진각혜심	간화선풍	

　　표 가운데 사교과의 내용은 조선 전기에도 매우 중시된 경전들이다. 그 가운데 『능엄경』은 송대 이후 더욱 관심이 높아져 유생에게도 인기가 높았던 거사 불교의 애독서였다. 『법화경』은 조선 전기에는 수륙재 등에서 독송이 행해지는 등, 16세기까지 가장 많이 간행된 경전 중의 하나였다. 그러나 18세기 전에 사교과에서 『기신론』으로 대체되었다. 이유는 17세기 후반 이후 『화엄경』과 화엄교학이 교계의 대세가 되었고, 법화교학은 거의 주목되지 않았다. 이때 선과 교의 공통 관심사인 마음의 구조를 밝힌 『기신론』이 이력 과정에 들어간 것 같다.

　　최종 단계인 대교과에서는 『화엄경』, 『경덕전등록』, 『선문염송』이 포함되었는데, 이들 경서는 조선 전기 승과의 시험 교재였으며 교종과 선종에서 가장 중시된 책들이었다. 이러한 위상을 반영하여 이력 과정의 최고 단계인 대교과에 편입된 것이다.[509]

　　조선 말기 해인사에서 간행된 『일용집』1882년 간행 85쪽에는 제경諸經의 대지가 보

---

[509]　金龍泰, 앞의 논문, pp.133~134.

이는데, 서장으로 정견을 세우고, 도서로 선의 제종을 알고, 선요로 조사관을 터득케 하고, 절요로 영지를 밝히는 순으로 사집을 교육했음을 알 수 있다. 현재 강원의 교과과정도 이와 거의 같다.[510]

이와 같이 정립된 강원 제도에서 비구니 강원 교육의 현황은 1918년 7월 20일 자 발행된 「조선불교총보」의 '니생강당尼生講堂'이라는 내용을 통해 그 연원을 찾을 수 있다. "통도사에서 대정 7년도 산내 말사 옥련암에 설립하고 해담海曇율사를 강사로 하였는데, 사방 니생이 운집한다."[511]라는 내용이다.

그러나 이것이 강원 교육에 의한 비구니 교육이 체계적으로 시행되었던 것은 아니었다. 당시 배움에 뜻이 있었던 비구니들이 개별적으로 비구 강사를 찾아가 이력을 마치는 정도였다.

해방 전의 비구니들에게 강원 교육의 혜택을 주었던 비구 강사는 만우상경萬愚尙景. 1845~1924, 해담치익海曇致益. 1862~1942, 운허용하耘虛龍夏. 1892~1980, 타불, 고경古鏡, 소하대은素荷大隱. 1894~1989 등이었다. 이들 비구 강사에게 교육을 받은 비구니 가운데, 사미, 사집, 사교, 대교과의 이력을 모두 마친 비구니는 화산수옥1902~1966[512]이 유일하며, 혜옥스님1901~1969은 사미, 사집, 대교과를, 은영스님1910~1981과 광우스님1925~은 사집, 사교, 대교과를 각각 이수하였다. 이 가운데 학인을 직접 지도한 스님은 수옥스님이며, 해방 이후 비구니 강원 설립에 관여하거나 강사로서 학인을 지도한 경우는 수옥스님을 제외하고는 거의 없는 것으로 보인다.[513]

비구니들이 강원 교육을 받았던 사찰은 동학사, 통도사, 해인사 국일암, 서울 응선사, 청암사, 법주사, 운문사, 보문사, 남장사 관음암 등이다. 이 가운데 국일암,

---

510 종진, 「한국불교 강원의 학제 成立考」, 「海印」, 1986, p.2.
511 「朝鮮佛教總報」, 「韓國近代佛教資料全集」(全 69권), 제10호, 민족사, 1996, p.90(경상남도 양산군 불찰대본산 통도사에서 대정 7년에 尼生講堂을 산내말사 옥련암에 시설하고 해담율사를 강사로 정했는데 여승 교육이 크게 발전되리라고 일반이 기대한다. 이 내용은 단편적인 기사만 있어 그 구체적인 내용은 알 수 없다. 단 비구니 교육을 위한 강당이 시도되었음은 주목할 만하다.
512 수옥스님에 대한 이력 등은 수경스님의 「한국 비구니강원 발달사」, 「한국 비구니 승가의 역사」, pp.20~25. ; 하춘생의 「한국 근·현대 비구니의 강맥전승과 그 의의」, pp.148~150. ; 본각스님의 「한국 비구니 승가의 교육과 법계 제도」, 「한국 비구니 승가의 역사와 활동」, p.359 등에 자세히 소개되어 있다.
513 김용환, 「묘엄스님과 한국 비구니강원」, 「世主妙嚴主講五十年紀念論叢」, 봉녕사승가대학 선우회, 2007, pp.50~51.

남장사 관음암, 보문사는 처음부터 비구니 전문 강원이었음이 파악되었다.[514] 다만 위에서 최초의 강원으로 밝힌 옥련암과 국일암은 권속을 교육시키기 위한 도량이었을 가능성이 있다.[515]

전통 강원은 일제 강점기에도 계속 유지되었다. 강원 교육은 1910년 이후 신학문의 거센 도전에 밀려 1920년대 중반까지 거의 도태되었다가 1925년부터 다시 부흥했다고 한다.[516] 1928년에는 강원 출신 학인들을 주축으로 한 조선불교학인대회가 열렸는데, 이 대회에서는 신학문을 가미해서 강원 교육제도를 개선할 것을 강력하게 내세우기도 하였다.

통도사의 경우 월운스님에 의하면, "1954년 봄 통도사에 갔더니 사중에서 동안거부터 천자각에 강원을 개설하기로 하여 선원保光殿의 부전을 보면서 지관智冠스님의 능엄반에 합류했다. 노전채에는 종현宗顯ᆞ지관ᆞ보일普日 스님이 있었고, 보타암에는 묘엄스님 등이 있었는데, 비구들은 오전에 비구니들은 오후에 운허스님께 글을 배웠다."[517]라고 하였다. 이로 미루어 비구와 비구니가 같은 사찰에 거주하되 교육은 각기 따로 받았음을 알 수 있다.

광복 전의 근대기에 비구니만의 전문 강원은 1940년대 초 수옥스님이 상주 남장사 관음선원 조실 혜봉보명慧峯普明, 1874~1956스님의 요청을 받고 강주로 취임하면서 관음강원을 새롭게 개설한 것이 그 효시이다.[518] 당시 수옥스님을 강주로 모시고 남장사 관음강원에서 직접 불교 전문 과정을 수료한 스님은 사집과의 벽안碧眼ᆞ광우ᆞ묘선妙善ᆞ인순仁順ᆞ덕수德修ᆞ문주文珠ᆞ자호慈毫ᆞ태호泰鎬 등 8명과 사미과의 보인寶仁ᆞ수연修蓮ᆞ혜연慧蓮 등 3명이다. 벽안ᆞ광우ᆞ지형 스님이 1944년 이곳에서 대교과를 수료했으나, 그 직후 관음강원은 일제의 정신대 징집을 피하기 위해 문을 닫고 말았다.

---

514 수경, 「한국 비구니강원 발달사」, 「한국 비구니 승가의 역사」, 전국비구니회, 2007, p.22.
515 수경, 앞의 논문, p.31.
516 대한불교 조계종 교육원, 「조계종사: 근현대편」, p.70.
517 월운스님, 「講師等呼稱由來小考」, 「世主妙嚴主講五十年紀念論叢」, 봉녕사승가대학선우회, 2007, p.117.
518 수옥스님의 남장사 비구니 전문강원 개설 시기에 대해서는 하춘생의 「근ᆞ현대 비구니사의 전개와 문중 확립」, 「한국 비구니 승가의 역사와 활동」, p.198. 참조.

금룡스님은 1958년 종단이 공인한 운문사 비구니 강원의 탄생과 함께 비구니가 니승을 가르치는 최초의 강사가 되었으며, 이것은 당시 교육체계의 일대 혁신으로 강원 교육에 새로운 변화를 불러일으켰다. 그해 후학 광우스님에게 강맥을 전승했다. 그것은 최초의 비구니 강맥 전승이었다.

비구니들에게 강원 교육을 받을 수 있는 체계적인 교육 환경이 조성된 것은 광복 이후의 일이다. 정화 운동 이후 1956년 경봉용국스님1885~1969에 의해 동학사에 비구니 전문 강원이 설립된 것이다.[519] 정화 운동은 초대 대통령 이승만 씨가 1954년 대처승들은 물러나라는 훈시를 내림에 따라서 시작된다. 그러나 불교 정화 운동은 일제하의 식민지 불교와 해방 공간의 불교계에서 역사적 배경을 갖고 있었다. 즉 정화 운동은 우연히 일어난 운동이 아니었으며, 이승만 대통령의 '유시'가 정화 운동의 전부는 아니었다. 정화 운동의 역사적 배경은 일제하에서부터 한국 불교의 전통을 수립하여 민족 불교로 나아가려는 일련의 흔적과 고뇌에 있었다.[520] 즉 '왜색 불교의 청산 운동'으로, 비구승 중심의 '청정수행 가풍확립'이란 불교적 과제가 있었던 것이다.[521] 정화 당시 비구니들은 비구 못지않게 열정적으로 활동하였다. 비구와 비구니의 서명으로 치안국에 제출된 불교 정화 대책안을 보면 다음 몇 가지 점에서 크게 주목된다.

첫째, 승려의 일상 수행의 방편을 지계 · 참선 · 염불 · 간경 · 지주持呪의 5가지로 나누어 수도와 교화를 의무로 하는 것이다.

둘째, 사찰의 총섭이 되는 자격은 대찰이나 중소 사찰을 막론하고 강원 수료를 조건으로 한다는 것과 비구와 비구니 사이에 아무런 규제가 없어야 한다는 것이다. 정화 후에는 비구니들이 사찰의 주지로 많이 임명되었는데, 심지어는 비구니가 동화사 주지까지 발령받았다.

셋째, 종회의원 자격 또한 비구 · 비구니에게 차별이 없게 하되, 다만 숫자상

---

519 묘엄스님의 증언에 의하면, 초기의 동학사 강원은 총무원장이 강원장을 겸임하고 있어 졸업식에 참석했다고 한다. 이것이 동학사 강원이 종단적 차원에서 설립되었음을 인정하는 것이다.

520 대한불교 조계종 교육원, 「조계종사:근현대편」, 조계종출판사, pp.192~193.

521 유승무, 「현대 한국불교 개혁운동의 흐름과 그 특징」, 「불교평론」 통권 4호, 2000,

비구니는 비구의 1/6로 한다는 것이다. 이와 같이 비구니들의 노력으로 현재의 주요 비구니 사찰들은 비구니들에게 귀속되었다.[522] 1955년에 수옥스님은 내원사의 주지로 임명되었고, 법일스님은 지리산의 대원사 주지로 임명되었다. 인홍스님은 1957년에 경상남도 소재 석남사 주지로 임명되었다.[523]

1956년 당시 동학사 주지는 광호스님이 임명되었으며, 경상북도 운문사의 초대 주지는 금용스님, 2대는 수인스님이 임명되었다. 혜옥스님은 경상북도 김천의 청암사 주지로 임명되었는데, 이 사찰은 모두 강원으로 발전하였다.

이와 같이 비구니 교육 도량인 동학사 강원 설립에 일조한 것은 종단 정화에 적극적으로 참여하였던 비구니들을 비구들이 새롭게 인식한 것이었다. 또한 운허스님의 비구니 정규교육에 대한 열정도 한몫하였다. 이와 같은 바람과 함께 대처승이 관리하던 동학사를 1956년 비구 · 대처 정화를 통해, 대현스님이 경봉용국 스님의 허락을 얻어 비구니 전문 강원을 개설한 것이다. 당시 공부에만 열중할 수 있는 비구니 강원 설립이 시급함을 인식한 스님의 뜻이 이루어진 것이다.

경봉용국스님 외에 당시 비구니 교육에 열의를 보였던 스님은 호경, 대은 스님이며, 그 뜻을 이어 비구니 강원을 연 최초의 비구니가 봉녕사의 묘엄, 운문사의 명성스님이다. 1956년 묘엄스님이 경봉스님에게 전강을 받았는데, 이는 비구니가 비구 강사에게 받은 최초의 전강이다. 그 후 1994년 개혁 종단이 들어서면서 비구니 강원은 교육과정 및 학제 등, 제도 정비와 아울러 승가 교육제도 정착이라는 안정된 교육 환경 속에서 성장하였다.

강원의 수학 기간은 해방 전에는 10년을 원칙으로 하였다. 그러나 특수한 교육 목적을 달성하기 위하여 11년으로도 할 수 있었다. 10년제는 17~18과목, 11년제는 23과목이었다. 해방 후 1970년대 이후에는 7~5년으로 단축되었으며, 현재는 4년으로 거의 통일한 상태다. 해방 전 구한말 강원 교육 과목을 『조선불교통사』의 기록을 기준으로 도표로 정리하면 다음과 같다.[524]

---

522 해주, 「한국 근현대 비구니의 수행」, 『한국 비구니의 수행과 삶』, 전국비구니회, 2007, p. 136.

523 박 포리, 「현대 한국 비구니사찰의 설립에 대한 고찰」, 『동아시아 불교 전통에서 본 한국 비구니의 수행과 삶』, 대한불교 조계종 한마음선원, 2004, p.127.

524 남도영, 「舊韓末의 明進學校」, 『歷史學報』 제90집, p.90. ; 남도영, 「한국 사원교육제도」 中, p.40 참고.

〈표4〉 구한말 강원 이수 교과 목표

과정	10년제 강원		11년제 강원	
	연한	이수 교과목	연한	이수 교과목
사미과 (초등 정도)	1년	①수십계(受十戒) ②조모송주(朝暮誦呪) ③반야심경 ④초심문 ⑤초발심 ⑥자경문	3년	①수십계 ②조모송주 ③반야심경 ④초심문 ⑤초발심 ⑥자경문 ⑦사미율의 ⑧치문경훈 ⑨선림보훈
사집과 (중등 정도)	2년	①선원제전집도서 ②대혜서장 ③법집별행록절요병입사기 ④고봉선요	2년	①선원제전집도서 ②대혜서장 ③법집별행록절요병입사기 ④고봉선요
사교과 (고등전문 정도)	4년	①수능엄경 ②대승기신론 ③금강반야경 ④원각경	2년 6개월	①수능엄경 ②대승기신론 ③금강반야경 ④원각경
대교과 (대학 정도)	3년	①화엄경 ②선문염송 ③경덕전등록	3년 6개월	①화엄경 ②선문염송 ③경덕전등록 ④십지론 ⑤선가귀감 ⑥묘법연화경
수의과 (대학원 정도)	대교과 졸업한 자가 입학하여 4년 이상 전공 과목 이수			

최근에 편찬된 『조선불교통사』에 의하면 3년 기한을 갖는 사미과의 경우, 『사미율의』, 『치문경훈』, 『선림보훈』을 추가해 넣는다고 기록되어 있다.[525]

1950년대 이후 중요한 비구니 교단의 발전상은 비구니 승가대학^{강원}을 들 수 있다. 근대에서 지금까지 대략 20여 곳의 비구니 교육 도량이 설립되었고, 해방 이전 4곳, 이후에 약 18곳이 설립되어 대부분 폐원되고 현재 동학사승가대학, 봉녕사승

---

525 이능화 원편, 조선불교통사 역주편찬위원회역, 『조선불교통사』 6, 동국대출판부, 2010, p.400.

가대학, 삼선승가대학, 운문사승가대학, 청암사승가대학 등 6개가 남아 있다.[526]

　운문사승가대학은 1958년 개설 이래 2009년까지, 1,533명의 졸업생[527], 동학사는 2008년까지 869명[528], 봉녕사는 2008년까지 762명[529], 청암사는 2008년까지 총 393명[530], 삼선승가대학은 1982년부터 2008년까지 총 225명의 졸업생을 배출했다[531]고 한다.

　위의 승가대학은 전통적인 강원의 교과과정을 따르고 있으며, 사미과, 사집과, 사교과, 대교과의 4년 과정을 내전과 외전으로 나누어 가르치고 있다. 각 승가대학의 내·외전을 중심으로 정리하면 다음과 같다.[532]

　운문사 등의 승가대학은 교육원의 학사 과정을 따르고 있지만 운문사는 사집과에 선가귀감, 우법소승, 대총상이 포함되어 있고, 대교과에서는 화엄현담이 포함되어 있다. 동학사에서는 사집과에 선가귀감과 대총상을 포함하고 있으며, 봉녕사는 1학년에 사미율의 과정이 있으며, 4년 과정에서 화엄학 개론을 첨가하고 있다. 삼선승가대학은 주로 교육의 필수 과정을 따르고 있다.

　승가대학은 공통 과목과 보조 과목을 포함시키고 있는데, 교과과정에서 부족한 교과목을 보충하는 것이다. 운문사승가대학은 보조 과목으로 인도불교사, 불교학 개론, 중국불교사, 구사론, 한국불교사, 유식강요, 화엄학개론을 가르치고 있다. 공통 과목에 외국어영어. 중국어. 일어, 사서삼경, 염불, 꽃꽂이, 피아노, 서예, 사군자, 컴퓨터, 요가, 다도를 포함하고 있다.[533]

526　『한국 비구니의 수행과 삶』 1, pp.34~35. ; 하춘생, 「근·현대 비구니사의 전개와 문중확립」, pp.299~304. 참조.
527　대한불교조계종 교육원 불학연구소 편, 『비구니 승가대학의 역사와 문화』, 조계종출판사, 2009, p.36.
528　앞의 책, p.67.
529　앞의 책, p.104.
530　앞의 책, p.141.
531　앞의 책, p.266.
532　단 각 강원의 과목이 현재 조금 변경된 곳도 있다. 예를 들면 최근 봉녕사는 '사찰음식 특강'을 실시하고 있다.
533　대한불교조계종 교육원 불학연구소 편, 『비구니 승가대학의 역사와 문화』, 조계종출판사, 2009, p.26.
534　앞의 책, p.77.
535　앞의 책, pp.114~115.
536　앞의 책, pp.180~181.
537　앞의 책, p.263.
538　『한국 비구니의 삶과 수행』, p.42~43 도표 참조. ; 대한불교조계종 교육원 불학연구소편, 『비구니 승가대학의 역사와 문화』 불교사 연구총서 4, 조계종출판사, 2009 참고.

동학사승가대학은 인도불교사, 불교학개론, 의식집전, 중관학, 중국불교사, 선종사, 유식학, 한국불교사, 화엄학개론, 범망경을 가르친다. 공통 과목은 외국어범어, 빨리어, 영어, 일어, 꽃꽂이, 서예, 사군자, 요가, 태극권이 있다. 권장 과목으로 컴퓨터, 불교미술, 교리발달, 종교학개론, 율전개설, 조계종사, 포교론을 포함하고 있다.[534]

봉녕사승가대학의 경우는 외과에 율전, 인도불교사, 중국불교사, 한국불교사, 염불, 중국어, 영어, 일어, 꽃꽂이, 서예, 요가, 피아노, 사찰 음식, 포교이론과 실제가 있다. 특강에는 조사어록을 초청 강사가 집중 강의하고 있다.[535]

청암사승가대학은 4년 과정으로 조계종 교육원의 교과목을 따르며, 불교사, 아함경, 육조단경, 중론, 선학사상, 사산비명, 불상연구, 논어 및 노자 도덕경의 특강이 있다. 그리고 서예, 꽃꽂이, 영어회화, 염불, 사경, 태극권의 외전 수업을 보충하고 있다.[536]

삼선승가대학은 인도불교사, 불교개론, 중관학, 중국불교사, 유식학, 한국불교사를 포함시키고 있으며, 외전의 경우 학인들의 희망에 따라 조금씩 변화하고 있다.[537]

현 비구니 강원 교과과정 내전과 외전의 과목[538]은 다음과 같다.

〈표5〉 현 비구니 강원 교과과정 내전 과목

강원과정	동학사	봉녕사	삼선	운문사	청암사
사미니과	치문 사미니율의	치문	치문 사미니율의	치문 사미니율의	치문 사미니율의
사집과	서장/도서 절요/선요 선가귀감 대총상	서장 도서/선가 귀감 대총상법문 절요 선요	도서 대총상법문 절요/서장 선요	서장/도서 선가귀감 선요/절요 우법소승 대총상	선가귀감 서장/선요 대총상법문 도서/절요 우법소승법 문설
사교과	능엄경 기신론 금강경 원각경	능엄경 기신론 금강경 원각경	능엄경 기신론 금강경 원각경	능엄경 기신론 금강경 원각경	능엄경 기신론 금강경 원각경

대교과	화엄현담 및 80화엄경	화엄현담 및 80화엄경	화엄현담 및 80화엄경/ 범망경	화엄현담 및 80화엄경	화엄현담 및 80화엄경/ 범망경

〈표6〉 현 비구니 강원 교과과정 외전 과목

강원과정	동학사	봉녕사	삼선	운문사	청암사
전체 특강	불교학개론 인도불교사 염불	인도불교사 불교학개론	불교학개론 인도불교사	인도불교사 불교학개론	인도불교사 불교학개론 아함경
	중국불교사 중관/일어	한국불교사 중국불교사	중국불교사 중관	중국불교사 구사론	중국불교사 수심결
	한국불교사 유식	유식 중관학	한국불교사 유식	한국불교사 유식강요	한국불교사 유식학개론
대교반		화엄학개론		화엄학개론	화엄학개론
전체 외과	조계종사 서예, 사군자 태극권 꽃꽂이 서장어 영어	일본어 영어 중국어 요가 / 서예 꽃꽂이 컴퓨터 염불 사찰음식	수화 꽃꽂이 염불, 자원봉사 및 호스피스의 이론과 실습 / 四書	영어 중국어 일어 사서삼경 염불 꽃꽂이 피아노 서예 사군자 컴퓨터 요가 / 다도	선종사 논어 / 영어 컴퓨터 꽃꽂이 염불 / 사경 다도

　　승가대학은 불교의 한문 교육을 계승하고 학문과 수행을 포괄하며 현재의 포교 현장에 맞추어 갖가지 외전 교육을 보충하고 있다. 이러한 교과과정 외에 배우는 청규는 ① 큰방에서의 생활, ② 예불하는 법, ③ 공양하는 법, ④ 도량에서 다니는 법, ⑤ 운력에 관한 법, ⑥ 외출에 관한 규정, ⑦ 간경하는 법, ⑧ 대중공사에 대하여, ⑨ 벌칙처벌에 대한 것 등이다.[539] 최근의 학인들은 승가대학을 졸업한 후에

다시 국가 교육기관의 대학이나 대학원에 진학하는 경우가 증가하고 있다. 이러한 비구니의 교육 수준 향상은 비구니 교단의 위상뿐만 아니라 한국 불교의 미래를 밝게 하고 있다.

승가대학 교육이 한문 경전 위주의 훈고학적이고, 선종 편중 교육이며, 교직자의 전문성이 부족하다고 지적하고[540] 있지만, 시대 변화에 맞추어 다각적으로 노력하고 있을 뿐만 아니라 좀더 수준을 높이기 위한 전문교육을 채택하고 있다. 승가대학원, 학림, 율원 등을 두거나 전문 수행 기관을 개원하여[541] 비구니의 교육과 수행에 효율성을 높이고 있다.

한국의 비구니 교단은 해방 후부터 새로운 변화와 도약을 시도하고 있다. 세계에서 유일하게 비구니회 조직을 가지고 있으며, 자체적으로 사원을 운영할 수 있는 운영권이 있는 곳도 바로 한국의 비구니 교단이다. 아울러 교육과 역경, 포교와 수행에 전념하여 체계적인 비구니 교단을 형성하는 데 기여했다.

현대 비구니의 활동을 살펴보는 데 중요한 요소는 바로 비구니 교단의 탄생과 더불어 강맥과 교육, 수행 풍토를 확립한 것이었다.

종헌법령집대한불교 조계종 법령집 1995의 종헌 제3장 제9조에 "승려는 구족계와 보살계를 수지하고 수도 또는 교화에 전력하는 출가 독신자라야 한다."라고 승려의 자격을 규정하고 있다. 1999년 1월 조계종 승려 수는 사미 2,168명, 사미니 1,811명, 비구 4,077명, 비구니 3,917명으로서 비구니와 사미니가 5,728명이다. 기본 교육기관에서 수학하고 있는 학인 수는 비구니 408명 사미니 482명이며, 전국 사찰2,500여 개에서 비구니가 주지 등의 소임을 맡아 사원 경영에 종사하거나 64개 복지 기관 등에서 사회봉사 활동에 기여하는 등 종단 종무행정에 참여하는 비구니도 있다.[542]

이상과 같이 한국 비구니 교단이 그 조직적 수행, 교육의 체계를 갖추고 팔목

---

539 혜원, 「한국 비구니의 수행체계와 선원청규에 대한 고찰」, 『동아시아 불교 전통에서 본 한국 비구니의 수행과 삶』, 대한불교 조계종 한마음선원, 2004, p.110.

540 『한국 비구니의 수행과 삶』, p.45.

541 『비구니 승가대학의 역사와 문화』, pp.31~33. 운문사승가대학은 승가대학원, 율원, 문수선원을 운영하고 있으며, 동학사는 학림, 봉녕사승가대학은 율원 등을 개설하고 있다.

542 전해주, 「한국 비구니 승가의 현황과 방향」, pp.327~328. 이 숫자는 1999년에 파악된 것이며, 현재는 변동이 있을 수 있다.

할 만한 성장을 이룬 것은 최근의 일이다. 이러한 변화에 대해서 조은수는 다음과 같이 말한다.

첫째, 집단적인 응집력이 비구니계 성장의 큰 요인이 되었다. 정화 운동 이후 현대에 이르기까지 여러 차례에 걸친 승가 개혁 과정에서 비구니들이 보여준 응집력은 한국 승가에서의 비구니들의 역량을 과시하는 좋은 계기가 되었다. 엄격하고 열악한 환경에서 성장과 특기를 진작하는 데 노력했다.

둘째, 경제적인 환경이 달라졌다는 것이다. 1970년 이후 경제 발전에 따라 비구니들의 거주 사찰도 경제력을 확보할 수 있었다는 것이다. 비구니들 특유의 근검 절약으로 이러한 경제적인 기회를 효율적으로 이용했다는 것이다.

셋째, 최근 한국 불교의 수행의 이상에 대한 이념이 상당히 바뀌었다. 최상승 수선修禪주의에서 다양한 수행법에 관심이 높아졌으며, 염불이나 기도, 이타 등의 수행법이 주목받기 시작했다. 여기에 비례해 비구니들의 수행도 상대적으로 부각되었다.

넷째, 한국 사회의 변화에 따라 승가에 대한 기대에도 변화가 있었다는 것을 꼽을 수 있다. 새로운 현대식 사찰이 등장하면서 안으로는 전법과 대중 교화의 중요성, 밖으로는 종교의 대사회적인 역할 등이 새로이 제기되기 시작하였다.

다섯째, 근대 한국에서 여성의 역할과 지위가 급격히 제고됨에 따라 이런 변화가 비구니의 위상에 큰 영향을 주었다. 양성평등의 사회를 실천하고자 하는 사회 의지에 참여하려는 의식이 불교계에 영향을 주었다.

여섯째, 전통적으로 대가족 사회를 지향하던 한국이 핵가족 사회로 변화하면서 가족 중심적 이념과 가치관으로 육아, 교육에 관심이 높아지고 있다. 이런 추세에서 의사소통은 비구니가 더 적당할 수 있다는 것이다.[543] 이와 같이 비구니 교육은 해방 이후 불교의 부흥을 위한 선각자 비구들의 지도와 그에 부응한 비구니들의 노력의 결과로 크게 발전하였다. 최근에는 대중 포교를 위한 새로운 교육제도를 마련하고 있으며, 다양해진 현대 사회의 지도자로서 그 몫을 할 수 있는 승려 양성에 많은 노력을 기울이고 있다.

3) 비구니 선원 및 율원

한국 비구니 교단의 교육과 수행 체계의 변화는 선원이나 율원의 교육에도 영향을 미치고 있다. 인도 불교에서 승려는 원칙적으로 노동을 하지 않았다. 음식도 걸식, 즉 '주어지는 것'으로 생활했는데, 중국에서는 이 같은 생활이 불가능했다. 깊은 산중에서 수행을 한 초기 선종 교단에서는 수행 생활을 유지하기 위해 자급자족해야 했다. 농경에 종사해야 하며, 음식물을 저장해 두어야 한다. 즉 선종에서는 숙식에 대한 문제 등으로 전통적인 계율을 무시하는 경우가 있는데, 기후 풍토를 비롯하여 생활환경의 커다란 격차는 선종에서 계율을 지킬 수 없는 중요한 원인이 되었다. 그리고 이러한 점은 단지 선종에만 해당되는 것은 아니다. 따라서 선종은 독자적인 사원이 필요했고 수행 규범도 확립해야 했다. 그리하여 백장회해 720~814의 「백장청규」[544]가 탄생되었다. 또한 달마부터 육조까지는 참선자들도 율사律寺에서 생활했기 때문에 그 안에서 선원을 설치하고 선 수행을 하였다. 그러나 여러 면에서 선의 교육이 철저하지 못했으며, 수용 문제도 율원과 달랐다. 선원의 수행승은 승당에 들어올 때 율사와 달리 하차夏次: 하안거의 수에 따르는 것이 공식이었다. 이러한 여러 문제점을 고려해서 백장이 청규를 제정한 것이다. 그러나 좌선 수행에 대해서는 일정한 규정 없이 납자 각자에 맡긴 것 같다.

한국 불교는 은상좌 계보를 비롯해 강맥, 선맥, 그리고 율맥의 계보로 전승되고 있다. 은상좌 계보는 세속의 부모와 자식의 관계와 같다고 할 수 있는데, 수계를 받고 정식 승려가 되는 것 등을 책임진다. 한국 비구니계의 은상좌 계보는 10여 개의 문중門衆이 자파의 계보를 이어 오늘날에 이르고 있는데, 청해靑海, 계민戒珉, 법기法起, 삼현三賢, 수정水晶, 봉래蓬萊, 보운普雲, 육화六和, 유활有活, 일엽一葉 문중 등이다.[545]

강맥은 강원 교육에 의한 '전강'이라는 형식을 통해 정식 강사로서 인정을 받

---

543 조은수, 「한국의 비구니 교단에 대한 여성주의적 고찰」, 『불교평론』, 2010, pp.175~178. 참조.
544 「백장청규」에 대한 내용은 「송고승전」 권10, 「경덕전등록」 권6 등 참조.
545 하춘생, 「한국 근·현대 비구니의 강맥전승과 그 의의」, pp.154~157.

는다. 선맥은 입실면수入室面授 또는 전법계의 수수授受로써 행하는 '전법' 개념으로 전승되는 계통으로, 달마 이하 육조까지는 의발로 전수가 이루어졌다. 그 이후는 의발은 생략한 채, 깨달음의 인가를 통해 이루어진다.

율맥은 '전계' 의식으로 율주 또는 전계사로 통칭되는 계보를 말한다. 출가 인연을 맺어준 스승을 득도사라 지칭하는 것에 대하여 강맥·선맥·율맥을 이어받는 계통의 스승을 사법사嗣法師라 통칭한다. 사법사 관계는 흔히 법계·법맥 혹은 종통·종맥이라고도 하는데, 득도사 관계와 동일할 수도 있고 그렇지 않을 수도 있다.

선원은 선방·선당·좌선당이라 하며, 선원의 교육 목표는 불교의 진리를 좌선을 통해 자기의 심성을 철견하고 자증삼매의 묘한 경지를 체달, 견성 성불케하고, 중생제도 곧 사회 발전에 기여케 하는 데 있다.

오늘날 한국의 선원청규는 시대별로 개선되고 산보되었지만 그 골격은 중국 선종의 「백장청규」로 거슬러 올라가며, 자각종색의 『선원청규』가 토대가 된다.

중국을 이어 한국의 선원청규는 고려시대 수선사의 『교계율의教誡律儀』에서 비롯되었다고 볼 수 있다. 보조지눌 스님1158~1210이 조계산 수선사 시절에 「계초심학인문」을 지어 초학 행자의 행지를 비롯하여 승당 생활의 규범을 정한 것이 바로 그것이다. 구성은 ① 사미승의 행의와 교계 ② 일상생활의 의궤 ③ 승당 대중에 대한 경계 ④ 선원 생활에 대한 경계의 내용으로 되어 있다. 이 같은 보조지눌의 『교계율의』는 기본 교육기관 수행자의 여법한 법도, 대중 생활을 위한 강원청규, 그리고 선원의 선원청규를 세우는 데 그 바탕이 되었다.[546]

조선시대에는 서산대사1520~1604가 『선가귀감』을 저술하였으며, 현대 한국 선원청규 성립에 많은 보탬이 되었다. 『선가귀감』은 '선교 불이'와 정토사상을 바탕으로 이루어졌으며, 수행인이 지녀야 할 규범을 내용으로 하고 있다. 그러나 현재 각 선원의 청규 성립과 그 배경을 뚜렷하게 제시할 만한 고청규古淸規의 사료는 발견되지 않아 선원청규의 변화 구조를 자세히 살필 수 없다.

---

546 혜원, 「한국 비구니 선원의 '청규' 고찰」, 『한국 비구니 승가의 역사』, 전국비구니회, 2007, p.61.

오늘날 선원청규의 지표는 범어사 계명암鷄鳴庵에 선원이 창설1902. 4되면서 경허 성우鏡虛惺牛, 1849~1912선사가 만든 수선사 「청규문」을 근거로 하였다.[547] 구한말1897년, 광무원년~1910 선원의 학제는 겨울, 여름 두 철의 안거를 실시하되, 하안거를 정법으로 하고 법랍은 이것을 인정하는 것을 원칙으로 삼았다.

1928년 일제 총독부에서 간행한 『조선승려수선제요朝鮮僧侶修禪提要』에는 결제 안거 시에 각 선당에서 지켜야 할 청규절목과 특수한 관례가 수록되어 있다. 전국 선방의 청규절목을 보면, 주로 선원 운영과 생활에 대한 교계이며 의궤다. 이 가운데 공통적으로 나타난 청규의 내용은 다음과 같다.

① 안거일 명시 ② 결제 중 입방 불허 ③ 오후 잡식 불허 ④ 머리 모아 잡담 불허 ⑤ 잠깐이라도 자리 이탈 금지 ⑥ 병중이면 완치되는 대로 다시 입방할 것 ⑦ 백의白衣로서의 참선 불허 ⑧ 세탁일 엄수 ⑨ 자리를 바꾸지 못함 ⑩ 선방 입방자의 사중 공사 참여 불허 등이다. 당시 비구니 선방인 석남사, 내원암도 이를 따르고 있다고 기록되어 있다.

그 외의 특별한 수행 지침으로는 일엽1896~1971스님과 원허인홍1908~1997스님이 평생 지켰던 만공스님의 유훈과 성철스님이 내린 12가지 청규를 들 수 있다. 일엽스님은 만공스님에게 "첫째, 세세생생 참선밖에 할 것이 없음을 알아야 할 것이요, 둘째, 정법의 스승을 여의지 않아야 할 것이요, 셋째, 살아서 육체와 남이 되어야 할 것이요, 넷째, 남이 곧 나인 줄 알아야 할 것이요, 다섯째, 제일 무서운 것이 허공인 줄 알아야 할 것이다."라는 유훈을 받아 평생의 지침으로 삼았다.[548]

선원은 강원과 달리 평생교육기관의 의미가 더 클 수 있다. 더욱이 고려 중기 보조지눌이 정혜결사를 세우고 돈오점수의 학설을 주장한 이래, 강원은 선원의 예비문 구실을 하게 되어 강원 수료자가 선원에 들어가 평생 수행을 하기도 하였다.[549] 선원에 들어갈 수 있는 자격은 강원의 사교·대교과를 수료하고 구족계를 받은 20세 이상된 승려에게 부여되었다. 결제 안거는 90일로서 법랍 1세로 하고,

547 『선원총람』, 대한불교 조계종 교육원 불학연구소, 불교시대사, 2000, pp.1137~1139.
548 해주, 「한국 근현대 비구니의 수행」, pp.146~147.
549 남도영, 「한국 사원 교육제도」 中, p.62.

법랍은 하안거의 참여 수로 계산하도록 하되, 단 본사의 허가를 얻어 동안거를 법랍에 가산할 수 있다.

하루 수행 시간은 8시간 이상이 원칙이며, 안거는 좌선 위주로 하되 선리를 연구하고 대소승율을 가르치기도 하였다. 강원 재학 중인 학인도 수행할 수 있으나, 정식 입학은 강원 출신자로 하여 평생교육을 실시하였다.[550]

근대에는 대선사·대교사大教師에 이르려면 강원대교과 수료 후 수의과 4년 이상 전수을 마치고 선원에 들어가 20 하안거를 수행하여 법랍이 20년 이상 되어야만 한다. 대선사·대교사가 되어서야 비로소 당호를 부를 수 있었다. 그리고 주지는 대교과 졸업자로서 선원에서 10 하안거를 하여 법랍 10년 이상된 승려라야 가능했다.[551]

현재 선원은 총림, 일반, 특별 선원으로 나누어지며, 총 97개 선원에 약 1,700여 명의 대중이 수행하고 있다. 대한불교조계종의 비구 선원은 2005년 조사에 의하면 총림4개을 합하여 63개소, 비구니 선원은 34개이다. 선맥의 전법 계보는 근대 이후 한국 선불교의 중흥조로서 호암虎岩파 계보를 잇고 있는 경허 이후 만공·한암漢岩·혜월慧月과 금계錦溪파 계보를 잇고 있는 용성 등의 문중 선맥이 지금까지 계승되고 있다.[552]

한국 비구니 선원의 시작은 근대기 비구니 수행에 가장 큰 영향을 끼쳤던 만공스님에 의해 1916년 1월 덕숭산 수덕사에 견성암선원이 개설된 이래 지금까지 30~40여 개의 비구니 전문 선원이 개설되어 있다.[553]

비구니 세만世萬이 개원한 내장사 소림선실1924을 시작으로 동화사 부도암선원성문-1928, 문경 사불산 윤필암 사불선원1931년 비구니 선원으로 전환됨, 오대산 지장암선원본공-1937, 해인사 국일암선원대원-1944, 해인사 삼선암 반야선원성문-1945, 대원사 동국제일선원법일-1957, 석남사 정수선원·심검당선원인홍-1957~1963, 내원사 동국제일선원수옥-1958, 동화사 양진암선원성련-1958, 동화사 내원암선원장일-1959, 해인사 보현암선원혜

550 남도영, 「近代佛敎의 敎育活動」, 「近代韓國佛敎史論」, 佛敎史學會 編, 민족사, 1988, pp.219~220.
551 남도영, 「한국 사원 교육제도」 中, p.66.
552 하춘생, 「한국 근·현대 비구니의 강맥전승과 그 의의」, p.156.
553 하춘생, 「근·현대 비구니사의 전개와 문중 확립」, 「한국 비구니 승가의 역사와 활동」, p.294(혜원스님은 앞의 논문에서, 최초의 비구니 선원 개설 연도를 1928년 수덕사 견성암이라고 하였다.

춘-1972, 불영사 천축선원일휴-1978, 예산 보덕사선원종현-1987, 위봉사 위봉선원법중-1990 등과 범어사 대성암선원, 은해사 백흥암선원, 탈골암 대휴선원, 복전암 복전선원, 법주사 수정암선원, 육수암 칠보선원, 용흥사 백운선원, 흥륜사 천경림선원, 백양사 천진암 백암선원, 운문사 문수선원, 신광사 조인선원, 승가사 제일선원, 회룡사선원 등이 근·현대의 대표적인 비구니 전문 선원들이다. 이 가운데 석남사 정수선원은 1999년 조계종립 비구니 특별 선원으로 지정되는 등, 선 수행 도량으로서 그 위상을 공인받고 있다.[554]

선원은 결제 기간 중에 정진, 법문, 포살, 참구, 경책, 운력, 산행, 삭발, 목욕, 자자 등을 제정 운영한다. 견성암은 수선 대중 40~50명이 모여 정진하였는데, 대중이 모이면서 자연스럽게 선원의 운영과 정진의 형태를 갖춘 것으로 보인다. 선원이 개설되면서 대중이 모이는 것이 아니라 정진을 함께하는 대중이 모이면서 선원이 이루어졌던 것이다.[555]

비구니 선원은 본사와 멀리 떨어져 있지 않을 경우, 선지식이 비구니 선원에 직접 와서 지도하고 공부를 점검하였다. 『선원총람』에 의하면 1928년 만공스님이 수덕사 견성암선원에서 지도한 것을 시작으로 한암, 향곡, 성철, 경봉, 서암 스님 등이 대표적으로 비구니 선원에 가서 직접 지도하거나 비구니 납자가 찾아가서 지도를 받았다고 한다.[556]

백흥암은 노동과 수행을 겸행하여 결제와 해제 때 큰스님田岡의 법문 테이프를 듣고 공부를 점검했다. 해인사 비구니 선원은 하·동안거 때 용맹정진하며, 결제와 해제 때 방장스님에게 상당법문을 듣고 스스로 공부를 점검한다. 그리고 매달 그믐, 본사에서 『범망경』을 포살하고, 보름마다 비구니 선원에서 비구니 포살을 한다. 해인사 보현암선원은 아침 예불 때 능엄주 대참회를 하며, 석남사는 선납 5년 이상의 납자들이 한 해 동안 결사할 수 있는 선당이 별도로 마련되었다. 세등선원은 매일 아침 큰스님의 법문 테이프를 듣고 공부를 점검하며, 위봉사 선원은

---

554 하춘생, 앞의 논문, pp.295~296.
555 혜원, 「한국 비구니 선원의 '청규' 고찰」, p.66.
556 『禪院總攬』, 대한불교 조계종 교육원 불학연구소, 비구니 선원 편.

전 대중이 열흘에 반나절씩 운력에 참여하여 보청신행과 자급자족을 한다.

비구 선지식은 비구니 납자를 제접하고 인가하여 비구와 같이 선사, 화상이라는 호칭도 붙였으며 당호와 법호를 내리기도 하였다. 묘리법희[1887~1975]스님은 만공스님에게 인가를 받고 선사라는 칭호를 받는 등, 근·현대 비구니의 법맥과 선맥의 장을 새롭게 쓰게 한 인물이다.

귀완貴完스님을 은사로 득도한 법희스님은, 동운東雲스님을 계사로 사미니계를 받았으며 1910년 해인사에서 해광스님을 계사로 구족계를 받았다. 스님은 철저한 계행과 선 수행을 통해 근세 이후 한국 불교사에서 최초로 비구니 선맥을 일으킨 인물로 평가받고 있다. 30세 때 만공스님께 법인가를 받고 묘리당이라는 당호와 함께 전법게를 받았다. 만년에는 수덕사 견성암 비구니총림 원장으로 주석하면서 후학을 지도했다. 스님의 회상에는 늘 납자들이 몰려들었고 춘성·금오·전강·경봉·향곡·고봉 스님 등 당대의 대선사들이 찾아와 법거량을 하곤 했다. 열반할 날도 본인이 직접 정하여 열반의 묘상을 보여주었다.[557]

본공本空스님[1907~1965] 역시 선사라는 칭호를 받았다. 본공스님의 법명은 계명戒明이었으며, 상운祥雲스님을 은사로 사미니계를 받고, 1928년에 유점사 조실 동선東宣스님을 계사로 구족계를 수지했다. 본공스님은 만공·한암·효봉·석우·향곡 스님으로부터 구법의 길을 안내받았는데, 만공스님에게서는 본공, 한암스님께는 달공, 석우스님께는 각환이라는 법호를 받았다.

19세에 출가한 대영大英스님[1903~1985]은 태주스님을 은사로, 만공스님을 계사로 구족계를 수지했다. 견성암과 서울 청룡사에서 10년씩 입승 소임을 살면서 후학들에게 "근기에 따라 참선하라, 기도하고 참회하라"고 가르쳤다. 한암스님으로부터 무위無爲라는 법호와 전법게를 받았다. 만공스님에게도 인가를 받았으며, 그 징표로 주장자를 받았다.

육화 문중의 11세인 선경禪敬. [1904~1996]스님은 환암스님으로부터 담연湛然이라는 당호를 받았다. 효봉, 향곡, 경봉 스님과의 법거량으로 유명하며, 숙명통을 얻었다.

---

557 하춘생, 『깨달음의 꽃』1, 도서출판 여래, 1998, pp.30~35 참조.

한국 비구니계의 삼대 강백 가운데 한 사람인 금룡[1892~1965] 스님은 비구니로서는 최초로 구하스님에게 입실하여 가르침을 받았다.

중국의 비구니와 마찬가지로 한국의 비구니 납자들은 정진과 임종을 맞이할 때의 모습이 의연하다. 성타스님[1932~], 혜근스님[1934~], 대각스님[1909~] 등은 소지공양을 하였다. 평생 청빈한 삶을 산 월혜스님[1895~1956]은 관도 없이 홑이불과 돗자리에 싸서 화장을 하게 했으며,[558] 진오스님은 수행정진하는 그대로 좌탈입망의 모습을 보였다.[559]

선경스님은 전국 각지의 선방을 순례하면서 비구 선사를 친견하여 가르침을 받았는데, 전광석화 같은 문답으로 선원 대중을 기쁘게 하였다. 또한 비구니 납자를 상대로 그들의 수행을 점검하고 안거를 위한 결제법어를 하기도 하였는데, 이것은 극히 이례적인 일이었다.[560]

위에서 거론한 법희스님을 비롯해 선경스님, 본공스님 이 외에 만성스님, 인홍스님, 세등스님, 창법스님 등은 깨달음에 있어서 비구승과 대등한 경지에 올랐다고 한다. 그들은 다른 비구 선사들과 동등한 자격으로 법담을 나누기도 했고, 서서히 비구니 선사가 비구니를 가르치는 자족적 전통을 세워 나갔다.[561] 그 가운데 인홍스님은 성철스님 회상에서 얻은 '육근을 청정히 하라'는 내용이 담긴 12가지 청규를 수행의 기본을 삼아서 오로지 마음 찾는 일에만 몰두하여 정진하던 중에 한 소식을 얻었다[42세, 1949].[562]

1950~1970년대 비구니 선원은 선농일치, 주경야선이 형성되어 일상의 일이 곧 선임을 체험하면서 비구니 선지식이 지도하고 공부를 점검해 줌으로써 투철하게 발심하였다. 그러나 현대 선원에서는 청규의 형태가 변용되기도 하였으며, 정체성

---

558 묘엄스님, 『香聲』, 봉녕사승가대학, 2008, p.233.

559 하춘생, 앞의 책, p.218.

560 하춘생, 앞의 책, pp.122~138. 취의.

561 박 포리, 「현대 한국 비구니사찰의 설립에 대한 고찰」, 『동아시아 불교 전통에서 본 한국 비구니의 수행과 삶』, 대한불교 조계종 한마음선원, 2004, p.125.

562 성철 스님이 수행하면서 스스로에게 다짐한 12가지 항목(十二銘: 目不注 簪髴之儀, 耳不傾 塵俗之談, 手不捉 錢幣之寶, 服不接 絹帛之綵, 身不近 檀家之施, 影不過 尼寺之垣, 鼻不饗 辛葷之菜, 治不醫 生靈之肉, 心不繫 是非之端, 意不轉 順逆之機, 禮不揀 童女之足, 舌不弄 他人之咎). 十二銘은 퇴옹성철, 『해탈의 길: 수도자에게 주는 글』, 장경각, 2004, pp.117~121에 실려 있다.

도 흔들리고 있다.

혜원스님이 2006년, 동안거 해제 후, 5~15안거를 마친 납자에게 비구니 선원 운영의 문제점 등에 대해 의견을 물었다. 그 내용을 통해 우리는 다음과 같은 사실을 엿볼 수 있었다.

① 자체적으로 경제력이 있는 선방은 별문제가 없지만 대체로 선방 운영이 어렵다. ② 신·구참의 차별성座次이 원활하게 이루어지지 않는다. ③ 선방의 청규 공지를 다각실 혹은 지대방에 비치하거나 입승 혹은 주지가 전달하는 데 그친다끝크게 중요시 하지 않음. ④ 포살과 자자는 거의 하지 않으며 법거량 역시 행하지 않는다.[563] ⑤ 결제·해제 때의 상당법문으로 공부를 점검하는데 법문이 대체로 어렵고 공부에 도움이 되지 않는다. ⑥ 선방 운영에 지원이 필요하며, 안거 수대로 해제비나 철보시 등을 종단에서 주어야 한다.

위의 내용을 살펴보면, 수좌들이 상당설법이나 법거량 등을 원하는 것 같다. 공부의 깊이가 어느 정도인지를 검증된 안목을 지닌 선지식에게 점검받고 싶은 것이다. 특히 선원에서는 납자들의 요구에 귀를 기울여야 할 것이다. 납자들도 자급자족에 필요한 생산 노동에 기꺼이 참석하고 하화중생을 실천하는지 되새겨야할 것이라고 본다.

불교 교단은 철저한 지계 중심의 화합 대중이다. 불교 교단의 핵심 구성원이요, 수행의 주체라 할 수 있는 출가 양중의 위의가 사회 일반의 대중과는 달리 계율로 확립되고 공경받을 수 있는 까닭이 그것이다.

우리나라 계단의 기원에 관한 기록은 선덕여왕 12년643에 "자장을 대국통으로 삼고 승려의 모든 규범을 승통에 위임하여 이를 주관하게 하였다. (중략) 머리를 깎고 승려가 되기를 청함이 세월에 따라 증가하여 이에 통도사를 창건하고 계단을 쌓아 사방에서 오는 사람을 도승度僧하였다."라는 구절이 『삼국유사』 권4, 「자장정율조慈藏定律條」에 있다.

통도사 외의 계단은 진표율사가 효성왕 4년740에 금산사에 이르러 매년 계단을 열었다고 기록되어 있다.[564] 금석문의 사례로 확실한 것은 문성왕 17년855에 행적行

寂, 832~916이 복천사福泉寺의 관단에서 구족계를 받은 사실이다.[565] 관단수계가 당대에서처럼 재정 수입과 관련이 있는지, 사설계단은 존재하였는지 또는 그 성격이 방등계단인지도 확실치 않다. 또한 소승계단인지, 대승계단인지, 아니면 이 모두를 포괄하는 것인지 현재로서는 가늠하기 어렵다.

관단의 관리는, 당대에서는 관단에 필요한 모든 것을 관에서 공급하고 임단대덕 각 10인을 두는 것을 상식으로 한다.[566] 신라의 관단은 국통이 총괄하고 흥덕왕 대부터 보이는 절주통節州統과 계단이 있는 사원에 존재했던 율사가 하였을 것으로 생각된다. 고려에서의 관리 체계는 짐작할 자료적 근거가 없다. 그러나 승적을 승록사에서 관리한 만큼 관단수계 또한 승록사에서 주관하지 않았을까 짐작한다.[567]

조계종단사에서 단일계단 수계산림이 성립된 것은 자운성우慈雲盛祐, 1911~1992스님이 1981년 2월 17일 제1회 사미·사미니계 수계산림을 거행하면서부터다. 자운스님은 서울 대각사에 머물면서 국립도서관에서 율장을 일일이 사서하였으며,[568] 석암昔巖·일타·지관 스님 등에게 계율을 강의하였다.

또한 자운스님은 묘엄스님을 비롯해서 3명의 비구니에게 율장을 가르쳤다. 그리고 1982년 단일수계를 하기 전, 1981년 진관사에서 전국의 지도자급 비구니들에게 율장을 가르쳤다. 이때의 가르침으로 묘엄스님은 단일수계 당시 비구니 교수아사리를 하였다.[569]

근·현대기에 전문율원이 개설되어 비구니가 계율을 수학한 것은 본격적으로 1982년 10월에 실시된 '비구니 이부승 구족계 수계 의식'이었다고 볼 수 있다. 한국

---

563 현재 포살은 2008년 이후부터 종단 차원으로 행하고 있는 것으로 논자는 알고 있다.

564 『삼국유사』 권4, 義解 5, 眞表傳簡.

565 韓基汶, 앞의 책, p.365.

566 『대송승사략』 권下, 臨壇法(『대정장』 54, p.252 上~下).

567 한기문, 앞의 책, p.371.

568 당시 국립도서관이 명동에 있었는데, 율장을 열람할 수 있는 유일한 곳이었다. 자운스님이 사서한 율장이 통도사 千華律院에서 출판되었는데, 『비구계본』, 『비구니계본』, 『사미율의』, 『사미니율의』 요약이다(묘엄스님, 『香聲』, 봉녕사승가대학, 2008, pp.201~202). 석암에게 전해져 현재 부산 내원정사에 보관되어 있다고 한다(하춘생, 앞의 논문, p.305).

569 석담스님, Inyoung Chung. Crossing over the Gender Bdoudnary in a Gray Robe: *The Life of MYOŎM, a Korean Buddhist Nun*, 박사학위 논문, University of Virginia 2008, pp. 285~320 취의.

전쟁이 한창이던 1951년 자운스님에게 『비구니율의』, 『사미니율의』 등의 율서를 배운 묘엄스님이 근대 불교사상 최초로 비구니 율사로 임명되어 비구니 구족계 수계 제도를 부활시키기 위한 위원회를 이끌었다. 이로써 비구니 계율 호지의 전거가 마련되었다.

비구니 전문 율원[570]은 1999년 5월 21일 개원된 봉녕사 금강율원이 처음이다. 초대 율주로 지관스님을 모시고 묘엄스님이 율원장에 취임했고, 2007년 3월 20일 제2대 율원장에 적연寂然이 취임한데 이어 2009년부터 대우大愚스님이 제3대 율원장의 소임을 맡고 있다. 2년 과정으로 운영되는 금강율원은 2001년 2월, 4명의 첫 졸업생을 배출한 이래 2010년 1월 제8회 졸업생까지, 총 31명을 배출했다.

금강율원은 2007년 5월 7일 제1회 전계식을 거행했으며, 율주 묘엄스님은 적연과 신해信海 스님에게 전계함으로써 비구니 율맥의 독립적 계승을 공식화했다. 그해 9월 14일 제2회 전계식을 통해 대우스님에게 전계함으로써 지금까지 3명의 전계 제자를 두고 있다.

금강율원의 뒤를 이어 2007년 4월 18일 청암사에 승가대학장 지형스님을 초대 율원장으로 청암사율원을 개원하였다. 졸업생은 2009년 5명과 2010년 6명 등, 총 11명이다. 운문사 보현율원은 2008년 4월 4일에 정식 개원했으며, 2010년 현재 제1회 졸업생 8명을 배출했다.

4) 현대 비구니 활동과 역할

위와 같이 비구니 수행 도량인 강원, 선원, 율원의 모습은 한국 비구니 교단의 높은 교육열과 엄격한 계율 수지 및 수행정진의 결과임을 살펴보았다. 동학사 강원을 출발로 현재의 비구니 강원은 승가대학으로 그 위상을 높였으며, 어느 나라에서도 볼 수 없는 전통성을 갖고 자율적으로 교육하고 있다.

---

570 자세한 내용은 본각스님의 「한국 비구니 승가의 교육과 법계 제도」, 『한국 비구니 승가의 역사와 활동』, p.371. 도표 참고.

현재 한국 교단에서는 수행과 교육의 기회가 비구와 비구니에게 동등하게 주어진다. 비구니 교단은 1982년 그동안 한국 승가에서 사라졌던 이부승 비구니 구족계 수계식 제도를 부활시켰다. 수계식은 부산 범어사 대성암에서 비구니 전계사 정행淨行스님을 모시고 행해졌다. 이것은 한국 비구니 교단의 정통성을 확고히 하는데 결정적인 계기가 되었다.

현재 비구니 교단이 없는 나라의 여성 수행자들이 비구니 교단 설립을 목적으로 현존하는 비구니 교단을 찾을 때, 먼저 한국의 비구니 교단을 주목한다. 이것은 한국 비구니 교단의 정통성과 위상이 세계 어디에 내놓아도 자랑할 만하다는 사실을 입증하는 것이다.

한국의 여성 출가자는 율장에 따라 비구니 은사 아래서 삭발수계하는 전통을 고스란히 지켜왔다. 비구니 스승의 지도를 받으며 사미니 · 식차마나 수련 기간을 거쳐 비구니 구족계를 받는다. 한국 비구니들은 대만이나 일본과 달리 비구 승단에서 독립된 단체로, 비구니의 문제는 자체에서 자주적으로 해결하고 있다. 한국 비구니 교단이 화합승가임을 상징하는 '전국비구니회'가 활발하게 활동하고 있는데[571], 이러한 조직은 세계 어느 불교 국가에도 없다.

또한 한국의 비구니 선원은 임제선의 선 수행 전통에 따라 동 · 하안거 제도를 철저히 지킨다. 중국에서 시작된 선 수행 전통은 중국에서는 사라진 지 이미 오래며, 대만 비구니들도 안거 제도를 모르거나 지키지 않고 있다.[572]

현재 비구니 교단은 소승 법장부 계율과 대승 정신을 지니고 있으며, 대한불교조계종에서는 구족계와 보살계를 함께 수지한다. 그러나 비구니 교단은 바로 팔경계법과 연관되어 있어 어느 정도는 비구에 종속되어 있음도 간과할 수 없다. 그래서 해주스님은 비구니도 비구와 동등한 법계 품수를 받아야 하고, 비구니원을 두거나 총무원 비구니부를 두는 일, 비구니 총림과 비구니 본사를 두는 일을

---

[571] 현재까지는 비구니를 대표하는 모임으로서 두드러진 성과는 없지만 계속 성장하고 있으며, 특히 교육, 포교에 목소리를 높이고 있음을 볼 수 있다.

[572] 석담 · 이향순,「국제화시대 한국 비구니의 위상과 역할」,『한국 비구니의 수행과 삶』, 전국비구니회 엮음, 예문서원, 2007, p.186.

제안하였다.[573]

한국 비구니 교단의 바람직한 활동에 대해 승가 공동체로서 그리고 개인적 부분으로 구분하여 기술하면 다음과 같다.

비구니 교단은 먼저 화합승가로서 계파나 사원 단위의 학풍을 넘어서서 모든 비구니들이 화합하는 교단이 되어야 한다. 그러한 점에서 공동의 인재를 발굴하고, 교육체계를 세우고, 수행법과 스승의 지도법을 교류하는 방법을 만들어야 한다. 재정적으로 어려움을 겪고 있는 비구니 학인이나 수행자를 적극적으로 돕기 위한 공동 모임도 형성되어야 한다.

전국적으로 비구니 교단의 협의 하에 교육, 역경, 수행과 포교, 연구를 통합적으로 관리하는 기관이 세워지고 그 결과를 공유할 수 있도록 온·오프 라인상의 콘텐츠가 필요하다. 승가대학 네트워킹을 위해 인터넷망도 고려하여 업그레이드 담당자 등 질 높은 관리자와 정보가 필요하다. 국제적으로 한국 비구니 교단을 홍보하고, 외국 비구니 교육을 체계화할 수 있는 제도가 필요하다.

한국 비구니 교단이 해결해야 할 첫 과제는 바로 출가 홍보와 출가자를 확보할 수 있는 방안을 강구하는 것이다. 둘째는 좀더 질 높은 교육과 수행, 포교, 역경을 위해 전문 교육자 양성 프로그램을 마련하는 일이다. 셋째는 비구니 승가대학을 국가 인정 교육기관으로 만들기 위해 다 함께 노력해야 한다. 넷째 과제는 지속적인 교육 기회를 공평하게 제공하여 비구니 교단 전체가 책임을 지는 재원 마련이 필요하다. 다섯째, 국내와 승가, 사회 문제 등 여러 학문과 수행 등에 대한 비전을 제시할 수 있는 연구소를 다양화하고 활성화해야 한다. 여섯째 국제적으로 한국 비구니 교단의 세계화에 부응하고, 세계 비구니 교단 연구와 국제 포교를 위해 지도력을 지닌 비구니 교육자, 수행자 등을 양성하는 기관이 필요하다.

비구니 교단은 여성의 출가에서 비롯된다. 여성이 출가하지 않으면 비구니 교단은 소멸한다. 그러한 문제를 해결하기 위해서는 비구니 교단의 사회적 역할이 강화되어야 한다. 사회적으로 인정받기 위해 사회의 청정 모델로, 여성의 삶의 모

---

573 전해주,「한국 비구니 승가의 현황과 방향」, p.339.

델로 자리 잡는 데 앞장서야 한다.

비구니 교단을 유지하기 위해서는 모든 사미니와 비구니가 부처님의 딸로 평등한 존재임을 깨닫고 서로 화합승으로 살아가야 한다. 비구니 교단이 비구니 개인이나 일부 대중, 또는 비구니 개인 사원을 위해서 분파하거나 분쟁해서는 안 된다. 그렇게 하기 위해서는 사미니와 비구니의 상호 보호와 관리 체계가 필요하다.

인도의 장로니게 주석서, 중국의 『비구니전』에 나타난 것과 같은 뛰어난 비구니 스승을 양성하고, 훌륭한 제자를 길러 내는 일은 비구니 교단의 장래와 직결된다. 그래서 교육 지도자를 양성할 수 있는 프로그램과 시스템을 구축하여 집중적으로 교육할 수 있도록 해야 한다. 현재 비구니 교단이 성장할 수 있는 기본 동력은 바로 사미니와 비구니의 수준 높은 교육에 달려 있다고 해도 과언이 아니다. 불교 교육과 승가 교육, 사회 교육을 체계화하고 인성 교육을 확립하여 인연과 능력에 맞는 맞춤형 교육을 실시해야 한다.

각 비구니 승가대학은 일정한 과정을 이수한 사미니, 비구니를 계속해서 교육자, 수행 지도자로 양성하기 위해서 연구소 활동을 강화해야 한다. 비구니 승가대학은 교육 교재 개발과 교육자의 질적 향상을 도모하기 위해서 다양한 교육 시스템을 개발하여 최적의 교육자와 수행자를 양성해야 한다. 비구니 교단이 담당해야 할 분야를 설정하고 그것에 맞는 사회적 교육도 고려해야 할 것이다.

V.
일본 비구니 교단의 발전과 종파

1. 비구니 교단의 형성과 변천

일본은 한국의 삼국시대에 불교를 받아들였으며, 중국이나 한국에 비해 인도 고대의 불교 교단과 거리가 멀다. 더구나 현재의 일본 불교 교단은 인도 초기불교 교단의 saṃgha나 대승불교 교단의 gaṇa와는 성격이 아주 다르며, 각 종파의 종조 시대의 종단과도 변용되어 있다.[574] 일본이 불교를 수용한 시기는 임신년552설, 무오년538설 등이 있지만, 무엇보다 6세기 중엽 백제의 성왕 시대에 일본 킨메이欽明 왕조王朝에게 전해졌다는 설이 유력하다.[575]

오에노 마사후사大江匡房가 기록했다고 하는 『대마공은기對馬貢銀記』 『조야군재(朝野群載)』권3에 의하면, 킨메이천왕 당시 불법이 처음 전해질 때 대마도에 한 명의 비구니가 있어 오음吳音을 가지고 불교를 전했다고 한다. 그때부터 일본의 경론이 모두 오음을 사용했는데, 오음은 또한 대마음對馬音이라고도 한다고 기록되어 있다.

『대마공은기』는 11세기 말에서 12세기경의 기록이며, 이 전승이 사실인지는 확실하지 않지만 불교 용어가 중국 남방의 발음인 오음이 많은 것과 비구가 아닌 비구니가 전했다고 하는 내용이 흥미롭다. 대마도는 조선 땅과 가장 가까이 있는 섬으로 『위지위인전魏志偉人傳』에 대마도가 옛날부터 중요한 문화 유입의 장소로 기록되어 있다. 따라서 일찍부터 불교가 유입되었을 수도 있고, 또한 비구니도 일찍 들어왔을 가능성도 있다.[576]

『일본서기』 민달 13년584조에 의하면 소가노 우마꼬蘇我馬子가 대회설재大會設齋에서 기도할 때 참석했던 쵸마닷타菩摩達多에게 사리를 받았다고 한다. 사리는 상서를 보였으며 감명을 받은 소가노 우마꼬는 이시가와石川의 집을 불전으로 꾸몄으며, 다음해 그 사리를 탑의 기둥 안에 안치했다고 한다. 이 내용을 평하여 『일본서기』에는 "불법의 시작은 여기에서 비롯되었다."라고 기록하고 있다. 또한 『일본서기』

---

574 미즈타니 코쇼(水谷幸正), 「日本佛教 教團의 現代化에 關하여」, 『韓國宗教』 第二輯, 圓光大學教 宗教問題研究所, 1975, p, 146.

575 『元興寺緣起』 p.1(『大日本佛教全書』, 大日本佛教全書刊行會, 1931, p.137).

576 후지우라 레이꼬(藤浦令子), 『日本古代의 僧尼와 社會』, 吉川弘文館, 2000, pp.159~160.

스슌崇峻 원년588 시세조에는 백제에서 사리를 받았다는 기록이 보인다.[577]

이렇게 전래받은 일본 불교의 최초 출가자는 시바닷또司馬達等의 딸인 11세의 여성이었다.[578] 최초 출가자가 소녀였다는 점에 대해 일부에서는 불교 수용 이전에 행해졌던 종교에 대한 메시지가 엿보이며, 일본의 고대 종교에서는 여성이 큰 역할을 했음을 시사한다고 보는 시각도 있다. 몇몇 학자들은 당시 출가한 여성이 샤먼이거나 도래인으로 경전을 읽을 수 있는 식자였다고 지적하기도 한다.[579]

최초 출가자인 젠신니善信尼, 嶋 등 3명이 처음 사쿠라이櫻井 도량에 출가하여 행하였던 경전 독송은 그때까지 종교가 이루었던 역할을 연장한다는 의미가 있었다. 독송의 내용도 천황, 상황, 황후의 병 쾌차, 사망 시의 명복, 재난 방지를 위한 기도 등이라는 것이다. 스이코推古천황 시대는 오백 명 이상의 여성이 출가했다. 『일본서기』에는 624년推古 32에 '사원 46, 남승 816, 여승 569명'이라고 기록하고 있다.

이들 여성들은 자유의지거나 종교적 신심으로 출가한 것이 아닌 경우가 많다. 또한 천황이나 상황 등이 사망한 후 황후 등이 승려가 되는 경우, 남편이 사망한 경우에 아내가 출가하는 경우가 많았다. 일본 초기의 여성들은 천황이나 남편과 종속 관계를 유지했으며, 출가도 타의에 의해 하는 경우가 많았다. 특히 최초의 승려로 11세의 소녀가 발탁되었다는 것은 당시 일본 불교에서 여성의 지위가 어떠했는지 짐작하게 한다. 또한 중병에 걸리면 출가하는 경우가 있는데, 자신의 목숨 연명과 회복을 기원하는 의미가 크다고 할 수 있다. 노쇠나 병 때문에 하는 출가는 중세에 일반적이었던 재가출가 형태가 많았다.[580] 일본의 경우도 여성의 출가에는 여러 가지 상황이 있었으며, 어떤 경우는 본인의 의지와 상관없이 출가하는 예도 있었다. 그러나 최초 출가자가 바로 여성이었다는 점은 특기할 만한 것이다.

---

577 혼고 마사쓰구(本郷眞紹), 『律令國家佛敎の硏究』, 法藏館, 2005, p.7.

578 『元興寺緣起』에 의하면, 젠신니의 당시 나이는 17세이며, 그 당시로서는 결혼 적령기에 해당하는 나이라고 하였다. 『元興寺緣起幷流記資財帳』 p.2(『大日本佛敎全書』, 大日本佛敎全書刊行會, 昭和 6년(1931), p.139).

579 오고시 아이꼬(大越愛子), 미나모토 준꼬(源淳子), 야마시타 아끼꼬(山下明子) 共著, 『日本佛敎の性差別』, 『性差別する佛敎』, 法藏館, 1990, p.130.

580 김영, 「중세 재가출가의 의미」, 『日本語文學』 第37輯, 2007, p.517.

1) 수계의 형성과 의식

일본 불교의 최초 출가자가 여성인 만큼 수계도 역시 여성에 의해 최초로 이루어지는데, 고구려나 백제의 도움으로 성립되었다. 소가노 우마꼬는 백제에서 불상을 구해왔으며 시바닷또, 이께베노히타池邊氷田 등을 파견하여 수행승인 고구려 승려 혜편惠便을 찾아내 스승으로 하고, 시바닷또의 딸 시마嶋, 젠신니를 비롯하여 3명을 출가시켰다.[581] 바로 아스카시대 584년, 젠신니와 두 제자 젠조니禪藏尼, 에젠니惠善尼가 고구려 승려 혜편과 법명法明이라는 고구려계 노비구니로부터 출가계를 받은 것이다. 하지만 이들은 후에 억불파에게 삼의를 빼앗기는 최상의 치욕을 당했다. 이 사건이 일본 비구니들이 겪은 최초의 수난이라 할 수 있다.

그 후 이들은 사쿠라이 도량에서 수행을 하였는데, 소가노 우마꼬가 병이 들자 회복을 위해 이들에게 예배佛供할 것을 청한다. 비구니들은 그 불공을 통해 인정을 받았으며 이를 계기로 사면되어 불교 활동을 계속하게 된다.[582] 3명의 니승은 사면된 후에 출의의 도는 계를 근본으로 하므로 백제로 가서 계법을 배우겠다며 시바司馬에게 청하였다. 마침내 스슌 1년588에 이 3명의 비구니는 백제에 건너가 약 1년 5~6개월 남짓 구족계를 받아 익히고 스슌 3년590 3월 귀국했다.[583] 이로 미루어 보면 일본 비구니 성립의 바탕은 고구려 불교의 영향을 받았으며, 제도나 계율은 백제 불교의 영향을 크게 받았음을 추측할 수 있다.[584]

『조동종니승사』에 의하면 "이들이 고구려 승려 등에게 받은 것은 정식 비구니계가 아니었으므로, 소가노 우마꼬에게 계의 법을 배우고, 비구니계를 받고자 했는데 이루어지지 않자 다시 백제로 건너가 2년 유학한 뒤 식차마나의 육법계를 받고, 후에 비구니계를 더 받은 뒤 귀국했다."[585]라고 기록하고 있다.

---

581 이시다 미즈마로 저, 이영자 역, 『일본불교사』, 민족사, 1995, pp.16~17

582 요시다 카즈히코(吉田一彦), 『日本史の中の女性と佛教』, 法藏館, 1999, p.98. ; 후지우라 레이꼬, 『日本古代ち僧尼と社會』, 吉川弘文館, 2000, p.164.

583 이영자 역, 앞의 책, p.26.

584 후지우라 레이꼬, 「法華滅罪之寺と洛陽安國寺法華道場」, 東京女子大學, p.1.

585 曹洞宗尼僧史編纂會, 『曹洞宗尼僧史』, 東京:曹洞宗尼僧僧團本部, 1955, p.26.

또한 『일본서기』에 의하면 스슌 1년[588]에 이들은 일본 최초의 비구니 사원인 사쿠라이 도량에 거주하였는데, 선덕, 맥부인貊夫人, 신라 출신의 원선묘媛善妙, 백제 출신의 원묘광媛妙光 등 4명의 여성이 득도하여 니승단을 구성하였다고 한다. 동시에 선총善總, 선통善通, 묘덕妙德, 법정法定, 조선照善, 지총智聰, 선지혜善智惠, 선광善光, 다수나多須奈 등 9명의 남성이 그들에게 출가 득도했다고 한다.[586] 그중 시바닷또의 아들 다수나가 출가하여 덕제德齊법사라고 불렸는데 그를 최초의 비구로 기술하며, 거주한 판전사阪田寺를 최초의 남승사男僧寺, 법사사法師寺라고 부르고 있다. 젠신니 등은 귀국 후 영전사를 시작으로 포살회를 열었다고 하는데, 포살의 시작도 니승에 의해서 이루어졌다. 이와 같이 일본 불교는 니승의 출가 득도에서 시작되었으며, 니승 사원과 포살뿐만 아니라 비구도 니승의 득도로 탄생하였다.

스이코천왕 12년[604]에 쇼도쿠태자가 17조 헌법을 제정함으로써 불교가 흥융해지고 불상과 사원을 세웠다고 하는데, 7개의 건립 사원 가운데 4개인 중궁사中宮寺, 교사橋寺, 지후사池後寺, 갈성사葛城寺는 비구니 사원이었다.[587] 이와 같은 조치는 여성의 출가를 증가시켰는데 승적 조사 통계의 내용은 앞의 『일본서기』에 기록된 것과 같다.

이 내용은 젠신니 등이 출가한 이후 44년 동안 많은 법 상속자를 얻었다는 것을 의미한다. 니승의 증가에 따라 승강僧綱을 설치해 승정, 승도, 법두 등의 직관을 두어서 사찰과 니승 그리고 비구를 함께 관할하는 기관으로 삼았다고 한다. 『일본서기』를 통해 보면, 스이코천황 32년[624]에 백제 관륵觀勒이 승정, 승도라는 승관제를 진언한 것으로 추측할 수 있다.[588] 승관제는 대승정 1명, 대승도, 소승도 각 1명, 율사 1명, 좌관 4명 등 총 8명으로 구성되었다.[589] 또한 승정, 승도와 법두가 임명되

---

586 『曹洞宗尼僧史』, p.115. ; 이영자 역, 『일본불교사』, p.26에서는 젠신니 등의 출가 수계 사실 여부에 의문점은 있으나 많은 여성이 출가했다고 설명하고 있다. 또한 가와사키 쓰네유키(川崎庸之)・카사하라 카즈오(笠原一男) 저, 계환 옮김, 『일본불교사』, 우리출판사, 2009, p.17에서는 大伴의 딸 善德 이하 10명의 비구니를 제도하였다고 전한다.
587 자세한 건립 기원과 위치는, 『조동종니승사』, p.116 참조.
588 한국의 都維那 제도에 대한 자료는 신라 진흥왕 12년(551)에 北齊의 大統・統・都維那 등의 승관제 채택만 있는데, 만일 이보다 일찍 남조의 제도가 백제에 들어왔다고 한다면 이는 역시 성왕의 시대라고 볼 수 있다 (이시다 미즈마로 저, 이영자 역, 『일본불교사』, p.14).
589 후에 職官의 이름은 여러 가지로 변천하였으며, 천무천왕(680년) 때에는 승니의 위의, 법복, 왕래 제한 등의 규정도 생겼다(이시다 미즈마로 저, 이영자 역, 앞의 책, p.45).

었고, 법두는 사원의 승니, 노비, 전답 등을 조사하여 경영이 부진한 사사私寺의 원조를 분명히 하였다.[590]

코토쿠孝德천왕 대화大化 원년645 법흥사에는 박대狛大법사를 비롯한 5명의 승려와 절의 주지 4 명 등 십사十師가 머물렀다고 한다. 하쿠치白雉 2년651에는 미경궁에서 2,100여 명의 승려로 하여금 『일체경一切經』을 읽게 하였다고 한다.[591]

그러나 이와 같은 승관제에 의한 출가 외에 자의적인 득도의 모습도 보인다. 천황, 황후 등의 치병, 사후 명복을 비는 공덕행을 행한 흔적으로 100명 이상이 득도한 경우가 있다. 마침내 이것이 제도화되어 지토持統천황 10년696에는 매년 12월 그믐 수행자 10명이 득도하는 것으로 규정하고 있다.[592] 다이호大寶 2년702 시행된 승관제에 의하면, 승강의 임무는 득도, 수계, 승니의 처분이나 환속, 사망 등 승강에 관련된 것과 일반적으로 뛰어난 인재 발굴, 출가 기강의 엄정을 담당하였다. 승니의 신분은 노비 등이 출가한 경우 평등 원칙에 따라 노비를 면하지만 환속하면 다시 노비가 된다. 출가가 노역을 면하는 수단이기에 임의로 삭발하고 승복을 입는 일도 발생했다.

나라시대에는 율령국가의 면모를 갖추는데, 계율 강조는 국가의 교단에 대한 통치 질서에 도움이 된다. 그리고 한편으로 신민臣民의 도덕률이 되므로 권장할 만한 것이었고, 규칙과 금제의 면에서 율령과 통하는 것이었다.[593] 또한 우바새사나 출가인시소라는 관청이 설치되었는데 우바새사는 우바새를 직접 지배하는 관청이다. 출가인시소는 재가자를 출가시키고 사미, 사미니를 양성하기 위해서 인물, 학업을 심사하는 곳이었을 가능성이 있는데, 743~745년의 기록에 언급되고 있다. 나라시대에는 사찰 소유 사전寺田이 증가했다. 처음에 '승니령'이 제정되면서 국가 권력이 불교를 통제했지만 말기에는 불교가 부분적으로 독립적 교단이 되기에 이르렀다.[594]

---

590   이영자 역, 앞의 책, p.40.
591   앞의 책, p.42.
592   앞의 책, pp.52~53.
593   辛鍾遠, 『新羅初期佛敎史硏究』, 民族史, 1992, p.280.
594   계환 옮김, 『일본불교사』, pp.53~58.

'승니령'에 의해 출가자는 국가에서 제시하는 조건을 통과해야 했는데, 득도 조건은 암송과 송경 등이다. 쇼무聖武천황 천평4년732 '우바새공진해'에 의하면 독경은『법화경』,『최승왕경』,『방광경』,『미륵경』,『열반경』 각 1부를 암송하게 하였다. 이외 잡경 15권과 송경에는『약사경』,『관세음품』,『다심경』 및 송주에 다수의 다라니와 결계문 등을 하게 하였다. 천평天平6년734 11월 태정관의 진언에는 득도 조건으로『법화경』1부,『최승왕경』1부를 암송하고 수행 기간이 3년 이상에 한하였다.

동대사 권진승勸進僧으로 활약한 대승정 행기行基보살의 활약으로 천평 3년731에는 "행기를 따르는 61세 이상의 우바새와 55세의 우바이의 출가 입도를 허가한다."라는 조서가 내려졌다.[595] 천평 21년749에는 광명황후가 행기를 따라 출가 수계하여 만복滿福이라 칭하였으며, 황태후 미야코宮子가 행기에 의해 수계를 받고 덕만德滿이라는 법명을 받는다.[596]

또한 코켄孝謙천황 천평승보 6년754에 당에서 들어와 일본 율종의 개조가 된 간진鑑眞, 689~763화상은 지수智首니 등 3명의 비구니와 비구 14명 등을 제자로 삼고『비구니계본』,『비구니계본소』,『비구니전』 등의 전적을 구해 동대사東大寺 대불전大佛殿에 계단을 설립하였다. 그리고 코켄천황, 코묘光明황태후 등을 시작으로 다수의 신하와 여성이 등단 수계했다. 이것이 일반 여성이 등단하여 수계를 받은 시초이다.

율종에는 구족계 250계와 사미 10계가 있었으며, 그 위에 통계로서 범망계를 받는다. 그러나 일본에서 간진화상에 의한 비구니 구족계는 간진이 귀국한 이후 행한 적이 없으며, 불가능했던 것으로 파악된다.[597] 간진화상의 제자인 호신法進은 계단의식 1권을 저술했으며, 비구니 수계에 필요한『계본소戒本疏』,『갈마소羯磨疏』,『행사초行事鈔』,『사분비구니초四分比丘尼鈔』 등을 강의하였다.

후에 천평보자 3년759 8월, 당초제사唐招提寺에도 계단이 세워졌으며, 5년761 정월, 시모츠케下野의 약사사藥師寺, 치쿠젠筑前의 관세음사觀世音寺에 계단이 설치되어 동대사와 함께 '천하 4대 계단' 이라고 불렸다. 니승은 남승과 함께 이들 중 한곳에서

---

595 이영자 역,『일본불교사』, p.91.
596 『조동종니승사』, pp.26~27.
597 이영자 역, 앞의 책, p.86.

구족계와 삼취정계를 받고 비구니가 되었다. 이 가운데 동대사, 당초제사는 중국의 수계 의식에 준해서 10사를 초청해 백사갈마에 의한 수계를, 약사사, 관세음사는 변국의 의식에 준해 5사를 초청해 백사갈마에 의한 수계를 하였다.[598] 동대사계단 등 삼중의 단은 대승보살의 삼취정계를 의미하는데, 간진화상이 전한 계법은 남산종으로 유가계의 삼취정계를 설하며 계행은 소승계를 받는 것이다.

수계일은 매년 3월 11일에 시작해서 그달 안에 마치는 것이었다. 그 행사가 이루어지는 곳의 성省·료寮·강綱의 3사司가 서명을 하고 관에 올리도록 하였다. 뒤에는 일정한 수계일은 정하지 않고 새로운 수계자를 기다려 2년에 한 번 혹은 3~4년에 한 번 혹은 수시로 행하여졌다.[599] 득도 의식이나 수계첩은 국가에서 관여하였으며, 수계식에는 각 관리들이 동참하였다. 당시 남승과 함께 니승의 득도식도 국가에서 제도화하였다. 그러나 니승의 득도와 도첩을 수여하는 것은 아주 엄격히 단속하였다. 비구니가 사망하거나 환속하는 경우, 그 도첩을 치부성에 반환하였는데, 이유는 도첩을 다른 이가 사용하는 것을 금하기 위해서였다.

이와 같이 국가에서 남승과 함께 니승에게 주어졌던 득도식은 헤이안平安시대에 여성 출가의 제한과 함께 사라지게 된다. 이후 여성 출가자를 위해 준나淳和태후 료소 비구니에 의해서 세워졌던 니계단 설립 계획이 실패한 후, 공식적인 여성의 출가와 수계는 법성사法成寺 무량수원無量壽院의 니계단에서 수계한 죠토몬인아키꼬上東門院彰子가 유일하다.[600]

현재 존재하고 있는 여성의 출가, 수계 작법은 영구永久연중1113~1118에 기록된 귀족 여성의 출가를 기록한 만수원본曼殊院本의 '출가작법'과 여원女院의 출가기, '출가부류기'가 있다.[601] 귀족 여성이 출가할 때 사용하는 만수원본은 교단 측에서 작성한 수계작법이다. 만수원본의 출가작법은 승력 원년1106에 출가한 황태후 칸시歡子, 강화 4년1102에 출가한 후지와라노 모로사네의 부인 레이코藤原師實室麗子, 가승 2

---

598 『조동종니승사』, p.27.
599 앞의 책, p.28.
600 니시구치 준꼬(西口順子), 「女性の出家と受戒」, 『京都女子大學 研究紀要』 第5号, 京都女子大學 宗教·文化研究所, 1991, p.100.
601 니시구치 준꼬, 앞의 논문, p.85.

년[1107]에 출가한 추우구우 도쿠시中宮篤子를 위한 것으로 추정하고 있다. 이 귀족을 위한 출가작법이 여성의 출가 시에 사용되었다는 것은 「여원출가기록女院出家記録」을 통해 알 수 있다. 그리고 이 작법은 상동문원上東門院 후지와라노 쇼시藤原彰子가 만수 3년[1026] 법성사 무량수원에 출가할 때 기록된 '정력 2년[992] 황태후어출가일기皇太后御出家日記'를 참조했다는 공식적인 기록이 있다. 이 출가기는 여성이 여원女院에 출가할 때 선례로서 참조하고 있다.[602] 이 후 만수원본의 출가작법은 헤이안시대부터 가마쿠라시대의 귀족 여성 출가작법으로 사용되고 있음을 알 수 있다.

만수원본 출가기의 기록들을 정리해 보면, ① 수계 장소는 출가를 위해 임시로 설치했으며, 수계는 계사·범패사·체수剃手 승려를 청하였다. 헤이안시대 여성은 히예산에서 수계하지 않았으며, 동대사에서 수계했다는 사실도 확실치 않다. 수계할 때는 승려를 초청하는데, 그 수는 출가자에 따라서 다르지만 최저 1명 이상으로 한다. ② 출가자와 함께 출가하는 노비는 수계 도중에 개입시키며, 수계에 사용될 물품 준비 등 중요한 역할을 하고, 출가 후에도 주인을 섬긴다. ③ 법명法名 수여는 가사 끝에 써 붙여서 주며, 말로만 고하는 방법이 헤이안 시대 후기에 성립되었다. 그리고 법명은 사후에 사용되며 평상시에는 사용하지 않는다. ④ 12세기경에는 귀족 여성의 경우, 중복 수계사미니계 등는 거치지 않고 한 번의 수계로 보살계니正式의 비구니가 될 수 있었다.

만수원본의 수계작법을 통해 출가할 경우에 반드시 행해지는 사미니 10계를 생략하고 범망 10계를 사미니 10계로 대치하고, 범망 48경계와 삼취정계를 받았다. 따라서 천태의 작법에 의하면 한 번의 수계 형식이 일찍부터 행해졌음을 알 수 있다.[603] 그러나 이 수계 의식은 국가에서 공식적으로 부여한 것이 아닌 한 종파의 수계 의식이다. 따라서 헤이안시대 이후 비구니의 수계식은 종파에 따라 개별적으로 행하여졌음을 알 수 있다.

---

602 니시구치 준꼬, 앞의 논문, pp.84~85.
603 앞의 논문, p.98.

2) 포살 및 안거

불교가 전래된 후 일본 비구니는 백제를 통해 정식으로 구족계를 받았으며, 최초의 포살도 젠신니 등이 백제에서 귀국한 후 사쿠라이 도량에서 행해졌다. 나라시대는 불교에 대한 정책이 보호에서 통제로 바뀌면서 포살 의식도 불교 교단의 의지가 아닌, 국가의 관리 체제로 바뀌게 된다. 특히 비구니 포살 제도는 닌묘仁明천황 승화承和 6년839에 조직이 있기까지 한동안 자취를 감춘다. 가마쿠라시대에는 영평사에서 도겐道元, 1200~1253선사가 포살설계를 행하다가 영산선사가 보살계 포살 의식을 제정하였다.

국가에서 불교를 통제하기 시작한 것은 나라시대의 '승니령'에 의해서인데, '승니령'은 율령국가로서 제정된 승니에 대한 새로운 제도이다. 나라시대 문무천황 대보 원년701에 제정된 '승니령'은 치부성, 현번료에서 관할하였고 승정, 승도, 율사의 승직이 그곳에 속하였다. '승니령'은 27조로 구성되어 있으며, 승니율에 의한 승니에 대해서 원칙을 정한 법령이다. 승니율은 673년 중국의 당시대에 불교와 도교의 은둔 수행자들을 규제하기 위한 '도승과道僧科'라는 최초의 공식적인 규칙의 영향을 받아 제정된 것이다.[604]

'승니령'은 대략 두 가지 형식으로 분류할 수 있는데, 첫째는 벌칙에 대한 내용이다. 특히 득도 금지의 내용이 보이는데, 세속법에 비추어 그 죄를 정하였다. 그 죄가 사형 이하 징역 1년에 해당되는 죄를 지으면 환속시켰다. 일본의 득도는 승니의 신분을 세속에서 분리하는 것이다. 승적을 새로 만들려면 3통의 서류가 필요했다. 그중 한 통은 승강 혹은 지방 관할 국사國司에 두고, 나머지는 중무성에 두게 된다. 이들은 6년마다 출가 연월, 수행 연도, 덕업 등을 고칠 것을 '조승니명적조造僧尼名籍條'에서 규정하고 있다.[605]

둘째는 출가자로서 특유의 행동 규제에 대한 내용이다. 현존하는 것은 양노령

---

604 리비아 콘, 「중국 唐나라의 道教 니승들」, 『동아시아 불교 전통에서 본 한국 비구니의 수행과 삶』, 대한불교 조계종 한마음선원, 2004, p.206.
605 이영자 역, 일본불교사, p.53.

養老令으로 720년에 성립되어 757년에 시행되었다.[606] '승니령'의 기본적 질서의 근본은 바로 청정성이다. 청정성을 유지하기 위해 일반인과의 접촉을 규제했으며, 국가에서 교학의 연찬이나 참선을 장려했다.[607] '승니령'의 내용 가운데 득도에 대한 사항 외에 안거나 포살과 관련된 내용은 찾을 수 없다.

내용 가운데, 제1조는 『사분률』에 비추어 4바라이죄를 저지르거나, 병서를 읽고 익히는 등의 일을 하면 절에서 추방되며, 천황과 백성을 혹세무민해도 환속시킨다.

제2조는 길흉화복을 점치는 것이나 신선술의 행위를 금지했고, 제5조의 부칙에 따르면 걸식은 원하는 승려에게 고행으로 허락되는 것으로 보아 부분적으로 걸식을 한 것으로 판단된다. 제4조는 관리에게 삼보물을 주거나 붕당을 조장하는 일, 삼강을 욕하거나, 승려를 모욕하는 일을 금지한다.

제7조에서는 음주, 육식, 오신채 등을 다루고 있다. 또한 술에 취해서 폭력 행위를 한 경우에 환속시킨다는 점으로 보아, 당시에 음주를 강하게 금지하고 있었음을 알 수 있다. 제9조에서는 음악이나 도박은 금하고 바둑, 거문고는 허락하고 있다.

제21조는 징역 1년 이상의 세속 법에 저촉될 경우, 모두 환속시켜 처벌을 받게 한다는 내용이며, 제22조는 다른 이의 이름을 빌려 출가하거나 사망한 출가자 이름으로 출가하는 경우에 환속시킨다는 내용이다. 알면서 알리지 않으면 방조죄로 같은 죄에 적용된다.[608]

승니령 가운데 특히 여성과 관련된 것은 제11조 정부녀조停婦女條와 제12조 부득첩입니사조不得輒入尼寺條다.[609] 제11조는 승방에 여자를, 니승의 방에 남자를 두는 것을 금하고 있다. 삼강三綱이 알고서도 허락하면 같은 죄로 처벌받는다. 제12조는 비구가 비구니의 절에, 비구니가 비구의 절에 함부로 들어가는 것을 금지한 것이

---

606 요시다 카즈히코, 『日本史の中の女性と佛敎』, 法藏館, 1999, p.98. ; 후지우라 레이꼬, 『日本古代ち僧尼と社會』, 吉川弘文館, 2000, p.104.
607 혼고 마사쓰구, 『律令國家佛敎の硏究』, 법장관, 2005. p.35.
608 이시다 미즈마로 저, 이영자 역, 『일본불교사』, 1995, pp.47~51.
609 이영자 역, 앞의 책, p.47.

다. 특별한 사정이 있는 경우는 허락되었다.

또한 제16조, 제22조는 승니의 개인 득도를 금지하는 조항이다. 제17조는 승니가 개인 일로 소송하기 위해 관청에 갈 때 임시로 일반인 복장을 하고 일반인 이름으로 소송하도록 규정하였으며, 제18조에서는 개인 재산 비축이나 상행위를 금지하고 있다. 제27조는 분신사신焚身死身을 금지하는 대목으로, 손가락을 태우거나 혈서로 경전을 서사하거나 축생에게 보시하는 등의 행위를 금지하였다.

한편, 승니령에 따른 비구, 비구니의 평등, 대등을 명문화함에 따라 상당수의 비구니 사찰이 존재할 수 있었다. 그러나 남녀평등의 측면도 있었지만 공식적으로 비구니는 승강이 될 수 없는 등, 평등하지 못한 면도 있었다. 실질적으로는 비구가 모든 승려를 총괄하는 등, 남녀의 차가 엄연히 존재했다.[610]

사찰 중에는 관사官寺와 사사私寺가 있었다. 관사는 나라에서 경영하며, 영원한 봉호封戸 또는 공출한 쌀을 납입받고 조사사造寺司를 설치하였다. 국분사國分寺나 국분니사國分尼寺의 경우도 관사와 같은 성격이다. 이와 달리 개인 사찰로서 단월의 사유물을 보시받아 지은 절이 있었다. 천평 승보 원년에는 대사, 국분사 외에 '자기 의정액사定額寺'에 절마다 100정보의 개간전을 준다는 규정이 있었다.[611]

국분니사 창건의 시초는 텐무天武, 673~686 14년686에 "제국에서는 집집마다 불사佛舍를 만들고 불상과 격을 모시고 예배 · 공양하라"는 조칙에 따른 것이다.

쇼무聖武 천왕724~749 신귀 2년725에는 부처님을 받들고, 사원은 『금광명경』 10권 등을 읽도록 한 조치가 있었고, 그 후에도 재앙을 없애기 위해 3천 명의 득도를 허락하고 7일간 독경하도록 했다고 한다.[612]

국분사 창건에는 정해진 칙소에 부대적인 3조가 있다. 즉 "지방마다 승사, 니사에 각 논 10정보, 지방마다 승사 건립에는 반드시 20명의 승려가 있도록 할 것, 그 사찰은 '금광명사천왕호국사金光明四天王護國寺'라고 이름 할 것, 니사에는 10명의 니승이 있게 하며, 그 사찰은 '법화 멸죄사'라고 이름 붙일 것, 두 사찰에는 다 같이 교

---

610 요시다 카즈히코, 앞의 책, p.106
611 이영자 역, 앞의 책, p.59.
612 이영자 역, 앞의 책, pp.60~61.

계教戒를 받을 것, 만약 모자라면 즉시 보충하여 채울 것, 그 사찰의 승니는 매월 8일 반드시 『최승명왕경』을 전독할 것, 보름마다 계를 외워서 갈마하게 할 것, 여러 지방에서 이와 같은 사찰이 세워지면 매월 6재일에는 공사에 고기를 잡거나 살생하는 것을 금할 것, 국사 등은 항상 단속할 것"이라고 기록되어 있다.[613] 이 조직 가운데 승니에게 갈마하도록 하는 내용이 있는 것을 보면 어떤 형태로든지 닌묘仁明 천황 시대 이전에도 포살이 이루어졌던 것 같다.

쇼무聖武 19년747의 조서에 국분사를 금광명사, 니사를 법화사라고 표현하고 있다. 비구니 사찰의 이름을 모두 법화사라고 하였는데, 이것은 일본 국가 불교의 특징이라고 할 수 있다. 왜냐하면 인도, 중국, 한국의 어느 나라에도 그와 같이 비구니 사찰을 동일한 이름으로 건립하는 일이 없기 때문이다.

즉, 국분니사는 안거시에 강사講師, 독사讀師가 임명되어 『법화경』을 강설하였으며,[614] '법화 멸죄사'로 칭해졌다. 이 멸죄의 의미는 『법화경』의 '여인성불관', '용녀성불관'과 연관된 '여인 멸죄'를 뜻한다는 것이 일반론이었다. 그러나 나라시대 이전에 일본에 유포된 『법화경』에는 「제바달다품」이 포함되어 있지 않았으며, 9세기에 이르러 전해졌다. 쇼도쿠태자의 『법화의소』에는 「제바달다품」과 「관세음보문품」이 누락되어 있다. 따라서 국분니사가 창건될 당시에 「제바달다품」이 여인 멸죄의 「의거품」으로서 중시되는 신앙은 성립되지 않았다. 『법화경』이나 『최승왕경』은 당시 국가 불교의 필수 경전이라는 배경 아래에서 국분사, 국분니사에서 받아들인 것이다.[615]

최근에 멸죄에 대한 학자들의 여러 견해가 보이는데, 요시다 카즈히코吉田一彦는 멸죄의 의미를, '그것은 여성의 죄가 아니고 국가의 죄, 즉 범죄, 병, 흉작, 천재지변, 사자死者 등에 관한 내용'이라고 주장하였다.[616] 미코시바 다이스케御子柴大介는 멸죄의 의미를 다음과 같이 독특하게 설명했다. 즉 "나라시대에는 여인 멸죄에 의

613　쇼무 천평 13년(741)의 국분사의 詔에 의하면 국분니사의 정식 명칭은 '법화멸죄지사', 국분사는 '금강명사천왕호국지사(金剛明四天王護國之寺)'라고 칭하게 되었다.
614　『조동종니승사』, p.43.
615　후지우라 레이꼬, 「法華滅罪之寺と洛陽安國寺法華道場」, 東京女子大學, pp.2~3.
616　요시다 카즈히코, 「龍女の成佛」 シリーズ女性と佛教 2권, 平凡社, 1989(勝浦令子, 앞의 논문, p.3 재인용).

거하는「제바달다품」을 중시하는 신앙은 형성되지 않았다. 쇼무천황 당시 천재지변에 의한 천연두로 인해 많은 사람이 사망하였으며, 천황은 이러한 현상이 자신의 부덕 때문이라고 인정하였다. 따라서『법화경』가운데 멸죄적인 내용이 포함되어 있음을 보고 천황, 즉 국가의 죄를 멸해 달라는 의미에서 그렇게 호칭하도록 했다."는 것이다. 이 '죄'라는 의미는 바로 천황, 국가의 죄라는 것이다.[617]

이시다 미즈마로石田瑞磨의『일본불교사』에도 같은 내용이 나오는데, 천황은 재난이 끊임없이 일어나는 것이 정치를 잘못한 탓이라고 생각하여 스스로 덕이 없음을 반성하고, 백관에게도 자숙과 반성을 촉구하였다. 그리고『금광명경』, 혹은『최승왕경』,『법화경』을 서사하거나 독송하게 하였다.[618]

또한 혼고 마사쓰구本鄕眞紹도 미코바시 다이스케와 같은 의견을 보이면서 법화 멸죄에 대해서 다음과 같이 말하고 있다. "『대화지과大和志科』에 게재되었으며 영평 7년1510에 출토되어 전해진 금판명金版銘의 내용 가운데, '법화 멸죄의 의미는 생사의 죄, 즉 남녀를 불문하고 미계迷界의 하나인 인간계의 누구라도 공유하는 6도에 윤회하는 죄를 말하는 것이다. 절대 여성의 죄를 가리키는 것이 아니다.'라는 사료를 근거할 때 법화 멸죄사는 여인만을 구제할 목적으로 세운 사찰이 아니다."라고 논하였다.

또한 소네 마사토曽根正人의 논문 내용 가운데 "『금광명최승왕경』은「사천왕호국품」에 의한 천황 및 주변 인물의 출세간 차원의 수호, 즉 그들의 성불, 보리 등 피안 세계에 대한 명복 확보를 기약하는 것이다. 금광명사천왕호국의 수비 범위 밖에 있는 쇼무, 고묘우시光明子 일족의 멸죄를『법화경』과 결부시킨 것이 법화 멸죄였다."라는 말을 인용해 독특한 견해를 보이고 있다.[619] 즉 국분사-『금광명최승왕경』-국가불교-천황, 국분니사-『법화경』-궁정불교-황후의 관계가 형성된다는 것이다.

---

617 미코시바 다이스케(御子柴大介),「光明子の佛教信仰」, シリズ女性と佛敎 Ⅰ,「尼と尼寺」, 株式會社 平凡社, 1989, pp.100~101.

618 이시다 미즈마로 저, 이영자 역,『일본불교사』, p.61.

619 혼고 마사쓰구,『律令國家佛教の研究』, 法藏關, pp.64~65.

이와 같이 니사에 '법화 멸죄사'라고 이름 붙인 요인은 당시의 교학이나 일반적인 신앙과는 다른 이유가 있었던 것이다. 후지우라 레이꼬藤浦令子는 국분이사國分二寺에 대한 명명命名이 당나라 측천무후가 설립한 '대운경사大雲經寺'라고 하는 경전 이름을 사찰 이름으로 한 발상에 깊은 영향을 받았으며, 당의 안국사 법화 도량에서 수행했던 법화삼매에 의한 멸죄의 영향을 받았을 가능성이 크다고 논했다. 또한 법화참법에 대한 정보는 도선道璿에 의해서 전해졌다고 기록하고 있다.[620] 즉 위에서 주장하는 현대 학자들의 공통점은 '멸죄'의 '죄'라는 의미는, 천황의 죄를 뜻하든 인간 본래의 죄를 의미하든 간에 단지 여인을 지칭하는 것은 아니라는 것이다.

그런데 잠시 중단되었던 안거 의식이 닌묘仁明천황 대에 이르러 부활한다. 닌묘천황 승화 6년839 6월, 태정관부조太政官符條에 의하면 "최근에 행해진 승사안거僧寺安居의 모임에서 『최승왕경』을 독송했으며, 니사 멸죄의 경우에는 법화묘전을 설하였다. 제국에 분부해 강독사로서 안거할 때는 비구 사찰은 『최승왕경』, 비구니 사찰에는 『법화경』을 강하도록"이라고 기록되어 있다.

이로 미루어 보면 니승의 안거 제도가 일시 중지되었다가 그때부터 다시 이루어졌음을 추측할 수 있다. 그 이유는 헤이안시대 초에 중국에서 전해진 뒤 득세를 보이던 천태, 진언종의 승강불섭僧鋼不攝과 사자상승 원칙의 영향을 들 수 있다. 전자는 국가 불교의 통제에서 독립을, 후자는 종파의 독자성을 교학, 포교 측면에서 강조하기 위한 주장이었다. 승려들의 사자상승을 축으로 하는 분화分化는 승속의 구별을 좀더 명확해지도록 만들었는데, 승화 10년834 지치에實惠. 공해의 제자의 첩牒에 자세히 기록되어 있다.[621]

헤이안시대의 남성 출가자 대부분은 어려서 출가하여 엄한 교육을 거쳐 관승이 되고, 최종적으로는 승강의 승정이라는 위치에 오르는 것이 목표였다. 한편 여성은 어려서 출가하여 비구니가 되는 경우는 거의 사라졌다. 도리어 어려서 출가

---

620 후지우라 레이꼬, 「法華滅罪寺と洛陽安國寺法華道場」, 『史論』 46, p.10.
621 시라이 유우꼬(白井優子), 「平安時代初頭の佛教と女性」, シリズ 女性と佛教 I, 『尼と尼寺』, 株式會社 平凡社, 1989, p.107.

하는 경우는 병 등의 특별한 이유였다. 속가 생활을 경험한 후 출가하는 경우가 대부분이었다. 특히 기혼 여성의 출가가 증가했으며 이들이 출가한 후 가족 관계에 변화가 생겨났다.[622] 따라서 이 시대에는 비구에 비해 뚜렷한 니승의 통제 기관이나 관직을 가진 비구니는 거의 찾을 수 없다.

그리고 8세기 중엽의 '남녀의 별別'을 주장하는 유교적 영향이 불교계에도 도입되어 국가적 법회나 의식에서 비구니가 배제되기 시작했다. 한국의 내외법과 비교할 수 있는 제도로서, 9세기 초반에는 여성의 출가가 엄하게 제약되었으며, 이후 관니의 존재 의의는 급속히 저하되었다. 대부분 폐사가 되거나 비구 사찰로 변했다. 헤이안 중기 이후에는 니승의 수계식이라 하여도 단지 삼취의 보살계를 받는 것으로, 그저 출가라는 단순한 형식으로만 그치게 되었고, 지방의 출가자는 대부분 수계 등이 생략되어 단지 삭발염의 모습을 비춰 주는 데 지나지 않았다.[623]

또한 수계의 명칭도 진언종에서는 정법률, 천태와 정토종은 원돈계, 일련종은 본문대계, 선종은 선계라는 호칭을 사용하게 되었다. 이와 같이 각 종파의 견해가 다르므로 그 수계 의식과 전승도 달라져 각각의 형식으로 니승의 수계가 행해졌다. 포살 의식도 종파에 따라 전해지고 실시되었으리라 생각한다. 조동종의 경우, 도원선사가 찬술하고 영산瑩山선사에게 전승된「영평조사득도약작법永平祖師得度略作法」을 근거로 비구 은사가 제자인 니승에게 득도 수계를 하였다.[624]

753년 금각사金閣寺에서 간진스님이 동대사 계단을 설립한 후 60년, 사가嵯峨천황 홍인 10년819에 전교대사 사이쵸는 스스로 소승계를 버리고 오로지 대승계를 지킨다고 선언하였다. 그리고 산 위에 대승계단을 건립할 것을 청하였는데, 그가 입적한 후에 대승계단이 이루어졌다. 따라서 니승도 그에 준해 수계하였다. 이것은 남녀 승속의 구별 없는 10중 48경계이다.

계단은『영락경』의 설을 따랐으며, 부처님을 화상으로, 문수는 갈마, 미륵을 교수의 두 아사리로 청하며, 시방일체 제불을 계의 증사로, 시방일체 보살을 동학등

---

622 후지우라 레이꼬,「女性の出家と家族關係」,『日本史の中の女性と佛教』, 法藏館, 1999, p.121.
623 『조동종니승사』, 앞의 책, p.30.
624 『조동종니승사』, 앞의 책, p.31.

려同學等侶로 삼아 하나의 전계사로 청하여 현전의 스승으로 하는 것이다. 이러한 수계 의식은 널리 대중에 전파되었으며 일반 여성 수계자가 점점 증가하여 사상이나 신앙상에 새로운 국면이 나타나게 되었다. 그러나 계단에서의 정식 갈마도 계단 의식도 점차 폐쇄되어 산죠三條천황 무렵에는 단지 계목만으로 이루어지는 상태가 되었다.

또한 진언종과 천태종은 사자상승과 함께 일정 기간 히예산과 고야산을 중심으로 산악수행이라고 하는 연분도자제年分度者制[625]의 특권을 누리면서 여성을 배제하기 시작했다. 연분도자제는 출가 연령을 35세 이상[626]으로 하고 승강소에서 매년 12월 이전에 문제를 내어 시험을 실시하였다. 그 시험 내용은 삼론·법상 2종의 구별을 묻는 것이었다. 이것은 그 두 종파가 당시 교계를 대표했음을 의미한다. 비구승의 수행을 위해 여인을 배척하는 규칙은 '승니령'에 영향을 미치면서 비구니에 대한 규정이 거의 사라지게 되었던 것이다. 따라서 비구니 지도자들의 역할은 이 시대의 천태, 진언의 신종파 확대 과정에서 퇴행되었으며, 오히려 민중 포교를 목적으로 했던 구제의 대상으로까지 하락했다. 국가의 공식적인 종교 제도는 비구 중심으로 운영되었으며, 종단 내에서도 비구니를 차별하였다. 또한 비구니 수계를 위한 니계단이 일본에는 없다는 설이 생겼으며, 비구, 비구니의 동석 혼재를 위험하게 보는 시각도 생겼다. 여인금제 등 여성을 기피하는 현상이 두드러졌으며, 여성의 종교 활동을 규제하기 시작했다.

따라서 비구니 교단은 남성에 비해 여성 출가자 수가 현저하게 줄어들었고 차츰 수계 제도에 대한 국가의 통제와 관리에서 멀어졌으며 국가적인 보호가 감소되어 쇠퇴의 길로 접어들었다.[627] 이러한 현상은 유교의 영향으로 남녀男女의 별別이라는 제도가 도입된 이후의 모습이다.

이와 같이 비구니 교단은 8세기 중엽나라시대부터 생긴 법령에 의해 배제되었고,

625　연분도자제는 일본의 선덕여왕이라고 불리는 지토持統천황 재위 10년에 세워진 국가 공식 제도로 僧尼를 1년에 10명씩 득도시킨다는 제도다(吉田一彦, 「女性と佛教をめぐる諸問題」, 『日本史の中の女性と佛教』, 法藏館, 1999, p.12).

626　지토천황 20년에 개정되어 연령을 20세까지 낮추기도 하였다(이영자 역, 『일본불교사』, p.107).

627　후지우라 레이꼬, 「尼削ぎ攷」, シリズ女性と佛教 I, 『尼と尼寺』, 株式會社 平凡社, 1989, p.19.

9세기 초헤이안시대 초에는 연분도 대상에서 제외되거나 수계, 포살 등의 시행이 규제 또는 중단되는 등의 시련을 겪었다. 이것은 불전이나 사원 등의 '여인부정관', '멸시 사상蔑視思想'에 의한 것이라기보다는 율령국가의 유교적 윤리관 도입과 그에 따르는 가부장적 제도에 기인한 것이다. 왜냐하면 '여성부정관' 등과 연관되는 '여인성 불사상'은 11세기 말에서 12세기 전반에 걸쳐 나타나기 때문이다.

한편 고대 말기에 들어서면서 관니가 사라진 대신 불교가 민간에 전파되어 귀족을 포함한 여성의 출가가 증가되었다. 이러한 현상은 불교의 광범위한 보급, 정토사상 유포와 율령제의 형해화와 맞물린 것이었다. 이러한 경우, 출가 이유는 대부분이 관니의 경우와 다르게 나타났다.[628] 특히 셋칸기攝關期[629] 이후에 이러한관니와 다른 출가가 현저해졌으며, 노년층의 출가가 여성의 출가를 제한하는 여러 가지 조건을 극복할 수 있게 했다.

3) 셋칸기의 삭발 형태

9세기 말경의 헤이안시대부터 11~12세기경까지, 이를테면 셋칸기 또는 인세이키院政期에 출가한 기혼 여성들은 가정이나 사찰 주변에 거주하거나 편력하는 형태로 생활하는 경우가 많았다. 이들은 관니와 달리 사적으로 득도 수계하는 경우가 많았으므로 도연度緣의 유무가 승녀라는 직접적인 표시가 되지 않았다. 따라서 니승과 속인을 구분할 방법은 바로 삭발 형태였다. 출가자의 가장 특징적인 모습이 바로 삭발을 하는 것이었다.[630]

헤이안시대 니승의 삭발 형태는 두 종류가 있었다. 첫째는 완전 삭발이다. 중세의 『아지기阿字義』라는 그림에 완전히 삭발한 모습이 보인다. 이것은 정통의 비구

---

628 우시야마 요시유키(牛山佳幸), 「中世の尼寺と尼」, シリズ女性と佛教 I, 『尼と尼寺』, 株式會社 平凡社, 1989, p.224.

629 섭관이란 천황이 어릴 때 정무를 대신하는 섭정과 천황이 성인이 되고 나서 후견인 역할을 하는 관백을 가리킴.

630 후지우라 레이꼬, 「女性の出家と家族關係」, 『日本史の中の女性と佛教』, 法藏館, 1999, pp.121~122.

니 모습이다. 두 번째는 '아마소기尼削ぎ'라고 하는 삭발 형태다. '아마소기'란 머리를 어깨 정도의 길이만큼 자른 형태인데, 쥬죠히메中將姬의 설화로 유명한 『당마만다라연기當麻曼茶羅緣起』의 그림에서 쥬죠히메의 머리카락이 가사 밖으로 조금 내려온 모습이 그것이다. 귀족층이나 기혼 여성의 출가가 증가한 이 시대 니승의 모습은 완전히 삭발하지 않은 '아마소기' 형태의 사미니, 장발어깨 정도의 길이보다 긴 머리의 식차마나니, 완전히 삭발하고 수행하는 비구니로 신분을 구별하고 있다. 이러한 머리 형태를 한 여승의 기원은 어디에서 찾을 수 있을까?

니승은 비구니, 식차마나니, 사미니로 구분된다. 그러나 일본의 '승니령'에는 식차마나니라는 명칭이 없다. 그런데 9세기에 이르러 사이쵸의 제자 엔닌圓仁이 지은 『입당구법순례행기』에 식차마나니에 대한 기록이 처음 등장한다. 이 시기에는 관니가 줄고 기혼 여성의 출가가 증가하던 시기이다. 따라서 지금까지의 관니의 경우와 같이 비구니와 사미니의 구분뿐만 아니라 기혼 여성의 출가도 염두에 두지 않을 수 없었다. 그러나 기혼 여성과 관계 있을 것으로 보이는 '아마소기'의 니승은 많이 보이지만, 일본에는 식차마나니에 대한 자료는 거의 없었다.

그런데 '아마소기'의 내용이 중국에서 저술된 『석씨요람釋氏要覽』에 등장한다. 이 자료는 일본에 기혼 여성의 출가가 활발했던 11세기 초에 발견되었으며, 내용 가운데 식차마나니에 대한 설명이 등장한다. 즉 '현재 니승의 장발과 닮았다.'라는 내용이다. 중국에서도 식차마나니의 경우, 장발 형태를 하고 있는 경우가 많았음을 알 수 있는 자료인 것이다. 이 자료가 일본의 경우와 어떤 관련이 있는지 명확히 밝힐 수는 없지만, 영향은 있었을 것이라 추측된다. 어쨌든 정식 비구니는 아니지만 재가의 우바이와도 구별되었던 수련 단계의 식차마나니, 사미니의 경우, 어느 정도의 장발이 용인되었음을 알 수 있다.[631]

셋칸기에 귀족 여성이 출가한 경우 '아마소기' 단계를 거쳐 정식으로 비구니가 되는 단계를 밟는 반면, 재가 생활을 연장하는 특수한 경우도 있었는데, 가마쿠라 시대 니승의 모습과 흡사하다. 즉, 수계 삭발의 과정을 무시한, 비구니 자격이 없는

---

631 후지우라 레이꼬, 앞의 논문, pp.123~126.

상태로, 출가자 혹은 비구니라고 하기에는 애매한 모습이었다. 이것은 재가자로서 단지 삭발'아마소기'와같은모습만을 하고 있는 것으로, 겉모습으로는 정식으로 출가한 식차마나니의 모습과 같은 형태였다. 이들은 위독하거나 임종에 이르면 완전히 삭발하는 경우가 많았다.

헤이안시대에는 유년에 출가하는 경우나 전문적인 불교 교육을 받고 직업적인 니승이 되는 경우가 적은 대신, 고령이나 병에 걸린 경우가 가장 많았다. 자식이나 남편의 병, 출가, 사망 등이 계기가 되었다. 혹은 남편과 인연을 끊기 위해서나 또는 형벌에 의한 출가 등이 있었다. 대부분 평소에는 신사에 의지하지만 죽음을 맞이하면 내세의 문제를 생각하게 된다. 그런 경우에 불교에 귀의하는 것이 일본인들의 생활방식이었다. 따라서 노老 · 병病 · 사死를 맞이할 경우, 출가를 선택하는 이들이 많았다. 이들 출가자 가운데는 완전히 삭발하지 않고 형식적으로만 삭발하는 경우가 많았다. 이러한 양상은 니승의 세속화라고 하는 시점으로 다른 각도에서 연구할 필요가 있다. 전문적인 불교 지식이 부족한 상태의 승려 모습으로 비칠 수도 있다. 이러한 상황에서 견습의 여승삭발하지않은 예비승 곧 식차마나니의 단계를 문제 삼는 움직임은 헤이안 초기부터 보이기 시작했다.[632]

당시 니승들의 삭발 형태가 일정하지 않았던 이유는 무엇일까?

첫째 비구니 계단이 갖춰지지 않았기 때문이다.[633] 비구 계단이 8세기경에 이루어진 것에 비해 비구니 계단은 11세기가 되어 법성사에서 이루어졌다.[634] 후지와라노 쇼시가 1026년에 삭발한 후 다음해 법성사 무량수원에서 천태종 수계인 '10중 48경계'를 받은 것이 최초의 수계였다. 그러나 이러한 수계도 쇼시와 같은 특권층을 중심으로 이루어졌다.[635]

둘째는 현실적인 이유다. 완전히 삭발하면 세속과 접촉하는 데 제약이 있었

---

632 식차마나니로서 長髮한 모습에 대한 기록은 후지우라 레이꼬의 논문(「尼削ぎ攷」, p.19) 참고.
633 관승관니 제도가 폐지된 후에는 정식 비구니의 구족계 등이 이루어지지 않았다. 따라서 중세의 출가는 개인 출가도 있었는데, 그 경우에는 在家尼의 형태도 있었다. 따라서 상황에 따라 삭발 형태도 일정하지 않았던 것 같다(자녀가 궁중에 있는 경우도 마찬가지).
634 비구니 수계가 폐지된 후에 처음으로 대승의 보살대계를 받은 기록이라 짐작한다.
635 각주 603 참조.

다. 기혼 여성이 출가하는 경우, 부모 자식 간의 관계를 완전히 정리하지 않는 것이 당시의 관례였다. 출가한 비구가 모친과 관계를 유지하듯이 출가한 후에도 자녀들과 관계를 유지하는 것이 일반적이었다. 동대사나 고야산에 전지田地를 보시한 여성들은 '니○○', '○○니', 혹은 '○아미타불' 등의 법명이나 미타 명호를 남겨 놓는 경우가 많은데, 모두 비구니의 모습이라고 생각할 수 있다. 그러나 대부분 남편이 사망하거나 혹은 병이 생겨서 비구니의 모습을 갖춘 재가니로서 니사에 살고 있는 비구니가 아닌 경우가 많다. 집에 머물면서 농사를 짓고, 아이들을 양육했던 영세한 토지를 붓다께 바치고, 사망한 남편이나 부모, 아이들의 보리를 기원하는 니승 모습의 여성이었다.[636]

즉 이러한 가니家尼의 경우, 보리사 혹은 사주師主의 관계로 교단의 말단에 연결되어 있다고 생각되지만, 니사尼寺에 살지는 않았던 것이다. 이것은 고려시대의 혜비와 신비의 예와 비슷하다. 혹은 궁중과 관계가 있는 경우 완전히 삭발하지 않는 경우아마소기가 있었다. 예를 들면 자녀가 궁중에 있어 가끔 출입할 필요가 있을 경우다. 당시 궁중에는 완전히 삭발한 여승은 출입할 수 없었기 때문이다. 궁중에 출입할 필요가 없어졌을 경우 완전히 삭발하였다.

'아마소기'로 있던 니승들이 완전히 삭발하는 이유는 위독하거나 임종에 이르렀을 때다. 이렇게 삭발하는 경우 '법사'가 되었다는 표현을 하는데, 일본에서 이런 표현은 기본적으로 비구에게 사용하는 용어이므로 '남성과 같이 되었다.' 즉 당시 유포되었던 '전녀성불' 즉, 비구니에서 남성인 비구로 변신하여 성불한다는 의미와 밀접한 관련이 있었다. 곧 죽음과 성불의 문제였다. 또한 죽음을 각오하고 삭발하므로 연명이 가능할 수도 있다는 신심의 한 형태로, 실제로 후지와라노 세이시藤原娍子, 三条天皇皇后는 병에 차도가 생겨 생명이 연장되었다.[637]

'아마소기'의 경우 공공장소나 축하 자리, 혹은 신사에 참석하는 것을 제약받았으며, 후에 불佛과 신神의 관계가 정리되면서 비구니 스스로 신사에 참여하는 것

---

636 니시구치 준꼬, 『中世の女性と佛教』, 法藏館, 2006, pp.12~13.
637 후지우라 레이꼬, 「女性の出家と家族關係」, p.131.

을 기피하였다.[638] 당시 어린 소녀가 삭발한 비구니의 모습을 보면 그 아이의 장래를 암시하는 것이라 하여 불경스럽게 생각하는 풍습이 있었다. 단, 남자아이의 경우에는 상관없이 참가하였다. 또한 불교와 신도가 융합이 되었지만 신사가 결재를 할 경우, 승려는 그 장소에 출입할 수 없었다.[639]

이상으로 셋칸기 니승의 삭발 형태에 대해서 살펴보았다. 당시는 출가 형식을 거치지 않고 돌발적으로 삭발하는 경우가 빈번했다. 예를 들면 유명한 승려의 법문에 감동하여 오백 명의 여성이 스스로 머리카락을 자른다든지, 혹은 스스로 삭발한 아베 나이신노우阿倍內親王도 있다. 여성인 나이신노우는 코켄천황으로서 왕권의 정당성을 유지하기 위해, 스스로 삭발하여 출가자 모습을 갖추었다. 쇼도쿠천황은 출가자의 모습 그대로 천황이 되었다. 그가 출가자의 모습을 갖춘 것은 여성의 몸을 바뀌게 하여 본질적으로는 남성이 된다는 '전여남성'의 논리, 즉 '변성남자'의 이론에 접근하려는 시도였다. 출가자가 되어 남성과 동등한 존재가 되어 '전륜성왕'으로서 천황의 정당성을 입증하려는 의지의 표출이었다.[640]

또한 육바라밀사에서 칠백 명의 여성이 수계를 받은 예가 있었다. 당시의 상황이 스스로 출가자가 된 쇼도쿠천황과 이들의 경우는 다르다. 따라서 이들이 삭발한 것만으로는 정식 승려가 될 수 없었으므로 서둘러 수계를 주었다.

이들에게 왜 수계를 주어 승려가 되도록 서둘렀는지는 당시의 사회적 상황을 보면 짐작할 수 있다. 당시 여성이 머리를 짧게 한 경우는 대개 신분이 매우 낮은 경우나 밀통한 형벌로 강제로 잘리는 경우였다. 따라서 위처럼 발심으로 삭발한 경우에는 이들과 구분하기 위해서 서둘러 수계를 주었던 것이다.[641]

---

638 후지우라 레이꼬, 「尼削ぎ攷」, シリーズ女性と佛教 Ⅰ, 『尼と尼寺』, 株式會社 平凡社, 1989, p.25
639 후지우라 레이꼬, 앞의 논문, pp.128~129.
640 후지우라 레이꼬, 「孝謙·稱德天皇と佛教」, 『國文學解釋と鑑賞』 6月号, 特集 女性と佛教, 塩川書房, 2004, p.103
641 후지우라 레이꼬, 「女性の出家と家族關係」, pp.134~135.

4) 지위 하락 및 비구니 수의 감소

셋칸기 비구니의 변모된 삭발 형태가 당시 여성 출가와 관련이 있다는 점은 전장에서 밝힌 바 있다. 이와 같은 현상은 젊은 여성의 출가 부재, 즉 헤이안시대 초부터 시행된 여성 출가 제한에 그 원인이 있다. 그렇다면 헤이안 시대에는 왜 이러한 조치가 필요했던 것일까?

아스카시대의 불교는 교단 자체의 자율자치적인 원칙이 어느 정도 지켜져 그 기능을 발휘할 수 있었으리라고 학자들은 추측한다. 쇼무천황의 천평 연간729~749의 '우바새공진문'에 따르면, 득도한 자에게 현번료가 도첩을 발행하고 상부 기관인 치부성治部省의 도장이 날인되었다고 한다. 감적을 실시하여 신원 조회를 하고 득도자의 호적을 본관에서 현번료 관할의 승적으로 이적시켜 세금을 면제했으며, 공민 신분에서 승니 신분으로 편입시킨다. 비합법적 득도자는 사도승이라고 하여 금지하였다. 사도승은 관도를 얻지 못하고 출가한 자로 관승과 달리 과역을 면제받을 수 없다.

그러나 '승니령' 자체에는 사도승을 억압하는 규칙이 없다. 단지 국가에서 법복을 입지 못하게 한다든지, 사도 가운데 천민에 대해 관도를 얻지 못하게 하는 등의 억압이 있었다. 이런 금지 조항이 '승니령'에는 나타나지 않는다.[642]

나라시대 말기에 들어서면서 불교 교단 내부에서 제정한, 승니들이 자발적으로 지키고 있었던 '불음계'를 '승니령'의 조문으로 적용, 국가적으로 벌칙 규정을 만들어 엄하게 지키게 하였다. 이 가운데 승니 각각에 적용된 금지 사항이 있었는데, 이 제도는 승니 모두에게 적용되었다. 즉, 나라시대 율령제로서 관니는 국가가 관승니를 관리하기 때문에 도연度緣이나 계첩이라는 기본적인 신분을 주어 관승과 동등한 지위를 보장받았다고 한다. 이것이 관승관니 체제다. 즉, '승니령'이나 관승관니 체제에서는 니승을 차별하는 대목은 크게 나타나지 않았다.

---

642   혼고 마사쓰구, 「요시다 카즈히코 저, 日本古代社會と佛敎」, 『日本歷史』 6月号, 書評と紹介, 日本歷史學會編集, 吉川弘文館, 1999, p.109.

헤이안시대의 초두에 들어서면서 여성의 출가가 제한된 원인은 바로 율령제의 기본 방침이었던 관승관니 제도가 거의 해제되었기 때문이다. 따라서 이전까지 국가의 불교정책으로 존재했던 니사가 10세기경까지 급속하게 폐사화, 승사화^{비구 사}되었던 것이다. 율령의 '남자금제'와 함께 건재했던 니사가 소멸하고 다시 건립되지 않았던 것이 헤이안시대의 실정이었다. 따라서 니사에 '남성 금지'라는 적용은 제외된 채, 승사에만 존재하는 '여인금제'의 실태가 존재하게 되었다.[643]

이와 같은 현상이 발생하게 된 배경에는 물론 나라시대 말기 불교 교단에 문제가 있었기 때문이다. 나라시대 불교는 삼론, 성실, 법상, 구사, 화엄, 율종이 주가 되는 육종계六種系의 남도南都와 천태, 진언 계통의 북경으로 양분되었고, 남북이 대립하는 시기를 맞이했다. 또한 초기에는 귀족 불교로 변모하였다. 그 이유는 특권과 영지를 보존하기 위해서, 밀교화된 기도법이 권세 다툼에 필요하였기 때문이다. 귀족들은 거의 날마다 법회를 주관하거나 사찰을 참배했다고 한다. 남도 불교는 밀교화되어 갔다.

이에 불교계 개혁을 감행한 왕이 바로 간무桓武천황이다. 그는 794년 수도를 나라에서 헤이안으로 옮겼다. 나라시대 70년의 율령 정치를 타개하고 남도의 큰 사찰의 세력을 피하기 위해서였다. 간무천왕은 이미 교단의 쇠퇴를 절감하여 "불묘여기에서 끝났다."라고 하며 상좌, 사주寺主, 도유나의 사찰 직제인 조법화사사造法華寺司를 폐지했다.[644] 그리고 '연분도자'를 실시하였는데, 이 제도는 지토천왕 10년696에 시작되었으나 비로소 17년 만인 간무천황 때 세칙이 성립된 것이다. '연분도자'는 1년에 득도자를 제한하는 제도로, 연령을 35세 이상으로 제한하고 승려가 될 만한 자에 한 해 득도하도록 하는 제도다.

이 제도는 다시 연력 20년801에 개정되어 연령을 20세로 낮추고 시험 내용은 주로 삼론과 법상 2종의 구별을 묻는 것으로 하였다. 22년803에는 삼론, 법상 각 5명

---

643 '여인금제' 내용은 중국 唐시대의 도선이 지은 『續高僧傳』 제9, 「靈裕傳」에도 '승니령'과 관계 있는 내용이 보인다. 그 내용은 隋시대 相州의 演空寺에 관한 내용인데, '律이 허락하지 않는다면 寺法으로라도 여인을 머무르게 하지 않는다.'라는 것이다(牛山佳行, 「女人禁製 再論」, 『山岳修驗』 17, 日本山岳修驗學會, 1996, p.6).
644 이영자 역, 『일본불교사』, p.105.

으로 정하였으며, 다른 종파 사람으로 채우지 말 것을 명하였다.[645] 이후 사이쵸가 당나라에서 귀국하면서 천태종에는 '연분도자'에 2명이 할당되어 총 12인으로 늘어났다. 밀교의 발전으로 승화2년[835]에는 진언종에서도 '연분도자'에 3명을 허락받을 수 있었다.

간무천왕의 천도는 불교에도 영향을 미쳐 헤이안시대에는 모든 불교가 국가 중심에 의한 진호 국가로 변하게 된다. 승려의 자격은 국가의 허락을 받아야 했으며, 당시 유년에 출가하여 동자로서 스승을 모시다가 15~16세에 국가시험을 보고 승려 자격을 얻었다득도. 득도한 자는 몇 년 수행 후 비구가 되는데 이것은 득도와 수계의 두 관문을 통과해야 승니가 된다는 것을 의미한다.

헤이안시대에 불교 교단에 대한 제도가 이와 같은 변화를 겪는 사이, 여성 출가자는 점차 제한되기 시작했으며 출가 자체가 금지되었다. 비구와 달리 7세기 말에서 9세기 전반에 걸쳐 비구니의 지위는 저하되었으며, 그 수도 감소된 것이다.

비구니들의 지위가 낮아진 가장 큰 이유가 바로 '여인금제'다. '여인금제'를 통한 비구니들의 제재는 대략 세 번에 걸쳐 나타난다. 첫째, 불교 전래 때부터 나라시대 말까지로, 국가가 승니와 사원에 계율을 지키게 한 것이다. 이때의 '금제'는 국가에서 비구와 비구니에게 동등하게 부여한 것이다.

둘째는 헤이안시대로, 국가의 법이 아닌 각 사원의 자주적인 규제에 의한 금제로서, 비구승이 수행하는 산에 여인이 오면 방해가 된다는 등의 이유로 결계를 행했던 것 등이다. 금제의 시작은 천태종단부터 이루어지는데, 히예산 연력사의 자료에 등장한다. 그 근본 이유로는 헤이안 초기인 홍인 9년[818]에 세운, 여성이 산에 오는 것을 꺼린다는 '대사의 서원'에 있다. 그 다음해 사이쵸는 『산가학생식山家學生式』에 도적, 술, 여인을 금한다는 조칙을 세웠다. 이것은 철저한 금욕주의를 목적으로 제정한 것이기는 하지만 여성들의 활동은 크게 제한되었다.

세 번째는 고야산 금강봉사金剛峯寺의 경우로, 금봉산사金峯山寺에서 시행된 '여인금제'의 예는 중국 문헌인 『의초육첩義楚六帖』에도 소개되어 있다.[646] 사찰 안에 여성

---

645 이영자 역, 앞의 책, p.107.
646 우시야마 요시유키, 「女人禁製 再論」, 『山岳修驗』 17, 日本山岳修驗學會, 1996, p.2.

출입을 금하는 이유는 여인 '오장삼종설'을 이유로 두고 있다. 호은현광사(戶隱顯光寺)는 메이지 3년(1870)에 자주적으로 '여인금제'를 해제했지만, 월경 중인 여성을 금하고 있어 내적으로 여인 멸시 사상을 그대로 보여주고 있다. 이와 같이 세 번에 걸친 '여인금제' 조치로 인해 비구니는 크게 제약을 받았으며, 출가 자체가 어려워졌다.

그렇다면 '여인금제'와 관련된 율령제의 계율과 진호 국가 체제는 어떤 형태로 진행되었을까? 이 점에 대해 학자들의 견해는 각기 다르다.[647]

카사하라 카즈오(笠原一男)는 다음과 같이 시대별로 그 원인을 분석하고 있다.

① 고대 불교는 여성을 거절하였으며, 여성은 불교의 구제 대상에서 제외되었다. 고대의 사원 특히 산사(山寺)는 결계로써 여성의 입장을 금하였으며, 사상적으로 차별하였다.

② 중세에도 고대 불교의 연장선에서 여성을 구제의 대상에서 제외했다.

③ 그러나 가마쿠라시대에 이르면 신불교의 개조(법연, 친란, 도원, 일연)에 의해서 비로소 여성에게도 구원의 손이 다다랐다. 여인왕생 사상과 여인성불 사상이 탄생한 것이다. 그러나 고대 불교 전체에서 여성을 배제한 것은 아니다. 왜냐하면 나라 시대의 '승니령'은 비구와 비구니에게 공통으로 적용되는 내용이었기 때문이다.

우시야마 요시유키(牛山佳幸), 타이라 마사유키(平雅行) 그리고 요시다 카즈히코(吉田一彦)는 가사와라의 설을 비판하였는데, 다음과 같다.

① 사료를 근거로 한 견해가 아니다. 특히 고대에 대해서는 고대의 자료를 참고하지 않은 것 같다.

② 가마쿠라 불교를 높이 평가하고자 하는 역사관에 기반을 둔 것 같다.

③ 왕생이나 성불을 중심으로 하는 고대 불교, 혹은 일본 불교 전체를 검토하는 시각이 타당하지 않다. 신불교 중심적인 사관(史觀)으로 보인다.

④ 고대 불교나 중세 불교는 국가나 귀족의 불교로서 민중과는 관계가 없다는 견해는 사실과 다르다.

---

647 요시다 카즈히코는 「女性と佛教をめぐる諸問題」에서, 우시야마 요시유키, 타이라 마사유키(平雅行)의 주장과 그 내용을 비판하는 글을 자세하게 소개하고 있다(요시다 카즈히코·후지우라 레이꼬·니시구치 준꼬 共著, 『日本史の中の女性と佛教』, 眞俗文化硏究所, 法藏館, 1999, pp.6~9).

⑤ 신불교도 오장설이나 변성성불의 가르침을 설하고 있지만 그것을 과소평가하고 있다.

①의 내용에 대해 우시야마는 「여인금제 재론」[648]이라는 논문에서, "여인금제는 여인 부정관월경, 출산의 혈액 부정이나 경전의 '여성멸시관'에서 기인된 것이 아니다."라고 보았다.

그렇다면 여인의 부정관이나 멸시관 이전의 여인금제의 원인은 무엇일까? 그는 계율 존수尊守 때문에 여인금제가 시작되었다고 이해했다. 계율을 존수하기 위해 비구 사찰에는 여인, 비구니 사찰에는 남성을 금했다는 것이었다. 또한 7세기 초두에 비구 사찰과 비구니 사찰이 별도로 건립되었으므로 여인금제의 기원은 아스카시대로 보아야 한다고 주장했다. 그리고 헤이안시대에 이르러 관니가 감소함으로써 비구니 사찰이 폐사, 혹은 비구 사찰로 변함에 따라 자연 여인금제 내용만 두드러지게 되었음을 강조했다.

즉 우시야마는 계율에 의한 여인금제의 역사를 두 시기로 구분하였다. 제1기는 불교 전래기부터 나라시대 말기까지로, 국가가 승니와 사원에 계율을 준수하게 한 것, 제2기는 헤이안시대로, 국가가 법이 아닌, 각 사원의 자주적인 규제에 의한 금제로서 비구승이 수행하는 산에 여인이 오면 방해가 된다는 등의 이유로 결계를 행했던 것 등이다. 여성부정관 등에 대한 내용은 그 시대를 훨씬 뒤로 두었다.

요시다 카즈히코吉田一彦는 첫째, 『일본고대사회와 불교』[649]에서 7세기와 8세기를 '국가불교'로 보는 견해에 반대하고 있다. 7세기 후반에서 8세기 초에 각지에 많은 사원이 조성되었고, 8세기에 행기가 민중 포교를 한 예를 들면서 고대사회에서도 민중 계급에 어느 정도 불교가 유통되었다고 말하고 있다.

사쿠라이 등[650]은 젠신니 등과 국분니사의 번영을 들면서 초기불교에는 많은 비구니들이 활약했음을 인정하였다. 그러나 시대가 흐르면서 감소하는 이유에 대해 특히 우시야마는 다음과 같이 견해를 밝혔다.

---

648 우시야마 요시유키, 앞의 논문, p.3.
649 요시다 카즈히코, 『日本古代社會と佛敎』, 吉川弘文館, 1995.
650 사쿠라이(櫻井), 「初期佛敎の受容とシャ-マニズム」, 『日本のシャ-マニズム』下, 吉川弘文館, 1977. ; 츠다(津田), 『日本古典の硏究』下, 岩波書店, 1950. ; 우시야마 요시유키, 『古代中世寺院組織の硏究』, 吉川弘文館, 1990.

① 초기불교에는 젠신니 등 많은 비구니가 활약했다. '승니령'을 보아도 비구와 비구니는 평등하였다.

② 사원과 사회에서 비구니를 차별한 것은 먼저 8세기경에 궁중에서 연 국가적 법회에서 차례로 비구니가 배제되면서 시작되었다.

③ 드디어 비구니의 수계도 제한되었으며, 9세기 초에 확립된 연분도자의 대상에서 완전히 제외되었다.

④ 8세기경에 모든 사찰에 진鎭中. 古의 여러 큰 절의 승관 삼강 밑에서 서무를 맡아봄을 설치했는데, 비구니 사찰의 진에는 비구승이 임명되었다. 따라서 비구니는 사무 전반에 걸쳐 진승鎭僧의 통제를 받았다.

⑤ 이 시기에는 여성부정관이나 여성멸시 사상이 성립되지 않았다. 따라서 비구니 지위가 저하된 것은 국가가 유교 윤리를 도입, 가부장제가 성립된 것에 기인하는 것으로 생각한다. 즉 9세기 이후의 비구니 지위 저하나 감소의 원인은 부정관 등이 아니고, 유교 윤리와 도덕에 의한 가부장 제도였다는 것이 우시야마의 논지다.

그러나 요시다는 부분적으로 의견을 달리하고 있다. 비구니의 지위 저하나 감소의 원인이 가부장 제도에 직접적인 원인이 있는 것이 아니고, 중국 관료 제도의 도입이 그 원인이라는 것이다. 도입 이후 국가의 모든 불교 행사가 비구 위주로 행해졌다는 것이다. 중국을 모방해서 의례는 당연히 비구승이 직접 진행하게 된 것이다. 관도승은 점차 '직업 승'이라는 측면이 짙어졌다. '약자藥子의 변變 810' 이후 사가천황 다음에 8세기 전반까지 활약했던 여제女帝의 모습이 자취를 감추었다. 따라서 관도의 비구니가 참가하는 중앙 법회가 점점 줄어들었으며, 비구니 수도 감소했다고 주장하고 있다.[651]

그러나 헤이안시대에는 분명히 여인금제를 시행했으며, 비구니도 그 규제에 해당되었다고 본다. 따라서 여인금제 시행 자체가 비구니의 지위 저하에 영향을 미쳤다. 더불어 요시다가 주장한 비구니 지위 저하의 원인이 관료 제도에 의한 것

---

651 요시다 카즈히코, 『日本史の中の女性と佛教』, pp.23~27 참조.

이라는 내용에도 문제가 있다. 중국의 관료 제도 또한 남성을 위주로 하는 중국 전통의 유교 사상에 기인했다는 점에서 유교 윤리 정책의 경우와 별반 다르지 않다. 관료 제도의 바탕에는 유교 윤리인 가부장 제도가 깔려 있기 때문이다.

비구니 제재에 대해서 좀더 살펴보면, 같은 시대에 중국이나 한국에는 존재했던 비구니 관리직이 일본에서는 제외되었으며, 비구가 관리했음을 알 수 있다. 중국 송대에는 비구니의 지위가 매우 높았다. 『비구니전』 권2의 「보현사보현니전寶賢寺寶賢尼傳」의 보현에게는 도읍승정都邑僧正을[652], 보현사의 법정에게는 도유나라고 하는 승관이 내려졌다고 하였다.[653] 고려시대의 『삼국사기』 권40, 잡지雜誌 제9에 의하면 도유나랑이라고 하는 독자적인 비구니 승관이 설치되었다고 한다.

국가 불교에 의한 비구니 제재는, 전에는 비구니가 궁중의 불교 의례에 비구와 함께 참석했으나, 신구 4년727의 법회를 끝으로 참석하지 않는다. 처음에는 동석이 금지되었으나 서서히 비구니는 제외되었다.

수계에 있어서도, 공식적인 승려가 되기 위해서는 701년에 시행된 관도제에 따라서 국가의 허가를 받아야만 했다. 그것이 서서히 비구 중심이 되었으며, 비구니가 관도제의 대상이 되는 것은 매우 어려운 일이었다. 또한 사이쵸의 시대 대동 원년806부터 연분도자가 종파별로 시행되었다. 화엄종·천태종·율종은 2명, 삼론종·법상종은 3명으로 제한되었으며, 그것도 비구만 해당되었다. 따라서 비구니는 수계의 기회가 거의 없어졌다. 그 결과 공식적인 비구니의 수가 감소되었다. 결국 비구니 사찰은 운영이 어려워졌으며, 폐사가 되거나 비구 사찰로 바뀌었다.

한편 국가제도와 종교제도에서 관심을 두지 않았던, 어떤 의미에서는 자유로운 여성의 출가는 오히려 9세기 이후 증가되었다. '정규'가 아닌 여승, 사회적 신분으로서의 여승이 엄연히 존재했으며, 재가 비구니 등의 신분으로 사회 일선에서 주목할 만한 활동을 펼쳤다. 특히 당시 황후 등의 출가는 특기할 만한 것이었다. 그들은 국가의 제재를 받지 않고 자유롭게 일반에게 불법을 홍포하였던 것이다.

---

652 『비구니전』 권2(『대정장』 50, p.941상).
653 앞의 책 권2(『대정장』 50, p.941중).

2. 중세 비구니 사찰의 특징

1) 비구니 료소良祚와 순화원

헤이안시대 9세기 전반은 니승이 공식적인 법회나 득도에서 배제되었으며, 비구니 사찰은 비구 사찰의 말사가 되었다. 따라서 니승과 니사의 지위가 저하되었다. 이렇게 침체되었던 비구니들의 활동은 다치바나노 가치코橘嘉智子, 단린檀林천황 황후, 타다코나이신노우正子內親王, 단린황후의 딸의 2대에 걸친 비구니 사찰 건립 시주로 성행하게 된다.[654] 사가천황 황후인 다치바나노 가치코는 단림사를 창건하였으며, 준나천황의 황후 타다코나이신노우는 순화원淳和院을 건립하였다. 그리고 후에 레이제이冷泉천황의 황후가 된 후지와라노 간시藤原歡子는 상수원常壽院을 설립하였다.

이들 사찰의 공통점은 바로 황후들의 발원으로 건립되었다는 점이다. 이들 사찰 건립은 황후 등의 여성이 발원하는 장소로 특별히 허가받아 이루어졌다. 즉, 준나황후가 이 사적 사찰인 관니사 순화원을 건립한 것은 니와 니사의 역사에서 예외적인 일이었다.[655]

준나황후는 876년 부친 사가천황이 사망하자 승화 9년842에 출가하여 보살계를 받고 료소라는 법명을 받았으며, 순화원에서 여생을 보내다가 879년에 사망하였다. 준나황후의 수계에 대해서는 『자각대사전慈覺大師傳』에 대사와 24명의 승려가 초청되었으며, 보살대계를 받고 대승포살을 하였다고 기록되어 있다.

또한 『자각대사전』에는 료소가 보살대계를 받은 후 보살니계단菩薩尼戒壇을 건립하고자 했다고 기록하고 있다. 료소는 본인이 수계를 받는 데 그치지 않고 '보살니계단'의 건립을 추진하였던 것이다. 『자각대사전』에 의하면 이 순화원은 엔닌圓

---

654 시라이 유우꼬, 「平安時代初頭の佛教と女性」, シリーズ女性と佛教 I, 『尼と尼寺』, 株式會社 平凡社, 1989, pp.110~113 취의.

655 오오에 아쓰시(大江 篤), 「淳和太后正子內親王と淳和院」, シリーズ女性と佛教 I, 『尼と尼寺』, 株式會社 平凡社, 1989, p.144.

仁. 천태종의 대성자 794~864이 포교를 통해 천태종의 대승계단과 동등한 비구니 계단을 만들기 위해 세우려는 사찰이라고 기록되어 있다.[656] 만일 그렇게 된다면 비구니들이 더 집중적으로 강력하게 수행할 수 있다는 의미가 된다.

그러나 비구니 계단 설립 결과는 분명치 않다. 산악 수행 단계로 인해 쇠락하고 있었던 비구니 교단에 대해, 당시 비구 교단은 교단의 중심인물이 참여하여 비구니 양성의 기반이 될 계단을 설립하도록 돕기가 어려웠을 것이다. 따라서 9세기에 건립된 비구니 사원인 단림사, 순화원은 진언·천태의 승려 양성에 대응하는 비구니의 수행 도량이 되지 못했다. 결국은 귤씨계 황친 일족 측근이 생활하는 데 도움을 주는 사찰, 진언종 대각사의 부속 시설이 되었다.[657]

이와 같이 비구들의 득세에 반해 비구니들은 많은 제약을 받았으며, 제대로 된 수계나 강설 등을 행하지 못했다. 즉 헤이안 초 9세기는 천태종과 진언종의 전래로 불교계가 변화되는 시기였으며, 나라시대에 비구와 거의 동등했던 비구니의 위상이 사료에서도 후퇴하기 시작했다.

그러나 료소의 비구니 육성에 대한 열정과 신앙심은 높이 평가받을 만한 것이다. 특히 료소는 대각사 옆에 비구니를 위한 제치원濟治院을 시설해 병든 비구니들이 치료받도록 하였다.[658] 료소의 사후 순화원에는 지위 낮은 여승들도 살 수 있게 되어 모름지기 모든 비구니를 보호, 육성하는 설립 정신을 이어갔다.[659] 물론 료소 비구니의 순화원이 한국의 정업원과 같이 비구니들을 돕지는 못했다. 그러나 비구니 단일 계단을 설립하려던 료소 비구니의 노력은 진정으로 비구니의 독립을 이루려던 위대한 정신이었다.

---

656 시라이 유우꼬, 앞의 논문, pp.113~114. pp.115~116.

657 시라이 유우꼬, 앞의 논문, p.116.

658 오오에 아쓰시, 앞의 논문, p.152.

659 오오에 아쓰시, 앞의 논문, p.154

2) 비구니 사찰의 성립 배경

위에서 살펴본 바와 같이 헤이안시대의 비구니는, 여성 출가 초기의 동기가 관니가 되는 것이라면, 중기에는 재가 비구니로 변모한다. 이들 비구니 가운데는 사암을 창건하여 거주하는 사람도 생기는데, 가마쿠라시대 이후에 이르면 그 수가 현저하게 늘어난다. 그러나 이렇게 중세에 이르러 비구니 사찰이 증가하는 배경에 대한 자세한 기록은 거의 없다. 단, 야마시로山城의 젠묘우지善妙寺·이즈伊豆의 엔죠우지圓成寺·미카와三河의 심은원深恩院이 그 원인을 엿볼 수 있는 귀중한 사찰이다. 선묘사는 나카노미카도 무내유키中御門宗行의 후실 젠니禪尼의 남편이 건립한 사원이다. 젠니는 남편의 왕생菩提을 기원하기 위해 선묘사에 들어가 정영 원년1232에 『화엄경』을 필사했다. 현재 일부가 고산사高山寺에 전래되어 「니경尼經」으로 불리며, 그 가운데 명달明達·성명性明·진각眞覺·명행明行·계광戒光·선혜禪惠·이증理證·신계信戒 등 8명의 비구니 이름이 기록되어 있다. 현재 교토의 위신사爲因寺가 선묘사의 법등을 이어가고 있다고 추정된다.

원성사는 북조 정시의 후가니後家尼미망인-논주가 건립한 니사로 그의 법명은 각해원성覺海圓成이다. 겐코우의 난元弘の難 이후 가마쿠라 막부가 멸망할 당시 호우조우시北條氏 일족의 남성들이 전사하자 남은 여아와 미망인들은 경제적으로 어려움에 처했다. 미망인들은 이에 경제적 도움도 받고, 남편의 왕생을 기원하기 위해 이 사찰을 창건한 것이다. 이즈에 현존하는 북조사가 원성사의 후신으로 추정되는데, 현재는 비구 사찰이다.

심은원은 현재 아이치켄愛知縣에 현존하는 총지사의 시인(子院, 탓초우塔頭-首末寺) 혹은 말사로 건립된 비구니 사찰이다. 비구니 메이아明阿가 작성한 기진장에 기록이 남아 있으며, 후에 총지사에 흡수되어 메이지 29년1896에 비구 사찰이 되었다. 심은원의 건립자로 추정되는 메이아니는 부친과 남편의 왕생을 기원하기 위해 관응 2년에서 문화 4년1355 사이에 이 사원을 창건했다. 총지사의 문서를 보면 심은원은 아시카가시足利氏 집안 다툼에 희생되어 멸망한 코우시高氏 일족의 보리사로 세워진 비구니 사찰임을 알 수 있다.

야마시로山城의 경애사景愛寺 또한 아버지를 잃은 무게뇨다이無外如大가 남편마저 카내자와아키도키金沢顕時에 연루되어 유배당하자 건립했으며, 사가미相模의 동경사東慶寺는 아다치 요시카게安達義景의 딸이자 야스모리泰盛의 누이며 호우조우 사다도키北條 貞時의 모친인 가쿠잔 지도우覚山志道가 창건한 사원이다.[660]

이 사찰들의 공통점은 가마쿠라 막부의 멸망과 칸노우 요우란観應搖亂의 소용돌이에서 미망인이 된 여성들이 건립에 관여했거나 직접 출가한 곳이다. 사망한 남편, 부친 혹은 아들의 명복을 빌면서 자신의 남은 생을 의탁한 장소인 것이다.[661]

천황가의 여성들이 돌아가신 부모의 왕생을 빌기 위해 출가하고 활동한 기록도 있다. 그들이 지은 사원들은 천황가와 밀접한 관계를 유지하면서 그들의 피난처와 몰후 공양을 올리는 장소가 되었다. 대표적인 예가 안선사安禪寺와 그곳으로 출가한 하나조노花園천황 황녀 간신조오우観心女王, 츠치미카도土御門천황 황녀 수악혜선壽岳惠仙, 나라奈良상황의 황녀 등이다.『대광사유래大光寺由來』[662]에 의하면, 안선사는 처음 아시카가 미쓰아키라足利満詮의 여식인 조우겐인浄源院이 창건하여 주지를 역임했다고 한다. 그러나 조우겐인 이후 장군가 여성의 입사는 기록되어 있지 않으며, 천황가, 후시미노미야伏見宮가의 에호우惠彭여왕[663]으로 이어진 천황가의 니사로 전해진다.[664]

또한 천황가 외에 귀족이나 무가의 여성이 부모나 남편의 왕생을 기원하며 사찰을 창건하는 경우가 많았다. 바로 '보리샤'라는 사찰로, 역할은 위의 경우와 같이 선조에 대한 제사를 위주로 하였다. 보리사는 비구, 비구니가 공동으로 소유하고 있었고, 각자 이곳에서 선조 등의 명복을 기원하였다. 그러나 비구니 사찰은 일

---

660 우시야마 요시유키,「中世の尼寺と尼」, シリーズ女性と佛教『尼と尼寺』, 平凡社, 1989, pp.224~230 참조.
661 우시야마 요시유키, 앞의 논문, p.229.
662 『大日本史料』第六編 二十三, 康永元年 十二月十一日, 士曇乾峰卒傳.
663 『言繼卿記』永祿 6년(1563) 6월 조에 의하면 伏見宮邦轉女는 正親町天皇猶子(조카)로 安禪寺에 입실했다는 기록이 있다(니시구치 준꼬),「中世の女性と佛教」, 法藏館, 2000, p.36).
664 니시구치 준꼬, 앞의 책, p.55

대 혹은 몇 대가 지난 뒤에는 폐사가 되거나 비구 사찰이 되는 경우가 많았다.[665]

한편 중세에 이르러 고대에 건립되었던 니사를 부흥시키거나 새로 건립하는 풍조가 일어났다. 중궁사ㄴ中宮寺, 법화사法華寺, 도명사道明寺 등은 헤이안시대에 폐쇄되었다가 율종의 승려와 비구니에 의해서 재흥된 사찰이다. 율종이 비구니 사찰 재건에 관심을 두는 이유는 교단 구성원으로서 비구니와 비구니 사찰이 중요하다는 걸 깨달았기 때문이었다.

이와 같이 중세에는 국가의 제재 없이 출가할 수 있었으며, 비구니 사찰이 증가하지만 비구니 수는 비구와 비교할 수 없을 정도로 적어진 뒤였다. 따라서 활동 면에서도 가문의 명복을 비는 정도에 그쳤을 뿐이다. 이러한 점은 비구니 활동이 표면화되는 데 큰 장애 요인이 되었으며, 사료에도 남아 있는 것이 거의 없다.

또한 비구니 사찰은 자체적으로 운영하였지만 황실 사찰을 제외하고는 교육을 비롯해서, 생활 전반에 걸쳐 비구의 제재를 받았다. 따라서 비구니들은 기일공양忌日供養이 일과 가운데 매우 중요한 위치를 차지하고 있었다. 중궁사를 중창한 신뇨信如가 기록한『영취산원년중행사靈鷲山院年中行事』는 니사의 일과를 다음과 같이 소개하고 있다.[666]

> 아침에는「심지관경문心地觀經文」[667],『반야심경』,『담의談義』,『삼십송』을 하고, 사시에는 석가 십이예, 칠불약의七佛略義, 광명진언, 팔명주八名呪, 미륵주, 수구다라니, 사리강舍利講 일좌一座를 한다. 저녁에는 예문, 십일면대주, 보광인다라니寶筺印陀羅尼, 석가보호釋迦寶号, 석가공양법釋迦供養法, 광명진언, 일자심주一字心呪, 지장명호를 한다.

---

665 요시다 카즈히코·후지우라 레이꼬·니시구치 준꼬 共著,『日本史の中の女性と佛教』, 眞宗文化研究所 編, 法藏館, 1999, p.164.

666 니시구치 준꼬,『中世の女性と佛教』, 法藏館, 2000, pp.14~15.

667 인도에서 일어난 대승불교 후기에 들어와 여러 대승경전에 설해져 있는 모든 교의를 종합하여 이루어진 경전이 하나 있다.『대승본생심지관경』이라는 이 경은 줄여서「심지관경(心地觀經)」이라 하는데 범어 원전은 전해지지 않고 정확한 성립 연대도 알 수 없으나, 이 경에『반야경』,『유마경』,『법화경』,『화엄경』,『열반경』 등에 설해진 사상과 밀교적인 내용이 포함되어 있다는 점에서 대승불교의 말기에 편찬된 경으로 추정된다. 지안스님, 조계종 승가대학원장(불교신문 2380호/ 11월28일자).

매월 행사는 1일에는 사분포살四分布薩, 11일은 미륵강彌勒講, 15일은 범망경 포살과 하루 종일 석가모니불 정근, 18일은 관음강, 19일은 사리공양, 21일은 대사공大師供, 22일은 태자강太子講, 24일은 지장 염불[668], 25일은 문수공文殊供, 그믐에는 범망경 포살을 한다. 그리고 사이사이에 행기, 정경貞慶, 도선道宣, 삼장三藏, 감진鑑眞, 자은慈恩, 공해空海, 지족원상강知足院上綱, 선사선비先師先妣, 亡母 등의 월 제사를 올린다. 연중행사는 지장공양이나 미륵공양, 부모, 선사 등의 기일에 제사를 지낸다.

또한 『법화멸죄사년중행사法華滅罪寺年中行事』 대부분에 「매월근행망자기일등사每月勤行亡者忌日等事」의 항목이 정해져 있는 것으로 보아 법화사 대중과 그 가족의 기일에 제사를 지냈음을 알 수 있다.

한편, 중세 후기의 비구 사찰인 인화사仁和寺의 연중행사를 전하는 『인화사연중행사』(『일본서민생활사료집성日本庶民生活史料集成』 23 「연중행사」)에 의하면, 인화사의 역대 고승 기일과 겐지源氏 일족의 기일에 행사를 하였으며, 매일 3회씩 「과거장過去帳」[669]을 읽고, 이취삼매를 수행하였다.

이 시대에 특기할 만한 일은 남성의 재가 출가로 건립된 사찰에 대한 내용이다. 가마쿠라의 막부가 편찬한 역사서 『오처경吾妻鏡』에 의하면, 막부의 유력한 무사인 어가인御家人인 오바 카게요시大庭景義와 오카자키 요시자네岡崎義實가 출가하였다고 한다. 연로한 이들은 평소 원에 따라 출가하였고, 내세에 구원을 받기 위해 불사에 전념했다.

1206년 4월에는 사사키 사다쓰나佐佐木定綱가 병이 들자 출가하였다. 또한 오에 노히로모토大江廣元도 출가하였는데, 출가 이유를 연명을 위한 것이라고 기록하고 있다. 즉 남성 출가의 경우 노인 외에는 중병으로 죽음을 앞둔 사람들이 연명을 기원하고자 출가하는 경우가 많았다. 이들은 막부의 허락을 받고 출가하였으며, 관직에서는 은퇴를 하되 출가 후에도 영지는 그대로 경영하였다.[670]

---

668 우리나라의 경우 대부분 18일에는 지장재일, 24일은 관음재일 행사를 하고 있어 이 점이 일본과 다르다.
669 절에서 사망한 信徒들의 법명, 속명, 사망 연월일 따위를 記錄하여 두는 장부.
670 김영, 「중세 재가출가의 의미」, 『日本語文學』 第37輯, 2007, pp.516~521 참조.

정치 권력자가 출가한 뒤 더욱 강력한 권력을 행사하는 경우도 있었다. 즉 제도에서 벗어나 자유롭게 권력을 행사하는 경우다. 어린 천황에게 양위한 상황에서 실질적으로 국정을 운영하는 정치 형태인 원정과 출가하여 법황이라 불리는 경우다. 그 외에 정치적 패배나, 주군이 사망하여 출가하는 경우도 있다.[671] 이와 같이 남성들의 출가는 재가 사미라는 명목 외에 정치적 의미를 갖는 경우가 많았는데, 이것은 여성의 경우와는 매우 다른 출가의 한 형태였다.

가마쿠라시대의 무력 항쟁은 대량의 전사자를 낳았고, 그에 따라 미망인이 많이 발생하였다. 게다가 패자들은 모든 재산을 몰수당하였으며, 그로 인해 유족은 경제적으로 매우 어려운 상황에 놓이게 된다. 이들에게는 단지 재가 승려라는 존재 형태의 범주를 넘어 의탁할 의지처가 필요했던 것이다. 중세에 이르러 비구니 사찰의 비약적인 증가는 이런 맥락에서 살펴야 할 것이다.[672] 즉 중세에 보이는 비구니 사찰의 증가 요인 가운데 가장 중요한 것은 무력적인 대립 항쟁의 끊임없는 위험 요소가 되는 무사 정권의 성립에 기인하는 것이었다.

또 한 가지 중세 니사의 전반적인 특징 가운데 하나는 비구니가 창건한 사찰은 후에 운영이 이어지기 어렵다는 점이다. 이러한 경향은 가마쿠라시대 초기에 더욱 현저하였다. 대표적인 예가 야마시로山城 변조심원遍照心院이다. 이 사찰은 삼대장군三代將軍 미나모토사내도모源實朝의 후실 하치조우니八條尼가 망부의 명복을 기원하기 위해 출가하여 건립한 니사였다. 그러나 이 사찰은 하치조우니 일대 이후, 문영文永 9년1272 하치조우니의 치문置文에 '지율승을 장로로 하도록'이라는 글대로 비구 사찰이 되었다.[673] 이와 같이 가마쿠라 초기에 창건되었던 니사 가운데 일대가 지나면 폐사가 되거나 비구 사찰이 되는 현상은 앞에서 거론한 바와 같이 니사의 성립 자체가 전란·내분 등에 의해 우발적인 사유에서 건립되었기 때문이다.

671　김영, 앞의 논문, pp.521~522.

672　우시야마 요시유키, 「中世の尼寺と尼」, シリーズ女性と佛敎 「尼と尼寺」, 平凡社, 1989, p.230.

673　우시야마 요시유키, 앞의 논문, p.231.

3) 비구니 교단의 종파 형성

가마쿠라 초기에 창건된 많은 비구니 사찰이 1대를 넘어가면 폐사가 되거나 비구 사찰로 바뀌는 또 하나의 이유는, 미망인들의 은신처 성격 외에 적극적으로 종교 활동을 전개할 수 있는 조건이 제대로 갖추어지지 못했기 때문이다. 이러한 결과는 타의로, 혹은 주위의 여건 때문에 출가한 신앙심 결여 측면에서 살펴보아야 할 것이다.

10~11세기에는 가부장적인 가족제도가 성립되었다. 이러한 과정에서 가산을 보호하고 가문을 지키기 위해 미망인이 재혼하면 재산권을 규제하였다. 그러므로 미망인이 남편의 재산을 상속받으면 재혼하지 않고 재산을 지켜야 하는 의무가 따랐다. 재혼하지 않고 남편의 후계자로서 가정을 안정적으로 유지하는 좋은 방법이 바로 출가라는 형태로 재가에서 생활하는 것이었다.[674] 즉, 종교적 역할보다는 가문을 지키고 재산을 경영하는 형태로 사찰을 운영했던 것이다. 혹은 사찰 주변이나 산속에 암자를 짓고 생활하기도 하였으며, 비구 사찰이나 귀족의 관사에서 기숙하는 니승도 있었다.[675]

그러나 중기에 들어서면서 서서히 비구니 사찰이 특정 교단에 편입되는 현상이 나타나기 시작한다. 현밀불교 또는 현밀불교 개혁파라고 불리는 남도계 교단, 정토종, 시종, 선종, 법화종 등은 각각 비구니 대중이 있거나 비구 사찰과 함께 니사찰을 가지고 있었다. 예를 들면 율종은 원칙으로는 비구 사찰과 비구니 사찰이 병립하여 계율에 따라 단계적으로 비구니 집단을 조직하였다.[676] 선종의 경우도 거의 같은 형태였는데, 종파 가운데는 특히 선종계와 정토종의 니사가 많이 건립되어 천황가와 귀족 또는 상급 무사가武士家의 여성들이 출가하였다. 또한 특정 계통의 종파에 편중하는 경우가 늘기 시작하는데, 임제선에 치중하기 시작하는 야

674　김영, 앞의 논문, pp.529~530.
675　니시구치 준꼬, 「尼と家」(요시다 카즈히코・후지우라 레이꼬・니시구치 준꼬 共著, 『日本史の中の女性と佛教』, 眞宗文化硏究所 編, 法藏館, 1999, p.166).
676　니시구치 준꼬, 『中世の女性と佛敎』, 法藏館, 2000, p.13

마시로山城의 경애사나 사가미의相模의 동경사가 그 대표적인 사례다. 또는 같은 사찰에 각기 다른 종파를 배우는 승려들이 거주하는 경우도 있었다. 이들 비구니들이 몇 개의 종파를 겸해서 배우고 있었는가에 대해서는, 그 시대에는 구체적으로 종파를 분류할 수 있는 자료가 부족하여 알기가 어렵다.

두드러지는 것은 선종, 특히 임제선은 40여 개의 사찰이 있었는데, 원각사·총지사·안선사 등이 그 대표 사찰이다. 말기에 이르러 몇 개의 조동선 사찰이 눈에 띄는데 대부분 가마쿠라 말기에 성립된 것으로 보여 주목된다. 케이잔조우킨螢山紹瑾선사의 시대에 그의 조모와 모친 등의 속계와 연관된 여성이 출가한 카가加賀의 정주사淨住社와 보응사寶應寺가 있다. 그리고 노도能登의 원통원圓通院 및 칸간기인寒巖義尹이 여성 신자를 위해 건립한 히고肥後의 보은사報恩寺가 있다. 위에서 거론했던 미카와三河의 심은원深恩院은 당초 종파와는 무관했으나 중기에 이르러 조동선에 편입된 것으로 추정된다. 조동선의 비구니 사찰은 임제선에 비해 정권과는 거리가 먼 것이 특징이다.[677]

위에서 거론한 임제계 사찰 가운데 안선사는 동복사에 속하는 사찰로, 니오산尼五山의 경애사 등과 같은 비구니 관사가 아닌 사사私寺로 기록되어 있다. 『음량헌일록蔭凉軒日錄』 관정 3년1462조에 의하면 "경애사 주지로 묘지원妙智院·흥선원興禪院·양령원陽嶺院·보우원寶祐院·안선사·본광원本光院의 주지 가운데서 양령원이 추천되었다."는 기록이 보인다. 따라서 경애사의 주지는 이들 사찰의 주지 중에서 1명이 추천 된다는 것을 알 수 있다.

특히 안선사는 천황가의 비구니 사찰로 알려졌는데, 대대로 천황가의 여성이 입사했던 사찰이다. 그들은 안선사의 주지에 임하면서 경애사의 장로로 활약하는데, 대표적인 인물이 하나조노花園천황 황녀 간신조오우, 쓰치미카도土御門천황 황녀 수악혜선壽岳惠仙, 나라奈良상황의 황녀 등이다. 즉 천황가의 니사이며 사사였던 안선사는 임제계 니사의 하나로서 경애사 입사 후보 사찰이다. 묘지원이나 양

---

677 니시구치 쥰꼬,「中世の尼寺と尼」, シリーズ女性と佛教『尼と尼寺』, 平凡社, 1989, pp.233~234.

영원 등도 같은 입장이었다.[678] 마데노코지 토키후사萬里小路時房의 딸인 지쇼慈照가 출가한 정토종계의 이리에도노入江殿는 안선사와 관계가 깊은 사찰로, 선과 정토 이종二宗을 겸학하는 비구니 사찰로 추정된다. 이리에도노는 본래 황녀도 출가했지만 장군가의 니사가 되었다. 안선사와 이리에도노는 종파는 비록 다르지만 법구法具를 서로 빌려서 사용하는 등 밀접한 관계를 맺고 있었다.[679]

선종 가운데 대부분은 율종이 차지하는데, 서대사류와 당초제사류, 북경율 등이 있다. 서대사류에 비구니 사찰이 성립된 것은 건장 원년1249으로, 야마도大和의 법화사法華寺에서 중세 일본 종교개혁의 지계승인 에이손叡尊에게 비구니계를 받은 비구니가 탄생하고 난 후였다.

반면 당초제사류의 비구니 사찰은 서대사류와 거의 같은 시기에 가쿠조우覺盛에게 수계받은 신뇨니의 활동으로 성립되었다. 대화정법사나 동국중궁사가 그 대표적 사찰이다.

북경율은 야마시로山城의 천통사泉通寺를 거점으로 하는 율종의 일파로, 그에 속하는 비구니 사찰로는 치쿠젠筑前의 보림사寶琳寺가 있다. 율종이 비구니 사찰 건립 등을 적극적으로 추진한 것은 출가 5부중비구·비구니·사미·사미니·식차마나니을 확립하려는 의도가 있었기 때문이다.[680]

다음으로 들 수 있는 것은 정토종계의 비구니 사찰이다. 야마시로의 삼시지은원三時知恩院과 혜성원惠聖院, 광조원光照院, 야마도大和의 흥복원興福院, 오와리尾張의 서원사誓願寺, 시나노信濃의 선광사善光寺 등이 있다. 그러나 이들 사찰이 정확히 정토종 계통이었다는 것은 근세에 밝혀졌다. 비교적 자료가 풍부한 삼시지은원의 경우도 당초는 4종파를 겸했다고 말하는데, 2대 주지인 각창성산覺窓性山이 상국사相國寺의 임제종 비구에게서 득도했다는 기록이 있는 점으로 보아 임제선의 영향이 있었음을 엿볼 수 있다.

678 니시구치 준꼬, 앞의 책, pp.33~34.
679 入江殿은 본래 皇女가 출가하기도 하는 사찰이었는데, 장군가의 尼寺로 足利義沼의 누이인 松山聖繋이 장로였다(니시구치 준꼬), 「中世後期における女性の出家」, 『國文學解釋と鑑賞』 6月號, 特集 女性と佛教, 2004, p.95).
680 우시야마 요시유키, 앞의 논문, p.234.

또한 야마시로의 호넘사護念寺는 경장 연간1596~1615에 정토종 사원으로 재흥했으며, 대자원大慈院은 근세에 정토종으로 개종했다는 기록이 있다.[681] 이와 같은 예는 정토종의 비구니 사찰이 쇼쿠호우織豊시대[682]에서 근세 초두에 걸쳐 성립되었으며, 아마도 임제선에서 독립한 경우가 많았음을 의미하는 것이리라. 그 원인의 하나로 정토종의 전반적인 교단 형성이 비교적 늦게 이루어졌음이 지적되고 있다.

마지막으로 화엄종과 일련종이 있다. 화엄종의 대표로 손꼽을 수 있는 사찰은 선묘사다. 선묘는『화엄종조사회전華嚴宗祖師繪傳』[683] 즉,「화엄연기華嚴緣起」에 등장하는 여신의 이름을 인용한 것으로, 고산사의 별원으로 존재했다고 하나 가마쿠라 후기에 쇠퇴하여 당시의 화엄종 교단에서 어느 정도 중심 역할을 했는지는 알수 없다. 일련종으로 확실한 비구니 사찰은 야마시로의 서용사瑞龍寺로, 도요토미 히데요시가 시해당한 후 즈이류인 닛슈瑞龍院日秀가 문록 5년1596에 그의 명복을 빌기 위해 건립한 사찰이다.

그 외에 주목되는 것이 천태종의 야마시로의 장복사長福寺로, 인안仁安 4년1169에 신리眞理 비구니가 창건했다고 전해지는데, 그 후 비구 사찰이 되었다.

이상 살펴본 바와 같이, 중세 비구니들이 속했던 종파는 가마쿠라시대에는 대부분 율종이었으며, 말기에서 무로마치室町시대에는 선종이, 쇼쿠호우織豊시기까지는 사중時衆時宗[684]과 일련종, 정토종 등이 보인다. 수적으로는 선종이 압도적으로 중세 불교를 이끌고 있다. 당시 불교계의 분위기는 현밀불교가 지배적이었으며, 국가 권력과 긴밀한 관계를 유지하고 있었다.

비구니는 개혁파, 신종 불교에 속해서 존립했으며, 정통 현밀불교에서는 제외되었다.[685] 일부에서는 중세의 비구니 사찰은 출가하여 가정을 포기한 여성으로

---

681 우시야마 요시유키, 앞의 논문, p.235.
682 오다 노부나가(織田信長)와 도요토미 히데요시(豊臣秀吉)가 천하의 정권을 잡았던 시대.
683 이『華嚴宗祖師繪傳』은 찬령의『宋高僧傳』에 나오는 의상과 원효를 주인공으로 하는 내용으로 '그림으로 보는 두 대사의 열전'이다. 특히 의상대사 부분은 선묘 낭자가 사랑과 신앙으로 龍神이 돼 대사가 탄 배를 안전하게 귀국시켰다는 미담을 중심으로 구성되어 있다.
684 일본의 20개 종파의 하나. 주야 6시로 善導의 왕생 예찬을 닦아 왕생의 업인을 삼음.
685 우시야마 요시유키, 앞의 논문, p.237.

서 일관되게 소극적인 평가를 받기도 했다. 비구와 비구니 사찰이 동등하게 운영된 경우는 오로지 율종 사찰뿐이었다. 가마쿠라시대에 현밀불교 개혁파로 활동했던 율종은 여법한 비구니를 육성하고자 하였다. 중궁사中宮寺, 법화사法華寺, 도명사道明寺 등의 중세 비구니 사찰을 부흥시켰으며, 새로운 비구니 사찰을 창건하였다.[686] 국가적인 재난을 막기 위한 기도 도량인 칸도우關東의 기도사祈禱寺는 주로 율종이나 임제선의 비구 사찰이 해당되었다. 그러나 때에 따라서는 그 역할을 비구니 사찰이 하는 경우도 있었다. 세츠攝律의 삼개원三箇院이나 사나원舍那院 등은 『감신학정기感身學正記』에 의하면, 가까이에 비구 율종 사찰이 없으므로 독자적인 기도 사찰로 운영되었다. 이와 같이 비구니 사찰이 단독으로 칸도우 기도사가 되는 경우도 적지 않았다. 이러한 경우 막부의 요청으로 기도를 주관할 때 그 주체는 바로 비구니 대중이었다. 이것은 출가 이유와는 상관없이 비구니 사찰이 완수한 역할과 역사적 의의임에 분명하다.[687]

그러나 대부분 비구니는 비구승에, 비구니 사찰은 비구 사찰의 관리 아래에 두었다. 한 예로써 히다치常陸의 삼촌니사三村尼寺는 가까이에 있는 삼촌승사三村僧寺의 비구 승복을 세탁하는 임무를 맡았다는 전거가 있다. 율종의 비구니도 비구승 수행의 보조 역할만을 했다고 지적하고 있다. 가마쿠라 중기 이후 남북조와 무로마치 시기가 되면서 임제선이 막부의 압도적인 지지와 보호를 받는다. 따라서 비구니 사찰도 대우와 존재 형태에 많은 변화가 일어난다.

4) 향상된 비구니의 위상

가마쿠라시대는 호우넨法然, 신란親鸞, 잇펜一遍에 의해서 헤이안시대에 금제되었던 '여인왕생론'이 전개되었다. 또한 도겐道元과 니치렌日蓮이 '여인성불론'을 제

---

686   니시구치 준꼬, 「尼と家」(吉田一彦 · 勝浦令子 · 西口順子 共著, 『日本史の中の女性と佛教』, 眞宗文化研究所 編, 法藏館, 1999, pp.159~160).
687   우시야마 요시유키, 앞의 논문, p.239.

기하였다.[688] 선종에서 조동종을 개산한 도겐은 여인 결계를 비판하였으며, 남녀가 함께 구도심을 갖는 것이 평등이라고 주장하였다. 실로 도겐의 곁에는 신심으로 구도하는 비구니들이 모여들었다. 임제종에도 참선하는 비구니 수가 증가하였다.[689] 물론 중세 이후 사회적으로 비구니는 비구보다 일반적으로 낮은 지위에 속하게 되었고, 비구니의 위상이 완전히 상승되지는 않았다. 그러나 헤이안시대에 비해 많이 격상되었다.

가마쿠라시대에 이르러 비구니가 계를 설하거나 전법관정을 행한 예가 있었다. 붓고우고쿠시佛光國師=無學祖元의 제자 가운데 무게뇨다이無外如大라는 비구니가 있었는데, 선종니 가운데 높은 평가를 받았다. 그는 무로마치시대부터 에도시대에 걸쳐 경애사, 대성사大聖寺, 보경사寶鏡寺 등 비구니어소比丘尼御所로 알려진 니사의 개산으로 그 전기가 알려졌다.[690] 무로마치시대에 들어서 경애사 등의 개산을 비롯해 비구니와 비구니 사찰의 활동이 조금씩 알려지기 시작했으며, 좋은 평가를 받았다.

국가의 안녕과 번영을 기도하는 사찰로 불렸던 간도우의 기도 사찰은 막부의 인정을 받고 많은 권익을 누렸다. 일상적으로는 병의 쾌차, 순산, 전승 등 장군가의 평안을 기도하지만 몽고 침략의 국난 극복을 기도하는 역할도 담당했다. 이러한 칸도우 시대의 기도 사찰 가운데는 비구니 사찰도 포함되는데, 대부분은 율종 사찰이며, 다음이 임제 사찰이었다. 이와 같이 율종 사찰을 중심으로 한 비구니 사찰은 막부나 조정의 요청을 받고 국가적 임무를 담당하는 기능을 갖추었다.

무로마치시대에 이르면 임제 선찰이 격상되면서 국가에서 순서대로 5개 사찰을 지정해서 주지 임명권을 부여한다. 비구니 사찰도 역시 5산 제도가 설치되어 교토에는 경애사를 필두로 현통사, 단림사, 혜림사, 호녕사가 지정되어 교우초우京兆 니오산尼五山 혹은 비구니어소라고 칭했다.[691] 가마쿠라에는 태평사太平寺, 동경사

---

688 오하시 순노(大橋俊雄) · 하세가와 마사토시(長谷川匡俊) · 오구리 쥰꼬(小栗純子) 共著, 카사하라 카즈오(笠原一男) 編著, 『女人往生』, 教育社, 1983, p.214.
689 니시구치 쥰꼬, 앞의 논문, p.160
690 니시구치 쥰꼬, 앞의 논문, p.160.
691 우시야마 요시유키, 「中世の尼寺と尼」, シリーズ女性と佛教 『尼と尼寺』, 平凡社, 1989, p.242.

東慶寺, 국은사國恩寺, 호법사護法寺, 선명사禪明寺가 있었다.[692] 다섯 절 가운데 천수天授 6년1380에 요츠츠지노미야四辻宮 손가오우尊雅王의 왕녀인 치센智泉 비구니가 지은 통현사가 창건 시기가 가장 이르다고 한다.[693]

이 비구니어소란 명칭이 정식으로 천황으로부터 불린 것은 에도시대 이후다. 따라서 비구니어소는 주로 천황가, 황족 아시카가시足利氏 여성이 입사入寺하는 비구니 사찰이라고 불렸다.[694] 아쉬운 것은 비구니의 5산 제도가 사적인 존재라고 할 수는 없지만 사료 부족으로 그 실태를 정확하게 논증할 수 없다는 점이다. 이유는 첫째, 단림사는 사가천황의 황후인 다치바나노 가치코橘嘉智子가 창건한 사찰로, 헤이안시대에는 대표적인 사찰이었지만 11세기 말기에는 이미 황폐했으며, 중세에 부흥되었다는 증거를 찾을 수 없다. 둘째, 단림사 외의 4개 사찰도 존속 기간이 매우 짧다. 호념사는 영형 8년1436에, 경애사는 명응 7년1498에 각각 소실되었으며, 비구니 사찰로 중창되지 않았다. 결국 자원子院, 탑두. 수말사의 담화원曇華院에 의해 명맥을 유지해 온 통현사 외에는 거의 폐사가 되었다.

그러나 다섯 절 가운데 가장 최고의 사찰인 경애사는 주지 임명권을 국가가 장악하여 5산 제도의 기본적 형식에 준거하고 있으며 관사의 지위를 얻었음이 확실하다. 비구니 5산의 변화 등에 대해서는 최근 연구가 많이 진행되고 있다.[695]

막부시대의 비구니 사찰은 비구니 5산 외에 긴리禁裏=宮中, 공가公家. 무가시대 조정에 출사한 집안, 장군가, 무가에는 '가家'의 니사가 있었다. 특히 중소中小의 니사는 대부분 '니오산'이나 긴리, 장군가의 니사에 속했다. 건성원建聖院은 경애사에, 선혜원禪惠院은 혜림사에, 광대사光台寺는 진언율眞言律의 난도南都의 법화사法華寺 말사였다.[696]

이 시기에는 출가 동기가 비극적이지 않은, 법맥을 계승한다는 발심 출가 형태를 보이고 있다. 이것은 적극적으로 비구니를 양성할 수 있는 교단의 시스템이나

---

692 니시구치 쥰꼬, 앞의 논문, p.165.

693 우시야마 요시유키, 앞의 논문, p.242.

694 니시구치 쥰꼬, 앞의 논문, p.165.

695 하라다 마사토시(原田正俊) 외에 오이시 마사아키(大石雅章)의 「比丘尼禦所と室町幕府—尼五山通玄寺を中心として」(『日本史研究』335, 1990). ; 湯之上隆, 「遠江國淺羽莊と比丘尼禦所」(『地方史靜岡』13, 1985). ; 湯之上, 「足利氏の女性たちと尼寺」(九州大學國史研究室編, 『古代中世史論集』, 吉川弘文館, 1990) 등이 있다.

696 니시구치 쥰꼬, 「中世後期における女性の出家」, 『國文學解釋と鑑賞』6月号, 特集 女性と佛教, 2004, p.91.

사회 환경이 조성되었음을 보여주는 것이다. 즉 전대와는 달리 사회적인 세력을 갖춘 비구니 사찰로 성장하게 된 것이다. 여성의 출가 연령이 낮아진 것도 중세 후기의 특색이었다.

중세 후기인 무로마치시대와 전국기의 공가公家 여성은 결혼, 궁중 혹은 장군을 위한 봉사, 독신 생활의 3가지 선택이 있었다. 따라서 이 시기 여성의 출가 중에서 특기할 것은 출가의 이유가 부모의 뜻에 따라 이뤄지는 경우가 있었다. 이런 경우 대부분은 어린 나이에 출가하는데, 그 가운데는 귀족 여성 출가자를 시봉하기 위해 출가하는 예가 있다. 예를 들면, 서춘원瑞春院은 아시카가 요시노리足利義教가 카키츠嘉吉의 변變에 살해된 후 출가한 그의 부인이 건립한 사원이다. 서춘원에서는 마데노코우지 도키후사萬里小路 時房의 딸 카즈코算子를 출가시키도록 영운원靈雲院의 손가쿠尊覺에게 부탁했다.[697] 『건내기建內記』 가길 원년1441 윤閏 9월 14일조에 도키후사는 '일자출가칠세부모성불—子出家七世父母成佛'이라는 내용과 함께 가즈코의 병이 완쾌되면 기꺼이 출가시키겠다는 답서를 보냈다.

또한 야마시나 도키츠구山科言繼는 아챠阿茶, 아코阿子, 아챠챠阿茶茶 세 자매를 출가시켰다. 첫째인 아챠는 대성사大聖寺의 가츠지키안자喝食行者[698]로, 셋째인 아챠챠는 홍치 원년1555 안선사에 가츠지키가 되어 혜계惠桂라고 불렀다. 이와 같이 집안에 사찰을 갖지 못했던 도키츠구는 세 딸을 출가시켜 비구니 역할을 하게 했다.

마데노코우지 도키후사萬里小路는 비구 사찰로는 정화원淨華院, 비구니 사찰은 건성원建聖院이 있었다. 건성원은 현재 정토종 4개 본산 가운데 하나인 청정화원淸淨華院이다. 당시 경애사의 수말사이며, 주지는 경실혜조鏡室惠照를 선두로 철당혜통徹堂惠通, 휘암황공暉庵晃公, 도키후사의 여식인 자준慈俊, 자조慈照로 이어지고 있다. 자준은 도키후사의 누이이며, 자조는 어려서 출가해 가츠지키로 있다가 15세에 득도하고 건성원에 전래되는 불광국사佛光國師의 영상과 법의, 가사를 받았다. 당시 경

---

697 니시구치 준꼬, 앞의 논문, p.90.

698 선림에서 대중에게 湯이나 飯 등의 이름을 알리는 소임으로 유발의 아동을 의미하며, 득도 전의 행자를 뜻한다고 생각한다.

699 이 영상과 법의, 九帖 裂裝 등은 불광국사가 경애사 개산조인 無外如大에게 준 전법의 증표로 건성원 주지에게 대대로 전해지는 '手繼相傳의 靈寶'다(西口順子,「中世後期における女性の出家」, p.93 참조).

애사나 건성원의 주지가 되기 위해서는 이 세 가지를 받아야만 가능하였다.[699] 니시구치 준꼬는 논문에서, 자조의 경우는 부모의 권유 등이 아닌 본인 스스로 수행자를 선택한 출가임을 밝히고 있다.[700]

이와 같이 중세 후기의 비구니 사찰은 속계俗系로 이어진 가내家內 사찰이 되기도 했으나, 중세의 비구니 사찰은 일반인들과 멀리 떨어진 장소가 아닌 불도 수행의 장소로서 사회와 소통하는 장소였다. 독신 생활을 선택한 여성들은 출가하여 니승이 되어 충분한 교육을 받고 수행자로서 존경받는 인물이 되었다.

중세 후기 니승의 활동이 특히 두드러진 사찰을 들자면 키이紀伊의 묘심사妙心寺와 이세伊勢의 경광원慶光院을 들 수 있다. 묘심사는 『태야연대기態野年代記』[701]에 비구니 묘준妙順과 그의 제자 유우친祐珍 니가 대영1521~1528에서 형록 4년1532까지 신구우新宮의 신창사神倉社 사전불각을 중창할 때 전국을 돌면서 권선했음이 기록되어 있다. 묘준은 그 이전 연덕 원년1489에도 신창사를 건립할 때 권선했으며, 당시에 그를 중흥 개산조라고 일컬었다.

미에켄三重縣의 경광원도 묘심원과 같은 활동, 즉 권선을 위주로 하는 비구니 사찰이었다고 기록되어 있다. 또한 경광원의 중흥 초대로 알려진 심경수열心鏡守悅 니는 수해에 유실된 우치교宇治橋를 복구하기 위해 전국에 권선한 결과, 영정 2년1505에 복구를 시작했다고 하는데, 사료에 확실히 기록된 것은 제3대인 청순清順 니부터였다.

이상과 같이 가마쿠라시대에 사회 활동가로 알려진 비구니는 교토에서 권선한 율종 교단의 중궁사中宮寺 중흥中興의 신뇨니가 유일한 예였는데, 전국기戰國期의 비구니 활동은 좀더 적극적이었음을 알 수 있다. 중국 남조나 청대 비구니의 경우와 같이 참배를 위주로 하거나, 혹은 단지 '편력하는 비구니'의 이미지가 아닌 일정한 니사를 거점으로 권선을 했다는 점을 특히 높이 평가할 수 있다. 또한 경광원의 비구니는 니세쇼우닌伊勢上人이라는 호와 함께 자의紫衣를 허락받았다. 당시 자의

---

700 니시구치 준꼬, 앞의 논문, p.94.
701 旧新宮本願庵主藏本(고라시 시게루五來重 編, 『吉野 · 態野信仰の硏究』, 名著出版, 1976년. ; 니시구치 준꼬, 「尼と家」 앞의 논문, p.261 재인용).

를 허락받은 니사는 경광원 외에 시나노信濃의 선광사善光寺上人와 오와리尾張의 서원사誓願寺, 아츠다쇼우닌熱田上人이 있었다. 무로마치 막부 시기에 자의가 허락된 비구니는 경애사의 주지직에 임명된 비구니뿐이며, 그 외의 비구니는 반드시 흑색의 승복만이 가능했다. 따라서 쇼쿠호우織豊시대에 이상 3명의 상인에게도 자의가 허락되었다는 것은 전국기부터 쇼쿠호우기까지 니사의 지위와 니승에 대한 대우가 향상되었음을 보여주는 것이다.

이상에서 살펴본 바와 같이 가마쿠라시대 이후의 비구니들은 재가 신도에게 결연관정을 주는 비구니, 임제종에서 선지식으로 존경받는 비구니, 사원 부흥을 위해 권선의 선두에서 활약했던 비구니 등, 그 업적이 후대에까지 높이 평가되었다.

3. 근·현대 불교의 변화와 비구니

1) 신도 국가의 탄생과 비구니

근대 불교의 주역인 메이지明治시대1868~1912의 불교는 그 배경이 되었던 근세 불교 사상과 배불론의 사상 투쟁 과정에서 그 단서를 찾을 수 있다. 배불론, 즉 폐불훼석의 원인은 도쿠가와 이에야스德川家康시대에 천주교 탄압에 협력했던 불교의 강압적인 태도에 있었다. 또한 신도神道에 대해서도 단가 제도에 강제로 흡수시키는 모순된 행동을 했다. 메이지시대에 이르러 불교에 억압받았던 신도가 드디어 불교에서 분리되었으며, 반대로 불교에 대한 훼석의 주역이 되었다.[702] 이 시대에 신도 국교화가 진행되었고, 신사에 소장된 불상, 불구, 경전 등이 파기, 소각되었다.

---

702 모리카와 치토쿠, 「佛教教團の過去現在及び將來」, 『佛教思想講座』 通号, 東京帝大佛教青年會, 有光社, 1939, pp.116~119 취의.

모리카와 치토쿠森川智徳는 승려 자신들이 자초한 폐불훼석의 원인을 다섯 가지로 정리하고 있다. "첫째, 의식주의 탐착. 둘째, 단월에 애착함. 셋째, 계행을 무시하고 멸시하며 스스로 남행濫行을 함. 넷째, 서로 자기 종파만을 고집하고, 타종을 인정 안 함. 다섯째, 허식을 좋아하고 실효의 해행解行에 힘쓰지 않는다."[703] 등이다.

메이지시대는 이러한 불교 쇠퇴 사관에 의해 포착한 츠지辻 불교사학佛敎史學의 영향이나 신불분리神佛分離와 폐불훼석의 타격에서 부흥이라고 보는 호교사관護敎史觀에서 재빨리 벗어났다. 그리고 근대 불교 사학의 새로운 시점에서 불교 사상 전개나 교단 재편성상의 모든 문제를 해명하는 등, 현저하게 진전하였다.[704] 즉, 불교의 시각에서 이 시대를 요약해 보면, 폐불훼석과 불교의 각성, 국가주의의 대두와 혁신운동, 그리고 근대 불교 형성으로 정리할 수 있다.

일본 역사에서 막부 말기가 봉건 체제에서 자본주의 체제로 전환되는 중요한 과도기였던 것과 같이, 불교사에서도 근대 불교의 성격을 규정한 최초의 시기로서 막부 말기의 불교에 주목하지 않으면 안 된다. 일본 불교의 근·현대 구분은 대부분 메이지 시대 이후 중일전쟁과 태평양전쟁 전까지를 근대로, 그 이후를 현대로 구분하고 있다. 그러나 요시다 큐이치吉田久一는 소화 초기1926~1936부터 현대 불교 시대로 구분한다. 왜냐하면 전쟁의 원인을 제공한 시기의 상황을 무시하고 전후사戰後史를 논하는 것은 무리라고 보기 때문이다.[705] 폐불훼석을 근대 불교사의 출발점으로 둔다면 현대 불교의 출발점은 당연히 중일전쟁과 태평양전쟁이라는 것이다.

막번 체제의 유력한 지주支柱에는 일본 고립주의 외에 엄중한 쇄국 제도와 세습 제도 그리고 철저한 막부 중심주의, 도쿠가와 이에야스德川家康의 자존주의自存主義가 있었다. 그들의 밀접한 질서를 유지하기 위한 결정적인 역할은 유학, 특히 주자학이었다. 도쿠가와 이에야스는 인문人文을 중요시했으며, 그때까지 5산의 승려, 교토의 당상의 특권으로 여겼던 학문과 예술을 널리 개방하기 위해 노력했다.

---

703 모리카와 치토쿠, 앞의 논문, pp.122~123.
704 이케다 히데토시(池田英俊),「近代佛教の系譜」,『日本の佛教』, 日本佛教研究會, 1995, p.29.
705 요시다 큐이치(吉田久一),「近現代佛教の歷史」, 筑摩書房, 1998, p.9.

도쿠가와 이에야스의 대우를 받으며 일본 사회에 뿌리내린 유학은 당시 현실에 즉한 윤리, 정치에 관한 교의였으며, 국민을 지도하는 도덕적 지침이 되었다.[706] 이에야스는 승려만 기용했던 문관의 자리에 성리학자인 하야시 라잔 林羅山, 1583~1657을 기용해 삭발시켜 승려의 모습을 한 채 업무를 보게 하였다.[707] 따라서 불교는 점차 유교에 비해 신빙성을 잃고 현실적으로 국가 권력에서 소외되었다. 그러나 이때에 수용된 신유교가 한국이나 중국의 경우와 달리 정치나 교육제도에 깊이 뿌리내리지 못하고, 위정자의 정치적 이념이나 개인적 사상에 영향을 미치는 정도에 그쳤다는 것은 근세 일본 불교의 또 하나의 모습이다.

이러한 상황에서 근세 이후의 불교는 고대와 중세의 불교에 비해 많이 변했으며 여러 면에서 차이를 보인다. 그 내용을 살펴보면 다음과 같다.

① 고대와 중세는 천태종, 진언종의 현밀불교가 주류를 이루었으나, 근세에는 임제, 정토 등의 종파 불교가 대두되어 교체되었다.

② 고대와 중세는 중국 중심의 세계관이 근세에는 신도 국가로서의 자국의식을 가지게 되며, 불교 세계관은 신빙성을 점점 잃어 갔다.

③ 고대와 중세의 불교가 내세 지향적인 가치를 중히 여긴 데 비하여 근세에는 현실주의적으로 민중의 현실 생활이나 직업에 긍정적인 가치를 부여하였다.

④ 중세의 사원은 국가 차원에서 권력을 가지고 있었으나 근세에 이르러 소규모의 사원이 국가권력에서 소외되었다.

이와 같이, 같은 불교라 해도 근대 불교는 중세와는 상반된 모습을 보이는데, 심지어 일부에서는 근세의 불교는 진정한 불교가 아니라는 견해도 있었다. 또한 중세의 현밀불교는 율령국가 시대의 불교가 일본에서 변형된 모습으로, 일본판 '아쇼카 불교'라고 칭하기도 하였다.[708]

막번 체제 아래에 교단을 두었던 불교는 막부 말기에 들어서면서 현실주의적

---

706 안도 히데오(安藤英男), 『明治維新の源流』, 紀伊國屋書店, 1994, pp.15~17. 취의.
707 석길암, 『불교, 동아시아를 만나다』, pp.241~242.
708 하야시 마코토(林淳), 「近世轉換期における宗敎變動」, 『日本の佛敎』 4 近世·近代と佛敎, 日本佛敎硏究會, 法藏館, 1995, pp.6~8 취의.

인 국학자와 유학자들에 의해 배불의 위기를 맞는다. 에도시대에 본격적으로 드러난 폐불훼석은 유학자와 국학자에 의한 경제적 욕구로 세속적 번영을 추구해온 불교계에 가해진 폐불론이 그 시작이었다. 에도시대 초기의 논점은 불교의 은둔적이고 해탈을 강조하는 교리가 국가와 경제에 유해무익하며, 신불습합은 국세가 쇠미해지는 원인이 된다는 것이었다. 중기 이후에는 불교 내부의 승려들의 타락과 함께 지나친 재물 착취와 기생적 생활로 인해 막번의 경제가 어려워졌다고 비난하였다. 이 폐불론은 사상에만 머무르지 않고 구체적으로 사원의 폐합을 단행하고 사원 정리와 신불 분리를 단행하였다.[709]

이러한 유교 제파와 복고 국학 등의 왕성한 배불론에 대항해서 구축된 호법사상은 근대 불교와 관련해서 주목받아야 한다. 호법론은 대개 세 가지 유형으로 나눌 수 있다. 첫째는 적극적이며 반항적인 방법이고, 둘째는 불교를 유교나 신도 등과 연결짓는 융합적인 방법, 그리고 셋째는 자성적이며 자숙적인 형태의 방법이다.[710] 그것은 불교를 옹호해야 한다는 강한 사명감을 가진 것으로, 기본적으로는 막번제 아래에서 안정을 확립한 교단 체제를 고수하는 의식에서 출발한 것이었다.

이러한 시각에서 근세 불교는 시대의 흐름에 따라 대처하거나 변화를 시도하는 모습을 보이고 있다. 사원 경영을 살펴보면, 정토교 제종파의 강조직講組織이나 선종 사원의 보리사 제도[711]가 돋보인다. 보리사 제도는 포교라는 종교적 계기도 있지만, 경제적인 필요에 의해 권장되었다. 이러한 모습에 의해 근세 불교에 대한 평가는 형해화된 봉건 불교, 타락 불교로 치부되었다.

그러나 근세불교의 전개라는 측면에서는 선구적인 체계를 엿볼 수도 있다.[712] 현재까지 일본에 남아 있는 사찰의 대부분은 16~17세기에 창건된 것이다. 그때까지 불교에서 소외되었던 민중이 처음으로 사원의 단가檀家가 되어 불교식 장례 행사를 할 수 있게 된다. 이것은 민중에게 다가간 근세 이후의 불교 내적인 획기적인

---

709 카와사키 쓰네유키·카사하라 카즈오 지음, 계환 옮김, 『일본불교사』, 우리출판사, 2009, p.338.
710 이시다 미즈마로 저, 이영자 역, 『일본불교사』, p.287.
711 무사의 일부가 보리사에 매장되는 등 보리사의 묘지에 매장했던 제도.
712 이케다 히데토시, 「近代佛教의 系譜」, p.31.

모습이다. 단가 제도는 막부가 기독교를 조직적으로 소멸시키기 위하여 채용한 것으로, 단가 가족 전원의 이름을 기록한 '종문인별개장宗門人別改帳'을 관리하였다.[713]

또한 불교는 국풍화, 토착화를 향해 단림檀林 승려를 교육시키는이라고 칭하는 종학 연구 교육기관과 불교 세속화에 대응하는 신앙과 교화법이 수립되었다. 불교는 교단 불교로 고정되어 각종의 교학을 체계화하는 데 매진하였다. 이것이 바로 중세 봉건 불교의 벽을 넘어서 근대 불교 형성의 전제가 되는 방도를 간직한 것이다. 그 전형적인 예는 불교가 고심하고 물리쳐 온 감성적 자연을 중시하는 근대의 개명 사조開明思潮와 맹렬히 싸운 계율주의 운동이다.

계율주의는 왕법 불교의 일체관이나 불법 국익으로 인상 지을 수 있는 호교론이나 사교방어관邪敎防御觀을 뚜렷이 드러내지 않는 순수한 불법호지로 전개된다. 그러나 지계 지율의 조류는 출가 정신으로 표출될 때는 호법을 각성시키는 강인한 정신이 되어, 문명 개화의 변혁기에 배불의 역사 상황을 여는 저변이 되었다.

이와 같이 계율주의에 바탕을 둔 호법론에 의한 호법과 호국, 기독교에 대한 방사防邪의 삼위일체관은 막부 말기에 메이지유신을 통해 불교가 힘을 실어 조직한 사상적·정치적 주장이며, 근대 여명기에 구축된 적극적인 역사적 발언이었다. 이 일체관의 밑바탕에는 겟쇼月照나 겟쇼月性[714] 등의 사상에서 보이는 근세적 교단 불교에 대한 견지 의식이 엿보인다. 기독교 금압이나 양이론洋夷論을 내세우는 호법 사상은 막부 말의 정변 아래에서 커다란 역사적 역할을 하였다.[715]

1880년대 이후 불교는 기독교를 견제하는 반면, 그들의 교육관에 자극을 받아 여성에게 근대적 교육을 하려 하였다. 그러나 문부성의 방침은 사립학교까지 종교교육을 금지시켰으며, 근대 천황제 국가는 '종교가 아닌 국가신도'를 학교교육으로 국민의식에 정착시키고자 하였다. 불교 내부에서도 본래의 입장을 잊고 천황제 방침에 흡수되었는데, 이것이 바로 '통종교적 정조 교육'의 장려였다. 확실한 교의나 포교사도 없었던 국가 신도로서는 국민에게 큰 영향을 미치고 있던 불교의 교

---

713 카와사키 쓰네유키·카사하라 카즈오 지음, 계환 옮김, 앞의 책, p.337.
714 카시와바라 유센(栢原祐泉), 『日本佛敎史 近代』, 吉川弘文館, 1990, pp.5~8에 자세히 소개되어 있다.
715 카시와바라 유센, 앞의 책, p.2.

화력을 이용하는 것이 가장 좋은 방법이었을 것이다. 특히 각 종파가 갖고 있는 특성을 배제하고, 종교의 절대적 세계에 대한 '외경외畏敬畏의 염念'을 그 신앙 대상에서 분리시켜 세속 권력인 '천황＝국가'의 복종심으로 전환시키고자 하였다.[716]

특히 여성 교육에 있어서 통종교적 정조 함양이 더욱 중요시되었다. 메이지시대 말 이후, 정부는 국민을 천황의 '적자赤子'라 하여 국가를 가족의 연장이라는 가족 국가관에 재편성하였다. 여성에 대해서는 가정에 종속되는 걸 감수하도록 교육하였다. 이러한 체제에서 불교 사상은 매몰되었으며, 건전한 종교교육 발전이 저해되었다.

근대 불교에서 여성에게 의미 있는 사건은 첫째 여인금제의 해제라고 할 수 있다. 공해 등 중세 지도자들이 히예산과 고야산 등에 여인 출입을 금지하고 성역화하던 '여인결계'가 천 년이 넘도록 지속되어 왔다.[717] 그런데 1872년 3월 메이지 정부가 그동안 여인 출입을 금지하였던 신사와 사찰의 금제를 해제한다는 태정관 포고령을 발표하였다.

둘째 사건은 1872년 남성 승려에 대한 식육대처축발食肉帶妻蓄髮 허가령 및 1873년 니승에 관한 환속 관련 포고령이다.[718] 이 조치로 인해 불교계에는 많은 변화가 생겼다. 우선 승려 수가 감소되었는데, 발표되기 전 해에 등록한 니승은 9,612명이었는데 발표 4년 후인 1876년에는 호주戶主 비구니, 니제자 도합 1,913명으로 약 5분의 1 정도 규모로 축소되었다. 메이지 정부는 전 대부터 비구니어소에 머물고 있던 황족 출신의 비구니들을 환속시키고 비구니어소의 칭호도 폐지하였다.

또 다른 위협은 비구들의 결혼으로 인한 사원의 세습화로, 승려의 부인, 즉 사족寺族을 보호하기 위한 제도적 장치들이 비구니를 소외시키고 차별화하는 조건이 된 점이다. 종단의 재정과 권한은 비구니보다 남성 승려의 가족에게 집중되었다. 그리고 남성 승려가 사망한 이후 그 부인이 사원을 실질적으로 운영하면서도

---

716 나카니시 나오키(中西直樹), 『日本近代の佛教女子教育』, 法藏館, 2000, pp.8~9.
717 조승미, 「동아시아 비구니의 근대와 특징─중국과 일본을 중심으로─」, 『한국 비구니 승가의 역사와 활동』, 한국 비구니연구소, 2010, p.146.
718 『조동종니승사』 앞의 책, p.334.

득도도 하지 않은 채 승려 행세를 하는 일이 많아져 출가 비구니와 이들 사족 간의 갈등이 심화되었다.

한편, 일본의 근대화에서 출가 승려는 더 이상 국법 출가자가 아닌, 일반인들과 같은 재가의 호적을 가져야 하는 민중의 일원이 되었다. 1874년의 태정관 8호, 74호의 포고령에는 승려의 법명이 공칭이 아니고 직업상 종교상의 호칭이라고 규정하였으며, 일반인과 같은 생활을 하는 것이 공인되었다. 그리고 사원의 세습화가 시작되어 현재 일반적으로 많이 보이는 사찰의 형태로 변하였다.[719] 폐불훼석 후 불교의 표어는 불교 국익이었다.

이와 같은 근대의 급격한 변화 속에서 비구니들은 여인금제의 해제와 같은 봉건적 억압에서 해방된 측면도 있었지만, 사회적으로는 승려의 사회적 신분 하락, 교단 내적으로는 대처승 제도로 인한 또 다른 차별과 경제적 곤경에 처하게 되었다. 유신의 변화를 재빠르게 받아들여 변화된 생활을 영위하는 남성 승려들에 비해 여성 출가자는 불교 이래의 출가 모습을 충실하게 지키며, 그 지위도 옛 모습 그대로였다. 명치 6년 '비구니축발육식연부귀속허가比丘尼蓄髮肉食緣付歸俗許可'를 발표하였다. 그러나 비구니는 비구와 달리 도의 길을 걸었다. 머리를 기르고 결혼하는 것은 환속을 의미하는 것이며, 니승을 직업으로 하고 가정을 가진다는 것은 실질적으로 불가능한 것이었다.[720]

메이지시대에 니승의 지위는 에도시대 그대로였으며, 법지사원法地寺院의 주지 자격이나 법맥상의 제자도 둘 수 없었다. 법랍이 높은 비구니일지라도 수계를 줄 권한이 없었으며, 수계를 줄 경우 본사 주지의 허가를 받아야 했다. 법지사원의 주지 자격이 없으므로 정식 단가를 유치할 수 없어 경제적으로 어려움을 겪었다. 또한 니승은 법랍과 상관없이 흑색 복장만 가능했으며, 선거권, 피선거권도 가질 수 없었다.[721]

---

719 우치노 쿠미꼬(內野久美子), 「近代佛敎女性宗敎者―曹洞宗尼僧寺族地位向上―」, 「宗敎硏究」, 562, 日本宗敎學會, 1982, p.21.

720 우치노 쿠미꼬, 앞의 논문, p.22.

721 우치노 쿠미꼬, 앞의 논문, pp.23~24.

그러나 이들이 이러한 변화 속에서 수동적인 자세만 보인 것은 아니었다. 특히 조동종 비구니는 한편은 출가 승려의 전통을 지켰으며, 또 한편으로는 남녀평등이라는 시대정신을 적극적으로 제기함으로써 종단의 근대화를 이끌었다. 메이지 정부의 의무교육 정책에 따라 여성의 교육 수준이 높아졌으며, 니승계에도 그 영향이 미쳐 니승 교육이 본격화되었다.

2) 근 · 현대 비구니 교단의 특징

메이지시대는 서구 근대 문명에 받은 자극의 형태로 여성 교육의 중요성을 인정하게 되었다. 따라서 1880년 중반 이후에 들어서면서부터 불교계에서 여학교를 설립하기 시작한다. 그 속 내용은 기독교에 대항함으로써 불교의 유용성을 국가 사회에 부각시키는 것이었다. 당시 불교계에서는 기독교의 영향을 받아 여성의 자립과 권리 확장을 원하는 주장이 거세게 일어나기 시작하였다. 그러나 오장설 등의 종래의 교설은 일본에서도 근대적 여성 교화 활동에 커다란 장벽이었다.

『신수대장경』을 감수하고 무사시노조가쿠인武蔵野女子学院을 설립한 다카쿠스 준지로高楠順次郎는 이 문제에 대해서, "여성의 유약한 마음을 독려하기 위한 교훈 정도"라는 내용을 『기일신보奇日新報』에 실었다. 그는 남존여비 사상은 불교가 원류가 아니라 아담의 갈비뼈를 뽑아 여성을 만들었다고 하는 기독교야말로 그 주역이라고도 하였다. 이러한 그의 논리는 남존여비 사상의 성격이 강하다는 불교 여성관을 근본적으로 재검토하여 서구주의에 대응하는 기틀을 마련했다.

당시 국수주의의 발흥을 배경으로 기독교에 대한 반응은 대체로 다음과 같다. 첫째, 황실 및 일본 국가와 기독교는 양립하지 않는다. 둘째, 기독교의 식민주의나 평등박애론은 일본에게 위해하다. 셋째, 기독교는 과학과 일치하지 않는다. 넷째, 기독교의 사회윤리는 일본의 사정과 합치하지 않는다.[722]

---

722 카와사키 쓰네유키 · 카사하라 카즈오 지음, 계환 옮김, 앞의 책, p.350.

시마지 모쿠라이島地默雷는 1888년 동경의 상류 부인이 주축이 된 '영녀교회令女 敎會'를 결성하였다. 그는 '일여평등'설을 주장하면서 "오장설 등은 마음의 여성적인 성격, 즉 불교를 향하는 견고한 마음 없이 주저주저하는 자를 지칭하는 것"이라고 하였다.

위와 같은 불교계의 여론에 의해 메이지 19년1886에 처음으로 서본원사 교단의 '덕산부인강습회德山婦人講習會', '삼주학교여자부三州學敎女子部', '덕산여학교'가 설립되 었다. 1887년에는 '순승여학회順承女學會', '오리엔탈여자부龍華 창립', '청양여학교淸揚女學 校', '선엄여학교仙嚴女學校-조동종' 등이 설립되었다. 1888년에는 '광도고등여학교廣島高等 女學校'가 설립되었다. 특히 이 가운데 '청양여학교'와 '광도고등여학교'는 불교주의 적 교육을 중심으로 반기독교 세력 역할을 하였다.[723]

이와 같은 불교 여학교 설립은, 재정난으로 공립 여학교들이 정비되었던 당시 상황에서 여성의 교육에 일조한 것으로 그 의의가 매우 높다.

그러나 1880년대에 설립된 불교 여학교는 불교계의 주류인 승려 양성 교육에 비하여 소수 보통 교육기관이었다. 즉 남성 중심의 교육 풍토에서 주변적인 위치 에 있었음도 배제할 수 없다. 예를 들면, 여성 교육은 기술과 학문의 교육보다는 수신경신修身敬神의 교육이 더 유익하다는 견해가 있었다. 이는 여성으로 하여금 근 대 사회에 부응할 수 있는 지식 습득이나 정신 함양의 교육을 배제하고, 오히려 봉건적 전통을 수호하게 하는 교육으로 제한하는 성차별 교육이었다. 즉 불교 여 학교는 첫째는 국가주의에 부응하기 위해, 둘째는 서구주의에 대항하는 사업으 로 설립되었던 것이라는 지적도 있다.

그러나 거의 같은 상황이었던 우리나라 불교계에서, 여성 교육에 소극적으로 혹은 거의 방관적으로 대처했던 것과는 대조적이어서 그 가치가 있다고 본다.

서구주의에 대항하는 취지 등으로 세워졌던 불교 여학교가 1890년대 '국수주 의교육론'에 의해 설립 퇴조 현상을 보였다. 그 때 세워졌던 대표적인 여학교가 수 선여학교修善女學校-서본원사파, 숙덕여학교淑德女學校-정토종 등이다. 또한 1890년대 후반에

---

723   나카니시 나오키,「日本近代の佛敎女子敎育」, 法藏館, 2000, pp.16~40 취의.

일련종에서 세운 애경여학교愛敬女學校 등이 있다.[724]

모리아리노리森有札는 그가 이룩한 학술잡지 『명육잡지明六雜誌』를 통해 여성에 대한 여론화를 주장하였다. 이러한 주장은 문명 개화기또는 계몽기 지식인의 전형적인 여성론으로 평가되고 있다.[725] 이와 같이 불교 내외적으로 여권의 평등화 운동은 비구니들의 활약으로 더욱 빛을 보게 된다.

4. 비구니 활동사의 특징

1) 교육 활동과 지위

근대에 이르러 기독교 등의 서구 문명에 자극받은 불교계에서도 비구니 교육이 활발해지기 시작할 무렵, 메이지 10년대1877~1887 교토대학에서는 불교학강을 시작했다. 또한 1889년에는 기독교 배격을 목적으로 존황봉불대동단을 결성하였다. 이와 같은 기독교 등에 대한 불교계의 견제 활동 외에, 폐불훼석 이후 불교 승려에 대한 국민의 신뢰가 약해짐에 따라 불교를 보호하는 재가자들이 등장하였다. 이들의 학문적 저술 활동은 불교가 근대화로 나가는 노선의 하나가 되었다. 메이지 초기에 시마지 모쿠라이島地默雷 등의 유학이 이루어졌고, 인도 고전 연구가 진행되었으며, 원시 불전 연구가 활발해졌다. 또한 불교의 사회적 활동도 강화되었다.

메이지시대를 시작으로 하는 근·현대에 이르러 두드러진 활동을 보이는 니승단은 역시 조동종계를 들 수 있다. 이에 맞설 정도는 아니지만 나름의 역할을 한 종단이 바로 일련종 니승단이다. 그 가운데 대표로 꼽을만한 니승으로 바로 무라

---

724 나카니시 나오키, 앞의 책, pp.52~62 취의.
725 이은송, 「日本의 近代女性教育論의 形成에 대한 研究」, 『韓國教育史學』 제20집, 1988, p.369.

쿠모니코村雲尼公과 카지야마 토모다카梶山智孝를 들 수 있다.

이치렌대사의 입멸 후 교단사에서 확인되는 니승은 히데요시秀吉의 누이인 즈이류인 닛슈瑞龍院日秀로, 일련종 연표에 의하면 1596년에 본국사本國寺 닛신日禛에게 득도했다는 기록이 보인다. 즈이류는 그해에 사가에 선정사善正寺를 창건하였으며, 이 사찰은 후에 무라쿠모고쇼村雲御所가 된다. 그리고 메이지 11년1868 교토 무라쿠모 서용사村雲瑞龍寺 제9세인, 도쿠가와 이에야스의 측실이었던 요주養珠부인1605~1652의 이름을 끝으로 일련종 연표에 더 이상 니승은 거론되지 않는다.

당시 주목할 만한 것이 교토 무라쿠모의 서용사 니승들의 활동이다. 니승들은 메이지 38년1897 7월에 서용사에 본부를 두고 포교 단체인 호국부인교회를 발족하였으며 전국 각지에 지부를 두었다. 이들은 국가의 시책을 전도하는 활동을 소화 10년1935 경까지 하였던 것으로 확인된다.[726]

그러나 전쟁 후 민주주의 사상을 받아들여 종교제도를 개혁함에 따라 무라쿠모의 서용사에 대한 관심은 점점 사라졌다. 따라서 전국에 조직되었던 무라쿠모부인회도 자연히 소멸되었다. 현재는 '몬세키지인門跡寺院', '무라쿠모고쇼村雲御所'의 호칭도 잃은 채 '일련종유서사원日蓮宗由緖寺院'의 하나로 남아 있는 상태다.

한편, 소화 12년1937 9월에 보통 시험에 합격한 니승의 제9기 신행 도량이 신연산身延山에 개장되었으며, 소화 26년1951 10월에는 전 일본 불교 니승법단이 결성되었고, 다음해 10월에 카지야마 토모다카梶山智孝와 타니가와 젠묘谷川善妙 등을 중심으로 '일련종니승법단'이 결성되어 본격적으로 활동을 시작하였다. 이들은 정법 호지의 신념으로 수행과 학문을 겸하여 수련하되 단원의 자격은 신행 도량을 수료한 삭발 니승이었다. 이들은 매월 결집하여 신행 정진, 니승의 지위 향상을 위한 노력 및 사회복지에 공헌했다. 그리고 일상적으로는 병의 쾌차, 순산, 전승, 등 장군가의 평안을 기도하지만, 몽고 침략 등의 국난에 대한 기도나 원폭 피해자 공양 등의 활동도 하였다. 그 후 니승법단은 임원들이 구심점을 잃고 점차 쇠퇴해 가다가,

---

[726] 마지마 죠케이(馬島淨圭), 「近代教團史にみられる尼僧たち —村雲尼公と尼僧法團を中心に—」, 『現代宗教研究』, 日蓮宗現代宗教研究所, 2006, p.381.

니시가와 케이분西川景文이 새로운 장을 열고 다시 활동한 것이 최근의 일이다.[727]

위에서 살펴본 일련종 니승의 대표격인 무라쿠모 비구니와 일련니승법단은 각기 시대 배경에 따라 정반대 역할을 하였지만, 근대 불교에서 니승의 주체성을 갖고 시대의 구원자로 활동하였다는 점은 높이 인정할 만하다.

메이지 35년1901, 니승에 관한 유일한 니승학림 설치 규정이 제5차 조동종 종의회에서 가결되었다. 따라서 전국에 3개의 니승학림을 설치하고 4년의 재학 기간을 두었다. 과목은 조동종 교의 외에 역사, 지리, 수학, 습자, 재봉 등 일반적인 과목을 가르쳤다. 그러나 졸업을 해도 어떤 지위나 자격은 주어지지 않았으며, 비구 학림과 큰 차별을 두었다. 니승학림이 발표된 후 도야마富山 · 간사이關西 · 니이가타新潟 학림이 창립되었는데, 교단의 도움으로 창립된 것이 아니고, 그전부터 헌신적으로 활동해 왔던 니승들의 공이었다. 명치 20년대부터 니승의 교육 활동에 전념하고 니이가타니 학림을 창립한 나카무라 센간니中村仙巖尼 등, 각지에서 교육 활동을 펼친 니승의 존재가 교단의 니승학림 설치를 현실화한 것이다. 메이지시기에서 니승활동은 눈에 띄지 않지만, 이 시대의 학림 출신자가 다음 세대에 대학에 진학, 니승단 조직화 활동을 하는 현상이 나타난다. 이렇듯 메이지시기의 니승계는 비구니의 미래를 위한 니승단 조직과 비구니 발전의 준비 계단이었던 것이다.[728]

이 시대 불교계에서 가장 활발하게 교육 활동을 전개한 비구니는 나카무라 센간니로, 그의 전 생애는 교육과 포교로 이어진다. 매우 이른 시기에 불교 여학교를 설립하여 직접 운영하였고, 이후 비구니를 위한 학림을 설립하여 비구니 교육에 헌신한, 불교 여성 교육의 선구자였다. 자신의 사찰에 여학교를 설립하였는데, 그의 교육 신념은 비구니로서 여성과의 관계를 더 특별히 생각하고 여성에 대한 종교, 사회적 역할을 깊이 고민하는 것이었다. 이 여학교는 1887년에 설립인가를 받아 개교하였으며, 센간니의 이름을 따서 센간仙巖학원으로 등록하였다.

이 학교의 가장 큰 특징은 여학생들에게 연설 교육을 강조한 것이다. 웅변가

---

727 마지마 죠케이, 앞의 논문, p.384.
728 우치노 쿠미꼬, 「近代佛敎女性宗敎者—曹洞宗尼僧寺族地位向上—」, 『宗敎硏究』 562, 日本宗敎學會, 1982, pp.24~25.

로서 명성을 떨쳤던 센간니 자신이 연설의 시범을 보이면서 태도와 화법을 지도하였는데, 이 독특한 교육 방식은 현대적인 의미에서 보면 여성 리더십 교육이라고 할 수 있다. 사찰 밖에서는 마을의 젊은 여성들로 구성된 부인회를 조직하였는데, 이때 많은 여성들이 당시 신여성들로 배출되었다. 불교 여성의 근대적 역할이 모색되고 여성 지도력이 키워지던 센간학원은 종단이나 단체의 지원이 전혀 없는 상태에서 운영되었다. 따라서 그동안 임대해 온 학교 건물이 매각되면서 1896년에 문을 닫았다.

센간학원 외에 1886년에 서본원사파의 덕응사德應寺 주지 아카마쓰 렌죠赤松連城의 딸인 아카마쓰 야스꼬赤松安子가 설립한 도쿠야마德山부인강습회, 임제종의 오리엔탈여자부, 진언종의 슈게인슈치인綜藝種智院 등이 있었다. 그리고 지역의 불교 각 종단이 협력하여 설립한 고얀高陽 · 리쿠와六和 · 고우량高梁 여학교 등이 있었다. 설립된 불교 여학교 가운데는 행정가들과 협력하는 경우가 있는데, 앞에서 언급한 고우량여학교도 여기에 해당되었으며, 행정가들이 주체가 되고 불교 종단에서 지원한 경우로는 히로시마廣島여학교가 있었다.[729]

센간니는 이후 교육 활동 방향을 비구니 학림 개설로 전환한다. 센간학원 폐교 이후 제자들과 원통산 용곡원龍谷院을 창건하고, 비구니 학림을 준비하였다. 이들 학림 출신자들이 현대 니승단의 각 분야에서 활동하고 있는 것이다.

그러나 비구 위주의 승단에서 비구니들의 업적은 묵살되거나 미담 정도로 끝나는 경우가 많았다. 그러한 연장선에서 전후 비구니의 후계자 격감이나 고령화 등의 문제까지 이르고 있다. 이것은 단지 니승의 문제로 볼 수 있지만 역사 사료에 나타난 구조적, 조직적, 교단적인 문제인 것이다. 당연히 검토, 개선되어야 할 문제도 다수 포함되어 있다. 또한 그 개선과 이상을 목표로 하는 니승들의 노력은 계속 이어져야 할 것이다.

---

729 조승미, 「메이지 말기 가족 국가간의 형성과 불교계 여학교」, 「근대 동아시아의 불교학」, 동국대학교출판부, 2008, pp.327~328 취의.

2) 조동종 비구니의 활약

메이지 말기부터 시작된 니승, 특히 조동종 니승의 교육활동은 다이쇼大正시대에 이르러 활발해진 부인 활동의 영향으로 더욱 향상된다. 대정 11년 간사이關西 니학림에서는 『시로바야시城林』를 발행하였으며, 그 가운데 니승의 문제가 논의되었다. 비구에 대한 비판도 보이는데, 니승에 대한 무시, 교육을 베풀지 않는 것, 정당한 지위를 주지 않는 것, 니승을 가볍게 여기는 것 등이다.

이러한 내용들은 당시 사회의 여권 신장을 반영하고 있는데, 특히 주목할 만한 것은 비구와 분업에 대한 의견이었다. 비구는 교의, 문필, 법 등을, 니승은 부녀의 교화에 중점을 둔다는 것이었다. 이러한 상황에서 니승들은 실력을 쌓아 비구와 평등해지기 위해 매진하였으며, 대정 14년1926에는 전국니승대회가 개최된다. 나까무라 노리에中村仙惠를 좌장으로 하여 다음과 같은 청원이 종무원에 제출되었다. ① 니승 자신의 각성과 정진. ② 니중선림尼衆禪林의 실현. ③ 종회의 참정권 요구 ④ 후계자 양성을 위한 도제 득도권 획득 ⑤ 사회 교화를 위한 포교사 임명 등이다.

전국니승대회 1회로부터 5년 후, 소화 5년에 열린 제2회 대회에서는 1회 때의 요구 외에 사법상속의 허가, 법지사원 주지의 권리, 교육의 기회 균등 등이 추가되었다. 소화 12년에 개최된 3회 대회에서는 사법상속, 전의의 허가, 포교사 임명, 참정권, 교육 기회의 균등, 법지사 주지 자격 허가에 대한 결의가 이루어졌다. 이후 매년 대회가 개최되었으며, 여러 요구도 늘어났지만 니승 자체의 각성도 향상되었다.

나카무라 센에니를 좌장으로 한 니승대회 성립과 그들의 활동은 전시하의 비상 체제로 야마다 레이린山田靈林을 좌장으로 하여 조동종 니승호국단을 탄생시켰다. 이 니승호국단은 대우 개선이나 지위 향상 문제 대신 전승보국戰勝報國에 주력하였다. 전후에는 코지마 켄도小島賢道를 좌장으로 하여 니승단이 탄생되었으며, 코지마는 전쟁으로 인해 중지하였던 니승의 지위 향상을 향해 매진하였다.

드디어 소화 24년1948에 고마자와대학에 니승이 최초로 입학하였으며, 그해 포교사 임명이 허가되었다. 23년에는 니승에게도 피선거권이 주어졌으며, 24년 니승에게 전법 및 득도권이 주어졌다. 따라서 니승은 공식적으로 제자를 갖게 되었다. 32년에는 비구인 종무총장이 겸임하였던 니승단장에 소도니가 처음으로 취임하였다. 45년간 평등화를 목적으로 활동하였던 니승단의 활동은 현재에도 꾸준히 이어지고 있다.[730]

그러나 '비구니축발육식연부귀속허가比丘尼蓄髮肉食緣付歸俗許可' 발표에 따르지 않고 독신 비구니의 길을 걷고 있는 니승들의 현재의 상황이 그리 밝지만은 않다. 최근 조동종 니승인 이지마 케이도飯島惠道가 지적한 니승들의 차별 대우에 대한 상황을 보면 다음과 같다.

① 종문 내에서 승려의 집회가 있을 경우, 반드시 차 대접을 담당한다. 만약 고의로 피할 경우 비구가 당연히 해줄 것을 요구한다.
② 종문 내에서 승려가 모일 경우, 본인보다 법랍이 낮은 비구라도 비구니보다 상좌에 앉는다.
③ 법요가 끝난 후 니승은 남승보다 빨리 장삼을 벗고 비구승의 장삼을 정리해 주어야 한다.
④ 진산식 등의 대법회인 경우, 교사 자격이 있고 법랍이 높아도 법당에는 니승의 좌석이 배치되지 않는다.
⑤ 니승이기 때문에 니승 단체의 모든 조직에 당연히 가담해야 한다.

이런 문제들은 한국에서도 비슷하게 행해지는 것들이 많다. 이에 대하여 이지마 케이도飯島惠道는 다음과 같이 해결책을 내놓고 있다. ①에 대해서는 니승이기 때문에 차 대접을 담당할 필요는 없다. ②에 대해서는 법랍순으로 앉아야 한다. 왜냐하면 승가의 구별은 법랍에 의하기 때문이다. ③에 대해서는 당연히 비구가 스스로 해야 한다. 단 몸이 불편할 경우는 도와주어야 한다. ④의 경우는 드러나는 일은 비구가 안의 일은 비구니가 해야 한다는 개념을 부정해야 한다. ⑤는 니승의 단결이라는 관점에서 볼 때는 옳지만 실질적으로는 강제성을 띠는 경우가 많기

---

730 우치노 쿠미꼬, 앞의 논문, pp.28~31 참조.

때문에 이의를 제기해야 한다고 말하고 있다.[731]

니승의 자각과 발원에 의해 조직된 니승대회 개최 후 메이지 34년1901 10월에 개최된 제5차 조동종 의회에서는 '조동종니승학림설치안曹洞宗尼僧學林設置案'이 협찬 결정되었다. 그 후 니승단 본부에서는 소화 23년1947부터 니승학림에서 우수한 졸업생에게 '니승단상'을 수여하였으며, 일부 학생에게는 학자 급여도 시행하였다. 졸업생들은 사회 사업 방면에 진출하는 등 활발하게 활동하고 있다. 일반 교화는 물론이고, 아동 교화를 위한 일요학교, 보육 사업 등을 하고 있다.[732]

또한 전국에 포교부를 두고 본부, 본산, 지방, 해외 포교에 적극적으로 활동하고 있다. 해외에 처음 포교의 진출은 소화 11년1936, 하와이에 건너간 나두카 코주이名塚光隨니를 시작으로 다음해 6월에 무로가 류카이室賀龍海니, 같은 해 10월에는 이토 칸젠伊藤貫禪니 등이 활약하였다. 이들은 일본의 선풍을 해외에 드날리고, 포교, 교육 혹은 다도를 통해 헌신적으로 노력하였으며 우수한 효과를 보았다. 해외 포교는 대동아전쟁으로 잠시 중단되었지만 전쟁 후 소화 26년1950 8월에 나두카 코주이名塚光隨니는 미국에 건너가 상항사桑港寺의 주지가 되었다. 또한 전쟁 전에는 조선 · 만주 · 중국 방면에도 진출하여 소속된 각 포교소에 부임하여 포교 활동을 하였다.

이와 같이 결성된 조동종니승단은 수시로 서로 의견을 교환하면서 니승의 각성과 해방을 위하여 노력하고 있다.

3) 비구니 활동의 의의

이상 살펴본 바와 같이 일본은 정식으로 계율의 갈마를 통한 비구니 교단은 형성되지 못한 국가다. 그래서 비구니 교단은 없었다고 말할 수 있다. 그럼에도 불

---

731 쿠마모토 에이닌(熊本英人), 「近代佛教教團と女性(二)―曹洞宗にをける'尼僧'―」 『駒澤大學佛教學部論集』, 駒澤大學 佛教學部研究室, 2004, pp.74~75.
732 『조동종니승사』, pp.430~434.

구하고 비구니들은 존재하였으며, 3명이 백제에서 비구니 수계를 받았고, 또한 율종에 따르면 중국에서도 비구니가 된 여성이 있었다.[733] 일본의 비구니는 비구보다 먼저 탄생하였으며, 계율은 주로 『사분률』, 『십송률』에 의한 것으로 이해할 수 있다.

고대에 일본은 국분니사 등 비구니 사찰로서 국가의 공인을 받아야 했다. 헤이안시대 초기에 일본 불교의 율은 천태법화종을 창건한 사이쵸에 의해 완전히 바뀌었다. 그는 『사분률』에 의해 구족계를 받았고 동시에 천태산에서 천태학을 배웠으며, 범망경의 보살계를 받았다. 보살계는 계를 지키지 못하였으면, 다시 참회하고 계를 받으면 된다. 즉 승가에서 추방하지 않는다. 보살계는 재가계와 출가계가 함께 포함되어 있으며, 『유가사지론』의 삼취정계와 다른 방법의 계로서 10중 48계로 이루어져 있다. 그래서 호우넨이 창립한 정토종에서는 범망경 보살계를 받아 비구와 비구니가 될 수 있으며, 비구와 비구니의 구별 없이 최고의 지위를 부여받을 수 있다.

나라시대에서 헤이안시대에 이르기까지 6백여 년 동안 여러 유명한 비구니가 존재하였는데, 그들의 수행은 기도와 염불, 불사뿐만 아니라 경전 서사와 사회 사업에 참여하였다. 교리에 정통하여 가르치거나, 기근에서 아이를 양육하거나 하는 자선 사업, 무료 숙박소를 운영하거나 선적禪籍을 개판하는 등 다양한 활동을 하였다.[734] 또한 조동종의 니승들은 참선 이외에 사찰 운영과 사회 사업에도 적극적으로 동참하였다.

1987년에 따르면, 정토종 출가자는 남승 8,165명, 니승 706명인데, 문제는 현재 출가자가 감소 추세에 있다는 점이다. 신란이 창립한 정토진종에는 니승은 없지만 여성 수행자나 지도자가 존재한다. 모두 결혼할 수 있으며, 삭발하지 않고 비구와 동일한 모습을 지니며, 삼보와 오계를 받는다. 1975년에 대곡파의 남성 성직자가 13,467명 여성 성직자가 1,271명이며, 본원사파도 비슷한 것으로 판단된다.

도겐이 창립한 조동종은 정토종처럼 비구니가 존재하지만 모두 16계를 받는

---

733 Hirakawa Akira, translated by Karma Lekshe Tsomo, *The history of Buddhist Nuns in Japan*. Buddhist Christian Studies 12. University of Hawaii Press, 1992, p.151.
734 『조동종니승사』, pp.127~132.

다. 삼귀의와 열 가지 근본계를 포함한 것이다. 니승의 안거 지역은 6개 있으며, 니승은 스승이 될 수 있다. 1975년에 따르면, 25,072명의 남승과 1,447명의 니승이 있고 출가자가 갈수록 줄어드는 추세다. 그 밖에 천태, 진언, 일련종, 임제선 등 다른 종파들도 니승들이 존재한다. 이들은 보통 범망경 보살계를 받고 활동하고 있는 여성들이다.[735]

현재 일본에서는 세대교체와 함께 '종교에 대한 마음은 중요하지 않다'라는 견해가 늘고 있으며, '선조를 중요하게 여긴다'라는 의식은 희박해졌다.[736] 그리고 현재 일본의 니승 교단은 정식 구족계가 행해지고 있지 않으므로 교단은 성립될 수 없다는 설도 있다.[737] 단지 소수의 조동종계 여성들과 정토종계의 여승들이 삭발하고 독신 생활로 선 수행을 하지만 실제적으로 비구니라기보다는 도겐선사가 창안한 16계를 지키는 니승이다. 따라서 조동종계 일부에서는 사원 주지의 대처를 우려하고 있으며, 도를 위하여 정진하고 재가 신자에게 보살도로 대해야 함을 제언하고 있는 실정이다.[738]

승려를 남편으로 둔 재가 여성은 단기 수련 후 성직에 임명되는데, 대개 정토종계나 선종계 승려의 부인이라고 한다. 그들은 승려 남편을 보조하는 역할을 하며, 사찰 운영을 돕거나 신도 상담, 고아원, 탁아소 운영이나 사회 활동, 그리고 장례식과 제사 준비를 돕는다.[739]

이상과 같이 현재 일본 비구니 교단은 한국에 비해 제 역할을 하지 못하고 있는 실정이다. 그러나 비구니의 수행, 신앙의 역사를 돌아보면, 그 가운데 시대와 환경에 변용된 비구니의 역할이 보인다. 붓다가 대애도 고타미를 비구니로 인정한 것은 그의 불교에 대한 신앙과 결심을 보았기 때문이다. 일본의 비구니 교단도 주위 여건 때문에 제대로 결실을 보지 못한 것이지 붓다의 가르침에 대한 믿음은 못

---

735 Hirakawa Akira, translated by Karma Lekshe Tsomo, 앞의 논문, pp.154~157.
736 미우라 세쯔오(三浦節夫),「旣成佛敎敎團の構造」,『宗敎硏究』通?, 日本宗敎學會, 2006, pp.43~44 취의.
737 Hirakawa Akira, translated by Karma Lekshe Tsomo, 앞의 논문, pp.147~158.
738 타케우치 미치오(竹內道雄),「曹洞宗敎團の歷史と信仰」,『硏究紀要』通? 12, 人間文化: 愛知學院大學人間文化硏究紀要, 愛知學院大學人間文化硏究所, 1997, p.13.
739 석담·이향순,「국제화시대 한국 비구니의 위상과 역할」,『한국 비구니의 수행과 삶』, 전국비구니회, 예문서원, 2007, pp.172~173.

지않게 강하다고 생각한다.

헤이안시대에 거의 사라졌던 포살법은 에도시대에 멘잔面山화상에 의해서 '동상대포살법洞上大布薩法'으로 교정되어 완성되었으며, 현재 매월 15일과 말일에 걸쳐 약포살略布薩을 행하고 있다. 안거 시에는 수료 전날 밤에 약포살을 행하는 것이 행지규범行持規範으로 규정되었으며, 임시 행지로서 대포살大布薩의 법령을 엄수하였다.

조동종의 경우 최근 점점 안거법이 제정되어 비구니 사원의 주지, 교회주관자는 법당사法幢師가 되어 비구니 수좌를 선정하고 수시로 17일 이상의 교화 방식을 정하여 조화사助化師, 비구승를 청하고 10명 이상 니승의 안거회를 구행하고 있다. 최초 1회를 '초회初會' 또는 '초전법륜'이라고 칭하고, 제2회 이상을 '재회再會'라고 부르고 있다. 안거기간에는 매일 지장강식地藏講式, 나한강식羅漢講式, 참법懺法, 탄불법회歎佛法會, 대반야, 시아귀법회施餓鬼法會 등을 행하고, 비구니가 강연도 하고 있다.[740]

최근 들어 일본에서도 비구니의 활동, 중요성 등에 비중을 두고 연구하는 학자들이 늘고 있다. 이들에 대한 연구는 니시구찌 준꼬가 정리한 「여성과 불교 – 궤적과 동향」을 통해 시대별로 환경에 적응하며 생활하였던 비구니들의 삶과 역할을 살펴볼 수 있다.[741]

이상으로 인도에서 성립된 비구니 교단이 동아시아에 전래되고 변화 발전된 과정을 살펴보았다. 동아시아 비구니 교단은 시대의 흐름과 각 국가의 환경 등의 변화로 인도 비구니 교단의 모습과 많은 차이를 보인다. 때로는 붓다가 비구니 교단을 설립한 의도가 국가, 혹은 사회 이념 그리고 비구 승가의 관계에서 왜곡되는 것같이 보이기도 하였다. 그러나 위에서 살핀 바와 같이 비구니들은 인내와 구도의 열정, 그리고 붓다의 가르침을 전하려는 사명감으로 어떤 역경에도 꿋꿋하게 교단을 지켜 오고 있다. 그리고 각자의 위치에서 붓다의 근본 가르침을 기본으로, 그 나라의 환경, 문화적인 특성에 적응하며 교단을 형성하고 있다.

---

740   『조동종니승사』, 앞의 책, p.45.
741   니시구치 준꼬, 「女性と佛教・軌跡と動向」, 『國文學解釋と鑑賞』 6月号, 特集 女性と佛教, 2004.

VI.
동아시아 비구니 교단의 특징과 비교

1. 동아시아 비구니 교단의 특징

1) 교단 형성에서의 수계 문제

동아시아 비구니 교단은 전래로부터 형성에 이르기까지 그 나라와 지역에 따른 여러 가지 독특한 특징을 보이고 있다. 그 두드러지는 점 가운데 첫째로 꼽을 수 있는 것이 불교 전래와 교단 형성 과정의 수계 문제다.

동아시아 비구니 교단의 성립은 스리랑카를 거쳐 중국에서 이루어진 비구니 수계를 통해 시작되었다고 해도 과언은 아니다. 왜냐하면 비구니 교단이 형성되기 위한 첫째 조건이 바로 구족계 수계라고 할 수 있기 때문이다.

인도는 대애도 고타미가 붓다에게 직접 구족계를 받았으므로 정식 구족계를 받은 비구니인지에 대한 논의 자체가 필요 없다. 그러나 중국은 여법한 구족계 계단이 성립되기 전에 존재하였던 니승 아반의 경우는 정식 비구니가 아니라는 등의 혼란과 구족계의 재정리 과정을 겪기도 하였다.

이러한 경우는 한국과 일본도 마찬가지다. 또한 수계에 있어서 인도 비구니 교단이 각 부파마다 다른 율장으로 수계를 받았던 것과는 달리 동아시아의 비구니 교단은, 처음 중국에서 정착되기까지 약간의 혼란은 있었지만 거의 『사분률』에 의거한 수계 전통이 이어지고 있다. 일본의 경우 종파 불교에 따라 수계 방식에 변화가 있기도 하지만 그 점은 뒤의 비교 부분에서 논하기로 한다. 중국에서는 송대에 들어서면서 국가에서 비구와 비구니들을 완전히 분리시켰는데, 송 태조는 니승이 비구승에게 수계받는 일을 금지하는 칙령을 발표하였다. 이 조치는 좀더 구체화되어 모든 사원에서 비구와 비구니를 철저히 분리하였다. 그러나 이 조치는 크게 효과를 보지 못한 것 같다.

인도 비구니 교단의 거처는 비구 교단과 가까이 있었으며, 비구 교단의 교육과 통제를 받았던 것에 비해 중국 비구니 교단을 비롯해 동아시아의 비구니 교단은 비구 교단과 그다지 밀접하지 않았다. 오히려 비구니 교단은 국가나 왕실과 교류를 하며 그들의 보호를 받았다.

2) 국가 및 왕실 여성들과의 관계

고·중세 동아시아의 비구니 교단은 국가와 비구니와의 관계, 특히 왕실 여성들과의 관계가 비구니 교단의 존립에 매우 중요한 변수였다. 인도의 비구니 교단이 국가나 왕실과 크게 연관을 맺거나 영향을 받지 않았던 것과는 그 양상이 사뭇 다르다. 인도 불교사를 살펴보면, 수많은 왕족들이 출가했지만 승가 집단에서는 정치적 견해를 갖지 않았다. 그러나 동아시아에서 왕족의 출가는 승가 내로 국가권력이 이동하는 것을 의미하였다. 그래서 인도와 달리 특별한 형태의 동아시아 비구니 교단이 형성되기에 이르렀다. 그러한 구조는 권력을 갖춘 국가 사찰과 통제를 받았던 일반 사찰로 구분하는데 그것은 인도 사찰에서는 발견할 수 없는 것이다. 국가 사찰 가운데 비구니 사찰의 역할은 중국과 한국 그리고 일본이 모두 유사한 과정을 거치게 된다.

또한 고·중세 동아시아 비구니 교단의 위상은 위정자가 어떤 사상을 갖고 정치에 임하느냐에 따라 많은 영향을 받았다. 국가가 불교에 우호적이었던 고대 동아시아 비구니들은 귀족들과 활발하게 교류하였는데, 수시로 법문할 기회를 가지거나 이들에게 경전을 가르치기도 하였다. 왕실과 왕실의 여성들은 비구니들에게 사찰 건축 등의 불사를 돕거나 불교에 귀의해 출가를 하였다. 고·중세 동아시아 비구니들의 특징 가운데 하나가 왕실 여성이 설립한 사찰과의 관계다. 중국 당나라 시대의 측천무후의 영찰사를 비롯해 신라 법흥왕비와 연관된 영흥사와 조선 시대 왕실 여성들과 관계 깊은 정업원을 들 수 있다.

일본은 스이고천왕 당시 쇼도쿠태자가 설립한 중궁사中宮寺, 교사橋寺, 지후사池後寺, 갈성사葛城寺 등의 비구니 사원이 있었는데, 이때 여성 출가자가 많이 증가하였다고 한다. 또한 헤이안시대 타다코나이신노우가 설립한 순화원이 있다. 이들 국가와 왕실 여성 및 그들의 사찰은 왕실 귀족 여성들의 귀의처, 혹은 피난처가 되기도 하였으며, 비구니 교단과 밀접한 관계를 맺으며 많은 도움을 주었다.

또한 왕실 비구니와 사찰은 불교 외의 전통 사상의 배척과 국가 세력의 압력에서도 철저한 보호막이 되어 주었다. 측천무후는 영찰사를 왕실 불교에 도움을 주었던 비구니들이 평생 살 수 있는 도량으로 만들었다. 한국 조선시대의 정업원은 유교적 정치 세력으로부터 비구니를 보호하였으며, 일본의 순화원은 국가와 비구들에 의해 거의 사라졌던 비구니 계단을 시설하고자 노력하였던 사찰이었다. 이와 같은 동아시아 왕실 불교인들의 모습은 인도 불교에서는 거의 볼 수 없었던 독특한 현상이다.

3) 전통 사상과의 대립

불교와 비구니 교단을 위한 왕실 여성들의 노력에도 불구하고 동아시아 비구니 교단은 전통 사상 등과 대립하면서 어려움을 겪었다. 즉, 인도의 비구니 교단이 인도의 전통 사상인 힌두교의 영향으로 많은 어려움을 겪었다면, 동아시아의 비구니 교단은 도교, 유교 등, 불교 외의 기존 사상과 대립하고 갈등하였다. 또한 유교 등의 사상으로 무장한 국가와 관료들은 불교 및 비구니 교단의 존립 자체에 위협을 가하기도 하였다. 단 인도의 힌두교나 동아시아 유교의 공통점은 가부장적인 입장에서 여성 차별을 그 바탕에 두고 비구니 교단을 억압하였다면, 도교는 불교와 도교라는 사상 대 사상으로 대립한 것이었을 뿐, 여성 수행자에 대한 편견은 그다지 없었던 것 같다.[742]

유교를 정치의 기본 사상으로 삼은 국가나 왕실이 불교 교단을 배척함으로써 동아시아의 비구니 교단은 도시에서 산중으로 쫓겨 가거나 혹은 환속 조치를 당

---

742 각주167 참조.

하기도 하였다. 유교의 윤리 강요와 억불 정책으로 재가자들에 대한 포교 활동 제재는 물론이며, 여성 출가 금지 조치로 비구니 교단의 존립 자체가 어려운 상황에 처하게 된다. 그 와중에 비구니 교단이 거의 소멸 상태에 이르기도 하였지만 인내와 노력으로 굳건히 교단과 불교를 지켜 왔다. 고대 중국 비구니 지현의 경우, 개종을 강요하는 도교인을 설득해서 불교를 신앙하도록 하였으며, 한국 조선시대의 여성들은 국가에서 유교를 믿도록 강제성을 띠었으나 동요하지 않았다. 일본은 메이지시대에 비구니에게 환속을 권하였으나 흔들리지 않고 어려움을 견디었다. 이러한 어려운 상황에서도 비구니들에게 불교도로서 자세를 잃지 않도록 하였던 것은 바로 수행과 신앙의 힘이었다.

4) 수행과 포교 활동

동아시아 비구니 교단의 수행과 포교는 인도 비구니 교단에 비해 시대와 주위 상황에 따라 많은 변화가 있었으며, 그 종류도 다양하다. 비구니들은 불교 전래와 함께 전해진 경전을 독송하거나 암송하였으며, 그 내용을 왕실을 비롯해 서민에 까지 전하는 일을 하였다. 고 · 중세에 가장 많이 독송된 경전으로 『법화경』을 들수 있으며, 그 외에 『유마경』, 『금강경』 등, 많은 대승경전과 계율에 관한 전적이 있었다. 중국에서는 당나라 시대, 한국은 신라시대까지, 비구니들은 경전을 서사하거나 암송하는 등, 교학적인 불교에 매진하였다. 그 후 중국은 당시대 후기, 한국은 고려시대부터 참선을 위주로 하는 수행을 많이 하였으며, 철저한 계행이나 고행을 마다하지 않았다. 참선 수행과 병행하였던 정토 염불이나 다라니 주력 등은 세 나라에 공통적으로 행해졌던 염불 수행으로 극락왕생의 염원을 담은 것이었다. 왕실과 귀족들을 위한 법문과 그들의 안녕을 위한 기도 외에 경전을 설하여 병을 치료해 주는 경우도 있었다. 또한 서민들을 위하여 경전 내용을 쉽게 설명해 주거나 무너진 다리를 보수해 주기도 하였으며, 국가가 어려움에 처하였을 때 염불회를 결성하여 위안을 주었다.

또한 동아시아의 비구니들은 공통적으로 불사에 주력하였다. 물론 왕실의 도움을 받기도 하였지만 본인의 집을 사찰로 만들거나, 권선을 통해 사찰을 설립하였다. 사찰은 재가자들이 모여서 법문을 듣거나 신앙 생활을 하기도 하지만, 여러 가지 어려운 사정을 승려들과 상담해서 위로를 받는 좋은 장소이기도 하다. 이러한 맥락에서 비구니들의 사찰 불사는 포교의 한 부분으로 의미가 있다고 본다. 또한 수행을 통해 깨달음을 얻은 후의 오도송, 임종게 등과 많은 불교문학 작품들은 재가자들에게 불교를 접하게 되는 계기를 만들어 주었다.

5) 교단의 의식 변화

동아시아 비구니 교단의 수행과 활동은 각기 그 지역과 문화 그리고 기후에 맞게 변화되었으며, 이 활동을 통하여 각 국가는 각자 정체성을 지닌 교단으로 발전하였다. 그리고 의식주에 있어서도 각 나라의 전통성을 유지하면서 각기 사회 풍토에 맞는 새로운 방법을 시도하였다. 동아시아 비구니 교단의 의식주는 지역에 따라 약간의 차이는 있지만 거의 비슷하게 수용되었음을 알 수 있다.

인도 비구니와 달리 중국의 비구니가 택한 초기의 거주지는 인도에서 규정된 고요하고 마을에서 멀지 않은 정원과는 다른 장소에 설립되는 경우가 많았다. 대부분의 거주 장소는 비구 거주지 가까운 곳에 세워지지 않았으며, 지도를 받기 위해 규칙적으로 포살에 참여할 필요도 없었다. 그 이유는 중국의 유교적 관습은 남녀유별이기 때문에 비구가 비구니 사원에 출입하는 것은 공식적이든 비공식적이든 삼가야 했다.

그러한 경우는 한국이나 일본의 예도 마찬가지다. 한국은 유교 정치에 의한 유교 윤리의 규정에 따라 비구 비구니의 접촉을 제재하였다. 일본은 '여인금제' 등을 내세워 비구니는 비구와 접촉을 삼가야 했다. 때문에 비구 교단과 비구니 교단의 거주지는 대부분 인도 율장의 규정을 따르지 않았다. 특히 동아시아에 불교가 전파되고 비구니 교단을 형성하였을 당시에는 붓다의 초기 계율이 크게 중요한 역할을 하지 않았다. 비구니 승원은, 인도에서는 설립되지 않았던 중국의 영찰사와 한국의 정업원, 일본의 순화원 등 궁중 사원이 등장한다. 그리고 중국의 폐불 사건의 영향과, 당·송 이후 선종의 대두, 조선시대 유교의 영향, 일본의 배불에 의한 사원 파괴 등에 의해 심산유곡에 자리 잡기도 하였다.

동아시아의 비구니는 신자들의 보시를 받아 절에서 공양하는 방법을 택하였다. 그것은 비구니가 거리에 나아가 걸식하는 풍토가 익숙하지 않았고, 아침이나 오전에 걸식을 할 수 있는 사회적 풍토가 형성되지 않았기 때문이다. 때문에 자연히 공양물을 받아 음식을 만들어 먹었던 것으로 보인다. 또한 중국, 한국, 일본의 경우, 그러한 걸식이 유교나 도교 등에서도 보이지 않았으므로 보시를 받아 사원이나 개인 수행처에 음식을 저장해 두고 끼니를 해결해야 했다. 특히 수행자의 경우는 수행 시간을 절약하기 위해서도 자연히 음식을 해서 먹는 것보다 금식을 하거나 생식이나 채식 등의 간단한 식사법이 유리하였기 때문에 그런 방법이 형성된 것으로 보인다.

승복은 각기 기후와 계절에 맞게 입었고, 승복의 색깔과 모양도 시대에 따라 변하였다. 현재 중국이나 대만 비구니의 복장은 색은 황색이나 갈색을 위주로 사용하되, 모양은 중국 전통 복장과 비슷하게 변화되었음을 알 수 있다. 한국의 경우도 현재 승복의 색은 괴색이며, 모양은 한국의 전통 복장을 고려해서 만들었다. 일본은 종파별로 승복의 색이나 모양이 다른데, 대부분의 비구니는 흑색 승복을 입는다.

이와 같이 동아시아 비구니의 삶은 불교 탄생지인 인도 비구니의 삶과 완전히 다른 모습이다. 물론 부처님의 의도에 맞춰 실천 수행하고자 하는 모습은 다르지 않지만, 각 나라의 비구니는 그 나라의 특성에 맞추어 수행하며 비구니 교단을 운영하고 의식주와 삶을 영위하고 있다. 그러한 동아시아 비구니의 변화는 당연한 결과다.

그렇다면 그러한 의식주 변화의 원인은 무엇일까? 그 이유는 첫째, 기후의 차이에서 기인한다고 생각된다. 오의五衣 문제는 인도에서 필요한 것이며, 인도의 아열대 기후와 동아시의 기후는 서로 다르기 때문에 옷의 두께가 차이가 날 수 밖에 없었고, 음식도 걸식 문화에서 공양물을 받아 사원에서 준비해 공양하는 방식으로 바뀌었다. 육식도 걸식 공양이 아니라 스스로 사원에서 준비하는 공양이므로 선택적으로 줄일 수 있었던 것으로 보인다.

둘째는 지역의 변화로 인도의 교단은 주로 마을 주위의 공원이나 산림에 머물렀다. 동아시아에서는 산을 중심으로 사원이 발달하였으며, 마을에서 벗어나 수행할 수 있는 장소가 형성되었다. 그러한 맥락에서 보면 신자와 항상 접촉을 하지 않을 수도 있으며 기후의 영향으로 걸식 대신에 음식을 저장해 놓고 먹을 수 있는 풍토가 조성되었다. 또는 방문한 신자가 보시한 것으로 생활할 수 있었기 때문에 수행하기에 유리한 곳을 더 선호함으로써 비구니의 사원 생활은 점차 도시에서 산사로 이동하게 되었다고 생각한다. 한편 그러한 삶은 포살과 수계 장소도 점차 좁아지고 비구니 교단 간의 교류가 더욱 줄어들어 고립적인 생활을 할 가능성도 늘어난다고 생각된다.

셋째는 역시 문화 차이를 들 수 있다. 불교는 동아시아의 유교와 도교 문화와 접하게 된다. 불교는 전래 초기부터 유교와 도교의 문화와 충돌하였으며, 그것을 극복하기 위해서 그 문화에 맞는 방식으로 변해야 했다. 그러한 과정에서 비구니 교단의 삶도 동아시아 전체 문화에서 이방인이 되지 않는 쪽으로 변할 수밖에 없었을 것으로 보인다. 그것이 승복, 음식, 거주처의 변화를 가져오게 하였다고 생각된다. 또한 수행이나 신앙 생활의 형태도 다르게 나타났다. 이들이 갖고 있는 특징을, 국가별로 전개된 비구니 교단의 모습과 주요 활동으로 분류해 비교해 보면 다음과 같다.

2. 동아시아 비구니 교단의 비교

1) 비구니 교단의 형성 비교

각 교단의 수계 과정

위에서도 밝혔듯이 동아시아 비구니의 구족계는 인도와는 다른 양상으로 전개된다. 여성 출가자들에게는 몇 번에 걸쳐 수계가 이루어지기도 하였다. 왜냐하면 『사분률』 등의 계율 전적을 접한 후, 먼저 이루어진 수계법은 적법한 수계가 아니었음을 알았기 때문이다. 그리고 동아시아의 비구니 교단의 수계 과정은 비슷해 보이지만 구족계 계단의 형성 과정이나 수계에 있어서 각기 조금은 다르게 전개된다.

중국의 경우, 『비구니전』을 통해 비구니 수계 과정을 알 수 있는데, 그 내용은 최초의 비구니 정검니의 기록에서 살펴볼 수 있다. 정검니는 아직 비구니계가 성립되지 않은 상황에서 비구니계 받기를 원하였으나 그가 최초로 받은 비구니 10계는 실제 존재하지 않기 때문에 사미니 10계로 파악된다. 이후 진 함강 연간에 큰 스님에게서 구족계를 받았다고 하는데, 이것도 정식 구족계가 아닌 일중 수계식이었다. 433년 스리랑카의 철살라 등 11명의 비구니가 왔으며, 승가발마를 남림사 수계단에 초청하여 율에 따른 이부 승가의 구족계를 3백 명의 여성이 받은 것이 정식 구족계에 대한 기록이다. 정검니의 구족계 수계와 스리랑카 비구니의 계단에 의한 이부 승가의 갈마를 통한 비구니 형성까지는 무려 72년의 차이가 발생한다.

중국에서는 구족계의 적법성에 대한 판단을 율장의 선택에 의해 결정하는 경우가 있었다. 『비구니전』에 의하면, 당시의 비구니들이 『십송률』에 의한 구족계를 비판적으로 보았던 내용이 등장한다. 이유는 단 1명의 율사 비구승에 의한 여법치 못한 수계 의식 때문이다. 『십송률』에 의한 구족계를 비판하는 이유가 단순히 당시 전통적인 수계 의식을 행하지 못하였기 때문인지 아니면, 『십송률』 자체[743]에 대한 거부 때문인지는 좀더 자세히 연구해야 할 문제라고 생각한다.

중국에서 불교가 전래된 한국은 현재까지 『사분률』에 따라 구족계를 실시하고 있으며, 일본의 경우도 간진대사는 『비구니전』 등에 의거해 동대사에서 계단을 설립하였다고 한다. 이미 중국에서 『사분률』에 의한 구족계가 정착되었으며, 그 이후에 한국 등에 불교가 전래되었기 때문에 중국의 제도를 그대로 따른 것이라 생각한다.

한국의 경우, 삼국시대의 구족계 수계 등에 대한 기록은 일본 자료를 통해 간접적으로 알 수 있다. 일본에 전하는 「원흥사가람연기」에는 백제 사신들이 오자 젠신니 등을 백제에 보내 계를 받고 계율을 배우도록 해줄 것을 청하는 기록이 등장한다. 사신이 설명한 내용 가운데는 백제에서 행해지고 있는 비구니 구족계에 대한 기록이 자세하게 묘사되어 있다. 또한 젠신니 등이 백제에 와서 비구니계를 받고 귀국하였다는 것으로 미루어 백제에 비구니 교단이 계율을 근거로 운영되고 존재하였음을 간접적으로 짐작할 수 있다.[744]

사료에 처음 나타난 한국의 여성 출가자는 신라에 불교를 전한 아도화상을 은거시킨 모례의 누이 사씨이다. 사씨는 미추왕 시대의 여승으로, 실제로는 비구니계를 받지 않은 수행자라 할 수 있을 것이다. 왜냐하면 사씨와 관련된 구족계 수계 내용이 보이지 않기 때문이다. 중국의 아반과 같이 삼귀의 정도에 그치는 경우가 아닌가 추측할 수도 있다. 최초에 10계를 받은 중국의 정검니와 같이 신라나 고려에서 사미니에게 10계를 수계했다는 내용은 구체적으로 언급되지 않았다. 그러나 사료상으로 수계 내용이 보이지 않지만, 출가자로서 최초의 한국 니승이 사씨임을 부정할 수는 없을 것이다.

일본 불교의 최초 수계는 한국이나 중국과 달리 여성에 의해 시작되었다. 아스카시대, 젠신니와 두 제자 젠조니, 에젠니가 고구려 출신 혜편과 법명이라는 고

---

743 平川彰은, 『십송률』은 처음에 아주 간단한 것으로부터 增廣을 거듭하여 방대한 '廣律'이 되었다고 經典 成立 史에서 평가받고 있었는데, 좀더 살펴보아야 한다(平川彰 저, 박용길 역, 『율장연구』, 土房, 1995, p.137)는 주장과 함께 『사분률』의 내용은 증광된 흔적을 찾아볼 수 없다(앞의 책, p.153)고 언급하고 있다. 혹시 이와 같이 『십송률』의 增廣에 대한 역사적인 서술과 관계가 있는 것은 아닌지 추측해볼 수 있다.

744 각주 320참조.

구려계 비구니로부터 출가계를 받았다. 그리고 젠신니 등은 그들이 받은 수계가 적법치 않음을 문제 삼고 백제에 유학하였으며 정식 구족계를 받고 귀국하였다.

또한 『일본서기』에 이 3명의 비구니가 백제에 보내어져 수학하고 돌아와 귀국하여 사쿠라이지에 거주하며 오오모토의 딸 손도쿠善德 이하 10명의 비구니와 비구 등을 제도하였다고 전한다.

중국에서 『사분률』에 의한 정통성을 유지해 오던 수계 제도가 송대에 이르러 국가의 제재를 받고 국가에 의해 비구와 비구니가 완전히 분리된다. 『대송승사략』에 의하면 972년 송 태조는 니승이 비구승에게 수계받는 일을 금지하는 칙령을 발표하였다. 또한 비구니 계단 자체에서 수계식을 집전하고 비구들과 접촉하는 일 없이 비구니 사원을 운영하도록 하였다. 이 조치는 좀더 구체화되어 모든 사원에서 비구와 비구니를 철저히 분리하였으나 그다지 효과를 보지 못한 듯하다. 이러한 현상은 한국의 비구니 교단에서는 볼 수 없었던 중국 비구니 교단의 한 모습이다.

한국은 고려시대에 처음으로 구족계를 수지한 비구니에 대한 기록이 등장하는데, 바로 고려 말 김변의 부인 허씨이다. 그는 공식적으로 출가를 허락받고, 비구니로 활동하였는데, 그의 법명은 성효였다. 10년간 승려로 활동하였으며, 국가는 그의 사후에 변한국대부인 진혜대사라고 추증하였다.

고려시대의 구족계와 관련해 특기할 것은, 당대唐代는 동행이나 행자의 단계를 지나 10계를 받은 사미의 과정이 지나면 승려로 인정하여 승적을 작성하였다. 그러나 고려에서는 구족계의 수지가 곧 승으로 인정된다.[745] 일본의 경우도 관니로서 승적이 인정되는 것은 구족계였을 것으로 추측한다.

중국 청대는 라마교를 존중했음에도 출가에 대해서는 매우 비판적이었다. 건륭제는 출가 연령을 규정하여 남자는 고아와 16세 미만인 자, 여자는 40세 미만인 자의 출가를 금지시켰다. 제자도 40세에 달하는 자에 한해 일 년에 한 사람만 두는 것을 허락하였다. 한국의 경우는 조선시대 『세종실록』에 의하면, 여성인 경우에

---

745 각주 364 참조.

미혼녀와 노비, 그리고 남편이 있거나 남편이 죽고 삼년상을 마치지 않은 자는 출가에서 제외되었다. 일본은 출가 자격에서 노비와 관련된 내용으로는, 지도우천황 10년696에 "승니의 신분은 노비 등이 출가한 경우 평등 원칙에 따라 노비를 면하게 되지만 환속하면 다시 노비가 된다."라는 내용이 보인다.

이와 같이 출가에 제제를 받으면서도 중국의 비구니 교단은 정식 구족계단의 수계를 이어갔으며, 근대를 지나 잠시 중단되었으나 현재는 다시 부활했다고 한다. 한국도 고대부터 전통적인 수계746가 이루어져 왔는데, 중국과 마찬가지로 삼국시대부터 『사분률』에 의한 수계가 이어졌다.

젠신니 등에 의해 여법하게 전수되었던 일본의 비구니 수계 등은 관니 제도의 소멸과 함께 헤이안시대부터 사라지기 시작하였다. 천태종 등 비구 교단은 연분도자제의 특권을 누리면서 비구니를 배제하기 시작하였으며, 급기야는 비구니의 출가와 수계 제도가 소멸되는 데 일조하였다. 비구니 계단이 다시 정식으로 이루어진 것은 11세기에 법성사에서였다. 후지우라 레이꼬가 법성사 무량수원에서 천태종 수계인 '10중 48경계'를 받은 것이다. 여성의 출가, 수계 작법에 대한 기록은, 후지우라 레이꼬 등의 귀족 여성의 출가를 기록한 만수원본의 「출가작법」과 여원女院의 「출가기」, 「출가부류기」가 있다. 이 자료를 통해 당시 일본 귀족 여성의 출가 수계 과정을 볼 수 있으나, 서민들의 출가 과정에 대한 자료는 접할 수 없었다. 조동종 비구니 교단 등의 근대 이후의 자료에 의하면, 일본의 비구니 수계는 각 종파별로 이루어지고 있다고 한다.

이상으로 동아시아 비구니 교단의 수계 과정 문제를 살펴보았다. 국가에 따라 비구니 수계 과정은 여법한 계단이 이루어지기 전의 개인적 수계와 공식적 수계가 차이를 보인다. 그리고 중국과 한국 비구니 교단의 수계는 나름대로의 과정을 거쳐 『사분률』에 의해 구족계를 받는 것으로 정립이 되었다. 그러나 일본의 경우, 초기와 달리 중세에 들어서 종파불교가 성행하면서 『사분률』 등의 비구니 율장에 의한 구족계가 아닌, 각 종파에 따라 대승보살계를 받고 있음을 알 수 있다.

---

746 각주 320에 근거할 때.

의식주상의 특징 의제와 주거

비구니 교단의 형성에서 무엇보다 중요시해야 할 것은, 우선 수계에 의한 교단 성립이며, 다음으로는 현실적으로 생활과 밀접한 관계가 있는 의식주 문제를 들 수 있다. 인도와 달리 동아시아의 비구니 교단은 그 지역과 문화에 따라 의식주에 많은 변화를 보이고 있다. 중국 비구니의 경우 처음에는 오의五衣의 형식을 그대로 유지하였지만 승복의 색깔은 황갈색에서 회색으로 변화하기도 하였으며, 발우도 도기나 철발우에서 목발우로 바뀌었다. 시대가 변하면서 오의는 점차 삼의三衣로 일반화되었고, 하루에 일식一食하는 습관이 변하여 하루에 세 번 공양을 하게 되었다. 걸식공양에서 점차 곡식 등을 받아서 사원 내에서 지어 먹는 형식으로 바뀌었다. 공양의 형식은 대중 처소인 경우, 대개 대중이 모여 형식에 따라 발우공양을 한다.

현재 중국 비구니들의 발우공양이 어떤 형태로 이루어지고 있는지는 정확히 알 수 없지만, 대만의 경우는 다음과 같은 형태로 진행되고 있다. 공양은 두 개의 발우로 하고 있는데, 스테인리스로 된 같은 크기의 그릇 두 개와 과일 담은 접시와 젓가락만으로 공양을 한다. 공양 의식은 한국과 달리 의자에 앉아서 하고 있다. 반찬은 본인이 직접 발우에 담지 않고 당번이 다니면서 나누어 주는 형식이다. 충분하다고 생각되면 발우를 앞으로 당겨와 공양을 하되 부족하거나 덜고 싶으면 그대로 둔다. 그러면 당번이 계속 돌면서 덜게 하거나 더 주거나 한다. 먹는 도중에 찬그릇에 국을 담아 준다. 공양이 끝나면 두 개의 그릇을 포개 앞으로 밀어 놓으면 담당이 가져간다. 한국의 발우공양과는 아주 다른 모습인데, 기후나 사회 풍습의 영향으로 의자에서 공양하게 된 것이 아닌가 싶다. 현재 일본 비구니 교단의 공양 방법에 대해서는 정확하게 파악할 수는 없지만 한국과 거의 비슷하리라고 짐작한다.[747]

또한 출가 여성은 채식을 위주로 하되, 수행에 전념하는 방법으로 단식을 하

---

[747] 2008년 봉녕사 주최로 열렸던 '사찰음식 대향연' 행사 때 일본 승려가 소개했던 일본 비구의 발우공양 내용이 한국의 경우와 유사하였다. 이 점으로 미루어 일본 비구니 교단의 공양도 비슷하게 이루어지고 있으리라 짐작한다.

는 고행을 택하기도 하고, 두타행의 방식을 취하기도 하였다. 그리고 유행을 하지 않고 한 사원에 머물면서 지속적으로 수행에 전념하였다. 또한 거주지가 마을에서 멀리 떨어진 곳이라고 하더라도 걸식에서 벗어나 단식과 절식으로 수행하고 스스로 공양을 받아 음식을 해결하거나, 재가자나 제자의 도움을 받아 수행에 전념할 수 있는 기간을 점차 확대해 갔다. 또한 여러 차례의 폐불 조치로 비구니는 비구니 생활 모습 대신에 재가자의 모습으로 비구니 신분을 유지하며 생활하는 경우도 있었다. 특히 『속비구니전』에 의하면, 당·송 이후의 참선 수행자 비구니는 산속이나 암자에 기거하면서 간화선 수행이나 염불 수행에 전념하였다.

한국 비구니의 의식주 생활은 중국 비구니의 경우와 크게 다르지 않았다. 비구니는 수행과 간경 등에 전념하며 사원 생활이나 외딴 곳에서 생활하는 풍토에 맞추어 소욕지족의 생활을 하였다. 삼의를 입었으며, 최근에는 사미니인 경우 의제라고 하는 형식을 취하는데, 소매나 동정에 갈색의 천을 덧대고 생활하다가 구족계를 받으면 제거한다. 공양은 대만과 달리 네 개의 발우로써 큰방에 앉아서 공양을 한다.[748] 한국 비구니 교단은 신자와 긴밀한 관계를 갖고 사원을 유지하면서 생활하며, 자급자족의 삶을 추구하기 위해 노력하였다.

일본은 초기의 활발하였던 양상과는 달리 중세 이후로 비구니 위상이 저하되었으며, 교단 생활도 여의치 못하였음을 자료를 통해 알 수 있다. 또한 비구니로서의 모습에서 벗어나 여성 수행자로 자리매김하는 경우도 있으며, 다양한 일본 종파에 편입되어 종파에서 정한 방법대로 비구니의 삶을 살아갔다. 그래서 비구니의 의식주는 일본의 풍습에 맞추어 변하였으며, 수계 생활과 수행 생활도 점차 일본 고유의 형식으로 바뀌어 나갔다.

특기할 것은 일본의 비구 교단도 걸식공양은 하지 않은 것 같은데, 공양 문제에 있어 '승니령' 제5조의 부칙에 따르면 원하는 승려에 대한 고행으로서 걸식이 허락되기도 하였다. 이로 보아 일본 비구는 때로 걸식을 한 것으로 보이는데, 이것이 비구니에게도 해당되었는지 혹은 한국에서도 일부 행해졌던 탁발과 같은 형태

---

748 한국의 발우공양은 대부분 알고 있다고 생각되어 자세한 설명은 생략한다.

인지는 확실치 않다.

일본 니승의 일부는 수행자의 모습을 지니고 가족들과 함께 살아가는 경우도 있다. 비구니의 복색도 종파에 따라 약간은 변화가 있지만 대부분은 흑색을 입는다. 추측건대 텐무천황에 의해 승니의 위의, 법복, 왕래 제한 등의 규정이 정해진 후부터 비구니 승복의 색깔이 통일된 것이 아닌가 한다. 현재 일본의 비구니 교단이 중국이나 한국과 같이 단체로 발우공양을 하고 있는지 자세히 알 수 없다. 그러나 초기에 불교가 전래되어 관니의 형태가 유지되었을 때는 적어도 여법한 비구니로서의 위의를 가졌으리라 본다.

2) 비구니 교단의 전개 과정 비교

전통 사상과의 문제

비구니 교단의 형성에서 수계와 의식주 문제가 우선이라면, 교단의 발전은 국가와 왕실과의 관계, 그리고 교육과 포교에 있다고 생각한다. 그 가운데 전통 사상과의 문제는 교단의 존립과 관계가 있으므로 매우 신중하게 대처해야 한다.

비구 교단과 가까이 지내지 않았던 고대 중국 비구니들의 과제는 비구와의 관계보다는 도교와 유교 등 전통적인 사상과의 관계였다. 도교와의 논쟁은 노자와 붓다 중 누가 스승인가 하는 논쟁 외에 정신적 수행과 수행 결과에서도 대립해 왔다. 도교의 수행자들도 금욕생활을 하면서 수행과 명상, 정절을 위해 수련하였다. 또한 은신처에 머물면서 음식과 호흡 조절, 경전 독송과 신비체험을 하였다. 가난한 자를 돕고 동물을 살렸으며, 배고픈 자들을 먹이는 등 도덕심과 사회적 책임감도 있었다. 따라서 당시 중국 사회에 깊숙이 뿌리내리고 있던 도교에 비해 신흥종교였던 불교가 도교 사상보다 훨씬 우위라는 점을 보여야 했다.

그러한 점에서 고대 중국 비구니들은 나름대로 역할을 하였다는 기록이 『비구니전』에 등장한다. 도교 신봉자가 친분 관계를 이용하여 비구니에게 접근해서 독살하려 할 때 비구니가 초연하고 의연한 자세로 죽음을 맞이하거나, 비구니를 위협하고 속퇴시키려고 하자 비구니가 상대를 잘 설득하고 교화하는 장면은 도·불과의 관계에서 비구니 위상을 드높인 모습이라고 볼 수 있다. 『속비구니전』의 기록에는 가족이 도교를 믿지만 딸은 불교를 믿고 출가하는 경우도 있었으며, 계미, 신상, 양묘석의 경우와 같이 개인적으로 도교를 믿다가 불교를 접하고 심취해서 출가하는 모습도 보였다.

유교와의 관계를 살펴보면, 유교는 도교보다 훨씬 더 불교에 위협적이었음을 알 수 있다. 유교의 입장에서 보면 불교의 계율이나 의식, 삭발 등은 유교의 규범과 윤리 사상에 위배되는 것이다. 불교의 화장법 또한 유교의 장례 의식인 토장과는 상반된 풍습이라고 볼 수 있다. 이런 대립 관계에서 중국의 비구니는 죽음에서의 신이를 강조하고, 삭발의 정당성, 결혼 포기와 출가 생활의 정당성을 확립하기 위해 각고의 노력을 하였다. 그러나 중국이나 일본의 경우, 한국과 같이 거의 500년간 유교 정치가 국가적 권력으로 비구니를 위협한 예는 거의 없다. 물론 중국 청조에서는 비구니가 니고尼姑라고 불리면서, 천한 직업의 하나로 간주될 정도로 지위가 하락했으며, 청말의 비구니들은 당시 불교의 쇠락과 몰락으로 어려움을 겪었다.

정치력과 경제력을 잃은 조선시대의 불교는 500년에 걸친 척불 정책과 유교 사상의 지배하에서 고난의 길을 걸었다. 이와 같이 조선시대에는 유교가 정치, 사회제도는 물론 당시 사람들의 의식구조를 지배한 가장 중심적인 이념이었다. 그러나 유교를 지배 이념으로 삼으려는 위정자들의 노력에도 불구하고 많은 여성들은 유교에 귀의하지 않았다. 유교가 여성들에게 윤리 규범의 의무만을 지운 반면, 불교는 현세의 문제를 해결해 주고 내세에 대해서도 마음의 평안을 주었기 때문이다.

유교적 윤리 정치 확립을 위한 기초로서, 가부장 중심의 지배 질서는 내외법의 시행과 남녀구별 의식을 전제로 여성을 구속하고 제약하는 이념의 틀로 작용하였다. 더불어 여성들의 사회적 지위를 상당 부분 위축시켰다.

세종 이후 강화된 내외법인 '부녀상사의 금지 조치' 등은 여성들을 유교적 윤리에 무조건 따라야 할 교화 대상으로서 통제하고 억압하였다.

조선 후기 17세기 이후에는 조선 사회의 변화와 더불어 숭유억불의 유교 정치가 지배했지만 불교계의 적극적인 대처와 왕실의 후원으로 원당이 설립되어 후궁이나 사대부 여인들이 출가하여 불교를 신앙하였다.

그러나 조선 후기에는 왕족이나 사대부 여인들의 출가가 거의 끊어지고 승려들의 지위가 전반적으로 하락하였다. 여성 출가자들의 출신 계층은 중·서인 및 하층민으로 낮아졌으며, 사원 경제는 매우 어려워졌다. 그러나 비구니들은 이러한 악조건 속에서도 인내와 근면, 신심으로 그 힘든 시기를 헤쳐나갔다. 이들은 날로 강해지는 국가의 통제에도 불구하고 절을 짓거나 쇠락한 절을 중수하였다. '도성출입금지령'에도 대담하게 궁에 들어가서 불교를 가르치고 불사에 동참시켰으며, 세간의 소식을 전해 주었다.

일본의 경우, 전통사상 등과의 문제가 한국과는 다른 양상으로 전개된다. 8세기 중엽의 '남녀의 별別'을 주장하는 유교 사상이 불교계에도 도입되어 국가 차원의 법회나 의식에서 비구니가 배제되기 시작하였다. 9세기 초반에는 여성의 출가가 엄격히 제한되었으며, 이후 관니의 존재 의미가 급속히 저하되었다. 비구니 사찰이 대부분 폐사가 되거나 비구 사찰로 변하였다. 헤이안 중기 이후에는 니승의 수계식은 단지 삼취의 보살계를 받는 것으로, 출가라고 하는 단순한 형식으로만 그치게 되었다. 일본의 유교 사상은 국가에서 인정하는 정식 비구니 제도를 소멸시키는 데 결정적 역할을 하였다. 그러한 점에서 중국과 한국의 유교 정치와 다른 면모를 보이고 있다.

비구니의 지위 저하와 지원자 감소의 원인이 중국적 관료 제도의 도입이라는 설도 있다. 중국의 관료 제도 도입 이후 국가의 모든 불교 행사가 비구 위주로 행해졌다는 것이다. 중국을 모방해서 국가는 남성이 운영, 관장하였으며 의례도 당연히 비구승이 집전하였던 것이다.

이상과 같이 동아시아의 비구니 교단은 전통 사상인 도교나 유교와의 대립관계에서 많은 어려움을 겪었다. 그러나 중국 비구니 교단과 관련된 도교와의 관계는 유교보다 훨씬 덜 위협적이었다. 왜냐하면 도교는 유교처럼 여성에 대한 차별이 그다지 심하지 않았으므로 대립하거나 설득 교화하는 것으로 어느 정도 해결할 수 있었다. 따라서 고대 중국 비구니는 초연하고 의연하게 그들과 맞섰으며 자비로 교화할 수 있었다. 그러나 유교는 여성 자체를 남성과 완전히 구별하였으며 비구니 교단 존립 자체를 부정하였다. 그러므로 위정자가 유교 사상을 정치적 이념으로 내세울 경우 비구니 교단은 사회적으로 위축되었으며 쇠퇴의 길을 걸을 수밖에 없었다.

특히 중국이나 한국에 비해 일본의 경우, 유교적 이념을 받아들인 위정자들의 냉대와 더불어 종파 비구들의 차별 대우, 그리고 대처승 제도에 의한 사원 가족들의 득세와 비구니 환속령으로 인해 한층 더 어려움을 겪었다. 비구니 환속령은 한국에서 조선 세종 때 실시한 30세 이하의 여승들을 혼인하도록 청한 것과 같은 경우다. 그러한 현상은 근대 조동종이나 일련종 비구니들의 역할이 나타나기 전까지 계속 이어졌다.

내불당의 위상과 역할

비구니 교단이 전통 사상과 갈등을 겪을 때, 또는 국가에서 유교 등의 입장에 서서 비구니 교단을 억압할 때 도움을 주었던 이들이 바로 왕실 여성과 왕실과 관련된 사찰이다. 따라서 비구니 교단과 관계가 깊은 왕실 여성, 혹은 그들의 힘에 의해 설립된 내도량의 역할은 반드시 살펴보아야 할 부분이다.

동아시아 불교는 항상 국가와의 관계를 고려해 왔다. 왜냐하면 불교가 발생한 인도와 달리 중국, 한국, 일본 등은 인도에서 전래된 불교를 그 지역에 뿌리내려야 하였으며, 이 과정에서 국가의 역할이 매우 중요하기 때문이다. 그러한 과정에서 기존의 국가라는 조직뿐만 아니라, 종교나 사상 단체와도 대립이 불가피하였다. 그래서 불교는 타 지역의 국가 체제와 대립 구조를 피하고 습합되는 과정을 겪게 된다.

그런 과정은 한편으로 불교가 다른 국가에 전파하거나 지속적 발전을 도모하는 계기가 되기도 하였지만, 다른 한편 국가의 통제를 받아야 하는 불편함을 겪어야 했다. 국가의 통제하에서 특히 비구니 교단은 국가와 왕실의 번영과 안녕을 기원하고 국가 대사에 적극적으로 협력하고 국가 발전에 기여하는 단체로서의 역할을 하였다. 또한 남성 지배 사회에서 여성들이 찾아내야 할 새로운 삶의 방식으로 그들만의 자리매김에 노력해야 했다. 그리고 비구니 교단을 유지하기 위해 궁중 여성들과 궁중 사찰의 힘을 빌려야 했다.

중국에서 궁중 사찰이라고 부를 수 있는 것은 당의 측천무후와 관계 깊은 내도량 영찰사를 들 수 있다. 영찰사와 관계 있는 비구니로 혜인과 혜지 자매를 꼽을 수 있으며, 그들은 당을 대표하는 비구니들이다. 이들은 천흥사에 출가해 법화삼매를 수행하였으며, 이들의 수행력이 알려져 안국사와 영찰사와도 관련을 맺었다. 또한 영찰사는 측천무후에 의해서 비구니가 된 니화화가 살았던 곳이다. 이와 같이 영찰사는 측천무후의 궁정 내 불교 시설에서 봉사한 니승과 밀접한 관계가 있으며, 그 니승이 은퇴 후 활동한 장소였다.

그 외에 천녀니사도 측천무후가 2명의 동녀를 삭발시키고 거주하게 한 사찰이다. 이와 같은 사실은 당나라 시대의 궁정 불교에 의한 비구니의 활동이 측천무후 시기에 성행했음을 의미한다. 그러나 중국 내도량의 역할은 조선의 정업원과는 다르다. 단지 측천무후와 관계 있는 일부 비구니의 거주 장소였으며, 비구니 교단 전체에 크게 관여한 것으로는 보이지 않는다.

내도량은 내도량에 거주하는 니승과 궁인 출가자들에 의해 유지되었다. 혹은 지방의 비구니 가운데 특출한 활동이 인정될 경우, 내도량에 들어오기도 하였다. 사원의 불사는 후궁들의 발원에 의한 후원 등으로 이루어졌다.

한국은 조선 초부터 왕실을 중심으로 비구니 승가가 형성되어 왕실의 안녕을 기원하거나, 왕실의 사건 등으로 어려움에 처한 여인들의 귀의처, 혹은 사족의 여인들이 신행할 수 있는 장소로 원당이 마련되었다. 이것이 바로 정업원이다.

조선시대 비구니들의 목적은 철폐 위기에 놓인 비구니 교단을 계속 유지하는 일이었으며, 이 바람에 결정적인 역할을 한 것이 바로 왕실의 여인들과 그들이 속하였던 정업원이었다.

정업원이 존재함으로써 비구니들은 비구와 달리 궐내와 성내를 비교적 자유롭게 드나들 수 있었고, 비빈 등 상류층 여인들로부터 시주를 받을 수 있었다. 정업원은 조선시대에 비구니 사원이 궐내에서 도성 주변으로, 도성 주변에서 다시 산중으로 옮겨가는 과정에서 여성 불교 신앙의 구심점 역할을 하였다. 고려 의종 때첫 기록에 나타나는 정업원이 연산군을 거쳐 인조 이후에 최종 철폐되었다는 사실은 여성 불교사에서 대단히 중요한 의미를 갖는다. 이러한 정업원의 역사는 불법을 숭앙하던 구중궁궐의 여인들이 유교로 무장한 남성들에게 굴복하지 않고매우 오랜 기간, 개인적으로는 자신들의 신앙을 지키고 사회적으로는 조선불교의보호 세력으로 건재하였음을 증명한다.

일본에서 국가와 직접적인 관계가 있는 사찰은 비구 사찰인 국분사와 비구니도량인 국분니사라고 할 수 있다. 불교가 전래된 직후부터 텐무 14년에 취해진 조치에 의해 탄생된 국분사는 국가 평안을 기원하기 위해 세워진 사찰이다. 국분사와 마찬가지로 국분니사도 호국불교의 도량으로 국가, 즉 천황가의 안녕을 기원한사찰임을 알 수 있다. 그러나 비구니 교단을 위한 보호 세력이나 의지처로 활약한것은 아니었음을 짐작할 수 있다. 또한 출가자의 출신도 현재의 자료로서는 알 수없는 형편이다.

일본에서 궁중과 관련 있는 도량은, 일본 헤이안시대의 사가천황의 황후인 다치바나노 가치코가 창건한 단림사, 료소가 창건한 순화원이 있다. 그리고 후지와라노 간시가 설립한 상수원을 들 수 있다. 이 가운데 비구니 료소가 건립한 순화원은 '보살니계단' 설립을 목적으로 하였다는 점에서 의미 있는 사찰이다.

이 순화원은 『자각대사전』에 의하면, 엔닌의 포교에 의해 천태종의 대승계단과 동등한 비구니 계단을 만들기 위해 세운 사찰이라고 기록되어 있다. 그러나 그비구니 계단 설립의 결과는 료소 비구니의 뜻대로 이루어지지 않았다. 비구 교단이 비구니 계단 설립을 원하지 않았기 때문이다. 따라서 9세기에 건립된 비구니 사원인 단림사·순화원 등은 진언종과 천태종의 승려 양성에 대응하는 비구니 계단을 갖춘 비구니 수행 도량이 되지 못하였다.

물론 설립 취지를 이루지는 못하였지만 동아시아의 고·중세 시대에 유일하게 비구니 구족계단을 시설하기 위해 노력한 비구니 사찰로서 주목받을 만하다고 본다. 후에 료소는 대각사 옆에 병든 비구니를 치료하는 시설을 만들었으며, 순화원은 출신과 지위에 상관없이 인연 있는 니승들이 살 수 있는 도량이 되었다.

이상 살펴본 바와 같이 중국의 내불당은 존재 당시 유교 등으로 인한 큰 어려움을 겪지 않았지만 내불당과 비구니가 오랫동안 지속되지 못하였다. 반면, 한국의 조선시대 내불당과 궁중 비구니는 유교의 탄압으로 폐사가 되는 등, 많은 어려움을 겪었다. 또한 일본에서는 1873년 니승에 관한 환속 관련 포교령으로 비구니 어소에 머물고 있던 황족과 귀족 출신 비구니들이 환속되었다. 그것은 전체 비구니 수를 급격히 감소시킨 원인이 되었다. 그러한 측면에서 궁중 비구니의 역할이 중요했지만 국가의 시책에 따라 좌우되는 나약한 조직이었다는 점도 엿볼 수 있다. 그러나 동아시아 비구니 교단과 비구니 가운데 국가와 황실과 관련이 있는 내불당과 내불당 거주 비구니가 여성의 출가와 비구니의 보호, 비구니 교단의 발전을 이끌어 내기 위해 노력해 왔음은 다시 말할 필요도 없을 것이다.

〈표7〉 동아시아 내불당 비교

내용	중국	한국	일본
궁중 사찰 이름	영찰사	정업원, 자수원, 안일원, 인수원	순화원
탄생 시기	당나라 측천무후	고려 중기, 조선	중세 료소
비구니 구성원	궁중녀	황후, 후궁, 공주, 일반 비구니	황후, 공주, 후궁
사찰의 역할	사원 유지 노력이 없었음.	국가 기도, 궁녀의 비구니 사원의 지속적 유지 노력	귤씨계의 개인 사찰화, 여성 발원 장소
비구니의 명칭	혜인, 혜지, 니화화 계일, 의성니	정순왕후 등	타다코나이신노우 다치바나노가치코

사찰의 용도	측천무후의 궁정 내 불교 시설에 봉사한 니승이 은퇴 후 활동한 장소	왕후, 궁녀의 니승 거주지, 궁녀의 피난처	선황제, 황후의 기도 도량
국가와 관계	여황제가 통제	왕후, 주지가 통제	국가, 비구의 통제하
유교/도교와의 관계	기존 종교와 대립	대립	대립
재정	후궁의 지원	왕족의 지원, 여성 지원	황후의 창건, 궁중의 개조 창건
비구니 활동	왕실의 안녕 기도	사원 건립, 지원, 출가, 수행, 포교,	발원, 비구니 치료
비구니 수행	기도, 염불	기도, 염불	기도, 염불
비구니 교육	구체적 언급 없음	교육	구체적 언급 없음

교육방법 및 체계

위에서 살펴본 바와 같이 동아시아에서 고·중세 비구니 교육은 집단적이 아니고, 소수의 인원을 대상으로 한 개인적인 교육이 주를 이루었다. 비교적 여건이 좋았던 궁중 내도량에서도 체계적이거나 전문적인 도량을 세워 교육한 흔적은 거의 보이지 않기 때문이다. 이러한 점은 당시의 비구니 교단이 교육에 대한 열정이 없어서가 아니라, 집단적으로 활동할 수 있는 여건이나 장소가 없었기 때문이라고 생각한다. 시대가 지남에 따라 점차 체계적인 비구니 교육이 시행된다.

고대 비구니들의 교육 수준을 알 수 있는 자료로는 『비구니전』이 있는데, 여기에 등장하는 비구니들은 경전에 대한 지식이 상당한 수준에 달해 있음을 알 수 있다. 『법화경』은 물론이고 각종 경전을 황실에서 강의하거나, 『십송률』 등을 연구한 비구니들의 기록이 보이기 때문이다. 따라서 이들은 경전이나 율에 대한 내용을 소규모적이긴 하나 체계적이고 전문적으로 교육받고 있었음을 알 수 있다.

중국 당대唐代의 계미는 체계적으로 스승에게 교육을 받았다고 전해지는데, 4명의 유명한 스승 밑에서 밀교, 계율, 참선 등을 공부하였다. 혜은의 제자 원덕은 널리 삼장에 통달하였다는 등의 기록으로 보아, 당대의 비구니들이 경, 율, 론 등의 교육 외에 참선 수행을 했음도 알 수 있다.

한국의 경우는, 백제의 비구니가 『유마경』으로 병을 치료하였다는 내용과 통일신라의 비구니가 『화엄경』으로 병을 낫게 하였다는 내용을 보면, 삼국시대에 비구니 교육이 나름대로 이루어진 것을 알 수 있다. 또한 신라의 지혜는 대중에게 여래장 사상을 쉽게 설해 주었다고 하는데, 이로 미루어 경전에 대한 이해도가 상당히 깊었음을 알 수 있다. 따라서 한국 삼국시대 비구니 교육도 체계적이지는 않지만 중국의 경우와 비슷하게 소규모로 이루어졌으리라 생각한다. 그러나 중국의 경우와 마찬가지로 소규모라도 교학적이고 체계적인 교육이 이루어졌다는 자료는 그리 많지 않다. 비구니들이 활동하지 않아서가 아니라, 중국의 『비구니전』 등 비구니만을 중점적으로 기록한 문헌이 없기 때문이라 생각한다.

일본은 젠신니들이 불공을 통해 병을 고쳤다는 내용과, 국분니사의 비구니들이 국가의 안녕을 위해 『법화경』을 독송하였다는 기록이 있다. 이로 미루어 고대 일본 비구니들도 중국이나 한국의 경우와 같이 사찰에서 경전이나 계율을 가르쳤다고 짐작할 수 있다.

또한 일본 중세의 비구니 신뇨니가 기록한 『영취산원년중행사』는 니사의 일과를 통해 당시 비구니의 교육 등을 살펴볼 수 있는 자료다. 그들은 아침에 『심지관경문』[749], 『반야심경』, 『삼십송』을 하며, 사시에는 석가 십이예, 칠불약의와 각종 다라니를 염송하였다. 저녁에는 예문, 십일면대주와 지장 명호를 하였다고 한다. 특히 매월 18일은 관음강을, 24일은 지장염불을 한다고 했는데, 한국과 반대로 행사한다는 점에서 독특하다. 이와 같이 삼국 모두 고·중세의 비구니 교육은 집단적이고 체계적보다는 각 사찰에서 소규모로 이루어졌음을 짐작할 수 있다. 그러나 중국은 청대, 한국은 고려시대, 일본은 메이지시대 이후부터는 좀더 활발하고 대외적인 교육이 시작된다.

중국 청말 양주의 명월암 주지인 성수는 암자를 고쳐 여학교로 만들어 부녀자들을 교육하였다고 한다. 이것은 이 시대에는 이미 비구니는 물론 일반 여성까지도 체계적이고 진보적인 교육을 받았음을 의미한다. 민국 초기에 덕성은 여자

---

749 각주 661참조.

연사를 건립하여 교육혁명이 일어나기 전까지 경전 독송 모임회 같은 조직을 이끌었다.

이와 같이 청대 이전의 중국 비구니 교단의 교육은 가까운 권속들끼리 소규모로 이루어졌으나, 청대 이후부터는 비구니는 물론 재가자들에게까지 조직적인 교육을 시행하였음을 알 수 있다.

중국 비구니들에 대한 전문적인 교육의 시작은 바로 근대 중국 불교를 개혁한 태허에 의해 이루어진다. 그는 1920년에는 무창여자불학원을 설립하였으며, 이후 여자 불학원에서 교육받은 비구니들이 활발하게 활동하면서 새로운 근대 불교문화를 이끌어갔다. 이후 비구니들, 특히 덕영과 그의 제자들은 각종 염불 모임이나 불학원 등의 교육기관에서 활동하거나 교육을 받아 신앙의 자유와 남녀평등의 세계를 이끌어 갔다. 중국 비구니 덕영의 활동은 한국의 3대 강백으로 알려진 월광당 금룡, 정암당 혜옥, 화산당 수옥 스님과 비교할 수 있으며, 일본 여학교 창립자인 나까무라 센간니의 활동과도 비교할 수 있다.

남경의 금릉각경처 등의 불교 경전 출판사는 비구니들이 경전을 쉽게 접할 수 있도록 도왔다. 또한 상해의 사회, 문화, 출판 발행 기관이나 여성 잡지 『해조음』 등은 여성 문제와 여성의 권리를 주장할 수 있는 장을 열어 주었다.

평등한 교육은 여성들이 전제시대 압박을 받는 사회적 위치에서 벗어난다는 점에서 매우 중요하다. 그러나 중국의 비구니 교단의 현대 교육은 이부승 수계의 소멸과 함께 한동안 역사의 뒤편으로 사라진다. 그러나 대만 비구니의 경우는 자재공덕회를 이끄는 비구니 증엄법사와 화범대학을 설립한 비구니 효운법사에 의해 체계적인 교육을 받고 있다. 현재 대만의 대표적인 불교 전문 교육 도량으로는 불광산사, 중태선사, 법고사를 들 수 있다.

한국 비구니의 교육이 체계적으로 이루어진 것은 근대에 이르러 최초의 비구니 선원과 비구니 강당, 그리고 율원이 설립된 이후다. 비구니들은 당시 비구니 선원을 개설하고 비구니 강당에서 강원 교육을 하였으며, 참선과 간경하는 비구니가 늘어나 전국에 비구니 수행 선원과 교육 도량이 형성되었다. 그러나 이때의 강원교육은 중국과 마찬가지로 체계적으로 정리된 것은 아니었다. 이력 과정이 형태가 체계적으로 갖추어진 사실을 보여주는 최초의 기록은 17세기 전반 휴정의 제자 영월청학의 「사집사교전등념송화엄」이다.

광복 이전 근대기 비구니만의 전문 강원은 1940년대 초 수옥스님이 상주 남장사 관음선원에 강주로 취임하면서 관음강원을 새롭게 개설한 것이 그 효시이다.

강원 교육을 받을 수 있는 체계적인 교육 환경은 정화 운동 이후 1956년 경봉스님이 동학사에 비구니 전문 강원을 설립함으로써 이루어졌다. 강원의 수학 기간은 해방 이전에는 10년을 원칙으로 하였으며, 해방 후 1970년대 이후에는 7~5년, 현대는 4년으로 통일한 상태다. 한국의 전문 강원이 중국의 불학원과 같은 형태인지는 정확하게 알 수 없다. 그러나 대만의 경우를 참고로 비교하건대, 한국의 경우가 전문적인 면에 비중을 둔 반면, 대만은 사회 일반적인 면에 더 많은 비중을 둔 것으로 보인다.

또한 한국의 비구니들은 근대에도 강원·선원·율원의 교육 체계와 수행의 가풍을 이어갔다. 그리하여 현대 한국 비구니들은 동아시아에서 주목을 받는 비구니 교단의 위상을 지켜 가고 있다. 일본은 물론이지만 대만을 제외한 중국도 근대 이후 선원이나 율원이 제대로 운영되지 못하고 있는 듯하다.

일본의 근·현대에 두드러지게 활동하는 니승단은 역시 조동종계를 들 수 있는데, 그들은 전국에 3개의 니승학림을 설치하여 4년의 수학 기간을 두었다. 니승학림은 바로 중국의 불학원이나 한국의 강원과 같은 교육기관으로 볼 수 있는데, 그 과목이 한국과 차이가 있다. 한국의 경전이나 선어록 등의 과목과는 비교될 정도로, 승려의 교육으로는 빈약해 보이기까지 하다.

메이지 20년대부터 니승의 교육 활동에 전념하고 니이가타 비구니학림을 창립한 나카무라 센간니 등, 각지에서 교육 활동을 펼치는 니승들이 교단의 니승학림 설치를 현실화하였다. 메이지시대는 본격적인 니승 활동은 보이지 않지만, 이 시대의 학림 출신자가 다음 세대에 대학 진학, 니승단 조직화 활동을 하는 현상이 나타나고 있다. 이렇듯 메이지시대의 니승계는 비구니의 미래를 위한 니승단 조직 및 비구니 발전 준비 계단이었던 것이다.

나카무라 센간니는 자신의 사찰에 여학교를 설립하였는데, 그의 교육 신념은 비구니로서 여성과의 관계를 좀더 특별히 생각하고 여성에 대한 종교·사회적 역할을 깊이 고민하는 것이었다. 이 학교의 가장 큰 특징은 여학생들에게 연설 교육을 통한 리더십 교육이다.

이상과 같이 살펴본 동아시아 비구니 교단의 전개 과정은 국가의 도움을 받기도 하였지만 전통 사상과의 대립과 갈등, 심지어는 억압에 의해 어려움을 겪기도 하였다. 그러나 왕실과 귀족들의 불교에 대한 관심과 신앙심은 왕실에 사찰을 건립하거나 직접 출가함으로써 당시 그 나라에서 절대적이었던 국가나 유교 등의 탄압을 면하는 데 절대적인 역할을 하였다. 어려운 여건 속에서도 비구니들은 본인의 수행은 물론이지만, 대중들을 위해 경전을 유포하거나 붓다의 가르침을 통해 사회 교육을 실시하는 등, 교육 사업에도 적극적으로 활동하였다. 특히 근대 비구니들은 전문적이고 진보적인 교육으로 많은 여성들이 새로운 가치관을 갖도록 주도적인 역할을 하였다.

3) 비구니 교단의 주요 활동 비교

시대별 활동 양태

동아시아 비구니 교단의 활약이 가장 왕성하였던 시기는 국가별로 약간의 차이가 있다. 그 이유는 각 시대별로 국가나 사회의 불교에 대한 관심도와 비구니 교단의 노력 여하에 달려 있기 때문이다. 중국은 고대로부터 근대에 이르기까지 약간의 침체가 있었지만 꾸준하게 교단을 유지하고 있다. 『비구니전』에서 나타나는 비구니들의 활동은 매우 적극적이며, 그 지위나 위상도 높았다. 대부분의 비구니들은 읽고 쓸 줄 아는 당시의 지식인 출신이었다. 이들은 승가 대중에게 강설할 뿐만 아니라, 왕이나 관료, 사회 일반 대중에게도 널리 교화하였다.

승경은 송 원가의 광주에서 30여 년을 지냈는데, 많은 시주자들의 도움으로 중조사를 건립하였으며, 풍니는 서역의 불교국인 고창과 구자에서 활발하게 활동하였다.

당나라 시대의 비구니는 대덕 · 법사 · 율사 · 임단 · 개법 등으로 불렸는데, 이것은 비구와 동등한 호칭이었으며, 청대의 양해는 『영향집』을 펴냈다.

중국 원나라의 양묘석은 중봉화상과 인연을 맺었으며, 도교를 믿다가 불교에 귀의하였다. 원대와 달리 명대의 비구니는 철저한 계행과 고행을 하는 모습, 그리고 신이를 통해 사회에 봉사하는 모습이 주로 소개되고 있다.

『속비구니전』 4권과 5권에서는 청나라 비구니들을 소개하고 있다. 그 내용을 살펴보면, 4권 전반에 소개된 비구니들의 특색은 연령대가 높으며, 주로 남편 사후에 출가한 경우가 많다. 또한 계율을 철저하게 지키는 모습이 강조되고 있다. 후반의 내용은 대부분이 참선 수행하여 깨달음을 얻고 상당법문 등을 하는 선지식의 모습을 소개하고 있다. 5권의 전반은 4권의 후반을 이어 주로 참선 수행 후 깨달음을 얻고 제자들을 가르치는 내용이다. 그러나 후반에 들어서면 참선보다는 정토 염불로 왕생극락을 발원하는 내용이 주로 소개되어 있다.

근대 비구니 교단의 여자 불학원 비구니들은 잡지를 발간하여 불교 여성 문제와 근대적 의식을 발표하였다. 그러나 중국 불교 비구니 교단의 활약은 더 이상 진전되지 못하고 있는 실정이다. 정부의 간섭과 통제를 받는 상태이기 때문이다.

한국의 경우 고구려와 백제시대 비구니들의 활동은 중국 고대 비구니에 비해 크게 드러나지 않는다. 신라시대에 일부 비구니들이 활동하고 있는데, 점찰법회를 통해 불교를 전하는 데 힘쓰기도 하고, 탑을 세우고 불전을 수리하는 등, 독자적인 활동과 비구들을 깨우치는 역할을 하였다고 전하고 있다.

고려시대에는 비구니 활동이 대중화되는데, 주로 불사와 사회적 관여에서 찾아볼 수 있다. 고려시대 비구니는 적극적으로 국가 행사에 참가하여 고려 사회를 불교화하는 데 기여하였다. 비구니들은 고려 말 성행한 매향에도 참여하여 향도를 지도한 경우도 있다. 아울러 불교 경전을 보존하고 서사하고 유포하는 일에도 동참하였다. 몇 차례의 동란 때에도 국가를 보호하고 불법을 보존하기 위해 경전을 유포하는 보시를 하였다. 개별적으로 또는 만불회와 만불향도 등의 결사를 통해 대중 교화 활동을 활발하게 전개하였다. 자신의 재산을 시주하거나 시주를 받아 스승의 묘비를 건립하였다. 특히 선 수행 외에 문학적인 활동으로 포교를 한 비구니도 있었는데, 예순 이외에 한시를 남긴 2명의 비구니가 있다.

일본의 초기 비구니 교단은 젠신니 등이 국가와 원활한 관계를 가졌으며, 비구와 비구니 제자를 양성하는 등, 활발하게 활동하였다. 국분니사의 경우도 비구 사찰 못지않게 국가의 안녕을 위한 역할을 하였다고 본다. 그러나 헤이안시대 이후부터 중세 중기까지는 두드러진 활동을 펴지 못한 것으로 보인다. 국가의 법에 의한 통제도 있지만, 비구 사원의 규제에 의한 금제 때문에 활동에 제약을 받았다. 중국이나 한국의 경우, 비구니들의 활동이 제약을 받거나 출가의 제재를 받기는 하였지만, 일본처럼 정식 구족계를 받는 비구니가 거의 소멸되는 지경까지 이르도록 하지는 않았다. 그 원인은 국가의 제재와 함께 비구들의 비구니 교단에 대한 무관심과 차별 태도 때문인 것 같다.

중세 일본 불교는 국가의 제재 없이 출가는 하였지만 비구니 수는 비구와 비교할 수 없을 정도로 훨씬 적었다. 고대와 달리 재가 비구니 등이 많아짐에 따라서 활동적인 면에서도 현저하게 뒤떨어졌던 것도 사실이다. 그러나 가마쿠라시대에 들어서면서 경애사를 창건한 무게뇨다이, 권선으로 사찰을 건립한 신뇨니 등의 활동과 함께 서서히 비구니들의 위상이 드러나기 시작한다. 특히 중세 후기에 이르면 비구니의 지위와 활동이 격상된다. 경광원의 비구니와 신나노의 선광사와 오하리의 서원사는 자의를 허락받기도 하였다. 당시 자의를 허락받은 비구니는 경애사의 주지직에 임명된 비구니뿐이었다. 따라서 이 3명의 상인上人에게 자의가 허락되었다는 것은 전국기부터 쇼쿠호우시대까지 니사의 지위와 니승에 대한 대우가 향상되었음을 보여주는 것이다.

중세 후기 니승의 활동에서 특히 주목할 만한 비구니는 기이의 묘심사의 묘준과 그의 제자 유우친니를 들 수 있다. 그들은 신구우의 신창사 사전불각을 중창할 때 전국을 돌면서 권선한 기록이 있다. 또한 미에켄의 이세 경광원 초대 중흥자로 알려진 니승과 제3대의 니승은 수해에 유실된 다리를 복구하기 위해 전국을 다니며 권선하였다.

그리고 근대에 이르러 두드러진 활동을 보이는 니승단은 일련종과 조동종계를 들 수 있다. 이 시대 불교계에서 가장 활발한 교육 활동을 전개한 조동종 비구니는 나카무라 센간니로 그의 전 생애는 교육과 포교로 이어진다. 이들의 교육 활동은 다이쇼시대에 이르러 활발해진 부인 활동의 영향을 받아 더욱 향상된다. 다이쇼 14년에는 전국니승대회가 개최된다. 이와 같이 45년간 평등을 목적으로 활동해온 일련종과 조동종 니승단은 현재, 비구니 지위 향상을 위하여 꾸준히 운동하고 있다.

포교 활동의 변화

비구니의 포교 활동은 각 나라별로 국가나 사회 상황에 따른 관심과 장려 제재나 박해에 따라 적극적, 혹은 은둔적으로 펼쳐져 왔다. 또한 전통 사상이나 새로운 사상이 유입되어 대립이 될 경우에는 그에 대한 대처 방법 등도 국가마다 약간의 차이가 있다. 경우에 따라서는 강제로 퇴출을 당하거나 출가 금지 등의 제재를 당하기도 하는데, 중국에서는 네 차례의 폐불로 인해 수많은 비구니가 강제로 속퇴당하기도 하였다. 그러한 제재는 한국의 조선시대나 일본의 헤이안시대, 메이지시대의 니승에 관한 환속 관련 포고령 등도 마찬가지였다. 현대의 발전된 비구니 교단은 위와 같은 상황에 대처하면서도 붓다의 가르침을 따르고 전하였던 선대 비구니들의 노력이 있었기에 존재할 수 있다고 생각된다.

중국 비구니 교단 활동의 변화는, 비구니 전체에 해당되지는 않지만, 고대 비구니의 모습을 기록한『비구니전』과 중세 이후의 삶을 다룬『속비구니전』을 통하여 살펴볼 수 있다.『비구니전』에서는 고대 비구니가 왕이나 관료에게 강설하는 모습이 자주 나타난다. 왕실뿐만 아니라 일반 대중을 대상으로 해서 설법을 펼치는 뛰어난 비구니들이 많이 있었다. 설법을 잘 하려면 경전에 대한 지식이 풍부해야 하는데, 『비구니전』에 등장하는 비구니들 대부분은 경전을 독송하거나 암송 혹은 연구하는 경우가 있었다. 또한 신통을 보이는 비구니도 많았는데, 당시 도교의 신선술 등에 대처하는 방법은 아니었는지 추측해 본다. 『비구니전』에 등장하는 비구니들이 활동한 시대가 불교에 우호적인 시기였기 때문인지 대중 포교나 불사가 비교적 어려움 없이 진행되었다.

한국의 경우는, 백제 비구니가 『유마경』을 독송하여 병자를 고쳤다는 기록과 신라 진평왕 때 점찰법회에서 활동한 비구니 지혜와 원광의 점찰보에 시주한 비구니에 대한 기록이 있다. 그리고 통일신라시대의 한 비구니는 『화엄경』을 통해 환자를 치료한 예가 있다. 중국 비구니에 비해 활동이 소규모지만, 경전을 통해 아픈 사람을 치료한다든지, 비구니가 정기적인 법회를 독자적으로 운영하였다는 것은 당시 비구니들의 활동이 매우 적극적이었음을 짐작케 한다.

일본 비구니 교단은 6세기 젠신니 등에 의해 불교가 전래된 이후 승니령에 이어지기까지, 즉 고대의 비구니는 비구승과 나란히 불교의 중심 역할을 하였다. 초기 교단의 젠신니 등은 남성을 득도시키는 등 44년 동안 많은 법 상속자를 두었다. 이후 관니官尼로서 국분니사에 속하였던 비구니들은 비구보다 우월하게, 혹은 동등하게 활동하였다. 나라시대에는 '승니령'에 의해 비구니들을 통제하였는데, 손가락을 태우거나 혈서로 경전을 서사하거나 축생에게 보시하는 등의 극단적 행위를 금지하였다. 이러한 규칙이 정해진 것으로 보아 당시 일본 비구니 가운데 연비 등의 신앙적 행위가 있었음을 알 수 있다.

그러나 유교의 도입 이후 헤이안시대에서 중세 중기까지는 적극적인 포교활동을 하지 못한 것 같다. 유교를 중시하던 국가, 혹은 종파의 제재를 받았기 때문에 비구니가 독자적으로 활약하기 어려운 실정이었다. 8세기에 후반부터 국가 차원의 불사에서 비구니가 배제되기 시작하면서 비구니의 득도 제한, 연분도제 성립으로 지위가 저하되기 시작하였다. 원래 비구니 사원은 진鎭, 삼강제三綱制에 있어서 경제적인 사무를 제외하면 비구 사원과 동등했다. 그러나 국가에서는 진이 사무의 전반을 집행할 것을 승인하고부터는 실질적으로 비구니 사찰은 비구의 통제를 받기 시작하였다. 비구니 사찰은 자체적으로 운영은 되었지만 비구에게 교육을 비롯해서 생활 전반에 걸쳐 제재를 받았다. 그리고 비구니들은 사찰과 관련 있는 기일 공양이 일과에서 매우 중요한 부분을 차지하게 되었다.

중세 이후의 기록인 『속비구니전』에 등장하는 수, 당 시대의 비구니들은 고대 비구니에 이어 『법화경』, 『금강경』 등의 독송 수행에 의한 신통을 나타낸다.

또한 평생 채식을 하였던 비구니 청유를 따라 왕실 여성 등 30여 명이 출가하였다는 내용[750]도 있다. 이는 당시 비구니들의 계행 등이 많은 재가자들의 출가 동기임을 알게 하는 자료다. 송·원대 비구니의 특색은 일반인 포교도 중히 여겼지만 출가자 제자들에 대한 참선 교육에 많이 힘썼음을 자료를 통해 알 수 있다. 송나라 때 비구니들의 이와 같은 모습은 거의 같은 시기인 고려의 선 수행자 비구니들이 혜심선사에게 참선 지도를 받고 수행하였던 것과 같은 맥락으로 볼 수 있다.

고려시대의 비구니들은 참선 외에 대중 포교에도 적극적이었는데, 개경의 한 여승은 미륵불의 화신을 자칭하며 교화를 펼쳐 많은 사람들의 귀의를 받았다고 한다. 왕실 출입이 허용된 비구니가 민정을 알고 싶어 하는 왕비들에게 세간의 평판과 민심을 전하는 역할도 하였다. 또한 서민들에게 불교를 전파하고, 대중과 가까이하면서 같이 칭명염불 결사를 하였으며, 우왕 13년에는 이름을 알 수 없는 비구니가 만불향도 등 사회 구제 활동을 담당하였다. 또한 문집 출간, 불상 조성 및 사찰 건립과 수리 등의 불사에도 적극적으로 참여하였다. 922년에 창건된 숭인동 청룡사 제1세 주지 혜원을 비롯하여 만선, 지환 등이 청룡사를 중창한 것은 대중을 위해 사원을 불사하는 일에도 관심을 두었다는 뜻이다. 아울러 불교의 경전을 보존하고 서사하고 유포하는 일에도 동참하였다. 몇 차례의 동란에도 국가를 보호하고 불법을 보존하기 위해 경전 유포 보시를 하였다.

중국 명대에는 참선 수행하여 깨달음을 얻은 비구니도 있지만, 병자 치료나 우물 만들기 등 일반인을 구제하는 데도 힘썼다. 청시대 초기의 비구니는 명대를 이어 선 수행 후 깨달음, 그리고 제자들을 가르쳤다. 그러나 후반에 들어서면 참선

---

750 『속비구니전』 권2, p.佛19~536中~下.

보다는 정토 염불로 왕생극락을 발원하는 내용이 『속비구니전』에 주로 소개되어 있다. 또한 오대산 등은 물론, 강소와 강남 지역까지 순례를 하며 많은 선사들을 참방하거나 수행하였고, 임제종 선사들의 부도들을 참배하였던 비구니도 있었다.

중국의 청대보다 시대는 조금 앞섰지만 고려시대에 활동한 비구니로 손꼽을 수 있는 진혜대사도 성지 경주를 비롯한 경상도 지역을 참배하며 구도 여행을 하였다. 일본 가마쿠라시대의 묘순 등은 외에 전국을 다니면서 권선을 하였다는 기록이 있다. 즉 구도보다는 권선을 주로 하는 여행이었는데, 이 점이 중국, 한국의 비구니와는 약간 다른 점이다. 이를 보아 삼국三國의 비구니들은 시대를 조금 달리하지만 수행 가운데 하나로 참배 구도나 권선을 위한 여행을 하였음을 알 수 있다.

일본은 가마쿠라시대에 이르러 비구니가 계를 설하거나 전법관정을 행한 예가 있었으며, 경애사 등의 개산으로 비구니와 비구니 사찰의 활동이 조금씩 알려지기 시작하였다. 율종과 관계 있는 비구니 사찰은 교토에서 권선 활동에 활발했던 신뇨니의 활동으로 성립되었다. 특히 전국기의 비구니 활동은 좀더 적극적으로 변하였음을 알 수 있다. 위에서 밝혔듯이 묘심사의 묘준 등은 일정한 니사를 거점으로 전국을 다니며 권선하였는데, 이러한 모습은 그전에는 나타나지 않았던 활동이라는 점에서 특히 높이 평가할 수 있다.

중세 후기의 비구니 사찰은 저자에서 멀리 떨어지지 않은 불도 수행의 장소로서 사회와 소통하는 장소였다. 재가 신도에게 결연관정을 주는 비구니, 사원의 부흥과 마을의 피해 복구를 위해 권선의 선두에서 활약하였던 비구니 등, 후대에까지 높이 인정받는 비구니들도 있었다. 가마쿠라시대의 묘준과 그의 제자 유우친니, 그리고 심경수열心鏡守悅니가 그 좋은 예이다. 이러한 일본 비구니들의 적극적인 활동은 중세 이후 비구니들의 활동 역량이 향상되었음을 의미한다.

청말에는 당시 혼란한 사회 상황 때문에 어려움을 겪는 모습이 기록되어 있는 것으로 보아 비구니들의 대중 포교 활동도 어려웠으리라 본다. 청말의 경우와는 조금 다르지만 한국의 조선시대 비구니도 억불정책으로 포교활동에 많은 어려움을 겪었다. 여성 출가에 제한을 받았으며, 재가자와의 관계도 제재를 받았다. 많은 비구니 사원이 철폐되기도 하였다. 그러나 그와 같은 어려운 상황에서도 대중 포교에 힘썼으며, 조선 후기에는 문학으로 대중 교화에 일조했던 예순 이외에 한시를 남긴 비구니들이 있다. 이들의 이러한 대중적인 문학 활동은 삼국시대나 고려시대 비구니에서는 드러나지 않던 모습으로서 대중 포교의 또 다른 면으로 볼 수 있다.

중화민국의 식참은 중일전쟁이 일어나자 난민수용소를 만들어 노약자와 부녀자 만여 명을 수용하여 보살피는 등 평생 보시하는 삶을 살았다. 근대 이후에는 염불회를 조직하거나 여학교를 설립하여 폭넓게 포교하였다.

한국의 근대 비구니 교단은 교단의 존속을 위해 노력한 조선 초·중기 비구니들의 원력으로 최초의 비구니 선원과 비구니 강당을 개설하였다. 불교 교단이 근대화되던 변환의 시기에 비구니들은 참선, 간경, 염불, 의식, 가람 수호 등의 정신을 구현하는 데 모자람이 없었다.

일본의 경우 가마쿠라시대에 조금 향상되었던 비구니의 지위가 메이지시대에는 환속 권유 조치를 받았으며, 주지 자격이나 법맥상의 제자도 둘 수 없었다. 법지사원의 주지 자격이 주어지지 않으므로 정식 단가를 유치할 수 없어 경제적으로 어려움을 겪었다. 또한 니승은 선거권, 피선거권도 가질 수 없었다. 그러나 이러한 변화에서도 조동종 비구니는 한편으로는 출가 승려로서 전통을 견지하고, 또 한편으로는 남녀평등이라는 시대 정신을 적극적으로 제기함으로써 종단의 근대화를 이끌었다.

수행과 깨달음

동아시아 비구니들은 시대에 따라 혹은 그 상황에 맞게 불교를 전하고 실천하는 데 힘을 모았으며, 그들의 포교 활동은 고대로부터 근대에 이르기까지 작은 규모에서 점차 대중적인 모임으로 발전했고, 재가자들, 특히 여성들이 대상이었다. 그러나 동아시아의 비구니들은 포교활동 못지않게 깨달음을 향한 수행정진도 게을리하지 않았다. 이들의 수행은 경전 독송이나 염불 주력, 혹은 참선 수행과 계행 등이 주를 이룬 것으로 보인다. 중국 고대 비구니들의 수행은 경전 수지 독송 수행이 많은데, 『비구니전』에 의하면 그중에서도 『법화경』 독송이나 암송이 가장 많았다. 혹은 관법수행으로 선정삼매에 들기도 하였으며, 채식이나 절식 그리고 계행을 수행으로 삼았다.

한국이나 일본의 고대 비구니의 경우에는 채식과 관련된 내용이 거의 나타나지 않는데, 중국에서 정착된 채식 문화가 한국으로 전파되면서 자연스럽게 이어진 것이 아닌지 유추해본다.

한국의 삼국시대 가운데, 백제의 비구니가 병을 치료하기 위해 『유마경』을 설하였다는 내용과, 고대 일본의 젠신니 등은 병을 고치기 위해 불공을 하였으며, 사망 시의 명복이나 재난을 방지하기 위해 기도했다는 기록이 있다. 당시 왕족이 병이 들면 승려를 초청해 도움을 청하였다는 것을 알 수 있다. 그러나 한편으로 이 기록은 당시 한국이나 일본 비구니들의 수행도 경전을 독송하거나 불공을 하는 것 등이었다는 점도 짐작하게 한다.

국분니사에서는 『최승왕경』을 독송하였다고 하며, 그 뒤 국가의 명으로 비구니 사찰에서는 『법화경』을 독송하였다고 한다. 이로 미루어 고대 일본 비구니들의 수행이 경전 독송이나 염불 수행을 하였음을 확실하게 알 수 있다. 또한 헤이안시대의 동대사나 고야산에 전지田地를 보시한 여성들은 'ㅇ아미타불' 등의 법명이나 미타 명호를 남겨 놓았다는 기록이 있는데, 헤이안시대 비구니의 수행은 주로 정토염불이었음을 알 수 있다.

당대에 들어서면서 비구니들의 수행은 교학에서 차차 참선 수행 쪽으로 옮겨가는 경향이 나타난다. 당의 대표적인 수행자 신상은 수관水觀으로 유명하며, 법징은 강장사의 법을 듣고 깨달음을 얻었다. 계미는 선정을 수행하였으며, 혜인과 혜지 자매는 법화삼매를 수행하였다고 한다.

신라 진평왕 때 대중들에게 여래장 사상을 설명하여 포교했으며, 통일신라 때 『화엄경』으로 병을 치료한 것 등의 예로 당시 비구니들의 교학 수행의 깊이를 알 수 있다. 즉 삼국시대의 비구니는 당시 교학의 발전에 따라 불교 경전을 통한 신앙

내지는 수행했음을 짐작할 수 있다.

송대에 이르러서는 많은 선 수행자들도 등장하여 선의 쇠퇴기인 원대 이후까지 선법을 전하였다. 법해선사는 법진의 가르침에서 깨달음을 얻은 뒤 그의 명성을 듣고 많은 유학자들이 법을 청하였지만 응하지 않았다. 문조는 다섯 차례나 도량을 옮기면서 율종 사찰을 선종 사찰로 바꾸어 비구니 사찰로서 선림禪林을 이루었다.

또한 대혜종고의 비구니 제자인 묘도와 묘총妙總 선사는 깨달음을 얻은 뒤 대중을 위해 선법문을 하거나 제자들에게 참선 수행을 지도하였다. 당시 중국에서는 비구니 가운데 득법하고 명성이 있어 조정에서 비구니 사찰 주지직을 맡기는 경우에는, 비구와 마찬가지로 상당설법을 하였으며, 이때 제방의 주지들도 참예하여 하좌에서 설법을 들었다고 한다. 『유마경』을 독송하여 해오하고 선지식을 만나 깨달음을 얻은 뒤 상당법문을 하였던 지오와, 용천사 고우를 만나서 인가를 얻은 뒤 승려들과 선문답으로 제자들을 가르쳤던 각진 등이 있다.

한편 『속비구니전』에 의하면 이 시대의 비구니는 선 수행을 많이 하였지만 대승경전인 정토 경전이나 법화 사상에 심취하였다. 고대와 달리 당나라 후기부터는 참선 수행으로 깨달음을 얻은 비구니들에 대한 내용이 보이기 시작한다. 이들의 모습은 왕실뿐 아니라 일반 재가자들이 붓다의 깨달음에 대한 가르침에 가까이 다가갈 수 있는 계기가 되었다. 그리고 『속비구니전』에 등장하는 송대의 비구니들은 고대 비구니에 비해 임종에 대한 자세가 특별한 경우가 많았다. 이러한 모습은 높은 수행과 정진을 통해서 이루어지는데, 당시 비구니들의 수행력을 보여주는 것이다. 이들은 깨달은 후에 오도송을, 임종할 때는 임종게를 남겼다.

중국의 송·원대에 해당하는 한국의 고려시대는 선종이 부각되면서 비구니 선사들이 많이 등장하는데, 주로 진각국사 혜심과 나옹선사의 지도를 받은 제자들이다. 종민, 요연, 청원, 희원 및 왕도인은 수선사 하안거에 참여하였으며, 혜심으로부터 화두를 받았다. 그리고 나옹은 비구니 화엄을 화두에 참여시켰으며, 또한 그의 제자 중에 묘총妙聰은 수행 후에 오도송을 지었다.

일본의 경우 중세 비구니 사찰 일과를 기록한 내용[751]을 보면, 『반야경』 등의 대승경전과 『삼십송』 및 각종 다라니를 독송한 것으로 파악된다. 가마쿠라시대 비구니 사찰은 일상적으로 병의 쾌차, 순산, 전승(戰勝) 등을 기도하였다고 한다. 이것은 당시 국가에 대한 비구니 사찰의 역할과 염불을 중시하였던 비구니들의 신앙생활의 한 면을 볼 수 있는 자료다.

원대와 달리 명대의 비구니는 철저한 계행과 고행하는 모습이 주로 소개되고 있다. 입멸할 때는 대부분 임종게를 남겼으며, 좌화(坐化)나 염불하면서 입멸하는 모습이 묘사되어 있다.

청대 초기의 비구니는 계율을 철저하게 지키는 모습이 강조되고 있다. 후반의 내용은 대부분이 참선 수행하여 깨달음을 얻고 상당법문 등을 하는 선지식의 모습을 소개하고 있다. 특히 청대에 들어서 특기할 것은 경전을 독송하는 데 그치는 것이 아니라, 그 내용을 읽고 해오한 후 참선하여 깨달음을 얻는 데 이른 비구니들이 있다는 것이다. 청대 말기에는 참선보다는 정토 염불하여 왕생극락을 발원하는 내용이 주로 소개되어 있다.

청초의 밀운원오는 비구니를 제자로 두기도 하였는데, 이들 여성들은 부모나 남편의 사후에 출가한 경우는 정토 수행, 특히 염불이나 독경을 했다. 선어록을 접한 후에 참선 수행한 비구니 가운데는 폐관하고 오로지 정진에만 힘썼다는 기록도 보인다.

중국 청대와 마찬가지로 억불정책으로 교단 존립이 위협을 당하였던 조선시대 비구니의 삶은 참선 수행보다는 염불이나 다라니 주력 등을 위주로 한 것 같다. 또한 사찰의 경제가 어려워짐에 따라 몇몇을 제외하고는 참선 수행보다 염불, 간경, 사경, 주력, 지계 등의 수행과 운력을 위주로 하였다. 특히 조선시대는 유교의 효사상과 결부된 명부신앙이 보편적이어서 정토 염불이 성행하였다. 물론 고려 후기를 이어 내려온 간화선 참구의 선풍이 조선시대에 들어오면서 완전히 사라졌다고 볼 수는 없다. 그러나 위의 내용과 같이 자급자족하지 않으면 살기 어렵

---

751 각주 669참조.

던 비구니 사찰에서는 좌선보다는 염불 수행 등이 더 성행하였음을 짐작해 볼 수 있다.

근대에 들어서 중국 민국시대 비구니들은 일본, 티베트, 홍콩 등지로 구법 여행을 하거나 불학원 및 여학교 등의 교육기관을 설립하였으며, 정토염불회로 신앙생활과 비구니 교육에 매진하고 있다. 한국의 경우도 해방 후 근대에 접어들면서 비구니들의 신앙생활도 다양해졌으며, 강원이나 선원 등이 설립되었다. 비구니들은 체계적인 교육을 받을 수 있는 교육 도량과, 대중적인 선원이 운영되는 수행 풍토가 자리 잡히면서 각 방면에서 활발하게 정진하고 있다. 근대 일본에서는 조동종 비구니들이 수행과 학문을 겸한 '니승 신행 도량'을 설립하였는데, 이를 통하여 근대 일본의 비구니 교육을 겸한 수행 풍토가 체계적으로 조성되었음을 알 수 있다.

중국이나 일본의 비구니 교단에서는 수행, 특히 참선 수행이 근대에 들어오면서 그다지 활발하지 않은 것 같다. 그러나 한국의 비구니 교단은 현재까지 비구니 선원을 유지하면서 수행정진을 계속하고 있다. 조선시대와 일제 강점기의 역경을 이겨내고 그 명맥을 유지하였으며, 만공스님에 의해 덕숭산 수덕사에 견성암선원이 개설된 이래 지금까지 30~40여 개의 비구니 전문 선원을 개설, 운영하고 있다.

VII.
결론

인도에서는 비구니 교단이 한때 소멸의 길을 걸었지만 지금은 전 세계의 비구니들이 모여 활동하는 장소가 되어가고 있다. 그리고 인도에서 스리랑카를 거쳐 동아시아에 전래된 비구니 교단은 각 지역에서 대립과 수용을 거치면서 수행과 포교 활동에 박차를 가하고 있다.

중국대만 포함, 한국, 일본의 동아시아 비구니 교단은 그 정체성을 유교 및 도교 문화와 억불정책을 이겨내며·교단의 명맥을 유지하고 불교 본연의 임무인 수행을 지속한 일에서 찾을 수 있을 것이다. 동아시아 비구니 교단은 인도와 스리랑카를 통해서 중국에 전래되었고, 인도 교단의 정통성을 이어받아서 한국과 일본에 전해 왔다. 또한 인도에서 발견되는 비구 교단의 종속성을 벗어나 자주적으로 사원을 운영하면서 주체적으로 비구니 삶을 추구하기에 이른다.

중국에 불교가 전래된 이후 중국에서 동아시아 최초로 비구니가 탄생하였으며, 비구니 교단 설립에 애쓴 결과 마침내 중국 비구니 교단이 정통성을 확립하였다. 또한 중국에서 비구니 교단은 비구 교단과 마찬가지로 불교 수행자로서 그리고 여성 수행자로서 사회적으로 존경과 귀의의 대상이 되어 왔다. 전통사상인 유교와 도교의 견제와 반발에도 불구하고, 가정의 굴레에서 벗어나 종교적, 사회적 활동을 시도한 일은 당시 사회에서는 상상할 수 없는 일이었다. 남성 지배 사회에서 비구니들이 여성의 몸으로 출가하여 구족계를 지니고, 수행하는 삶을 살면서 사회적으로 존경을 받을 수 있었던 것은 스스로 지켜 왔던 계율 의식과 게으름 없이 정진하는 성실함과 참된 수행의 결과라고 생각한다.

한국에서도 특히 조선시대의 비구니 교단은 억불정책에 맞서 궁중 사원과 지방 비구니 사원의 보존에 끊임없이 노력함으로써 한국의 비구니 승가를 지속시켰다. 때로는 비구 승가를 지원하고 비구 승가의 도움을 받으며 숭유억불의 시대에 불교 수행자로 살아남기 위해 피나는 노력을 하였을 것이다. 일본에서도 인도 비구니 승가의 정통성을 찾기 위해서 백제에 젠신니 등을 보내 수학하게 하였으며, 비구니 사원과 비구니 교단을 유지하였다. 국가적인 통제와 비구 교단 위주의 출가 제도와 구족계 구조하에서도 비구니 교단은 불교 여성 수행자로서 명맥을 유지하려 노력하였다. 여성 수행자의 모습을 포기하지 않고 정진하였던 구도 정신의 결과에서 이루어진 것이다.

동아시아 비구니 교단 가운데 일본 비구니 교단의 특징은 종파불교 비구니가 탄생한 것이다. 수계의 경우도 일본의 16계나 재가 니승, 삭발하지 않는 여성 등 전통에서 벗어나 생활하였는데 그 모든 것은 비구니 교단을 유지하기 위한 방편이었다.

비구니의 의식주는 인도 방식이 아니라 각 시대와 나라에 맞게 변천하여 승복의 모습과 색깔도 다양하며, 공양도 탁발식에서 정주식으로 바뀌기도 하고, 육식을 허락하는 인도와 달리 채식 위주가 되기도 했다. 아울러 거주처도 숲속 정원보다는 산속에 자리잡은 산사, 암자에서 거주하는 경우가 많았다. 비구니의 삶은 유행 기간을 제외하고 집단생활을 하는 것이 인도 비구니 교단의 전통이었다. 하지만 동아시아 비구니 교단은 그 전통에서 벗어나 유행보다는 한곳에서 수행 생활에 전념하였고, 집단생활과 함께 개인 지도에도 관심을 두었다.

중국의 비구니 교단은 인도의 비구니 교단의 정통성을 받아들여, 수차례의 파불破佛에서도 승가를 굳건하게 유지하고 비구 교단과 관계를 유지하면서 교육, 수행, 포교 그리고 사회적 구제에도 공헌하였다. 중국의 비구니 교단은 통일된 교단은 아니었지만 국가와 시대의 상황에 맞추어 출가와 득도, 그리고 수행을 통해 비구니 본연의 출가 수행자의 위상을 지켜왔다.

한국의 비구니 교단은 삼국시대의 불교 전래와 더불어 사찰을 건립하고, 비구니 교단을 형성하여 일본에 전파했다. 그뿐만 아니라 귀족 사회에 자리매김하는 데도 성공하였다. 고려시대는 점차 비구니 교단을 구성하면서 서민적 불교 활동에 기여하고, 국가적 불교와 더불어 불교적 문화를 융성시켰다. 조선시대는 억불 정책에 맞서 비구니 교단을 존속시키기 위한 각고의 노력을 다하였다. 특히 조선시대의 내불당의 역할은 비구니 교단사에서 절대 잊혀져서는 안 되리라 본다.

한국 비구니 교단은 근·현대를 거쳐 수계단의 확립, 수행과 교육, 포교 분야에서 비구니 교단의 위상을 높여 세계에서 유일무이한 비구니 교단으로 자리매김하고 있다. 세계 어느 나라에도 비구니 교단 자체에서 수행, 교육, 포교 분야를 스스로 담당하는 곳은 없을 것이다. 그런 점에서 한국의 비구니 승가가 선맥과 강맥 등을 이어받아 체계적인 비구니 교단을 구성하고, 승가 교육의 질을 확대해 나가고 있는 것은 크게 고무적인 일이다.

일본의 비구니 교단은 중세 이후로 여법하게 구족계를 받은 교단은 아니지만 승니령 등에 맞서 비구니 교단을 유지하기 위해 여러 가지 대책을 강구하였다. 특히 종파불교에서의 비구니 교단의 활동은 이부 교단의 틀에서 벗어나 다양한 대승 비구니 교단을 형성하고 수계산림을 해냈다. 특히 료소 비구니의 순화원 설립은 교단의 정체성을 찾기 위한 비구니 계단을 이룩하려는 의도였다는 점에서 높이 살 만하다.

동아시아 비구니 교단은 모두 국가 통제를 받았고, 비구 교단과 남성 지배 사회의 틀에서 그리고 유교 전통 사회에서 자생적으로 교단을 유지하려고 힘을 발휘하였다. 그러한 노력이 온전하였기 때문에 지금 세계 승가에 다시 비구니 교단의 존재를 기정사실화할 수 있었던 것이다.

근·현대의 동아시아 비구니는 체계적으로 교육, 포교, 역경, 불사를 전개하는 데 매진하고 있다. 사원의 규모를 확장하고, 포교의 일선에서 사회적 역할에 앞장서고, 교육 시스템을 구축하고, 교육자 양성을 위해 체계적인 교육을 진행하고 있다. 아울러 선대 비구니 행적과 비구니 승단의 정체성 회복을 위해서 노력하고 있으며, 비구니 교단의 세계화를 위해 동아시아 간의 교류 확대 이외에 국제 여성 활동가들과도 관계를 긴밀하게 하고 있다. 특히 한국 비구니 교단은 전국비구니회 설립과 모임, 단일 수계산림 등으로 비구니 교단의 자치화가 더욱 가속화되고 있다. 더불어 수행과 교육을 공고히 다지는 학림이나 율원 등의 교육처가 형성되었다. 그렇게 함으로써 학력이 높고 수행력이 높은 비구니 지도자, 니승 포교사, 율사, 선사들이 탄생하는 기틀을 마련하였다.

부록

참고문헌

〈원전류〉

『高麗史』

『三國遺事』

『朝鮮佛教通史』

『韓國佛敎全書』第六册.

『比丘尼傳』,『新脩大藏經』50.

『續比丘尼傳』,『中華佛敎人物傳記文獻全書』第41册.

『續高僧傳』,『大正新脩大藏經』50.

『大宋僧史略』,『大正新脩大藏經』54.

『大日本佛敎全書』, 大日本佛敎全書刊行會, 1931.

〈단행본류〉

교양교재편찬위원회 편,『불교문화사』, 동국대학교 출판부, 2001.

구자상,『여성성불의 이해』, 불교시대사, 2010.

김영,「중세 재가출가의 의미」,『日本語文學』第37輯, 2007.

金煐泰,『百濟佛敎思想硏究』, 동국대학교출판부, 1985.

南都泳,「近代佛敎의 敎育活動」,『近代韓國佛敎史論』, 佛敎史學會 編, 민족사, 1988.

대한불교조계종 교육원,『조계종사 : 근현대편』, 대한불교조계종출판사, 2005.

대한불교조계종 교육원 불학연구소 편,『비구니 승가대학의 역사와 문화』, 조계종출판사,
          2009.

대한불교조계종교육원/사단법인 가산불교문화연구원,『세계 승가공동체의 교학체계와 수행
          체계』, '열린 세계에 있어서 세계 승가공동체의 현황과 전망' 학술회의 자료집, 1997년.

동국대불교문화연구원,『육식문화, 어떻게 볼 것인가?』, 국제학술대회 발표집, 2009.

『동아시아의 불교 전통에서 본 한국 비구니의 수행과 삶』, 국제학술대회 자료집, 2004.

대한불교조계종 교육원 불학연구소 편,『비구니 승가대학의 역사와 문화』 불교사 연구총서 4,
          조계종출판사, 2009.

마성,『사캬무니 붓다』, 대숲바람, 2010.

묘엄스님 지음, 김용환 옮김,『香聲』, 뜨란, 2008.

박지향,『일그러진 근대』, 푸른역사, 2003.

백도수,『대장경에 나타난 여성불교』, 불교여성개발원, 2001.

서영애,『불교의 여성관』, 불교시대사, 2006.

석길암,『불교, 동아시아를 만나다』, 불광출판사, 2010.

세계여성불자협회,『제8차 세계여성불자대회 학술논문집』, 서울, 2004.

辛鐘遠,『新羅初期佛敎史研究』, 民族史, 1992.

안옥선,『불교윤리의 현대적 이해』, 불교시대사, 2002.

李能和,『朝鮮女俗考』, 동양서원, 1927.

이능화 저, 조선불교통사역주편찬위원회 역,『조선불교통사』6, 동국대출판부, 2010.

이영자,『불교와 여성』, 민족사, 2001.

이화여자대학교 한국여성연구소 편,『한국여성관계자료집』고대편, 1977.

이향순,『비구니와 한국 문학(불교총서) 10』, 예문서원, 2008.

이향순,『비구니와 한국문학』, 상지사, 2008.

전국비구니회 엮음,『한국 비구니의 수행과 삶 1』, 예문서원, 2007.

전국비구니회 엮음,『한국 비구니의 수행과 삶 2』, 예문서원, 2009.

하춘생,『깨달음의 꽃 1』, 도서출판 여래, 1998.

하춘생,『깨달음의 꽃 2』, 도서출판 여래, 2001.

한국비구니연구소 편,『한국 비구니 수행담록』상, 한국비구니연구소, 2007.

한국비구니연구소 편,『한국 고, 중세 불교여성 - 비구니 자료집』, 한국비구니연구소, 2005.

한국비구니연구소,『한국 비구니 승가의 역사와 활동』, 뜨란, 2010.

韓基汶,『高麗寺院의 構造와 機能』, 민족사, 1998.

海住,『불교교리강좌』, 불광출판부, 2001.

黃善明,『朝鮮朝宗敎社會史研究』, 一志社, 1985.

Dhammapāla 지음, 백도수 역,『위대한 비구니』, 해조음, 2007.

D.L. 카모디 지음, 강돈구 옮김,『여성과 종교』, 서광사, 1992.

모한 위자야라트나 지음, 온영철 옮김,『비구니 승가』, 민족사, 1998.

미찌하다 료오슈 지음, 계환 옮김,『중국 불교사』, 우리출판사, 1997.

사사키 시즈카 지음, 원영 옮김,『출가, 세속의 번뇌를 놓다』, 서울: 민족사, 2007.

川崎庸之 · 笠原一男 지음, 계환 옮김,『일본불교사』, 우리출판사, 2009.

石田瑞磨 지음, 李英子 옮김,『일본불교사』, 민족사, 1989.

水野弘元 지음, 이미령 옮김,『경전의 성립과 전개』, 시공사, 1996.

에띠엔 라모뜨 지음, 호진 옮김,『인도불교사 1』, 서울: 시공사, 2006.

UMA CHAKRAVARTI 著, 朴帝璇譯,『고대 인도 사회와 초기불교』, 민족사, 2004.

카시와하라 유센 지음, 원영상 옮김,『일본불교사 근대』, 동아시아 불교연구총서, 동국대학교출
판부, 2008.

平川彰 著, 박용-길역, 『율장연구』, 土房, 1995.

平川彰 著, 석혜능 옮김, 『원시불교의 연구』, 서울 : 민족사, 2003.

平川彰 著, 석혜능 옮김, 『비구계의 연구 1』, 서울 : 민족사, 2002.

平川彰 著, 석혜능 옮김, 『비구계의 연구 2』, 서울 : 민족사, 2004.

平川彰 著, 박용길 옮김, 『율장연구』, 서울 : 토방, 1995.

平川彰 著, 이호근 역, 『인도 불교의 역사』上, 민족사, 1991.

平川彰 著, 『初期大乘佛敎の硏究』 II, 春秋社, 1990.

호사카 순지 지음, 김호성 옮김, 『왜 인도에서 불교는 멸망했는가』, 한걸음더, 2008.

鎌田茂雄, 『中國佛敎史』 第二卷, 東京大學出版會, 1983.

吉田久一, 『近現代佛敎の歷史』, 筑摩書房, 1998.

吉田一彦·勝浦令子·西口順子 共著, 『日本史の中の女性と佛敎』, 眞宗文化硏究所 編, 法藏館, 1999.

吉田一彦 外, 『日本史の中の女性と佛敎』, 京都 : 法藏館, 1999.

大橋俊雄·長谷川匡俊·小要純子 共著, 笠原一男 編著, 『女人往生』, 敎育社, 1983.

大隅和雄·西口順子 編, 「シリズ女性と佛敎 I」, 『尼と尼寺』, 株式會社 平凡社, 1989.

大越愛子 外, 『性差別する佛敎』, 京都 : 法藏館, 1990.

林傳芳, 『中國佛敎史籍要說』, 永田文昌堂, 1979.

栢原祐泉, 『日本佛敎史 近代』, 吉川弘文館, 1990.

本鄕眞紹, 『律令國家佛敎の硏究』, 京都 : 法藏館, 2005.

日本山岳修驗學會, 『山岳修驗』 17, 1996.

西口順子, 『中世の女性と佛敎』, 京都 : 法藏館, 2006.

成俔 著, 南晚星 飜譯, 『慵齋叢話』, 『韓國名著大全集』, 大洋書籍, 1973.

勝浦令子, 『日本古代ち僧尼と社會』, 吉川弘文館, 2000.

安藤英男, 『明治維新の源流』, 紀伊國屋書店, 1994.

李玉珍, 『唐代的比丘尼』, 『宗敎叢書』 6, 臺灣學生書局, 民國 78(1989).

日本佛敎硏究會, 「近世·近代と佛敎」, 『日本の佛敎』 4, 京都 : 法藏館, 1995.

中西直樹, 『日本近代の佛敎女子敎育』, 京都 : 法藏館, 2000.

中村元, 『インド古代史』下, 春秋社, 1963.

曹洞宗尼僧史編纂會, 『曹洞宗尼僧史』, 東京 : 曹洞宗尼僧僧團本部, 1955.

眞倧文化硏究所, 『日本史の中の女性と佛敎』, 京都 : 法藏館, 1999.

塚本啓祥, 『インド佛敎碑銘の硏究』 I, 平樂寺書店, 1996.

忽滑谷快天, 『朝鮮禪敎史』, 大東佛敎硏究院 編, 春秋社, 1970.

Kathryn Ann Tsai, Lives of the nuns : *biographies of Chinese Buddhist nuns from the fouth to sixth centuries*, Univesity of Hawaii Press, 1994.

I.B. Horner, *Women under primitive Buddhism, Motilal Vanarsidass*, Delhi, 1989.

Diana Y. Paul, *Women in Buddhism*, University of California Press, Berkeley 외, second. ed. 1985.

Pater Harvey, *An Introduction to Buddhist Ethics*, Cambridge: Cambridge University Press), 2000.

Walpola Rahula, *History of Buddhist in Ceylon*, 3ed. Dehivala: The Buddhist Cultural Centre, 1993.

Mohan Wijayaratna, *Buddhist monastic life*, cambridge University press, 1990.

Hirakawa Akira, translated by Karma Lekshe Tsomo, *The history of Buddhist Nuns in Japan*. Buddhist Christian Studies 12. p.151. University of Hawaii Press, 1992.

〈논문류〉

姜英卿,「한국 고대 사회의 여성」,『숙대사론』11 · 12 합본, 1982.

高榮燮,「불교의 性別觀―家父長制와 兩性平等制의 스밈과 퍼짐―」,『韓國佛敎學』제48집, 韓國佛敎學會, 2007.

金敏華,「『三國遺事』에 등장하는 여성인물 연구- 여성인물의 형상과 기능을 중심으로-」, 동국대 : 석사논문, 동국대학교 대학원.

계환,「한국 비구니 활동의 역사적 고찰」, 제8차 세계여성불자대회, 2004.

김호성,「불교의 여성관 정립을 위한 해석학적 모색」,『佛敎學의 解釋과 實踐』, 불일출판사, 2000.

김영,「중세 재가출가의 의미」,『일본어문학』제37집, 2007.

김영미,「高麗時代 比丘尼의 활동과 사회적 지위」,『한국문화연구』2, 이화여대 한국문화연구원, 2001.

김영미,「高麗時代 여성의 出家」,『梨花史學研究』, 제25, 제26권, 1999.

김영미,「신라 불교사에 나타난 여성의 신앙생활과 승려들의 여성관」,『여성신학논집』제1집, 이화여대 여성신학연구소, 1995.

김영미,「삼국~고려시대 비구니의 삶과 수행」『한국 비구니의 수행과 삶』, 전국비구니회, 2007.

김영미,「고려 전기의 아미타신앙과 결사」,『정토학연구』제3집, 2000.

김영미,「불교의 수용과 여성의 삶, 의식세계의 변화; 고려시대 여성의 가정생활을 중심으로」,『역사교육』62, 역사교육연구회, 1997.

김영미,「고려시대 비구니의 활동과 사회적 지위」,『한국문화연구』1, 2001.

김영미,「한국 비구니 승가의 태동과 전개」,『한국 비구니 승가의 역사와 활동』, 한국비구니연구소, 2010.

김영미, 「高麗時代 比丘尼의 활동과 眞覺國師 惠諶의 女性成佛論」, 『동아시아 불교 전통에서 본 한국 비구니의 수행과 삶』, 대한불교 조계종 한마음선원, 2004.

김영태, 「신라의 尼僧職」, 『동아시아 불교 전통에서 본 한국 비구니의 수행과 삶』, 대한불교 조계종 한마음선원, 2004.

金龍泰, 「朝鮮後期 佛敎의 臨濟法統과 敎學傳統」, 서울대 : 박사논문, 2008.

김응철, 「정업원과 사승방의 역사로 본 한국의 비구니 승가」, 『전통과 현대』 창간호, 전통과현대사, 1997.

김응철, 「정업원과 사승방의 역사로 본 한국의 비구니 승가」, 『전통과 현대』 7, 전통과현대사, 1999.

김인숙, 「八敬法의 해체를 위한 페미니즘적 시도」, 『성평등 연구』, 제6집, 가톨릭대학교 성평등연구소, 2002.

김제란, 「중국 근대 신불교 운동과 『대승기신론』 논쟁」, 『근대 동아시아의 불교학』, 동국대학교출판부, 2008.

김제란, 「중국의 근대화와 불교 ─유식불교와 『대승기신론』, 그리고 현대 신유학─」, 『불교평론』 22호, 2005.

김정숙, 「신라 불교에서 비구니의 존재와 활동」, 『大丘史學』 제99집, 대구사학회, 2010.

김용환, 「묘엄스님과 한국 비구니 ++강원」, 『世主妙嚴主講五十年紀念論叢』, 봉녕사승가대학 선우회, 2007.

남도영, 「舊韓末의 明進學校 ─ 최초의 근대식 불교학교 ─」, 『歷史學報』 제90권. 1981.

남도영, 「近代佛敎의 敎育活動」, 『近代韓國佛敎史論』, 佛敎史學會 編, 민족사, 1988.

목철우(목정배), 「삼국시대의 여성 불교인」, 『수도사대 논문집』 제6, 수도여자사범대학 학도호국단, 1973.

朴玟宣, 「고려시대 여성의 생활과 불교」, 이화여대 : 석사논문, 1996.

박병선, 「朝鮮 後期 願堂 硏究」, 영남대 : 박사논문, 2002.

法忍, 「초기불교 이부중의 모습과 바람직한 오늘의 승가상」, 제9회 선우논강, 2003.

本覺, 「佛典에 보이는 女性에 관한 問題」, 『논문집』 제5집, 중앙승가대학, 1996.

서인범, 「청대의 불교정책과 거사불교」, 『동아시아불교, 근대와의 만남』, 동국대학교출판부, 2009.

서재영, 「승려의 입성금지 해제와 근대불교의 전개」, 『동아시아불교, 근대와의 만남』, 동국대학교출판부, 2009.

석담, Crossing over the Gender Bdoudnary in a Gray Robe: The Life of MYOŎM, a Korean Buddhist Nun, 미출판 박사학위 논문, University of Virginia, 2008.

석담·이향순, 「국제화시대 한국 비구니의 위상과 역할」, 『한국 비구니의 수행과 삶』, 전국비구니회, 예문서원, 2007.

수경, 「한국 비구니강원 발달사」, 『한국 비구니 승가의 역사』, 전국비구니회, 2007.

水谷幸正, 「日本佛教 教團의 現代化에 關하여」, 『韓國宗教』 第二輯, 圓光大學教 宗教問題研究所, 1975.

신성현, 「比丘尼 교육에 있어서 受具 과정의 변천과 정립」, 『종교교육학연구』 제26권, 서울 : 한국종교교육학회. 2008.

신성현, 「율장에 나타난 여성차별의 문제」, 『불교학보』 32, 동국대학교 불교문화연구원, 1995.

안옥선, 「초기경전에 나타난 여성 성불 불가설의 반불교적 고찰」, 『哲學研究』 第68輯, 大韓哲學會, 1998.

유승무, 「현대 한국 불교 개혁운동의 흐름과 그 특징」, 『불교평론』 통권 4호, 2000.

윤기엽, 「大正시대 일본 불교계의 大藏經편찬사업」, 『근대 동아시아의 불교학』, 동국대학교출판부, 2008.

월운, 「講師等呼稱由來小考」, 『世主妙嚴主講五十年紀念論叢』, 봉녕사승가대학 선우회, 2007.

이경하, 「소혜왕후의 불교옹호발언과 젠더권력관계」, 『한국여성학』, 제20권 1호, 한국여성학회, 2004.

이기운, 「조선시대 정업원의 설치와 불교신행」, 『종교연구』 제25권, 한국종교학회, 2001.

이기운, 「조선시대 왕실 중심의 비구니 승가」, 『한국 비구니 승가의 역사와 활동』, 한국비구니연구소, 2010.

이기운, 「조선시대 왕실의 비구니원 설치와 信行」, 『역사학보』 제178집, 역사학회, 2003.

李東玟, 「신라 불교사에 있어서의 여성의 역할─삼국유사를 중심으로─」, 이화여대 : 석사논문, 1982.

이미령, 「초기 중국 불교 비구니 승가의 성립과 배경─보창의 『비구니전』을 중심으로」, 『한국 비구니 승가의 역사와 활동』, 韓國比丘尼研究所, 2010.

이수창(摩聖), 「상좌불교의 비구니 승가 복구 문제」, 『한국불교학』 제50집, 2008.

李秀昌(摩聖), 「佛教의 女性成佛論에 대한 檢討」, 『韓國佛教學』 제48집, 한국불교학회, 2007.

이순구, 「朝鮮時代 女性의 信仰生活」, 『역사학보』 제150집, 역사학회, 1996.

이순구, 「朝鮮初期 宗法의 수용과 女性地位의 변화」, 한국정신문화연구원 : 박사논문, 1994.

李舜九, 「朝鮮初期 女性의 信仰生活」, 『歷史學報』 150, 歷史學會, 1996.

李榮奭, 「東晋 比丘尼에 관한 小考 ─『비구니전』을 중심으로─」, 『中國史研究』, 中國史學會, 2005.

이영자, 「불교의 여성관의 새로운 인식」, 『한국여성학』 제2권 1호, 한국여성학회, 1985.

이은순, 「조선시대 성리학 정착과 여성의 신앙활동」, 『史學研究』, 제54호, 한국사학회, 1997.

이은송, 「日本의 近代女性教育論의 形成에 대한 研究」, 『韓國教育史學』 제20집, 1988.

이자랑, 「초기불교 교단의 종교의식과 생활」, 『불교평론』14, 2003.

이자랑, 「율장을 통해 본 승단과 현대사회의 조화」, 『한국불교학』 제45집, 한국불교학회, 2006.

이창숙, 「印度佛教의 女性成佛思想에 대한 研究」, 동국대 : 석사논문, 1993.

이창숙, 「인도 불교의 여성 성불사상에 대한 연구」, 『女性研究』47, 韓國女性開發院, 1995.

이창숙, 「長老尼偈에 나타난 女性成道」, 『한국불교학』18, 1993.

이태승, 「대승불교 보살관에서의 젠더」, 『한국불교학』 제48집, 2007.

이향순, 「조선시대 비구니의 삶과 수행」, 『한국 비구니 승가의 역사』, 전국비구니회 엮음, 예문서원, 2007.

유승무, 「한국 비구니 승가의 성불평등의식 연구」, 『불교와 사회복지』 제4호, 앙승가대학교 불교사회복지연구소, 2000.

張愛順, 「韓國佛教における比丘尼の役割について」, 『印度學佛教學』55권 2?, 平成 19年(2007).

전해주, 「입법계품의 여성선지식에 대한 고찰」, 『한국불교학』23, 한국불교학회, 1997.

전해주, 「한국 비구니 승가의 현황과 방향 -대한불교 조계종을 중심으로-」, 『종교교육 연구』 제8, 한국종교교육학회, 1999.

전해주, 「변성성불론」, 『불교사상』, 통권 27호, 1986.

전해주, 「比丘尼教團의 成立에 대한 考察-比丘尼 八敬戒를 중심으로-」, 『韓國佛教學』, 11, 1997.

전해주, 「한국 근현대 비구니의 수행」, 『한국 비구니 승가의 역사』, 전국비구니회, 예문서원2007.

정석종·박병선, 「조선 후기 불교정책과 願堂(1) -니승의 존재양상을 중심으로-」, 『민족문화논총』18, 1998.

조승미, 「여성주의적 관점에서 본 불교수행론 연구」, 동국대: 박사논문, 2005.

조승미, 「동아시아 비구니의 근대와 특징—중국과 일본을 중심으로」, 『한국 비구니 승가의 역사와 활동』, 한국비구니연구소, 2010.

조승미, 「메이지 말기 가족국가간의 형성과 불교계 여학교」, 『근대 동아시아의 불교학』, 동국대학교출판부, 2008.

조은수, 「한국의 비구니 교단에 대한 여성주의적 고찰」, 『불교평론』42호, 2010.

조은수, 「서문에 대신하여」, 『동아시아의 불교 전통에서 본 한국 비구니의 수행과 삶』, 대한불교조계종 한마음선원, 2004.

종진, 「한국 불교 강원의 학제 成立考」, 월간 『海印』1986년 2월호.

최정선, 「고대 불교와 여성 : 『三國遺事』와 '일본영이기 설화'를 중심으로」, 제2회 여성주의인문학연합학술대회, 2008.

엘리슨 핀들리 지음, 안옥선 옮김, 「왜 여성은 아라한이라 불리지 않았는가?」, 『불교평론』 2권 4호, 2000.

하춘생, 「한국 근·현대 비구니의 강맥전승과 그 의의」, 『한국불교학』53집, 2009.

한상길, 「개화사상의 형성과 근대불교」, 『동아시아불교, 근대와의 만남』, 동국대학교출판부, 2009.

혜원, 「한국 비구니의 수행체계와 선원청규에 대한 고찰」, 『동아시아 불교 전통에서 본 한국 비구니의 수행과 삶』, 대한불교조계종 한마음선원, 2004.

혜원, 「한국 비구니 선원의 '청규' 고찰」, 『한국 비구니 승가의 역사』, 전국비구니회, 2007.

황순일, 「남아시아 불교와 Gender: 율장의 아난다와 고따미 에피소드를 통해 본 초기 인도 불교의 비구니 교단」, 『한국불교학』 제48집, 2007.

황인규, 「조선 전기 정업원 비구니주지」, 『한국불교학』 51집, 2008.

황인규, 「전·근대 비구니도량의 존재양상과 전개」, 『한국 비구니 승가의 역사와 활동』, 한국비구니연구소, 2010.

黃夏年, 「三昧水懺의 육식관 —양무제의 육식관과 관련하여—」, 『육식문화 어떻게 볼 것인가』, 동국대학교 불교문화원, 2009.

Asanga Tilakarante, 「육식에 대한 상좌부의 관점」, 『육식문화 어떻게 볼 것인가』, 동국대학교 불교문화원, 2009.

리비아콘, 「중국 唐나라의 道敎 니승들」, 『동아시아 불교 전통에서 본 한국 비구니의 수행과 삶』, 대한불교조계종 한마음선원, 2004.

미리엄 레버링, 「중국 불교사에서 비구니에 관하여」, 『동아시아의 불교전통에서 본 한국 비구니의 수행과 삶』, 대한불교조계종 한마음선원, 2004.

박포리, 「현대 한국 비구니사찰의 설립에 대한 고찰」, 『동아시아 불교 전통에서 본 한국 비구니의 수행과 삶』, 대한불교조계종 한마음선원, 2004.

베아타 그란트, 「중국 원·명·청 시대의 임제계 니승들에 대하여」, 『동아시아 불교 전통에서 본 한국 비구니의 수행과 삶』, 대한불교조계종 한마음선원, 2004.

스테파니아 트라바그딘, 「대만의 인순스님과 여성불자」, 『제8차 세계여성불자대회학술논문집』, 세계여성불자협회, 2004.

유첸리, 「깨달음의 길」, 『제8차 세계여성불자대회 학술논문집』, 세계여성불자협회, 2004.

존 조르겐센, 「침묵하는 주변적 존재로서의 조선시대 비구니들」, 『동아시아 불교 전통에서 본 한국 비구니의 수행과 삶』, 대한불교조계종 한마음선원, 2004.

진화첸, 「중국 당나라 비구니들의 종교, 사회정치적 역할에 관한 두 가지 사례 연구 : 은둔을 통한 재등장」, 『동아시아 불교 전통에서 본 한국 비구니의 수행과 삶』, 대한불교조계종 한마음선원, 2004.

內野 久美子, 「近代佛教女性宗教者—曹洞宗尼僧寺族地位向上—」, 『宗教研究』 562, 日本宗教學會, 1982.

馬島淨圭, 「近代教團史にみられる尼僧たち —村雲尼公と尼僧法團を中心に—」, 『現代宗教研

究』, 日蓮宗現代宗教研究所, 平成 18年(2006).

本郷眞紹, 「吉田一彦 著, 日本古代社會と佛教」, 『日本歷史』6月号, 書評と紹介, 日本歷史學會編集, 吉川弘文館, 1999.

森川智德, 「佛教教團の過去現在及び將來」, 『佛教思想講座』通号 8, 東京帝大佛教靑年會, 有光社, 소화 14년(1939).

三浦節夫, 「旣成佛教教團の構造」, 『宗教研究』通号, 日本宗教學會, 2006.

西口順子, 「女性の出家と受戒」, 『研究紀要』第5号, 京都女子大學 宗教・文化研究所, 平成 4년(1991).

西口順子, 「中世後期における女性の出家」, 『國文學解釋と鑑賞』6月号, 特集 女性と佛教, 塩川書房, 2004.

小川貫弌, 「宋元明淸に於ける教團の構造」, 『仏教教団の研究』, 京都 : 百華苑, 1968.

蘇美文, 「亂象中有新生 : 論明末淸初比丘尼之形象與處境」, 『中華技術學院學報』, 2003.

勝潽令子, 「法華滅罪之寺と洛陽安國寺法華道場 ―尼と尼寺の日唐比較研究の課題―」, 『史論』46, 1993.

勝浦令子, 「牛山佳行 著 『古代中世寺院組織の研究』書評」, 『JOURNAL OF JAPANESE HISSTORY』, THE JAPANESE FOR HISSTORICAL STUDIES, 1993.

勝浦令子, 「孝謙・稱德天皇と佛教」, 『國文學解釋と鑑賞』6月号, 特集 女性と佛教, 塩川書房, 2004.

Shobha Rani Dash, 「比丘尼僧伽の成立とそれをめぐる問題點」, 『大谷大學大學院研究紀要』, 2002.

田上太秀, 「原始佛教教團における出家動機について」, 『研究紀要』通号 29, 駒澤大學佛教學部, 1971.

佐藤達玄, 「中國出家教團における師弟關係について」, 『佛教學部研究紀要』第32号, 駒澤大學佛教學部, 昭和 19년(1943).

田上太秀, 「原始佛教教團における出家の動機について」, 『佛教學部研究紀要』第29号, 駒澤大學佛教學部, 昭和 46年(1971).

竹内道雄, 「曹洞宗教團の歷史と信仰」, 『研究紀要』通号 12, 人間文化 : 愛知學院大學人間文化研究紀要, 愛知學院大學人間文教的 女性觀」, 『佛學研究』, 1998.

態本英人, 「近代佛教教團と女性(二)―曹洞宗にをける'尼僧'―」, 『駒澤大學佛教學部論集』, 駒澤大學 佛教學部研究室, 2004.

何建明, 「近代中國佛」第6期, 北京 : 中國佛教文化研究所, 1997.

何建明, 「略論淸末民初的中國佛教女衆 ―兼与鄭永福・呂美頤先生商榷―」, 『佛學研究化研究所, 平成 9年(1997).

ABSTRACT

A Study on the Buddhist nun's Community in Ost-asia

Min, Myung Sook

Department of Buddhist Studies

Graduate School of Dongguk University

The analytical and comparative Studying Buddhist nun's Communities in Ost-asia is the most important part of understanding Ost-asian Buddhism. Great attention has been shown to the question of the previous nuns' life and community in Buddhist lands. There were lots of papers about nun's communities of the Ost-asia in various languages, but the inclusive study on ost-asian nun's community was a work not much studied until these days. And there is no comprehensive papers on this. It is thought that there is short of the whole studying nuns and nun's communities in historical, educational, practical issues. In relation to this problem I tried to study on the all-inclusive nuns and buddhist nun's Community, and characteristic of nuns and communities in Ost-asia.

In addition, this study is related with the transmission of nun's ordination from India to Ost-asia and also the lifestyle of nun's, relation to the monks and country's authority, buddhist nun's practice to enlighten, nun's education, propagation to the people, making temples and buddhist building, endeavor to sustain buddhist nun's community and so on.

This study focuses on the comparative understanding Chinese, Korean and Japanese nuns and communities and their characteristics. Ost-asian nuns and communities have various lifestyles because of weather, political situation, cultural circumstance, religions like Confucianism, Taoism, Shamanism before arriving Buddhism.

In short, I would like to explain this paper divided into six parts.

Chapter Ⅰ introduces the purpose, objectives and methods for this study. Here it is given information about the previous studied books and theses. But this study could not involve whole nuns, nun's communities and their relation to social situation. So that I would restrict this study in the sense of nun's life, education, practice, characteristics and the comparison of nuns and communities.

Chapter Ⅱ refers to the time, background and members of formation and development of Indian Buddhist nun's community. Also it is introduced nun's activity in early Buddhism and Abhidhamma period and Mahyana-Buddhism.

Chapter Ⅲ deals with the establishment of nun's community in China through the Biography of Buddhist nuns and the following Biography Buddhist nuns. Chinese nun has tried to administrate bnun's community by herself in her land. Although Chinese government tightly controlled Buddhist communities, buddhist nuns have worked hard to protect their community against government's control, Confucianism and Taoism, having done their duty and Buddhist practice according to their belief in Buddha, Dharma and Samgha.

Chinese nuns made a temple, did buddhist activity, also were participated in the social movement and did buddhist practice in order to attain enlightenment in ancient times.

Buddhist nuns have been controlled by Chinese government by degrees. From the Song Dynasty they have taken into consideration more personal practice like meditation or praying to Buddhas and Bodhisattvas than social activity. The result of this, many Son masters and enlightened nuns appeared in the history of Son Buddhism

Nuns after the mordern period have tried to learn Buddhism and make education system establish. Specially, Taiwanese nuns played a great role to propagate Buddhism to the people in the world.

Chapter Ⅳ addresses the formation and role of Korean nun and community. Korean nuns have had a good or bad time to practice Buddha's teaching, make a temple, propagate Buddhism, live as a nun and the leader of the social activity. In a good time they made temples, prayed Buddhist texts and studied Buddhist canons to attain enlightenment. Otherwise, In a bad time, specially in Lee-Dynasty they tried to keep their community with help of queens, princess and other nuns who came from loyal families and also normal women at that time. In spite of trying to destroy Buddhist nun's community and organization, they have worked hard to protect it against the government and politician.

Today, Korean nuns have a great role in the area of education, transmission of Buddhism, buddhist practice and translation of canons. Due to honourable and educated monks and nuns, Son masters, community's excellent leaders and helpful laypeople, Korean nuns have a good chance to develop Korean Buddhism and to help world-wide nun's community.

Chapter Ⅴ attempts to analyses buddhist nun's activity in Japan. Japanese nuns had difficulty to get ordination but they have tried to ordain Buddhist nuns in official form. Although japanese nuns were affected by monk's community, sects and government's control, they did not give up their own activity as a buddhist nun or woman disciple of Buddha. nuns of the Jodong Sect and other nuns in Buddhist sects had other method to live as a nun and they worked hard to sustain woman's community according to their own methods.

Chapter Ⅵ analyses Ost-asian nun's characteristic of activity and practice and Buddhist communities in China, Korea and Japan through looking into ordination, nun's garments, food and residence, also education system and the method of practice and enlightenment etc.

The resemblance and distinction of Ost-asian nuns and communities stand in parallel.

One of the characteristics of the ost-asian nun's community may be the appearance of sectarian nuns and communities.

There are various methods of nun's ordination different form Indian nun's ordination, specially Bodhisattva's rule-ordination like in the case of japanese nun's ordination.

The nun's lifestyle has been changed according to the change of time and place. Also nuns in Ost-asia had the shapes and colours of nun's garment. Begging food has changed into cooking in a temple. In general most of nuns became a vegetarian as one who practices to save living beings. They also have chosen fasting as a buddhist practice. Nun lived alone or together in a mountain temple. Instead of having special retreat time, they did practice everyday and every month. As a result, they gave us strong impression as one who practices and seek for the Buddhahood.

In Conclusion, this paper has attempted to sketch out the nun's lifestyle, practice, education, activity and the main characteristics and comparison of Ost-asian nuns and communities.

Ost-asian nuns and communities have been changed under circumstance of each land. This paper gives us various important information to understand Ost-asian nuns and communities. To know nuns and nun's communities in Ost-asia enables us to develop Korean Buddhism and nun's community.

Results of this study on the Buddhist nun's Community in Ost-asia leave more to be investigated and answered, but they do throw the basic clue to understand inclusive ost-asian nuns and communities.

keyword: nun, nun's community, nun's activity, practice, characteristics, comparison, Ost-asia.

찾아보기